Introduction to Engineering and Scientific Computing with Python

공학도를 위한 파이썬 프로그래밍

: 과학계산 및 데이터작업

David E. Clough, Steven C. Chapra 지음

김주형 · 유태훈 · 이동욱 · 이병옥 · 조수현 옮김

CRC Press
Taylor & Francis Group
an informa business

도서출판 학산미디어

Introduction to Engineering and Scientific Computing
with Python

First edition published 2023 by CRC Press

책 소개

파이썬(Python)을 사용하기로 선택한 대학의 학과와 기업의 수가 점점 늘어나고 있는 가운데, 이 책은 무료로 사용할 수 있는 오픈 소스 언어인 이 파이썬에 대한 핵심 내용을 소개하고 있다. 주로 공학을 전공하는 대학 1학년 학부생에 맞추어 만들어진 이 책은 공학 계산, 과학 계산, 파이썬 기초, 구조적 프로그래밍(structured programming)을 다루고 있다.

광범위한 교육 경험을 기반으로 이 책에서는 파이썬을 사용하여 실제 문제를 풀어보면서 프로그래밍을 배운다. 이 책은 엔지니어의 요구사항과 엔지니어가 일상적으로 해결해야 하는 문제에 초점을 맞춘 파이썬 책이다. 이 책을 통해 실전적인 방식으로 컴퓨팅 기본 원리를 배우고 이를 바탕으로 파이썬을 사용하여 공학적 방법과 과학적 방법을 적용할 수 있다. 이 책은 학생이 감당하지 못할 정도로 복잡하고 어려운 용어는 사용하지 않고 학생의 수준에 맞춘 방식으로 설계하여 모든 수준의 학생들이 파이썬에 대한 경험과 이해를 얻을 수 있게 하고 있다. 이 책의 각 장에서는 구조적 프로그래밍, 그래픽, 행렬 연산, 대수 방정식, 미분 방정식, 응용 통계와 같은 주제를 차례로 다룬다. 맨 마지막 장에서는 데이터 작업에 대해 철저하고 자세히 다룬다.

이 책은 모든 엔지니어, 특히 1학년 학부생에게 꼭 필요한 파이썬 안내서이다. 또한 프로그래밍 기법을 힘써 배우고 파이썬을 공학과 과학 측면에서 활용하려는 전문가와 대학원생도 관심 있게 볼 수 있을 것이다.

머리말

이 책의 주된 목적은 파이썬(Python) 언어를 사용하여 수치 문제(numerical problem)를 컴퓨터로 계산해서 풀어내는 데 필요한 배경지식과 수치 문제 풀이 경험을 제공하는 것이다. 공학이나 과학 분야를 전공하는 대학 1학년 학부생을 주대상으로 하고 있지만 실력 있는 고등학생, 2년제 대학의 공학 전공 학생, 공학이나 과학 분야로 전공을 바꾸려는 학생, 파이썬 언어를 배워서 수치 문제 풀이를 복습하려는 전문가도 이 책을 활용할 수 있다. 오늘날 수치 문제를 컴퓨터를 사용하여 풀어야 할 필요성이 점점 커지고 있는 가운데, 이 책은 학생들이 앞으로 학업을 수행하는 과정에서 활용할 수 있는 도구와 지식을 제공하는 것을 목표로 하고 있다.

이 책은 수치 문제 풀이에 초점을 맞추고 있으므로 파이썬 프로그래밍 언어를 깊고 광범위하게 다루지는 않는다. 파이썬은 수치 문제 풀이에 관한 것 말고도 많은 기능들을 가지고 있다. 학생들이 자신의 교육 목표와 관심에 맞춰 이 책 이외에 추가로 파이썬을 공부하여 이 책에서 다루지 않은 내용을 보완하기를 권장한다. 학생들이 학업을 이어나가는 동안은 물론이고 그 이후에도 이 책이 자주 활용되는 참고서가 되기를 바란다.

'왜 이 책으로 공부해야 하는가'라는 물음에 답해보자. 학생들에게 적합한 강의 교재를 찾고 있는 강사라면 다음 내용이 참고가 될 것이다. 첫째, 컴퓨터 언어로 파이썬을 사용하려고 하는 학생과 전문가가 점점 늘어나고 있지만 공학과 과학 관점에서 이를 다루는 책은 매우 적다. 둘째, 우리 저자들은 수십 년 동안 수천 명의 학생들에게 컴퓨터 언어를 가르친 경험을 바탕으로 하여 이 책을 작성하였다. 셋째, 우리 저자들은 학생들의 다양한 배경을 고려하면서 책을 썼다. 우리는 학생들이 이 책을 어렵지 않게 잘 사용할 수 있을 것이라 믿는다. 우리는 이 책에 기본적인 설명과 예제, 그리고 여기에 더해 학생들이 도전해볼 만한 과제들을 신중하게 포함시켰다.

다음으로 '왜 파이썬을 공부해야 하는가'라는 물음에 답해보자. 첫째, 최근 몇 년 사이에 매우 많은 관심을 받고 있는 컴퓨터 언어가 바로 파이썬이기 때문이다. 둘째, 실용적인 측면에서 볼 때, 파이썬은 학생에게는 무료로 제공되기 때문이다. 파이썬은 다른 언어와는 달리 나중에 학교나 직장 소속이 아니어서 기관 라이선스 소프트웨어에 액세스할 수 없는 상황이 되어도 무료로 쓸 수 있다. 파이썬은 적용범위가 넓은 객체 지향적인 컴퓨터 언어로, 엔지니어와 과학자가 흔히 마주치는 수치 문제를 푸는 데 파이썬이 적합한

지에 대해서는 의문이 있는 것도 사실이다. 하지만 우리는 이 책에서 파이썬을 주의를 기울여 사용하고, 학생들이 버거워하지 않도록 수치 문제를 푸는 데 필요하지 않은 측면은 파이썬에서 다루지 않음으로써 이 의문에 대해 긍정적으로 대답했다고 믿는다. 이 책에서는 스파이더(Spyder) 통합 개발 환경(IDE)을 선택했다. 그 까닭은 이 환경이 엔지니어링 컴퓨팅에 적합하며 매트랩(MATLAB)과 같은 다른 전용 소프트웨어 패키지와 유사한 인터페이스를 제공하기 때문이다. 스파이더는 파이썬 스크립트를 개발하고 디버깅하는 데 유용한 도구로 학생들에게 큰 도움을 준다.

이 책에서는 인터넷을 통해 파이썬 사용에 관한 정보를 찾고 질문에 답하는 방법을 보여줌으로써 학생들이 스스로 파이썬 기능을 확장할 수 있는 능력을 갖출 수 있도록 하고 있다. 이 책의 본문에서 이러한 내용을 자주 볼 수 있다. 우리 저자들은 학생들이 이 책과 수강하고 있는 강의에서 다루는 범위를 벗어나 파이썬에 관한 일반 지식을 더욱 넓혀 나가기를 권장한다.

이 책을 쓰기까지 우리 저자들이 가져온 경험은 다음과 같다. 우리는 1986년에 콜로라도 대학교(University of Colorado)에 「Introduction to Engineering Computing」 이라는 컴퓨팅 입문 과목을 함께 개설했다. 이후 다른 대학에서 함께 또는 각자 30년 동안 이 과목을 가르쳐왔다. 현재도 콜로라도 대학교와 터프츠 대학교(Tufts University)에서 이 과목이 운영되고 있다. 물론 이 과목에서 사용되는 컴퓨터 언어들은 시간이 지남에 따라 달라졌지만 가르치는 내용과 학습 목표는 거의 변하지 않았다. 처음 15년 동안은 포트란(Fortran)과 베이직(BASIC) 컴퓨터 언어를 사용하여 이 과목을 가르쳤다. 이후 이 과목에서 사용된 컴퓨터 언어로는 Excel, Excel VBA, Mathcad, MATLAB이 있고 현재 사용 언어는 파이썬(Python)이다. 이러한 경험을 통해 우리는 학생들의 처음 언어를 배울 때 어떤 것이 효과적이고 적합하여 또 어떤 것은 그렇지 못한지 알게 되었다. 이러한 배경을 바탕으로 우리는 이 책을 쓰게 되었다.

10년이 넘는 세월 동안 우리는 한 팀으로서 함께 가르치며 서로에게서 배웠다. 또한 학생들에게 컴퓨팅 입문 과목에 이어 수치 해법(numerical method) 과목을 가르쳤다. 최근에 우리는 함께 파이썬을 활용한 수치 해법에 관한 교재를 출간하였다(Chapra & Clough, 2022), 파이썬을 활용한 수치 해법 구현을 가르치는 동안에 처음으로 컴퓨팅 입문 과목을 배우는 학생들을 위한 이 책을 집필하는 데 바탕이 된 경험을 쌓았다.

이 책에서는 주로 귀납적 방식보다는 연역적 교육 방식을 사용하고 있다. 예제를 제시하고 이를 일반화하여 지식을 더욱 폭넓게 확장할 수 있게 하고 있다. 이 책은 "기기-걷기-뛰기(crawl-walk-run)" 방식을 사용한다. 각 장에서는 파이썬을 사용한 컴퓨팅 방법을 설명하고 학생들이 이를 따라해 보도록 유도한다. 그런 다음 학생들이 독립적으로 도전해볼 수 있도록 각 장의 끝에서 연습문제를 제공한다. 이 책의 목표는 학생들이 이 책을 공부한 뒤에 맞닥뜨리게 될 수치 문제 풀이 과정을 다룰 수 있는 능력을 갖추게 하는 것이다. 각 장에 실린 문제 중에는 공학 분야뿐만 아니라 과학 분야의 실제 응용 예를 보여주는 문제도 포함되어 있다. 각 장의 끝에 있는 다수의 연습문제들은 두 가지 방식에 따라 구성되어 있다. 첫째, 각 연습문제의 순서는 대체로 본문에서 관련 내용이 나오는 순서에 따라 배치되어 있다. 둘째, 뒤에 나오는 연습문제일수록 어렵다.

이 책은 대수, 초월함수, 기초 미적분과 관련된 내용을 포함하고 있으므로 이 책으로 공부하는 학생은 이러한 수학 지식을 갖추고 있어야 한다. 하지만 강사가 주의를 기울이면 미적분을 전혀 모르거나 잘 알지 못하는 학생들을 가르치는 데도 이 책을 사용할 수 있을 것이다. 이 책의 1장에는 기초 수학을 복습할 수 있는 내용을 담고 있으며 예제를 풀어보면서 미적분을 잘 모르는 학생들이 도움을 받을 수 있게 구성하였다.

이 책은 잘 짜인 커리큘럼을 제공할 수 있도록 [표 P1]과 같이 주제들을 구성하였다. 표에서 볼 수 있듯이 처음 나오는 1장과 2장은 수치 계산과 컴퓨터 기반 계산을 다루고 있는데 파이썬 또는 특정 컴퓨터 언어에 한정되지 않는 일반적인 내용을 담고 있다. 이는 다양한 배경 지식을 가진 학생들이 동등한 조건으로 공부할 수 있도록 고려한 것이다. 많은 학생들이 예전에 비슷한 자료를 본 적이 있을 수 있지만, 이 두 장을 복습하는 것이 도움이 될 것이다. 우리 저자들은 학생들이 이 두 장의 내용을 배울 때 서로 간에 학습 격차를 보이는 것을 경험하였다.

3장부터 5장까지는 파이썬 언어를 소개한다. 먼저 3장에서는 언어의 기초와 스파이더 IDE를 다룬다. 다른 IDE를 사용하고자 하는 강사는 자신이 원하는 IDE로 대체하면 된다. 4장에서는 알고리즘 구조를 다루는데, 여기까지 공부하면 앞으로 나오게 될 파이썬과 관련한 내용을 배우기 위한 준비가 완료된다. 5장에서는 Matplotlib 모듈을 사용하여 그래프를 플로팅하는 데 중점을 둔다. 그래프 플로팅은 5장 이후에 나오는 여러 가지 문제 풀이에 널리 사용된다.

6장부터 나머지 장까지는 3장에서 5장까지 소개한 파이썬 도구를 활용한 응용에 초점을 맞춘다. 먼저 6장에서는 배열과 벡터 계산/행렬 계산을 소개한다. 7장에서는 일반적인 닫힌 방법(closed method)과 열린 방법(open method)을 사용하여 단일, 비선형, 대수, 초월 방정식을 푸는 방법을 다룬다. 그런 다음 8장에서는 선형, 비선형 대수 방정식을 다룬다. 9장에서는 변화율 방정식(즉, 미분 방정식)을 푸는 방법을 다루는데, 구적법과 적분의 기본적인 방법을 사용한다.

끝으로 10장은 전체가 데이터 주제로 하고 있는 장으로 여기서는 응용 통계의 개념과 방법을 소개한다. 이 마지막 장에서는 학생들이 학업을 수행하는 동안에 실습 교육 과정에서 필요한 지식과 기술을 제공한다. 우리 저자들은 모든 학생들이 이후의 교육 과정이나 학업을 마친 후에도 응용 통계에 대해 더욱 깊이 있는 교육을 받을 것을 권장하고 강력히 지지한다.

표 P1 이 책의 구성

수치 계산 및 컴퓨터 기반 계산	파이선 소개	벡터/행렬 계산 및 방정식 풀이	변화율 방정식 및 데이터
1장 공학 계산과 과학 계산	3장 파이썬 기초	6장 배열과 행렬 연산	9장 미분 방정식 풀이
2장 컴퓨터 기반 계산	4장 파이썬을 사용한 구조적 프로그래밍	7장 단일 대수 방정식 풀기	10장 데이터 작업
	5장 그래픽 – Matplotlib	8장 대수 연립방정식 풀기	

6장에서 10장까지는 개념과 방법을 소개하는데, 먼저 간단한 파이썬 스크립트를 사용하여 설명을 시작하고 그 다음에는 NumPy와 SciPy 모듈에서 제공하는 내장 기능을 활용한다. 학생들이 자신의 코드에서 메서드(method)를 먼저 보게 되면 개념을 이해하는데 도움이 되고 내장 함수가 어떤 방식으로 작동하는지에 대한 궁금증을 어느 정도 해소할 수 있다. 또한 여기서는 단 몇 줄의 명령문으로도 메서드를 프로그래밍 할 수 있음을 보여준다.

이 책은 강사가 원하는 강의 내용과 강의 학기에 맞춰 다양하게 교육 과정을 설계할 수 있도록 구성하였다. [표 P2]에 한 학기 15주 강의, 12주 강의, 6주 강의로 이루어지는 세 가지 강의 계획을 제시하였다. 이 가운데 6주 강의는 파이썬 모듈에 대한 교육 계획으로, 이 강의 모듈은 스프레드시트 모듈이나 MATLAB 모듈과 같은 다른 강의 주제와 함께 구성하여 하나의 컴퓨팅 교육 과정을 이룰 수 있다. 물론 계절 학기와 같이 더욱 집중적인 강의 계획이 필요한 경우도 있는데 이 책은 이를 포함, 다양한 상황에 맞추어 사용될 수 있을 것으로 생각한다.

표 P2 강의 계획

<table>
<tr><th colspan="2">15주/학기 강의</th></tr>
<tr><th>주차</th><th>범위</th></tr>
<tr><td>1</td><td rowspan="2">1장, 2장</td></tr>
<tr><td>2</td></tr>
<tr><td>3</td><td rowspan="3">3장, 4장, 5장</td></tr>
<tr><td>4</td></tr>
<tr><td>5</td></tr>
<tr><td>6</td><td>6장</td></tr>
<tr><td>7</td><td rowspan="2">7장</td></tr>
<tr><td>8</td></tr>
<tr><td>9</td><td rowspan="2">8장</td></tr>
<tr><td>10</td></tr>
<tr><td>11</td><td rowspan="2">9장</td></tr>
<tr><td>12</td></tr>
<tr><td>13</td><td rowspan="2">10장</td></tr>
<tr><td>14</td></tr>
<tr><td>15</td><td>복습</td></tr>
</table>

<table>
<tr><th colspan="2">12주/학기 강의</th></tr>
<tr><th>주차</th><th>범위</th></tr>
<tr><td>1</td><td rowspan="2">1장, 2장</td></tr>
<tr><td>2</td></tr>
<tr><td>3</td><td rowspan="3">3장, 4장, 5장</td></tr>
<tr><td>4</td></tr>
<tr><td>5</td></tr>
<tr><td>6</td><td>6장</td></tr>
<tr><td>7</td><td rowspan="2">7장</td></tr>
<tr><td>8</td></tr>
<tr><td>9</td><td rowspan="3">8장, 9장
또는 10장</td></tr>
<tr><td>10</td></tr>
<tr><td>11</td></tr>
<tr><td>12</td><td>복습</td></tr>
</table>

<table>
<tr><th colspan="2">파이썬 모듈</th></tr>
<tr><th>주차</th><th>범위</th></tr>
<tr><td>1</td><td rowspan="3">3장, 4장, 5장,</td></tr>
<tr><td>2</td></tr>
<tr><td>3</td></tr>
<tr><td>4</td><td>6장</td></tr>
<tr><td>5</td><td rowspan="2">7장 또는10장</td></tr>
<tr><td>6</td></tr>
</table>

이 책이 교육과 학습에 활용되는 만큼 독자 여러분께서 소감과 의견을 가지고 계실 것으로 생각한다. 또한 오류를 피하려고 최선을 다했지만 잘못된 부분이 있을 것이다. 강사와 학생을 포함하여 이 책의 독자 여러분이 피드백을 제공해 주실 것을 바란다(저자 이메일 주소 참조). 여러분의 피드백을 반영하여 다음 판에서는 책을 더욱 개선할 수 있도록 노력할 것이다. 여러분의 비판과 아이디어는 우리에게는 소중하므로 어떤 경우에도 개의치 말고 마음껏 말씀해 주시기 바란다.

이 책의 주된 목표가 학생들이 실력을 쌓고 자신감을 갖게 하는 것이지만 파이썬에 흥미를 갖고 즐겁게 공부할 수 있게 하는 것 또한 이에 못지않게 중요하다. 우리 저자들은 코딩을 즐기는 학생들이 궁극적으로 더 나은 전문가가 될 것이라고 믿는다. 이 책이 파이썬과 코딩에 대한 열정과 관심을 불러일으킨다면, 우리의 노력이 성공을 거둔 것이라고 생각한다.

MATLAB 프로그램 정보:

Addr: The MathWorks, Inc.

3 Apple Hill Drive

Natick, MA 01760-2098 USA

Tel: 508-647-7000

Fax: 508-647-7001

E-mail: info@mathworks.com

Web: www.mathworks.com

감사의 말

이 책의 저자인 클러프(David E. Clough)와 차프라(Steven C. Chapra)는 오랜 경력을 가지고 있습니다. 두 저자는 수십 년 동안 주변에서 많은 도움과 영향을 받아왔습니다. 클러프는 고등학교 때 벤자민(Edith Benjamin) 선생님에게서 벡터, 행렬, 집합을 배웠습니다. 선생님은 클러프를 포함한 세 명의 학생들을 일주일에 몇 번씩 시카고(Chicago)의 사우스 사이드(South Side)에 위치한 일리노이 공과대학교(Illinois Institute of Technology)로 저녁때 데려가 이들이 포트란(Fortran) 프로그래밍을 배우도록 해주었습니다. 1964년 클러프가 오하이오주(Ohio) 클리블랜드(Cleveland)에 위치한 케이스 공과대학교(Case Institute of Technology)에 입학했을 때, 포트란은 이미 한물간 언어라는 말을 듣고 그 당시 새로운 언어였던 알골(Algol)을 배웠습니다. 계속해서 그는 GE 타임셰어링(timesharing) 베이식(BASIC), 파스칼(Pascal), APL과 같은 또 다른 "미래의 언어"도 배웠습니다. 그는 실시간 컴퓨터 시스템에 사용되는 기계어(machine language)와 어셈블리 언어(assembly language) 프로그래밍을 배웠습니다. 계속해서 C/C++, 매트랩(MATLAB), 엑셀(Excel)의 VBA 등을 배웠고 30년이 지나 포트란은 사라졌습니다. 컴퓨팅 툴이 많이 달라졌지만 기본은 그대로 유지되고 있는 것 같습니다. 일리노이주(Illinois) 알링턴 하이츠(Arlington Heights)에 있는 알링턴 고등학교(Arlington High School)의 벤지민 선생님을 시작으로 많은 사람에게서 받은 지도와 지원이 없었다면 지금의 클러프는 존재하지 않았을 것입니다.

차프라는 정규 컴퓨터 프로그래밍 과목을 수강한 적이 없습니다. 1966년 그가 맨해튼 대학교(Manhattan College)에 입학한 당시에는 그런 강의가 없었습니다. 그러나 대학교에는 일정과 회계를 관리하는 데 사용되는 방 한 개 크기의 메인프레임 컴퓨터가 있었습니다. 학교에서 만난 몇몇 뛰어난 물리 전공 선배들이 저녁에 강의실을 빌려 차프라를 비롯한 후배들에게 초기 버전의 IBM Fortran으로 코딩하는 방법을 가르쳐주었습니다. 또한 선배들의 권유로 차프라는 컴퓨터 센터에서 자원봉사로 일하면서 바닥을 쓸고 진공관을 교체하며 어셈블리 언어를 배웠습니다. 그러나 차프라에게는 무엇보다도 멋진 일이 있었는데, 컴퓨터 센터의 열쇠를 손에 넣을 수 있어서 친구들과 함께 컴퓨터 센터에 밤늦게 몰래 들어가 펀치 카드에 수치 계산 프로그램을 작성할 수 있었습니다. 그때를 기점으로 해서 그의 연구 분야인 환경 모델링에 적용되는 컴퓨팅이 자신의 교육과 경력에서 대부분을 차지했습니다.

우리 두 저자는 지금까지 다양한 기관과 전문 분야에서 가르친 수천 명의 학생들에게 감사하다는 말씀을 드립니다. 학생들 덕분에 우리는 항상 긴장하지 않을 수 없었고 우리가 가르치는 방식의 문제점을 찾아낼 수 있었습니다. 우리가 나이를 먹으면서도 여러 측면에서 젊은 시각을 유지할 수 있는 것 또한 학생들 덕분입니다.

이 책을 출판해주신 CRC Press, Taylor & Francis 그룹에 감사의 말씀을 전합니다. 편집을 맡아주신 샤프(Nicola Sharpe)와 바가트(Nishant Bhagat)의 지원과 협력 덕분에 이 책은 더 좋은 책이 될 수 있었습니다.

저자 소개

클러프(David E. Clough)는 콜로라도 대학교(University of Colorado) 명예 교수로, 프로그래밍 언어와 컴퓨팅 도구 분야에서 다양한 경험을 쌓았다. 그는 강의를 통해 전문지식을 전달하고 전문지식을 활용하여 연구를 수행하고 산업에 응용해왔다. 지금까지 전문가들을 대상으로 응용 컴퓨팅과 문제 해결에 관한 수백 회의 단기 강의를 진행해왔다.

차프라(Steven C. Chapra)는 터프츠 대학교(Tufts University)에서 명예 교수와 루이스 버거 의장(Louis Berger Chair) 직책을 동시에 맡고 있다. 터프츠 대학교로 오기 전에는 미국 환경보호청(United States Environmental Protection Agency)과 국립 해양 대기청(National Oceanic and Atmospheric Administration)에서 근무하였고 텍사스 A&M 대학교(Texas A&M University), 콜로라도 대학교(University of Colorado), 임페리얼 칼리지 런던(Imperial College London)에서 학생들을 가르쳤다. 그는 미국 토목 공학 협회(American Society of Civil Engineering, ASCE)의 펠로우이다. 그는 학술 분야와 학문 분야에서의 공헌을 인정받아 ASCE로부터 루돌프 헤링 메달(Rudolph Hering Medal)을, 미국공학교육협회(American Society for Engineering Education)로부터 메리암-와일리 우수 저자 상(Meriam-Wiley Distinguished Author Award) 등 여러 상을 수상하였다. 그는 평생 교육을 강력히 지지하며, 전문가들을 대상으로 한 90회 이상의 워크숍에서 수치해석, 컴퓨터 프로그래밍, 환경 모델링을 가르쳤다.

저자 이메일 주소:
david.clough@colorado.edu
steven.chapra@tufts.edu

옮긴이 머리말

"공학도를 위한 파이썬 프로그래밍: 과학계산 및 데이터작업"은 David E. Clough와 Steven C. Chapra의 저서 "Introduction to Engineering and Scientific Computing with Python"의 국문 번역서입니다. 저자가 서문에서 밝혔듯 이 책은 학부 1학년생을 기준으로 쓰인 파이썬을 이용한 과학계산 및 데이터작업에 대한 입문서입니다.

물론 어느 정도 수치 해석이나 프로그래밍 언어에 대한 기초 지식이 있으면 좋겠지만, 그렇지 않더라도 책의 내용과 흐름을 무리 없이 따라갈 수 있다는 것이 이 책의 가장 큰 장점입니다. 공학과 과학 분야에서 문제 해결에 필요한 기본적인 수치 해석적 이론 및 알고리즘을 소개함과 동시에 이를 파이썬을 이용하여 실제 여러분의 컴퓨터에서 구현할 수 있도록 도와줄 것입니다. 파이썬의 장점이나 이 책의 내용 및 성격 등에 대해서는 이미 저자의 서문에 훌륭하게 서술되어 있으므로, 여기서 따로 언급하지는 않겠습니다.

이 책의 미덕 중 하나는 학생들의 이해를 돕기 위해 문제 해결을 크게 3단계로 나누어 설명하고 있다는 점입니다. 1단계에서는 문제 해결에 필요한 보편적인 수학적/수치 해석적 배경 및 알고리즘을 설명합니다. 즉, 이 책에서 다루지 않는 문제에도 적용해 볼 수 있는 지식의 보편성과 확장성을 제공합니다. 2단계에서는 이러한 알고리즘에 사용된 로직을 직접 구현하여 문제를 해결하는 방법을 설명합니다. 이로써 여러분은 파이썬 환경에서 자신에게 필요한 로직을 스스로 구현하는 법에 익숙해질 수 있으며, 이는 문제 해결의 범위를 확장시켜 나아가는 데 큰 도움이 될 것입니다. 3단계에서는 파이썬 모듈에서 제공하는 내장함수를 호출하여 좀 더 간단하게 코드를 작성하고 이를 응용하여 간결하게 문제를 처리하는 법을 설명합니다. 앞서 문제 해결을 위한 충분한 이해의 단계를 거쳤기 때문에, 여기에서는 이를 좀 더 복잡한 문제에 효율적으로 응용할 수 있도록 도와줄 것입니다.

이 책은 입문서입니다. 좋은 내용과 구성으로 이루어졌지만, 여러 전공에 필요한 모든 내용을 담을 수는 없습니다. 하지만, 세부 전공 및 높은 수준의 문제 해결을 위한 교두보 역할 이상의 책이라 생각합니다. 아마도 이 책을 끝까지 공부하신다면, 새로운 문제 해결 알고리즘을 만났을 때 파이썬으로 로직을 구현하는 작업이 많이 어렵지는 않으리라 예상됩니다.

마지막으로 이 책을 번역하는 과정에서 오류가 발생하지 않도록 모든 옮긴이가 내용을 꼼꼼히 살펴보았으며, 오해가 생기지 않도록 필요에 따라 주석을 통해 내용을 보충하였습니다. 원서에서 발견된 오류도 최대한 수정하여 반영하였습니다. 그럼에도 불구하고 이 책에서 잘못된 내용을 찾으셨거나 개진하실 의견이 있으실 경우, 출판사(sorgento2000@daum.net)로 연락을 부탁드립니다.

2023년 11월
옮긴이 김주형

차례

제 5 장 그래픽 – Matplotlib 145

제 6 장 배열과 행렬 연산 187

제 7 장 단일 대수 방정식 풀기 213

제 10 장 데이터 작업 351

제 1 장

공학 계산과 과학 계산

1장의 목표

- 유효숫자, 위치/과학 숫자 표기법을 포함한 수치 계산법을 복습한다.
- 절대값, 부호, 로그, 지수, 삼각, 쌍곡선 함수 등 공학 계산과 과학 계산에 사용되는 보편적인 함수를 이해한다.
- 직교좌표식과 극좌표식 표현에서의 복소수 연산을 복습한다.
- 공학 계산과 과학 계산에서 사용되는 단위의 변환을 이해한다.
- 공학/과학 문제 해결을 위한 전략을 수립하는 과정을 이해한다.

공학자와 과학자는 매일 일상적으로 수치 계산을 수행한다. 수치 계산에 대한 경험이 쌓여 감에 따라 어떻게 해야 결과의 신뢰성을 높일 수 있는지에 대한 실용적인 계산법들을 정립해 왔다. 이 장의 목적은 이러한 실용적인 계산법들을 검토하여 STEM[1] 전문직의 기능적인 구성원이 되는 기본을 갖출 수 있도록 하는 것이다. 이공계 제외한 나머지 분야에서 수량의 수치적 표현과 해석에 대해 간편하고 느슨하게 다루는 경향이 있지만, 공학자와 과학자는 수치의 표현에 대해 항상 면밀히 검토하고 올바르지 않는 값에 대해서는 무시해야 한다. 수치상의 문제를 제대로 발견하지 못하면 경우에 따라 제품에 심각한 문제가 발생할 수 있기 때문이다.

우리는 이번 1장을 통해 수량의 수치 표현법, 계산법, 단위, 그리고 공학문제 해결을 위한 접근 방식에 대하여 설명하도록 한다.

1 과학(Science), 기술(Technology), 공학(Engineering), 수학(Mathematics)

예제 1.1 지구의 부피는 얼마인가?

지구는 북극과 남극 사이가 약간 눌려진 형태의 공 모양의 구형으로 알려져 있고, 지구 중심에서 적도까지의 반지름은 6,378 km로 추정된다. 구의 부피에 대한 공식은 다음과 같다.

$$V = \frac{4}{3}\pi r^3 \tag{1.1}$$

계산기나 스프레드시트와 같은 컴퓨터 프로그램을 사용하여 계산을 수행하면 다음과 같은 결과를 얻을 수 있다:

$$1.0867813 \times 10^{12}\,\text{km}^3$$

이 수치는 너무 크기 때문에 지수식을 사용하는 **과학 표기법**(scientific notation)으로 표현하는 것이 편리하다.

그러나 여기서 의문이 생긴다. 반지름이 6,378 km라고 추정한 것은 지구의 반지름이 6,377 또는 6,379가 아니라는 것을 말한다. 이는 우리가 이 네 자리의 숫자를 사용하는 것이 측정의 정밀도 수준을 나타내고 있다는 것을 의미한다. 마지막 숫자 8이 정말 확실하지 않다면 반지름을 6,380으로 보고하여 세 자리 숫자의 유효성만 주장하는 것이 더 나을 수 있다. 여기서 중요한 점은 보고된 수치의 자릿수를 보고 추정 결과의 정밀도를 알 수 있다는 것이다.

어디까지의 자릿수를 인정할 것인지에 대한 문제는 계산 결과를 수행하고 보고할 때 중요한 문제를 제기한다. 반지름에서 4자리 숫자의 유효성을 인정한다면 부피의 계산 결과는 8자리 숫자로 보고하는 것이 적절한가? 답은 간단하다. 그렇게 하면 안 된다! 부피의 계산결과 또한 다음과 같이 동일한 4자리의 **유효숫자**(significant figures)를 유지하여 보고되어야 한다.

$$1.087 \times 10^{12}\,\text{km}^3$$

이제 우리는 또 다른 문제에 직면한다. 극지방에서 지구의 반지름은 6,357 km로 보고되고 있다. 지구는 42 km만큼 찌그러져 있는 것이다 이 반지름을 대신 사용하면 다음과 같은 부피가 계산된다.

$$1.076 \times 10^{12}\,\text{km}^3$$

이는 앞에서 계산한 결과와 1.070×10^{10} km만큼 차이가 있다. 이 차이가 중요한가? 그럴 수도 있고 아닐 수도 있지만, 엄청난 크기의 부피인 것은 사실이다!

더 나은 결과를 찾기 위해 계속 진행해보도록 한다. 지구의 실제 부피는 두 결과 사이의 어딘가에 있다고 결론을 내리는 것이 합리적이지만, 그 사이의 어디일 것인가? 공학자 또는 과학자로서 우리는 방법을 개선하기 위해 편구형체에 대한 공식을 사용하고자 한다.

$$V = \frac{4}{3}\pi ab^2 \tag{1.2}$$

여기서 a는 적도에서의 긴반지름이고 b는 극지에서의 짧은반지름을 의미한다. 최종 계산 결과는 예상대로 위에서 계산한 두 부피의 중간에 위치한 값이다.

$$1.080 \times 10^{12}\,\text{km}^3$$

공학자 또는 과학자로서 우리는 결과에 만족하지 않고(그리고 항상 회의적인 태도를 취하며) 항상 개선할 방법을 찾고 개선의 중요성을 평가하는 법을 배운다. 따라서 에베레스트산(해발 약 8.48 km)에서 사해(해발 −0.414 km)와 같이 지구 표면의 변화로 인한 반경 거리의 변화를 조사할 수도 있다. 여기서는 그렇게까지 하지 않고 예제를 여기까지만 진행하도록 한다.

1.1 수량의 수치 표현(Numerical Quantities)

우리는 모두 0부터 9까지의 숫자를 기반으로 하는 10진법의 숫자를 사용하며 자란다. 2장에서 알게 되겠지만 10진법은 컴퓨터 내부에서 사용되는 숫자 체계는 아니다. 사실 우리는 십진수에 너무 익숙해져서 그 기본 구조에 대해서 잊어버리곤 한다. 컴퓨터 내부로 이동하면서 숫자 기반이 10진법에서 2진법으로 변경되기 때문에 이 구조에 대해 정확히 알고 넘어가는 것이 중요하다.

1.1.1 위치/과학 표기법

위치 표기법(Positional notation)에 대해 알아보는 것은 진법의 구조에 대해 알아보는 좋은 시작점이 될 수 있다. 다음과 같은 수치

$$1234.56$$

은 십진수 번호 체계에서 사용할 수 있는 숫자 0 1 2 3 4 5 6 7 8 9를 사용한다. 숫자의 위치는 전체 숫자에 대하여 해당 숫자가 10의 거듭제곱만큼의 기여도를 가진 다는 것을 나타낸다. [그림 1.1]에 따라 위치를 색인화(indexing)하면 [표 1.1]과 같이 숫자의 기여도를 표현할 수 있다.

각 자리수의 다양한 기여가 합쳐져서 하나의 숫자가 된다. 이것은 공학과 과학에서 흔히 매우 크거나 작은 수들을 나타낼 때 사용되는 위치 표기법(Positional notation) 또는 **과학 표기법**(Scientific notation)으로 이어진다. 수치 1234.56을 위치 표기법으로 나타내면 다음과 같다.

$$1.23456 \times 10^3$$

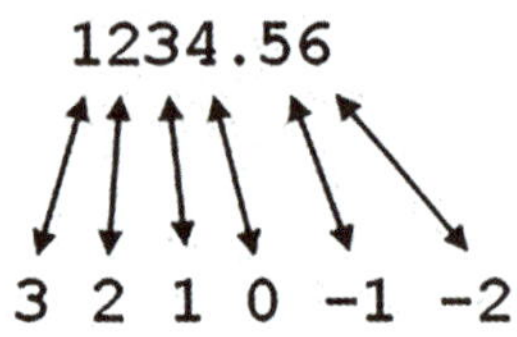

그림 1.1 위치 표기법.

표 1.1 숫자의 위치에 따른 기여도.

색인	숫자	기여도
3	1	$1 \times 10^3 = 1{,}000$
2	2	$2 \times 10^2 = 200$
1	3	$3 \times 10^1 = 30$
0	4	$4 \times 10^0 = 4$
−1	5	$5 \times 10^{-1} = 0.5$
−2	6	$6 \times 10^{-2} = 0.06$

여기서 1.23456 부분을 가수(혹은 mantissa)[2]라 하고, 10의 거듭제곱수인 3을 지수라고 한다. 같은 수치를 아래와 같이 표현할 수도 있지만 이는 일반적인 방법은 아니다.

$$123456. \times 10^{-2}$$

일반적인 위치/과학 표기법에서는 소수점 왼쪽에 한 자리만 있는 수치로 정규화하여 표현한다. 과학 표기법은 매우 크고 작은 수치를 편리하게 표현할 수 있도록 한다. 다음과 같은 수치들을 예로 들 수 있다.

$$\text{아보가드로수: } 6.022 \times 10^{23}$$

$$\text{플랑크상수: } 6.626 \times 10^{-34}$$

2 mantissa라는 용어는 컴퓨터 과학자들 사이에서 흔히 사용되지만, 일부에서는 로그에 대한 설명과 혼동될수 있다는 이유로 권장하지 않는 경우도 있다.

1.1.2 정확도와 정밀도

더하기, 빼기, 곱하기, 나누기 이 4가지 산술 연산은 모든 수의 계산에 대한 기초가 된다. 계산기나 컴퓨터를 사용하든 사용하지 않든, 우리는 이러한 연산을 별다른 생각 없이, 그리고 때때로 오류를 범하며 매일 수행한다. 여기서는 산수를 다시 가르치는 것이 목적이 아니라 공학 계산과 과학 계산에서 문제가 될 수 있는 이러한 연산의 몇 가지 특징을 강조하고자 한다.

먼저 정밀도, 유효숫자 그리고 반올림의 개념을 소개할 필요가 있는데, 이는 이러한 개념들이 계산의 결과를 보고하는 방식에 영향을 미치기 때문이다. **정밀도**(precision)와 **정확도**(accuracy)라는 용어를 구분하는 것이 중요한데, 정확도는 측정값과 검증된 표준값 사이의 오차를 의미하고, 이러한 표준은 미국 국립표준기술연구소(NIST)와 프랑스 표준화협회(AFNOR)와 같은 국가 기관에서 관리하는 표준을 따른다. 해당 기관들은 국제표준화기구(ISO)의 회원들이다. 정밀도는 숫자를 표현할 수 있는 분해능과 관련이 있다. 예를 들어 측정 온도가 24°C라면 1°C의 정밀도를 가지지만, 24.1°C라면 0.1°C까지 정밀도를 가지게 된다. 두 번째 온도가 첫 번째 온도보다 더 정밀한 것은 맞지만, 두 번째 온도가 첫 번째 온도보다 더 정확하다고 하는 것은 쉽게 발생할 수 있는 오류이다. 측정값을 24°C ± 1°C로 표시하면, 일반적으로 측정의 정확도, 즉 실제 온도가 23°C에서 25°C 사이라는 것을 의미하지만, 다른 맥락에서는 ±간격이 측정과 관련된 무작위 오차와 관련될 수 있으므로 어떤 의미의 표시인지 명확하게 이해할 필요가 있다. 따라서 정확도와 정밀도라는 용어의 사용에 많은 주의가 필요하다. 정밀도는 정확도의 의미로 오용되는 경우가 많으므로 과학 글쓰기에서는 정밀도 대신 **분해능**(resolution)을 사용하는 것이 바람직하다.

다음 수치를 비교해 보자.

$$65°\text{F} \qquad 18.3333°\text{C}$$

두 번째 온도는 다음 공식을 사용하여 변환되었으므로 첫 번째 온도와 거의 동일하다.[3]

$$°\text{C} = \frac{°\text{F} - 32}{1.8}$$

그러나 이 두 수치가 표시되는 방식에는 상당한 차이가 있다. 65°F라고 쓰면 온도가 확실히 60도대이며 64도나 66도보다 65도에 가깝다는 것을 의미한다. 18.3333°C라고 쓰면

3 미국은 화씨 온도 눈금이 여전히 널리 사용되는 세계에서 몇 안 되는 국가 중 하나이기 때문에, 변화를 거부하는 미국인들과 미국을 방문하는 사람들은 종종 섭씨 눈금을 화씨 눈금으로(또는 그 반대로) 변환해야 하는 상황에 직면하게 된다. 섭씨에서 화씨로의 단위 변환의 팁으로, 32°F부터 18°F씩의 차이나는 온도(−4, −14, 32, 50, 68, 86, 104, 122)는 0°C부터 10°C씩 차이나는 온도(−20, −10, 0, 10, 20, 30, 40, 50)에 대응되므로 이를 익히는 것이 유용하다. 그리고 화씨 온도가 9°F씩 달라지면 섭씨온도는 5°C씩 달라진다(예: 59°F = 15°C). 당신이 추운 지역에 거주하는 경우 두 눈금이 −40에서 동일하다는 것이 작은 "위안"이 될 수 있다. 참고로 °F를 사용하는 다른 국가는 라이베리아와 케이맨 제도뿐이다!

온도가 18.333에 정확하고 18.3332 또는 18.3334보다 18.3333에 더 가깝다는 것을 의미한다. 물론 이러한 정밀도로 온도를 측정하는 것은 비현실적이기 때문에, 변환된 온도를 18°C로 보고해야 하며, 이는 65°F와 비슷한 정밀도를 가진다는 것을 알 수 있다. 이는 다음 장에서 설명할 유효 숫자의 개념으로 이어진다.

1.1.3 유효 숫자

유효숫자(significant figures)는 공학자나 과학자가 어떤 양을 수치로 나타낼 때 어디까지 믿을 수 있는지를 표현하거나, 정밀도의 수준을 나타내는 데 필요한 숫자이다. 어떤 수치의 유효 숫자는 왼쪽에서 첫 번째 0이 아닌 숫자부터

(a) 소수점이 표시되어 있는 경우: (0을 포함하여) 오른쪽의 마지막 숫자까지 모든 숫자이다.
(b) 소수점이 표시되지 않은 경우: 0이 아닌 마지막 숫자까지 모든 숫자이다.

유효 숫자는 대부분의 경우 유효 숫자의 '개수', 즉 위의 정의를 만족하는 총 자릿수로 표현한다. 다음 예시들은 여러 숫자에 대한 유효숫자를 보여준다.

65°F	규칙 (b)에 따라 유효 숫자 2개
18.3333°C	규칙 (a)에 따라 유효 숫자 6개
0.00471	규칙 (a)에 따라 유효 숫자 3개
43,500	규칙 (b)에 따라 유효 숫자 3개
43,500.	규칙 (a)에 따라 유효 숫자 5개

마지막 두 예는 중요한 점을 제기한다. 수치에서 4 3 5라는 숫자는 정확하다는 것을 알고 있고 다음 자리의 0까지 정확한 숫자라는 걸 알고 있다면 어떻게 될까? 다시 말해, 유효 자릿수가 네 자리인 경우 (a)와 (b)의 규칙은 이러한 가능성을 다루지 않는다. 이러한 경우 우리는 어떻게 하는 것이 좋을까? 사실, 43,500과 43,500. 사이의 차이도 놓치기 쉽다. 해결책은 과학 표기법을 사용하는 데 있다. 다음 세 수치에는 모호함이 존재하지 않는다:

4.35×10^4	유효 숫자 3개
4.350×10^4	유효 숫자 4개
4.3500×10^4	유효 숫자 5개

그리고 규칙 (a)는 이들 모두에 적용된다. 따라서 유효 숫자의 개수가 모호할 수 있는 경우에는 항상 과학 표기법을 사용하는 것이 좋다.

명확성과 관련된 한 가지 추가 사항은 서면 작업(자필 또는 인쇄물)에서 소수를 표현할 때는 소수점 앞에 선행되는 0을 포함시키는 것이 중요하다. 즉,

.471보다는 0.471로 표기

하는 것이 맨 앞에 찍힌 소수점을 놓치는 실수를 방지할 수 있다.

1.1.4 반올림

유효숫자의 개념은 수치 계산에도 적용되며 주어진 자리 위치로 숫자를 반올림해야 할 필요성을 만들어낸다. 간단한 덧셈을 통해 다음과 같이 쉽게 합을 구할 수 있다.

```
 12.3
 14.36
 26.66
```

그러나 표시된 덧셈 결과는 첫 번째 수치가 12.30의 정밀도를 가지는 것을 의미한다. 실제로 12.3으로는 100분의 1 자리까지 알 수 없으므로 두 번째 수치를 첫 번째 수치의 정밀도인 14.4로 반올림하고 덧셈을 다음과 같이 수행하는 것이 올바르다.

```
 12.3
 14.4
 26.7
```

또는 적어도 계산 결과인 26.66을 26.7로 반올림해주어야 한다. 뺄셈의 경우도 마찬가지이다.

반올림에 대한 표준 규칙은 다음과 같다:

수치를 n번째 자리로 반올림해야 하는 경우,

a. $(n-1)$번째 자리의 숫자가 5보다 큰 경우: n번째 자리의 숫자에 1을 더한다.
b. $(n-1)$번째 자리의 숫자가 5보다 작은 경우: n번째 자리의 숫자를 그대로 둔다.
c. $(n-1)$번째 자리의 숫자가 5와 같고 0이 아닌 숫자가 뒤따르는 경우: 규칙 a를 적용하고, 그렇지 않은 경우에는 n번째 자리의 숫자가 짝수가 되도록 반올림 또는 반내림한다.

규칙 (c)는 5를 반올림하고 반내림하는 경우가 각각 절반 정도라는 것을 말해준다. [표 1.2]의 예제를 통해 위 규칙이 어떻게 적용되는지 확인할 수 있다.

네 번째 예에서 먼저 0.055로 반올림한 다음 다시 0.06으로 반올림하고 싶은 유혹이

있을 수 있다. 하지만 반올림은 항상 한 번만 해야 한다!

사칙연산에서 유효숫자를 취급하는 데에는 다음과 같이 특정한 규칙이 있다:

a. 덧셈과 뺄셈의 경우: 각 수치의 마지막 유효 숫자 위치를 비교해야 한다. 이 위치 중 가장 왼쪽에 위치한 유효숫자 위치가 덧셈 또는 뺄셈에서 허용 가능한 마지막 유효 숫자의 위치다.

b. 곱셈과 나눗셈의 경우: 결과에 유지되는 유효 숫자의 개수는 곱셈 또는 나눗셈에 사용되는 수치들 중에서 가장 적은 개수의 유효숫자를 가진 수치의 유효 숫자 개수와 같아야 한다.

표 1.2 반올림 적용 예시.

기존 수치	반올림해서 올라가는 자리[a]	적용 결과	적용된 규칙
43,500	1,000	44,000	(c)
42,500	1,000	42,000	(c)
18.3333	0.1	18.3	(b)
0.05493	0.01	0.05	(b)
7.86×10^3	0.1	7.9×10^3	(a)

[a] 가수에서의 자리를 의미

과학 표기법으로 여러 수치를 서로 더하거나 뺄 때 지수가 동일하도록 수치들 중 하나 이상의 위치 표기를 변경해야 한다. 예를 들어 다음 두 수치의 덧셈을 수행하려면,

$$\begin{array}{r} 1.046 \times 10^{11} \\ 7.64 \times 10^{10} \end{array}$$

다음 두 가지 형식 중 하나로 변환해야 한다.

$$\begin{array}{r} 1.046 \times 10^{11} \\ \underline{0.764 \times 10^{11}} \\ 1.810 \times 10^{11} \end{array} \qquad \begin{array}{r} 10.46 \times 10^{10} \\ \underline{7.64 \times 10^{10}} \\ 18.10 \times 10^{10} \end{array}$$

두 번째 계산결과를 정규화하여 첫 번째 계산과 동일한 결과를 얻을 수 있다.

두 수치를 곱할 때 결과를 나타내는 데 필요한 자릿수는 다음 예에서 보듯이 각 수치에 있는 자릿수의 합만큼이 될 수 있다.

```
   12.3×
  14.36
        .738
 3.69
 49.2
  123.
  176.628
```

이 경우에는 곱셈의 결과를 나타낼 때 6자리의 숫자가 사용되었지만 계산에 따라 7자리 이상일 수도 있다. 그러나 곱셈의 유효 숫자 규칙을 적용하면 두 수치의 유호 숫자 개수 중 최소의 유효 숫자 개수는 (12.3으로부터) 3이므로 답안에는 유효 숫자가 3개만 유지되어야 한다. 즉, 답은 177로 표현해야 한다.

나눗셈의 반올림은 자세히 살펴볼 필요가 있다. 나눗셈이 딱 맞아 떨어지는 경우 몫은 유한한 길이의 자릿수를 가지게 된다. 위의 예를 뒤집어서 나눗셈으로 표현해보자.

```
          14.36
12.3 ) 176.628
      -123.
        53.628
       -49.2
         4.428
        -3.69
         0.738
        -0.738
         0.0
```

몫은 나누는 수치의 유효 숫자의 개수를 반영하기 위해 14.4로 표현해야 한다. 나눗셈이 딱 맞아 떨어지지 않는 경우는 원하는 만큼 나눌 수 있지만 항상 나머지가 남게 된다. 나머지는 분수로 표현할 수 있다. 마지막 예제를 약간 수정하면 다음의 나눗셈이 된다.

```
          14.3
12.3 ) 176.6
      -123.
        53.6
       -49.2
         4.4
        -3.69
         0.71
```

따라서 이 경우의 몫은 14.3 + 0.71/12.3으로 표현된다.

이 예에서 볼 수 있듯이 올바른 반올림이 이루어지도록 최종 유효숫자 개수보다 적어도 한 자리 이상 더 나누기를 수행하는 것이 바람직하다.

과학 표기법으로 표현된 두 수치를 곱할 때는 가수끼리는 곱하고 지수끼리는 더하여 계산할 수 있다. 먼저 곱셈의 결과를 정규화한 뒤, 서로 곱해지는 수치 중 더 작은 유효 숫자의 개수에 맞추어서 유효숫자를 수정하면 된다. 다음 예를 통해 과학 표기법으로 표현된 두 수치의 곱셈 과정을 확인할 수 있다.

$$
\begin{array}{rl}
6.022 & \times 10^{23} \\
\times\ 6.63 & \times 10^{-34} \\
\hline
39.92586 & \times 10^{-11} \quad \rightarrow \quad 3.99 \times 10^{-10}
\end{array}
$$

오른쪽의 곱셈 결과를 보면 정규화됨과 동시에 두 곱해지는 수치의 정밀도 중 더 낮은 쪽에 맞추어져 있다.

나눗셈에서는 나누어지는 수의 가수를 나누는 수의 가수로 나누고, 나누어지는 수의 지수를 나누는 수의 지수로 빼서 계산할 수 있다. 마찬가지로 예제를 통해 과학 표기법으로 표현된 두 수치의 나눗셈 과정을 확인할 수 있다.

$$\begin{array}{rl} & 0.1369 \times 10^{1} \\ 7.65 \times 10^{10} & \overline{)\,1.046 \quad \times \quad 10^{11}} \end{array} \rightarrow \; 1.37 \times 10^{0}$$

여기서도 몫은 반올림을 해야 할 자리보다 한 자리 더 나오도록 나눗셈이 수행되었고, 정규화 후 3개의 유효숫자 개수를 맞추기 위하여 적절하게 반올림된 것을 알 수 있다.

1.2 수학 함수들

공학 계산과 과학 계산을 수행할 때 종종 다음과 같은 다양한 수학 함수를 사용하게 된다.

- 절대값과 부호 함수
- 지수와 로그 함수
- 삼각 함수
- 쌍곡선 함수

이 절에서는 이러한 함수들의 계산 과정에서 발생하기 쉬운 오류들을 검토한다. 대수학과 미적분학에 관한 좋은 책과 비디오에서 가르쳐 주는 완벽한 설명을 반복하는 것은 이 책의 의도가 아니다. 보다 심층적인 검토가 필요한 경우 이러한 책과 비디오를 참조할 수 있다.

1.2.1 절대값과 부호 함수

숫자의 절대값을 계산하는 것은 비교적 쉽다. 숫자가 음수이면 양수로 바꾸고, 그렇지 않으면 숫자를 그대로 두면 된다. 절대값 함수을 표현하는 익숙한 기호는 숫자 양옆을 세로 막대로 둘러싸는 것이다(예: $|x|$). 그리고 절대값 함수는 몇 가지 창의적인 방법으로 활용될 수 있다. 예를 들어, 수량을 제곱하면서도 결과에서 수량의 부호를 보존하는 연산을 원한다고 가정해 볼 때, 이 연산을 −3에 적용하면 −9가 되고, 3에 적용하면 9가 된다. 절대값 함수를 사용하면 다음과 같이 이러한 연산을 정확하게 나타낼 수 있다.

$$x\,|x|$$

또 다른 관련 함수는 **부호**(혹은 **시그넘**) 함수(약어로 sgn)이다. 부호 함수는 다음과 같이 절대값 함수를 활용하여 표현할 수 있다.

$$\mathrm{sgn}(x) = \frac{|x|}{x} \tag{1.3}$$

x가 양수일 때는 sgn(x) = 1이고, x가 음수일 때는 sgn(x) = −1이다. 이 공식은 x = 0일 때 0/0이라는 부정형(indeterminate form)이 나오는 문제가 발생하므로 이 경우 sgn(0)은 그냥 0으로 정의된다.

앞의 예제에서 부호를 유지한 제곱 값에 대한 연산는 sgn 함수로 다음과 같이 다르게 표현될 수 있다.

$$x\,|x| = \mathrm{sgn}(x)\,x^2 \tag{1.4}$$

1.2.2 지수 함수와 로그 함수

지수와 로그 함수는 일부 학생들에 두려움의 대상이다. 지수와 로그 함수는 과학과 공학 공식 계산의 필수적인 부분이기 때문에 이는 안타까운 일이다. 지수 함수와 그 역함수인 로그 함수를 정의하는 핵심 관계는 다음과 같다.

$$\log_x\left(x^y\right) = y \tag{1.5}$$

x^y라는 항은 여러분이 이해하고 있듯이 x를 y만큼 거듭제곱해준다는 의미이다. 정수의 거듭제곱은 곱셈 혹은 나눗셈을 반복하여 계산할 수 있으며, 예를 들어 다음과 같이 계신된다.

$$1.5^4 = 1.5\times1.5\times1.5\times1.5 = 5.0625 \Rightarrow 5.1$$

$$1.5^{-3} = \frac{1}{1.5^3} = \frac{1}{1.5\times1.5\times1.5} = 0.296\ldots \Rightarrow 0.30$$

$$(-1.5)^3 = (-1.5)\times(-1.5)\times(-1.5) = -3.375 \Rightarrow -3.4$$

위에서 곱셈과 나눗셈에서 유효 숫자에 대한 규칙이 어떻게 적용되었는지 주의해서 살펴보자. 그러나 y가 분수 부분을 가지는 실수일 때 x^y를 계산하는 것은 그렇게 간단하지 않다. 다음 예를 살펴보자:

$$1.5^{4.1} \qquad 1.5^{-0.41} \qquad (-1.5)^{1.4}$$

거듭제곱에 분수 부분이 있을 때 계산하는 방법은 로그 함수를 활용하여 생각해볼 수 있다. 이를 수행하기 전에 몇 가지 특정 유형의 로그 함수를 검토하고자 한다. 상용로그 함수(밑이 10인 로그함수)는 다음과 같이 주어진다.[4]

---

4 인쇄물이나 계산기에서 상용로그 함수를 표현할 때 $\log_{10}$대신 log만 표시하는 것이 일반적이지만, 대부분의 컴퓨터 프로그래밍 언어에서는 로그 함수는 자연로그 함수를 의미하며 별도의 상용로그 함수가 내장되어 있다는 점을 유의하자.

$$\log_{10}(10^y) = y$$

따라서 만약 $\log_{10}(2) = 0.301\ldots$이라면 이것은 다음과 같은 의미를 가진다.

$$10^{0.301\ldots} = 2$$

이를 다시 설명하면, 어떤 숫자의 상용로그 값은 10을 거듭 제곱하여 해당 숫자가 되는 값과 같음을 의미한다.

마찬가지로 자연로그 함수는 밑으로 e를 가지며, 여기서 e는 무한 급수로 정의된다.

$$e = 1 + \frac{1}{1!} + \frac{1}{2!} + \frac{1}{3!} + \cdots \cong 2.718281828\ldots$$

그리고

$$\log_e(e^y) = \ln(e^y) = y$$

따라서 $\ln(2) = 0.693\ldots$이면 $e^{0.693\ldots} = 2$가 된다. 자연로그 함수의 밑인 자연상수 e는 미적분과 미분방정식에서 자주 활용되며, 자연로그 함수는 다음과 같은 무한급수로 나타낼 수 있다.

$$\ln(x) = 2 \cdot \left[\frac{x-1}{x+1} + \frac{1}{3} \cdot \left(\frac{x-1}{x+1} \right)^3 + \frac{1}{5} \cdot \left(\frac{x-1}{x+1} \right)^5 + \cdots \right], \text{ 단 } x > 0\text{일 때} \tag{1.6}$$

우리는 자연로그 함수에서 필요로 하는 정확도를 얻을 수 있을 만큼의 항의 개수를 식 (1.6)에서 가져와서 자연로그 함수값을 계산할 수 있다. 로그 함수는 양의 값의 x에 대해서만 정의된다는 점에 유의하자.

위에서 정의한 자연로그 함수를 사용하여 임의의 밑을 가지는 로그 함수를 어떻게 계산할 수 있을까? $\log_a(x)$가 y와 같다고 가정하자. 즉, $a^y = x$이다. 이 방정식의 양변에 자연로그 함수를 취해주면, $\ln(a^y) = \ln(x)$ 그리고 $y \cdot \ln(a) = \ln(x)$가 되어 결과적으로 다음과 같이 나타낼 수 있다.

$$\log_a(x) = y = \frac{\ln(x)}{\ln(a)} \tag{1.7}$$

식 (1.7)은 임의의 밑을 가지는 로그함수에 대하여 계산하는 방법을 제공한다. 예를 들면 다음과 같다.

$$\log_{10}(100) = \frac{\ln(100)}{\ln(10)} = \frac{4.60517\ldots}{2.30259\ldots} = 2$$

여기서 y가 분수 부분을 가지는 실수일 때의 x^y로 돌아가 보자. 계산 결과를 z로 표현하면 다음과 같다.

$$z = x^y$$

방정식 양변에 자연로그 함수를 취해주면 다음과 같다.

$$\ln(z) = y \ln(x)$$

그리고 방정식의 양변을 e의 지수로 올려주면 다음과 같이 방정식을 수정할 수 있다.

$$e^{\ln(z)} = z = e^{y \ln(x)}$$

따라서, $x^y = e^{y \ln(x)}$를 얻을 수 있다. 다음과 같이 e^x에 대한 무한급수를 활용하게 되면,

$$e^x = 1 + x + \frac{x^2}{2!} + \frac{x^3}{3!} + \cdots \tag{1.8}$$

이제 우리는 식 (1.6)의 무한 급수에서 $\ln(x)$의 근사값을 얻은 뒤, 식 (1.8)의 무한 급수에서 $e^{y \cdot \ln(x)}$를 계산하여 x^y를 계산할 수 있게 되었다. x가 0보다 작거나 같을 때는 이 방법을 적용할 수 없다는 점에 유의해야 한다. 앞에서 든 예들 중에서,

$$(-1.5)^{1.4}$$

는 계산할 수 없으며, 사실 실수 범위 내에서는 수식이 성립하지 않는다.

일반적으로 계산기를 이용하거나 컴퓨터 소프트웨어의 내장 함수를 사용하여 로그와 지수 함수를 계산하기 때문에 손으로 직접 급수를 계산하여 근사값을 얻는 경우는 거의 없지만, 이러한 계산이 어떻게 이루어지고 왜 특정한 제한점들이 존재하는지에 대한 배경 지식이 있으면 유용하다. 위의 예시들을 다시 살펴보자.

$$1.5^{4.1} = e^{4.1 \ln(1.5)} = e^{4.1 \cdot 0.405\ldots} = e^{1.662\ldots} \cong 5.3$$

$$1.5^{-0.41} = e^{-0.41 \ln(1.5)} = e^{-0.166\ldots} \cong 0.85$$

$(-1.5)^{1.4}$는 -1.5가 0보다 작기 때문에 계산할 수 없음

중간 계산과정에서 더 정밀한 계산이 수행되었지만 각 예시에 대해 적절한 유효 숫자까지만 표기하였다. 위에서 설명한 것처럼 y가 분수 부분이 있는 실수인 경우 x^y를 계산하는 것은 직관적이거나 간단하지 않다. 이 부분은 반복해서 설명할 가치가 있다.

지수와 로그 함수에 대한 주요한 관계식을 복습해보면,

$$
\begin{aligned}
&\log_x\left(x^y\right) = y \\
&\log_a\left(x^y\right) = y \log_a(x) \\
&\log_a(x) = \frac{\ln(x)}{\ln(a)} \\
&x^y = e^{y \ln(x)}
\end{aligned}
\tag{1.9}
$$

지수와 로그 함수의 성질에 대해 나타내는 추가적인 관계식들은 다음과 같다.

$$
\begin{aligned}
&\log_a(x\,y) = \log_a(x) + \log_a(y) \\
&\log_a\left(\frac{x}{y}\right) = \log_a(x) - \log_a(y) \\
&x^{y+z} = x^y\,x^z \\
&a^{x\,y} = \left(a^x\right)^y
\end{aligned}
\tag{1.10}
$$

우리는 앞장에서 덧셈, 뺄셈, 곱셈, 나눗셈의 산술 연산에서의 유효숫자에 관한 구체적인 규칙을 설명하였다. 로그, 지수, 삼각 그리고 쌍곡선 함수와 같은 기타 비선형 함수를 사용할 때는 유효숫자에 관한 규칙을 쉽게 정의하기 어렵다. 앞에서 활용하였던 예시를 통해서 설명해보자:

$$1.5^{4.1}$$

1.5와 4.1 두 수 모두 두 개의 유효숫자를 가지고 있는 것이 분명하다. 그렇다면 계산 결과는 몇 개의 유효 숫자가 표시되어야 하는가? 이에 대하여 **민감도 분석**(sensitivity analysis)이라는 수치적 접근 방식을 사용해 보겠다. (미적분과 편미분으로 접근하는 방법도 있다.) 민감도 분석은 두 수에 대하여 각각 최하위 자릿수에서 한 단위씩 변경할 때 계산 결과에 얼마나 영향을 미치는지 확인하는 방법이다. [표 1.3]은 세 개의 유효 숫자로 답을 나타낸 결과이다.

표 1.3 민감도 분석.

	4.0	4.1	4.2
1.4	3.84	3.97	4.11
1.5	5.06	5.27	5.49
1.6	6.55	6.87	7.20

밑 1.5의 양을 ±0.1씩 변경했을 때의 극적인 효과를 관찰해보자! 주어진 지수 값에 대해서 계산결과는 약 ±1.5만큼 변경된다. 지수 4.1을 ±0.1씩 변경하는 효과는 약 ±0.2

로 훨씬 경미하다. 따라서 앞서 살펴본 대로 분해능 값이 1.5이면 우리는 한 자리 유효 숫자인 5로 계산 결과를 보고할 수밖에 없다. 이는 지수 함수와 같은 비선형 함수를 사용한 계산결과를 보고할 때 매우 주의해야 한다는 것을 보여준다.

1.2.3 삼각함수

다양한 종류의 삼각 함수는 과학 계산과 공학 계산에서 빼놓지 않고 등장한다. 삼각 함수가 포함된 공식을 계산할 때 학생들이 자주 직면하는 문제 중 하나는 대부분의 각도의 단위가 학생들에게 익숙한 도(degree)가 아닌 라디안(radian) 단위로 표시된다는 것이다. 많은 학생들이 이전 수학 과정, 특히 고등학교 수학 과정에서 배운 도(degree)단위에 익숙해져 있다. 먼저 세 가지 기초적인 "삼각" 함수의 기초를 살펴보고 이를 통해 도(degree)와 라디안의 차이점을 이해해 보도록 한다.

삼각 함수는 직각삼각형의 한 각과 변들의 길이의 비율 사이의 관계를 나타낸다. 삼각 함수는 일반적으로 단위 원, 즉 반지름이 1인 원을 사용하여 2차원 그래프에 나타내는 경우가 많다. 식 (1.11)의 삼각함수의 정의와 [그림 1.2]의 다이어그램을 비교해보자.

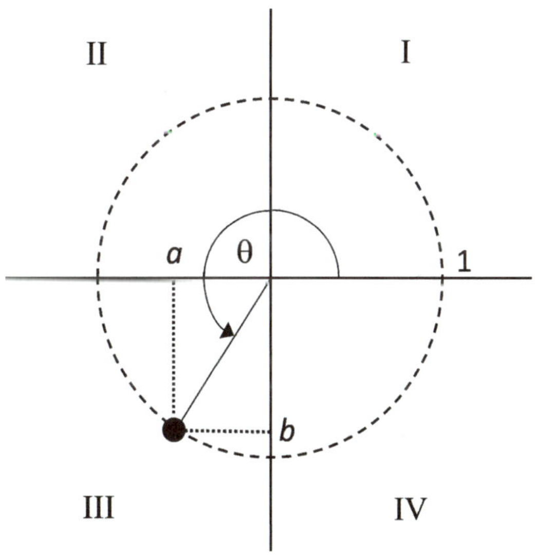

그림 1.2 단위 원과 삼각함수의 관계.

$$\sin(\theta)=b$$
$$\cos(\theta)=a \qquad (1.11)$$
$$\tan(\theta)=\frac{b}{a}$$

기준이 되는 직각삼각형은 a와 b의 길이를 가지는 변들과 단위 원의 반지름의 길이에 해당하는 1의 길이를 가지는 빗변으로 이루어진다. x축 좌표 a는 각도 θ에 인접한 직각 삼각형 변의 길이이고, y축 좌표 b는 각도 θ의 맞은편 변의 길이이다. 이러한 방식으로 직각삼각형에 기반하여 삼각함수를 다음과 같이 정의할 수 있다.

$$\begin{aligned}\sin\theta &= \frac{\text{맞은편 변}}{\text{빗변}} \\ \cos\theta &= \frac{\text{인접한 변}}{\text{빗변}} \\ \tan\theta &= \frac{\text{맞은편 변}}{\text{인접한 변}}\end{aligned} \tag{1.12}$$

또한 기본 삼각함수의 역수를 다음과 같이 정의한다.

$$\begin{aligned}&\text{코시컨트:} \quad \csc(\theta) = \frac{1}{\sin(\theta)} \\ &\text{시컨트:} \quad \sec(\theta) = \frac{1}{\cos(\theta)} \\ &\text{코탄젠트:} \quad \cot(\theta) = \frac{1}{\tan(\theta)}\end{aligned} \tag{1.13}$$

각도 θ를 표현하는 일반적인 방법으로 두 가지가 있다.[5] 원 한 바퀴를 360개로 나누면 도(degree) 단위를 얻을 수 있다. 단위 원에서 호의 길이를 이용하여 해당 호에 포함된 각도를 라디안 단위로 정의할 수 있다. 단위 원의 둘레가 2π이고 이는 2π rad과 360°에 대응되므로 다음과 같은 등식이 성립한다.

$$2\pi \text{ radians} = 360 \text{ degrees}$$

$$1 \text{ radian} = \frac{180}{\pi} \text{ degrees} \cong 57.3°$$

$$\frac{\pi}{180} = 1 \text{ degrees} \cong 0.0175 \text{ radians}$$

지수 함수, 자연 로그 함수와 마찬가지로 삼각 함수는 무한 급수로 정의되며, 이를 사용하여 수치 결과를 근사화할 수 있다. 예를 들어,

$$\sin(x) = x - \frac{x^3}{3!} + \frac{x^5}{5!} - \cdots \tag{1.14}$$

5 각도에는 grad라는 덜 자주 사용되는 또 다른 단위가 있다. 이는 직각(90°)을 100 단위로 나누어 정의한다.

이를 계산하기 위해서는 x를 도가 아닌 라디안으로 표현해야 한다. 삼각법 결과를 계산하기 위해 계산기를 사용하는 경우가 많은데, 이때 계산기에서 각도의 단위를 라디안으로 정하였는지 도 단위로 정하였는지 잘 알고 있어야 한다. 대부분의 계산기는 기본 설정이 도 단위로 되어 있으며 라디안 모드로 전환하려면 추가적인 조작을 필요로 한다.

다음은 많은 엔지니어와 과학자들이 기억하고 사용하는 몇 가지 삼각법 상식 정리해 보았다.

$$\sin(30°)=\sin\left(\frac{\pi}{6}\right)=0.5 \qquad \cos(60°)=\cos\left(\frac{\pi}{3}\right)=0.5$$

$$\cos(30°)=\cos\left(\frac{\pi}{6}\right)=\frac{\sqrt{3}}{2}=0.866... \qquad \tan(45°)=\tan\left(\frac{\pi}{4}\right)=1$$

$$\tan(60°)=\tan\left(\frac{\pi}{3}\right)=\sqrt{3}=1.732... \qquad \tan(30°)=\tan\left(\frac{\pi}{6}\right)=\frac{\sqrt{3}}{3}=0.577...$$

역(inverse) 또는 "아크(arc)" 삼각 함수는 과학 공식에서 자주 사용된다. 이들 함수의 수학적 정의는 간단하다. 예를 들어,

$$y=\sin(x) \qquad \Rightarrow \qquad \sin^{-1}(y)=x$$

$\sin^{-1}(x)$ 대신 $\arcsin(x)$라고 표현하기도 한다. 역사인함수의 계산 결과는 일반적으로 라디안 단위의 각도라는 섬에 유의하자. 위의 역사인함수를 다음과 같이 생각할 수 있다(이는 결과 값을 얻는 방법이기도 하다): "y라는 값이 주어졌을 때, 어떤 각도 x가 y의 사인을 산출할까?" 계산기를 사용하여 이를 풀려면 x를 추측하고 사인 함수를 계산한 다음 결과를 y와 비교하고 답이 y에 가까워질 때까지 새로운 x 값을 대입해보아야 할 것이다. 많은 공학용 계산기에는 역삼각함수가 내장되어 있으며 내부적으로 비슷한 전략을 사용하여 계산을 한다.

역삼각함수를 계산하는 데는 몇 가지 까다로운 측면이 있고, 다음 예제를 통해 이러한 특징을 살펴볼 수 있다.

[그림 1.3]의 단위 원 다이어그램에 표시된 각도를 살펴보자.

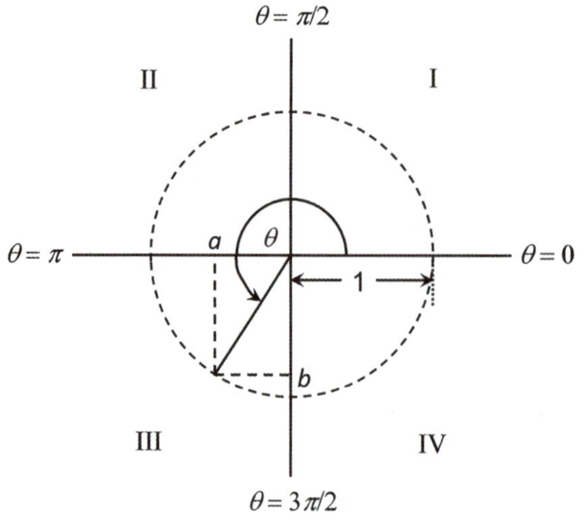

그림 1.3 단위 원과 사분면.

주어진 각도는 분명히 π(180°)보다는 크고 $3\pi/2$(270°)보다는 작다. 그리고 a와 b의 좌표 값이 모두 음수임을 알 수 있다. 앞에서 내린 정의에 따르면,

$$\tan(\theta) = \frac{b}{a}$$

탄젠트의 계산 결과는 분명히 b와 a의 비율과 같을 것이다. 하지만 역탄젠트 함수를 잠시 생각해 보자. b와 a를 알고 있고 이를 기반으로 θ를 계산하고 싶다고 가정해 보자(이러한 경우는 공학 계산에서 자주 발생한다). 다시 정의에 따르면,

$$\theta = \tan^{-1}\left(\frac{b}{a}\right)$$

음의 값인 b와 a의 비율을 취하면 양의 결과가 나오고, 역탄젠트 함수의 계산 결과는 0과 $\pi/2$(90°) 사이의 각도도 나올 것이다. [그림 1.3]을 살펴보면 단위 원의 사분면에 로마 숫자로 번호가 매겨져 있다. b와 a의 비율을 계산하는 과정에서 음의 부호에 대한 정보을 잃음으로써 답이 III 사분면의 각도여야 한다는 것을 알 수 없게 된다. 따라서 정답을 얻으려면 a와 b의 값을 보고 둘 다 음수라는 것을 인식하고 계산된 결과에 π(180°)를 더해야 한다. II 사분면와 IV 사분면에서 역탄젠트를 계산할 때도 똑같은 고려가 필요하다.

따라서 사용 중인 함수의 특성을 이해하지 않고 계산기의 버튼만 누르게 되면 문제가 발생할 수 있음을 알 수 있다. 컴퓨터 소프트웨어는 일반적으로 두 가지 역탄젠트 함수를 제공하는데, 하나는 I 사분면과 IV 사분면에서만 각도를 반환하는 함수이고 다른 하나는 네 사분면 모두에서 정확한 각도를 반환하는 함수이다.

역삼각 함수와 관련된 또 하나의 유용한 속성을 아래의 등식으로부터 얻을 수 있다.

$$\tan\left(\frac{\pi}{4}\right)=1$$

방정식의 양쪽에 역탄젠트 함수를 적용하면 다음과 같이 정리된다.

$$\frac{\pi}{4}=\tan^{-1}(1) \quad \text{또는} \quad \pi=4\cdot\tan^{-1}(1)$$

위의 오른쪽에 있는 공식을 사용하면 계산기나 컴퓨터를 사용하여 π의 값을 필요한 유효 자릿수로 구할 수 있다.

삼각 함수를 실제로 활용하는 시나리오는 매우 많다. 대표적인 경우 중 하나는 사인파와 같이 주기적으로 변화하는 양을 다루는 경우이고, 이에 대한 적용 분야는 다음과 같다.

- 전자 회로
- 전력 분배
- 통신과 신호 처리
- 기계와 구조 진동
- 자동화와 제어 시스템

[그림 1.4]에 그래프로 표시된 식 (1.15)의 사인파를 살펴보자.

$$1.47\sin(0.89t+0.32) \tag{1.15}$$

그래프로부터 사인파의 **진폭**(amplitude)은 1.47이며 ±1.47의 피크를 가짐을 알 수 있다. 사인파의 **주파수**(frequency)는 0.89 라디안/초이며, 그래프와 비교해보면 아래와 같이 사인파의 **주기**가 정해짐을 알 수 있다.

$$\omega=0.89\ \frac{\text{라디안}}{\text{초}}$$

$$f=\frac{\omega}{2\pi}\cong 0.14\ \frac{\text{싸이클}}{\text{초}}\ \text{혹은 Hertz(Hz)}$$

$$P=\frac{1}{f}\cong 7.1\ \text{초}$$

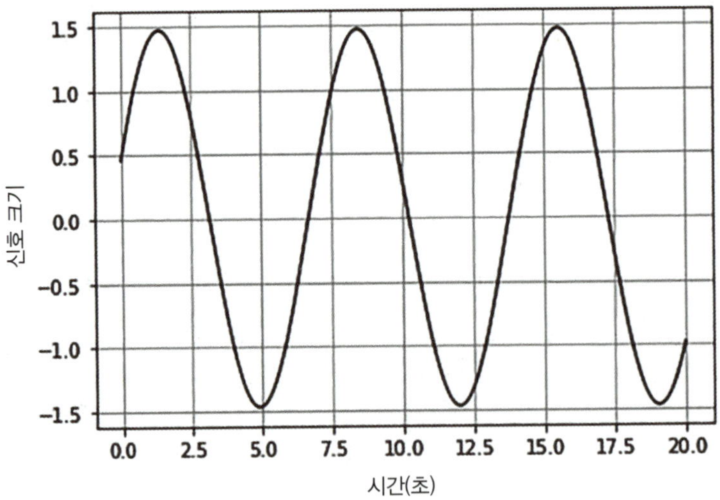

그림 1.4 사인파 예시.

위에서 주어진 사인파는 0.32 라디안(또는 18°)의 **위상 편이**를 가진다. 위상 편이가 없는 사인 함수는 시간이0, $\pm\pi/\omega$, $\pm2\pi/\omega,\ldots$ 일 때 크기가 0이지만, 그래프로부터 알 수 있듯이 주어진 파동은 이보다 좀 더 일찍 시작된다는 것을 알 수 있으며, 실제로 시간이 -0.32π일 때 값이 0이다. 위상 편이에 의해 사인파의 시간이 앞당겨진 것이다. 물론 위상 편이가 음수일 수도 있고, 이 경우는 사인파가 지연되는 효과를 가진다.

식 (1.16)으로 잘 알려진 '삼각함수의 덧셈정리'를 이용하면,

$$\sin(\alpha+\beta)=\sin(\alpha)\cos(\beta)+\cos(\alpha)\sin(\beta) \tag{1.16}$$

사인파 공식은 다음과 같이 수식을 정리할 수 있다.

$$1.47\sin(0.89t+0.32)=1.47\cos(0.32)\sin(0.89t)+1.47\sin(0.32)\cos(0.89t)$$

$$\cong 1.40\sin(0.89t)+0.462\cos(0.89t)$$

위의 수식 전개로부터 위상 편이가 있는 사인 함수(또는 위상 변이가 있는 코사인 함수)는 주파수는 같지만 진폭이 다른 사인 함수와 코사인 함수의 합으로 나타낼 수 있음을 알 수 있다.

1.2.4 쌍곡선 함수

공학 공식을 도출할 때 많이 사용되는 함수군에는 쌍곡선 함수가 있다. 쌍곡선 함수는 지수 함수로 정의되므로 지수 함수를 계산하는 방법을 알면 쌍곡선 함수를 계산할 수 있다. 많은 계산기에 지수 함수는 내장되어 있지만 쌍곡선 함수는 내장되어 있지 않은 경우가

많다. 공학자와 과학자가 사용하는 다양한 소프트웨어 제품에서 쌍곡선 함수를 사용할 수 있다. 쌍곡선 함수의 정의는 다음과 같다.

$$\text{쌍곡선 사인:}\quad \sinh(x) = \frac{e^{x} - e^{-x}}{2}$$

$$\text{쌍곡선 코사인:}\quad \cosh(x) = \frac{e^{x} + e^{-x}}{2}$$

$$\text{쌍곡선 탄젠트:}\quad \tanh(x) = \frac{e^{x} - e^{-x}}{e^{x} + e^{-x}} \tag{1.17}$$

쌍곡선 함수는 원점과 **직각 쌍곡선**(rectangular hyperbola)[6] 위의 좌표 사이에 형성되는 각도로부터 유도하여 얻을 수도 있다. 여기서는 이 방법에 대하여 자세히 다루지 않겠지만, 식 (1.17)에 의하여 쌍곡선 함수를 계산하는 방법을 알고 있어야 한다.

예제 1.2 현수선 케이블

현수선(catenary)[7]은 매달린 체인 또는 케이블에서 자체의 무게가 양쪽 끝부분에서만 지지될 때 형성하는 곡선을 말한다. [그림 1.5]는 두 점 {−1, 3}과 {3, 6} 사이에 매달린 현수선 케이블을 나타내며, 가장 낮은 점은 $x = 0$에 위치해 있다.

이 케이블의 곡선은 다음과 같은 방정식으로 표현된다.

$$y = a\cosh\left(\frac{x}{a}\right) - b \tag{1.18}$$

파라미터 a와 b는 다음의 관계식을 이용하여 구할 수 있다.

$$y_1 = a\cosh\left(\frac{x_1}{a}\right) - b \quad \text{그리고} \quad y_2 = a\cosh\left(\frac{x_2}{a}\right) - b$$

그리고 케이블의 길이는 다음과 같이 구할 수 있다.

$$L = a\left[\sinh\left(\frac{x_2}{a}\right) - \sinh\left(\frac{x_1}{a}\right)\right] \tag{1.19}$$

주어진 경우에 대하여 계산을 해보면 $a \simeq 1.7418$, $b \simeq 0.9674$, $L \simeq 5.775$을 얻을 수 있다.

위 예제를 통해 쌍곡선 함수가 공학 계산에 어떻게 활용되는지 볼 수 있다.

---

6 점근선이 서로 수직인 쌍곡선(참조: https://en.wikipedia.org/wiki/Hyperbola)

7 사슬을 뜻하는 라틴어에서 유래함: "catenaria."

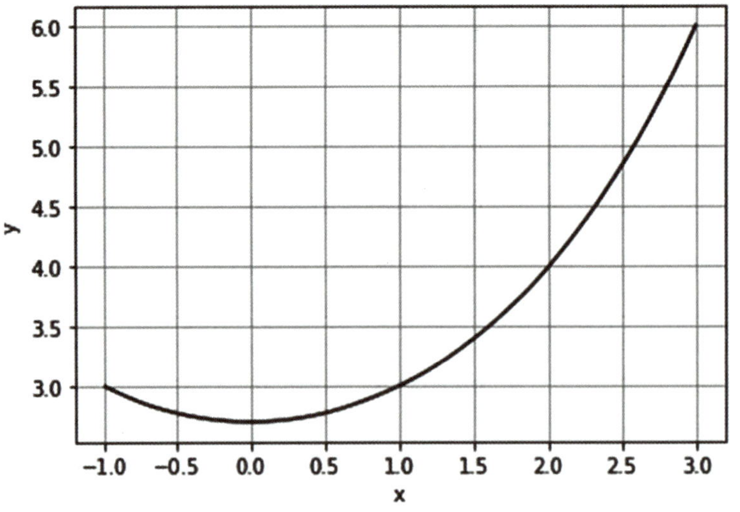

그림 1.5 매달려 있는 케이블의 옆 모습.

1.3 복소수

복소수는 많은 공학분야에서 활용되며, 전기공학분야에서 특히 빈번하게 사용된다. 여러분들은 이차 방정식 $ax^2+bx+c=0$의 해를 구할 때 사용하는 근의 공식(식 (1.20))을 통해서 복소수에 대하여 익숙해져 있을 것이다.

$$x=\frac{-b\pm\sqrt{b^2-4ac}}{2a} \tag{1.20}$$

근의 공식을 계산할 때, b^2-4ac를 **판별식**(discriminant)라 부르는데, 이는 판별식의 부호에 따라 매우 다른 종류의 해가 나오기 때문이다. 판별식의 부호가 양수이면 두 개의 실근이, 0이면 두 개의 동일한 실근이 나오게 된다. 하지만 $b^2-4ac<0$일 때는 음수의 제곱근을 찾아야 하는 난감한 상황에 직면하게 된다. 이 문제는 −1의 제곱근을 다음과 같이 나타내는 기호 j를 정의하여 해결한다.

$$j\triangleq\sqrt{-1}$$

이를 기반으로 다음과 같이 j를 적용하여

$$\sqrt{b^2-4ac}=\sqrt{(-1)\left(4ac-b^2\right)}=j\sqrt{4ac-b^2}$$

근의 공식을 통해 식 (1.21)과 같이 두 개의 복소근을 구할 수 있으며, 각 복소근은 실수 부분과 계수 j를 갖는 허수 부분으로 이루어진다. 두 개의 복소근의 실수 부분이 같고 허수 부분은 부호만 반대이기 때문에 이를 **공액 복소수 쌍**(complex conjugate pair)라 한다.

$$x = -\frac{b}{2a} \pm j\frac{\sqrt{4ac-b^2}}{2a} \tag{1.21}$$

복소수는 일반적으로 다음과 같이 한 쌍의 숫자로 표현된다.

$$a + jb$$

여기서 j는 $\sqrt{-1}$이며, 이를 허수 단위[8]라고 한다. 정의에 따라 $j^2 = -1$임을 알 수 있다. a를 복소수의 실수부라하고 b를 허수부라 한다. 복소수는 [그림 1.6]과 같이 가로축을 실수부, 세로축을 허수부으로 하여 복소평면에 표시하여 간편하게 나타낼 수 있다.

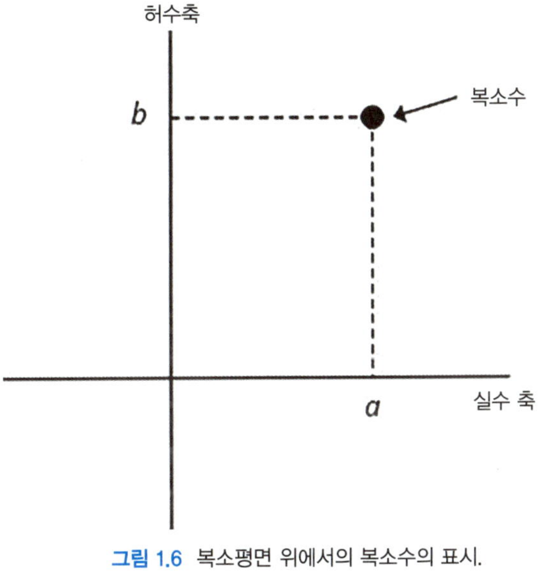

그림 1.6 복소평면 위에서의 복소수의 표시.

직교좌표 대신 극좌표로 $r = \sqrt{a^2 + b^2}$와 $\theta = \tan^{-1}(b/a)$[9]공식을 이용하여 복소수를 [그림 1.7]과 같이 나타낼 수 있다.

삼각함수를 이용하여 다음과 같이 표현할 수도 있다.

$$a = r\cos(\theta) \quad \text{and} \quad b = r\sin(\theta)$$

따라서 복소수의 원래 표현인 $a + jb$는 다음과 같이 표현할 수도 있다.

---

8 허수 단위는 원래 문자 i로 표시하는 것이 일반적이었으나, 특정한 상황에서 문자 i를 사용하는 것이 문제가 되었기 때문에, 문자 j를 대신 사용하는 경우가 많다. 예를 들어, 전기 공학에서는 일반적으로 전류를 나타내는 데 i를 사용하기 때문에 허수 단위로는 i 대신 j를 사용한다. 이 책에서도 여러 가지 이유로 j를 사용할 것이다.

9 역탄젠트 계산 시 사분면에 유의해야 한다.

$$a + jb = r\left(\cos(\theta) + j\sin(\theta)\right) \tag{1.22}$$

또한 다음과 같은 오일러 공식을 사용하여,

$$e^{j\theta} \equiv \cos(\theta) + j\sin(\theta) \tag{1.23}$$

다음과 같이 표현할 수도 있다.

$$a + jb = re^{j\theta} \tag{1.24}$$

표현식 $r\,e^{j\theta}$을 복소수의 극좌표 형식이라고 한다. 이것은 또한 삼각 함수에 대한 다음과 같은 관계식으로 이어진다.

$$\sin(\theta) \equiv \frac{e^{j\theta} - e^{-j\theta}}{2j} \qquad \cos(\theta) \equiv \frac{e^{j\theta} + e^{-j\theta}}{2} \tag{1.25}$$

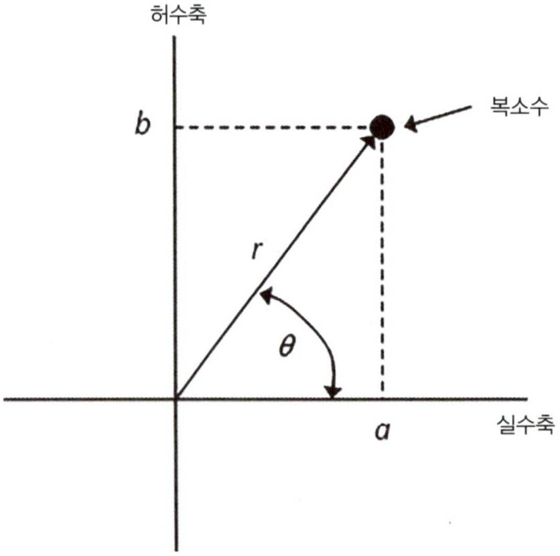

그림 1.7 극좌표형식으로 나타낸 복소평면 위의 숫자.

1.4 공학 단위[10]

공학 계산과 과학 계산을 할 때 혼동하기 쉬운 측면 중 하나는 측정 단위이다. [표 1.4]는 SI 표준 단위인 kPa와 관련된 압력의 보편적인 측정 단위를 보여준다. [표 1.4]가 주어졌

10 물론, 공학자들이 사용하는 측정 단위는 과학자들도 사용한다. 따라서 공학 단위라고 부르는 것이 과학자들에게는 다소 어색할 수 있지만, 이것은 일반적으로 사용하는 용어이다. 이부분에 대하여 과학자분들께 사과드린다.

을 때, 압력 측정값이 in Hg(미국에서 기압을 나타낼 때 사용되는 단위)로 주어져 있고, 이를 기압으로 보고해야 하는 경우를 가정해보자. 다음은 표를 사용하여 단위를 변환하는 방법을 보여준다.

표 1.4 압력에 사용되는 보편적인 단위들(kPa).

기압(atm)	101.325	
inch Hg	3.37685	kPa
inch H_2O	0.24884	kPa
토르(torr=mmHg)	0.133322	kPa
프사이(psi)	6.894757	kPa
바(bar)	100	kPa
kgf/cm^2	98.0665	kPa

표 1.5 SI 단위계의 기본 단위들.

시간	초(Second)	s
길이	미터(Meter)	m
질량	킬로그램(Kilogram)	kg
전류	암페어(Ampere)	A
온도	켈빈(Kelvin)	K
물질량	몰(Mole)	mol
광도	칸델라(Candela)	cd

$$29.48\,\text{in Hg} \cdot \frac{3.37683\ \text{kPa}}{1\ \text{in Hg}} \cdot \frac{1\ \text{atm}}{101.325\ \text{kPa}} \cong 0.9825\ \text{atm}$$

물론 inch Hg에서 기압으로의 단위 변환 계수를 직접 찾을 수도 있지만, 가능한 압력 단위의 조합이 너무 많기 때문에 표준 SI 단위인 kPa와의 관계만 알고 있으면 편리하게 변환을 수행할 수 있다.

국제 표준 측정 단위는 미터법의 현대적 형태인 **SI 시스템**(Système internationale d'unités)에 의해 정의된 단위이다. 기본 SI 측정 단위는 [표 1.5]에 정리되어 있다.

공학 계산과 과학 계산에서 흔히 접할 수 있는 파생 수량들을 [표 1.6]에서 확인할 수 있다.

이러한 각 수량마다 다양한 단위가 사용되는 것을 볼 수 있다. 예를 들어, 미국의 토목 엔지니어는 부피 유량을 표현하기 위하여 초당 입방피트(ft^3/s 또는 cfs)를 사용하고, 미국의 화학 엔지니어는 분당 갤런(gpm)을 사용할 것이다.

일반적으로 수량을 표현할 때 스케일이 조정된 단위가 사용된다. 예를 들어 밀리미터(mm) 또는 마이크로미터(μm)는 더 작은 물체의 치수를 측정하는 데 사용될 수 있다. 스케일이 조정된 단위에는 표준 접두사를 붙여서 사용하며 이들은 [표 1.7]에 정리 되어 있다.

표 1.6 물리량과 SI 유도 단위.

면적	m^2	
부피	m^3	
부피 유량	m^3/s	
밀도	kg/m^3	
힘	N	$kg \cdot m/s^2$
압력	Pa	N/m^2
에너지	J	$N \cdot m$
일률	W	J/s
점도	$Pa \cdot s$	$N \cdot s/m^2$

표 1.7 단위의 스케일 접두사.

스케일 계수	이름	약어	스케일 계수	이름	약어
10	deca-	da	0.1	deci-	d
100	hecto-	h	0.01	centi-	c
1,000	kilo-	k	0.001	milli-	m
10^6	mega-	M	10^{-6}	micro-	μ
10^9	giga-	G	10^{-9}	nano-	n
10^{12}	tera-	T	10^{-12}	pico-	p
10^{15}	peta-	P	10^{-15}	femto-	f
10^{18}	exa-	E	10^{-18}	atto-	a

과학과 공학의 특정 분야에는 보편적으로 사용되는 특정 단위들이 있다. 예를 들어 전기 공학분야에서는 [표 1.8]이 유용할 수 있다.

화학, 물리학 그리고 공학의 계산에 사용되는 공통 상수들이 있고, 이 중 하나는 기체 상수 R이다. 이 상수는 기체의 양, 온도, 압력 그리고 부피를 식 (1.26)의 이상기체 법칙을 통해 연관시키는 데 사용된다.

$$PV = nRT \tag{1.26}$$

여기서 P = 압력, V = 기체의 부피, n = 기체의 몰 수, T는 절대 단위의 온도이다. 기체 상수를 나타내는 단위는 이러한 수량에서 사용되는 단위에 따라 달라진다. 이는 R에 대해 이상 기체 법칙을 정리하고 단위들을 대입하여 아래와 같이 구해볼 수 있다.

$$R = \frac{PV}{nT} \cong 8.3145 \frac{\mathrm{Pa \cdot m^3}}{\mathrm{mol \cdot K}}$$

표 1.8 전기공학의 측정을 위한 보편적인 단위들.

물리량	단위	약어	기본 단위
전하량	쿨롱(Coulomb)	C	s·A
전위	볼트(Volt)	V	W/A
커패시턴스	패럿(Farad)	F	C/V
저항	옴(Ohm)	Ω	V/A
자속	웨버(Weber)	Wb	V·s
인덕턴스	헨리(Henry)	H	Wb/A
광속(Luminous flux)	루멘(Lumen)	lm	cd·sr

참고: 광속에서 기본 단위 "sr"은 "스테라디안(Steradian)"을 나타낸다.

표 1.9 기체 상수의 보편적인 단위들.

8.3144621...	Pa·m³/(mol·K)
8.3144621...	J/(mol·K)
0.08205746...	atm·L/(mol·K)
1.9858775...	cal/(mol·K)

참고: 단위 "cal"은 칼로리의 약어이다.

R에 대하여 다양한 단위로 표현하고 있는 다양한 표들을 (인터넷 등에서) 광범위하게 찾을 수 있다. [표 1.9]는 가장 보편적으로 사용되는 몇 가지를 보여준다.

공학 계산과 과학 계산에서 다양한 단위를 혼합하여 작업할 때는 다음 단계를 따르는 것이 좋다:

- 모든 입력 물리량을 SI 단위로 변환한다.
- 계산을 수행하여 SI 단위로 결과를 산출한다.
- 결과를 요청자가 원하는 단위로 변환한다.

공식과 함께 그 결과의 단위를 외우지 않고, 항상 어떠한 과정으로 결과의 단위가 결정되었는지 따로 살펴보기를 강력히 권한다.

예제 1.3 계산과정에서의 공학 단위

파이프 라인의 질량 유량은 다음과 같이 유체의 평균 속도와 관련이 있다.

$$w = \rho A v \tag{1.27}$$

여기서 w = 질량 유량, ρ = 유체 밀도, A = 파이프의 단면적, v = 유체의 평균 속도이다. 계산을 위해 제공되는 값은 다음과 같다.

$$\rho = 55\ \frac{\text{lb}_\text{m}}{\text{ft}^3} \qquad\qquad A = 50\ \text{in}^2 \qquad\qquad v = 1\ \frac{\text{m}}{\text{s}}$$

질량 유량을 kg/min 단위로 계산해야 한다고 가정하자.

1단계: 입력 데이터를 SI 단위로 변환

$$\rho = 55\ \frac{\text{lb}_\text{m}}{\text{ft}^3}\cdot\frac{0.4536\ \text{kg}}{\text{lb}_\text{m}}\cdot\frac{\text{ft}^3}{0.02832\ \text{m}^3} \cong 881\ \frac{\text{kg}}{\text{m}^3}$$

$$A = 50\ \text{in}^2\cdot\frac{6.452\times10^{-4}\ \text{m}^2}{\text{in}^2} = 0.03226\ \text{m}^2$$

Step 2: SI 단위로 결과를 계산

$$w = \left(881\ \frac{\text{kg}}{\text{m}^3}\right)\left(0.03226\ \text{m}^2\right)\left(1\ \frac{\text{m}}{\text{s}}\right) \cong 28.42\ \frac{\text{kg}}{\text{s}}$$

Step 3: 계산 결과를 원하는 단위로 변환

$$w = 28.42\ \frac{\text{kg}}{\text{s}}\cdot\frac{60\ \text{s}}{\text{min}} \cong 1705\ \frac{\text{kg}}{\text{min}}$$

모든 변환 계수를 결합하여 하나의 공식으로 계산할 수도 있다.

$$w = 55\cdot50\cdot1\cdot[0.6200] \cong 1705\ \frac{\text{kg}}{\text{min}}$$

하지만 이는 좋은 방법이 아니다. 0.6200이라는 변환 수치는 때때로 **마법의 숫자**(magic number)로 불리기도 하는데, 이렇게 해도 되기는 하지만 사용하는 사람은 이것이 어떻게 얻어진 값인지 알 수 없기 때문에 발견하기 힘든 오류로 이어지기가 쉽다.

1.5 문제 해결 방안 구성과 계획

당신의 과학자나 공학자로서의 경력은 다양한 문제 해결 활동으로 채워질 것이다. 당신은 능숙한 문제 해결자가 되기를 기대하지만 아직은 그렇지 않을 수도 있다. 그렇다면 어떻게 해야 할까?

한 가지 방법은 먼 길일 지라도 "힘든 경험을 통해 성장하는 것"이다. 즉, 많은 문제를 풀다 보면 결국에는 능숙해질 수 있다는 것이다. 물론 거기까지 가는 과정은 고통스러울 수 있다. 그렇기 때문에 더 빨리 더 나은 문제 해결자가 될 수 있는 방법에 관심을 가져야 한다. 이 절의 목적은 여러분이 그 방향으로 나아가는 데 도움을 주기 위한 것이다.

문제 해결에 대한 좋은 정보를 담은 자료들이 많이 있다. 이 중 많은 것들은 보다 일반적인 상황에서의 문제 해결을 다루고, 어떤 것들은 문제의 수학적 측면에 초점을 맞추고 있다. 이 책의 범위에서 그러한 자료들과 동일한 수준에 도달할 수는 없겠지만, 이 책의 뒷부분, 당신의 커리큘럼을 채울 다른 과목들, 그리고 전문적인 실무에서 도움이 될 몇 가지 유용한 전략들을 소개해 볼 수 있다.

문제 해결의 몇 가지 특징을 설명하기 위해 좋은 예로 이번 절을 시작해보자. 일반적인 방법을 고려하기 전에 구체적인 것을 다루는 것은 많은 경우 유용하다. 그런 다음 문제 해결에 대한 일반적인 접근 방식을 제시하도록 한다. 문제가 복잡해질수록, 특히 여러 사람이 팀을 이루어 문제를 해결할 때는 체계적이고 구조화된 접근 방식이 큰 도움이 된다. 주어진 문제를 분류하는 방법에 대해도 설명할 것이다. 문제의 패턴이나 유형을 인식하면 문제 해결의 효율성을 크게 높일 수 있으며, 이는 곧 해결 전략으로 이어진다. 마지막으로 몇 가지 문제의 변형 예시에 대하여 제시해 본다.

예제 1.4 공학 문제와 과학 문제의 해결

공학 혹은 자연계열 학생으로서 직면하게 되는 대부분의 문제는 비교적 간단하고 직관적인 경우가 많다. 예를 들어 다음의 주어진 문제를 살펴보자:

한 작업자가 6 m의 사다리를 어깨 너머로 수평으로 들고 폭 2.3 m의 복도를 따라 내려왔다. 작업자는 모퉁이를 돌면서 이전 복도와 직각으로 이어지는 폭 1.5 m 복도로 들어갔는데, 사다리가 두 복도의 벽과 그 사이의 모서리에 끼어 버리게 되었다. 첫번째 복도와 두번째 복도에 걸쳐진 사다리의 길이는 각각 얼마나 될까?

일부 학생들과 사회의 많은 사람들은 이러한 문제를 대면하였을 때 두려움과 혐오가 섞인 감정을 느낄 수도 있다. 하지만 공학자와 과학자들은 이러한 문제를 효율적으로 해결하는 방법을 배우고 심지어 도전을 즐기기도 한다. 저자가 책을 쓰기 위해 자리에 앉을 때와 마찬가지로 문제 해결을 시작하기 위해, 펜을 종이에 대고 출발점을 찾아야 한다. 과학자나 공학자는 잘 검증된 출발점으로써, 다이어그램을 그리는 방법을 사용한다. 대부분의 문제는 사실적이고 정확한 비례의 그림으로부터 추상적인 스케치까지 어떤 유형의 다이어그램으로 표현할 수 있다. 다이어그램은 당면한 문제에 대한 이해를 구체화하는 데 도움이 된다. 예제 문제에 대한 다이어그램은 [그림 1.8]에 나와 있다.

다이어그램을 축척에 맞게 그리면 계산을 하지 않고도 그래픽으로 문제를 적절한 정밀도로 해결할 수 있다! 양쪽 복도에 있는 사다리의 길이를 측정하고 그림의 축척을 사용하여 미터로 변환하기만 하면 된다. 문제를 시뮬레이션하기 위해 다이어그램을 실제로 구현할 수도 있다. 성냥개비나 이쑤시개를 사용하여 복도 벽과 사다리를 구성하여 실제로 사다리를 복도 아래로 움직여 사다리가 끼는 것을 경험할 수 있다. 이를 물리적 모델링이라고 한다. 어떤 경우든 다이어그램은 당면한 문제에 대한 유용한 그림을 제공한다. 다이어그램은 우리가 가지고 있는 정보가 무엇이고 우리가 얻어내야 하는 답이 무엇인지 명확하게 해준다.

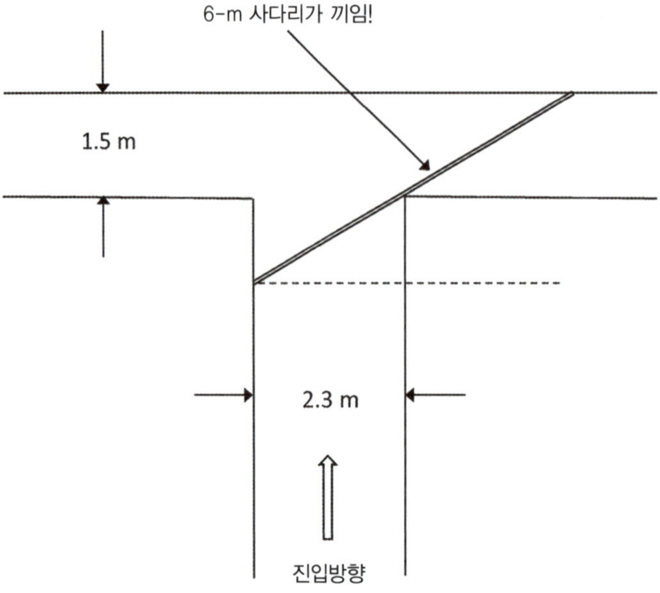

그림 1.8 복도의 사다리 끼임 상태.

다이어그램을 연구하면 문제에 대한 보다 정확한 해결책을 얻을 수 있는 아이디어를 얻을 수 있다. 몇 개의 점선을 그려 넣으면 다이어그램에서 세 개의 유사한 직각삼각형을 얻을 수 있다. [그림 1.9]를 참조하라. 아직 모르는 세 가지 거리에 대해 변수 이름 x, y, z를 추가하였다.

문제를 본격적으로 풀기 전에 우리의 목표를 잘 살펴보자. [그림 1.9]에서 x의 값을 알면 문제를 해결할 수 있다. 다음으로, 세 개의 직각삼각형의 기하학으로부터 반드시 성립해야 하는 몇 가지 관계를 얻을 수 있다.

$$\frac{6}{1.5+y}=\frac{x}{1.5}=\frac{6-x}{y} \quad \text{그리고} \quad \frac{6}{2.3+z}=\frac{x}{z}=\frac{6-x}{2.3}$$

위의 첫 번째 등식을 x에 대해서 손쉽게 정리해볼 수 있고, 마찬가지로 두 번째 등식을 이용하여 y에 대해서 수식을 아래와 같이 정리해볼 수 있다.

$$x=\frac{9}{1.5+y} \quad \text{그리고} \quad y=\frac{9}{x}-1.5 \tag{1.28}$$

약간의 수식 전개를 통해 이 둘은 같은 수식이라는 것을 알 수 있다. 다시 두 번째 등식을 이용하여 x를 z의 관점에서 다음과 같이 풀 수 있다.

$$x = \frac{6z}{2.3 + z} \tag{1.29}$$

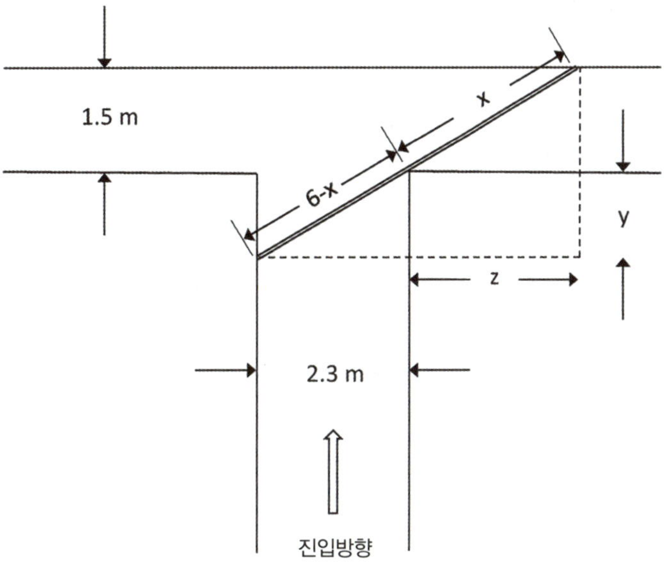

그림 1.9 변수와 점선이 표시된 복도와 사다리 다이어그램.

		변수		
		x	y	z
방정식	1	+	+	
	2	+		+
	3	+		+

그림 1.10 방정식 별 변수출현 행렬.

두 개의 독립된 방정식을 얻었지만 우리는 세 개의 미지수를 가지고 있다. 이는 문제를 풀기 위한 **조건부족**(underdetermined)[11]을 의미한다. 문제를 풀기 위해서는 또 다른 독립된 방정식을 필요로 한다. 이것은 피타고라스 정리를 사용하여 찾을 수 있다.

$$z^2 + 1.5^2 = x^2 \tag{1.30}$$

11 선형 연립방정식을 풀 때 underdetermined과 overdetermined라는 용어는 일반적으로 각각 '미지수가 너무 많다'와 '방정식이 너무 많다'은 상태를 나타내는 데 사용된다.

이제 식 (1.31)과 같이 세 개의 미지수로 이루어진 세 개의 독립 방정식을 얻었다.

$$\textbf{1.}\ \ x = \frac{9}{1.5+y} \qquad \textbf{2.}\ \ x = \frac{6z}{2.3+z} \qquad \textbf{3.}\ \ z^2 + 1.5^2 = x^2 \tag{1.31}$$

이러한 방정식을 푸는 방법이 명확해 보일 수 있지만, 항상 그런 것은 아니다. 이러한 경우는 출현 행렬(occurrence matrix)을 사용하면 도움이 된다. [그림 1.10]에 표시된 이 출현 행렬을 사용하면 어떤 변수가 어떤 방정식에 나타나는지 매핑할 수 있다.

이 행렬의 열과 행을 재배열하면 [그림 1.11]을 얻을 수 있다. [그림 1.11]로부터 x와 z 두 개의 미지수로 구성된 두 개의 연립방정식이 있음을 알 수 있다. 이를 이용하여 x와 z에 대한 방정식을 풀고 나면, 마지막 표의 세 번째 방정식인 식 (1.31(3))을 이용하여 y의 값을 구하면 된다. z에 대하여 식 (1.31(3))을 푸는 것으로 시작해보자.

$$z = \sqrt{x^2 - 2.25}$$

이를 식 (1.31(2))에 대입하면 다음과 같다.

$$x = \frac{6\sqrt{x^2 - 2.25}}{2.3 + \sqrt{x^2 - 2.25}} \tag{1.32}$$

		변수		
		x	z	y
방정식	2	+	+	
	3	+	+	
	1	+		+

그림 1.11 재배치한 방정식별 변수 출현 행렬.

하나의 미지수에 하나의 방정식이 주어져 있지만 이를 x에 대하여 푸는 것은 그렇게 간단하지 않다. 그러나 직접 방정식을 풀기 어려우면 우리는 다른 방법을 택할 수 있다. 사실 식 (1.32)의 형태 자체가 이 문제를 푸는 방법을 제시한다. 먼저 x에 대한 초기 추정치가 필요하다. 다이어그램으로 돌아가보자! x에 대한 추정치를 4부터 시작해보자. 이를 사용하여 위 방정식의 오른쪽을 대입해보면 아래의 결과가 나온다.

$$x = \frac{6\sqrt{4^2 - 2.25}}{2.3 + \sqrt{4^2 - 2.25}} \cong 3.703$$

계산 결과에서 우리가 원하는 추정치가 나오지 않았기 때문에 아직 해답을 얻지 못하였다는 것을 알 수 있다. 이러한 경우 어떻게 해야 할까? 항상 효과가 있는 것은 아니지만 한 가지 실용적인 기법은 방정식의 오른쪽에 있는 값을 새로운 x에 대한 추정치로 다시 사용하는 것이다. 이를 **연속 치환 방법**(successive substitution method) 또는 **고정점 반복 계산**

(fixed-point iteration)이라고 한다.

$$x = \frac{6\sqrt{3.703^2 - 2.25}}{2.3 + \sqrt{3.703^2 - 2.25}} \cong 3.573$$

이 절차를 반복하면 [표 1.10]의 결과를 얻을 수 있다.

20번 반복한 후 계산의 결과인 x 값은 계산에 입력한 값과 소수점 이하 7자리까지 동일하다. 이는 우리가 실질적으로 x에 대해 필요한 해를 얻었다는 것을 의미한다. 이제 z와 y의 값은 어떻게 구할 수 있을까? x와 y 값을 구하기 전에 먼저 이 문제를 풀기 위해 이 값들은 필요하지 않다는 것을 기억할 필요가 있다! 그래도 x, y 값이 궁금하다면, 다음과 같이 구해볼 수 있다.

$$z = \sqrt{3.445122^2 - 2.25} \cong 3.101$$

그리고

$$y = \frac{9}{3.445122} - 1.5 \cong 1.112$$

표 1.10 대입 결과.

반복 횟수	x	반복 횟수	x
1	4	11	3.445817
2	3.703101	12	3.445486
3	3.572858	13	3.445312
4	3.510253	14	3.445221
5	3.478818	15	3.445173
6	3.462683	16	3.445147
7	3.454309	17	3.445134
8	3.449937	18	3.445127
9	3.447648	19	3.445124
10	3.446447	20	3.445122

x는 두 번째 복도에 있는 6 m 사다리의 길이이므로 첫 번째 복도에 있는 나머지 길이는 다음과 같다.

$$6 - 3.445122 = 2.55488$$

3자리의 유효숫자까지 표시하여 결과를 요약하자면,

사다리의 3.45 m 또는 57.4%가 두 번째 복도에 있다.
사다리의 2.55 m 또는 42.6%가 여전히 첫 번째 복도에 있다.

이러한 결과는 [그림 1.12]의 다이어그램에 설명되어 있다.

[예제 1.4]를 풀기 위해 수행한 단계들을 정리해보자.

1. 다이어그램을 작성한다.
2. 값을 모르는 양에 대한 변수 이름을 정의한다.
3. 변수의 수만큼 독립적인 관계식을 도출한다.
4. 관계식을 풀기 위한 해법을 개발한다.
5. 해법을 실행하고 결과를 요약한다.

이 예제 문제는 실제 문제 해결에 대한 맛보기를 보여주었지만, 이 예제 문제의 해결방법이 보편적이라고는 할 수 없으며 우리가 직면할 수 있는 모든 문제를 대표하지는 않는다.

다음과 같이 표현을 바꾼 문제 정의를 살펴 보자:

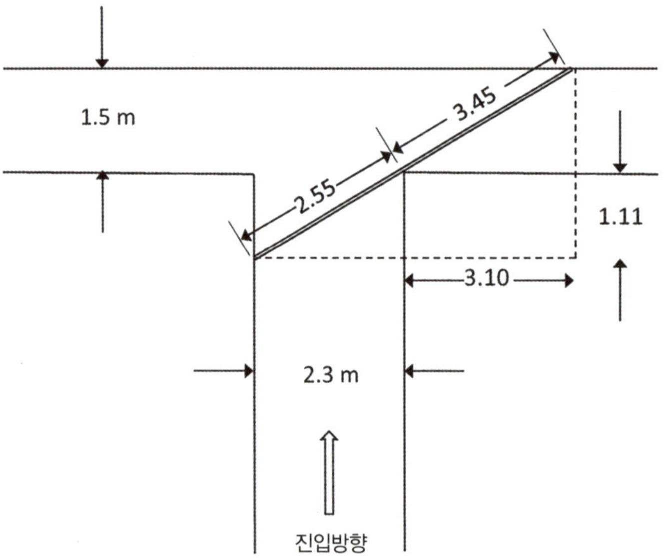

그림 1.12 사다리-복도 문제에 대한 해답.

버전 B

한 작업자가 6 m 사다리를 어깨너머로 수평으로 들고 폭 2.3 m의 복도를 따라 내려간다. 이전 복도와 직각으로 이어지는 복도로 모퉁이를 돌면서 들어가는데, 사다리가 두 복도의 벽과 그 사이의 모퉁이에 걸리게 되었다. 사다리는 첫 번째 복도에 얼마나 있고 두 번째 복도에 얼마나 있는가?

버전 C

한 작업자가 5 m 사다리를 어깨너머로 수평으로 들고 폭 2.3 m의 복도를 따라 내려간다. 이전 복도와 직각으로 이어지는 폭 1.5 m 복도로 모퉁이를 돌면서 들어가는데, 사다리가 두 복도의 벽과 그 사이의 모퉁이에 걸리게 되었다. 사다리는 첫 번째 복도에 얼마나 있고 두 번째 복도에 얼마나 있는가?

버전 D

한 작업자가 사다리를 어깨너머로 수평으로 들고 폭 2.3 m의 복도를 따라 내려간 뒤, 이전 복도와 직각으로 이어지는 폭 1.5 m 복도로 모퉁이를 돌면서 들어가려 한다. 작업자가 복도를 통과할 수 있는 가장 긴 사다리의 길이는 얼마인가?

버전 B의 문제 풀이를 시작하기 전에 문제를 살펴보면, 문제에서 해결할 수 있는 충분한 조건을 제공하지 않고 있는 것을 알 수 있다. 특히 두 번째 복도의 폭이 주어져 있지 않다. 이러한 경우 어떻게 해야 할까? 다음과 같이 접근할 수 있다.

- 문제를 해결할 수 없다고 명시한다,
- 두 번째 복도의 너비에 대한 합리적인 값을 가정하고 계속 진행하거나, 또는
- 복도의 너비 값을 찾은 다음 문제를 해결한다.

버전 B는 문제의 정보가 부족하게 주어진 전형적인 예이다. 어떠한 경우에서는 문제의 정보가 과하게 주어진다.

버전 C 문제에서는 사다리가 충분히 짧아서 모퉁이를 돌면서 막히지 않기 때문에 실현 가능한 해가 없게 된다! 이 경우 문제의 조건이 잘못 주어져 있다. 이러한 경우도 자주 발생한다.

버전 D는 다른 유형의 문제를 보여주고 있다. 이것은 모퉁이를 간신히 돌아갈 수 있는 사다리를 찾는 최적화 문제(optimization problem)이다.

문제 해결을 위한 일반적인 접근 방식에는 세 가지 초기 계획 단계가 필수적이다. 첫 번째는 문제에 제시된 모든 기본 정보와 파라미터 값을 수집하고 정리하는 것이다. 두 번째는 시나리오에 필요한 결과를 명확하게 기술하는 것이다. 세 번째는 첫 번째 단계의 정보를 두 번째 단계의 결과로 변환하는 관계을 도출하고 개발하는 것이다. 이러한 과정들을 [그림 1.13]에 정리하였다.

해답을 구하기 위한 전략이 수립되면 필요한 방법을 적용하여 결과를 계산하고 분석할 수 있다. 이 과정에서 해결해야 할 몇 가지 중요한 문제들이 있다.

- 문제 해결에 필요한 정보와 기본 데이터가 충분한가? 정보가 너무 많은가? 추가 정보를 조사하고 개발할 필요가 있는가?

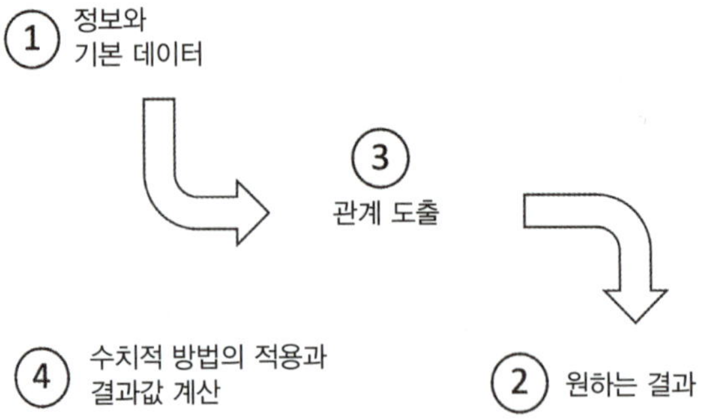

그림 1.13 문제 해결 단계.

- 문제 설명과 관련된 가정이 유효한가? 놓칠 수 있는 요소는 무엇인가?
- 수립된 전략을 통해 필요한 결과를 얻을 수 있는가? 필요하지 않은 결과를 도출하는 것은 시간과 노력의 낭비이다.
- 해답을 도출하는 데 사용된 방법이 유효한가? 결과의 유효성을 어떻게 검증할 수 있는가?
- 입력 파라미터의 변경에 따라 결과가 얼마나 민감하게 반응하는가? 민감도가 높은 경우는 입력 파라미터에 불확실성이 있으면 결과의 유효성이 떨어질 수 있다.

간단한 사다리 복도 예제를 통해 이러한 문제 중 몇 가지를 살펴볼 수 있었다. 예를 들어, x의 값을 구했다면 z와 y를 풀 필요가 없기 때문에, z와 y를 계산하는 것은 노력의 낭비일 수 있다. 문제의 버전 B는 충분한 정보를 제공하지 않았다. 결과를 검증하기 위해 축적에 맞게 그려진 그림과 비교하여 테스트 해볼 수 있다. 변의 길이가 $2.5 + z$, $1.5 + y$이고 빗변이 6 m인 큰 삼각형에 대해 피타고라스 정리를 검증해볼 수 있다. 물론 이 경우 z와 y를 풀어야 한다.

문제와 관련된 가정이 정확하다면, 사다리는 수평으로 유지된다고 명시되어 있다. 제한된 공간에서 사다리를 운반해 본 적이 있다면 더 잘 운반하기 위해 사다리를 기울인다는 것을 알고 있을 것이다. 이를 허용하도록 문제를 변경하게 되면 복도의 높이와 사다리의 치수 정보(폭과 두께)가 더 필요할 것이고, 문제가 더 복잡해질 것이다. 다이어그램에서는 사다리를 선으로 표시하였지만, 모든 사다리는 두께를 가지고 있다. 이를 포함하면 수평 가정을 유지하더라도 원래 문제의 풀이에 영향을 미치게 된다.

가정을 제거하여 결과적으로 문제와 풀이를 필요 이상으로 복잡하게 만들지 않도록 판단력을 발휘해야 한다. 사다리의 두께가 10 cm라고 해도 그 정보를 무시하고도 충분히 좋은 결과를 얻을 수 있을까? 이러한 질문은 경험을 바탕으로 해결할 수 있지만, 경험이 없다면 더 복잡한 시나리오에서 해답을 구하여 더 간단한 시나리오와 비교해야 할 수도 있다.

마지막으로 이야기하고 싶은 것은 문제를 분석하고 솔루션 전략을 신중하게 계획하는 초기 노력은 항상 성과로 보답한다는 것이다. 문제 해결에 바로 뛰어드는 것은 많은 어려움, 잘못된 결과, 해결책을 얻는 데 걸리는 시간 연장, 끝없는 좌절감으로 이어질 수 있다. 이 모든 것은 문제의 범위가 커질수록 증폭된다. 여기서 제안하는 습관을 기르게 되면 앞으로 오랫동안 좋은 결과를 얻을 수 있을 것이다.

연습 문제

1.1 다음 숫자를 정규화 된 과학 표기법으로 표현하라.

(a) 0.0001005 (b) 3.14159 (c) 62459100 (d) 602.2×10^{21}

1.2 계산기 또는 스프레드시트를 사용하여 다음 계산을 수행한 후, 결과를 적절한 수의 유효 숫자로 표현하라.

(a)
```
   6.001
 × 0.15
```
(b) $0.154\overline{)6.001}$

(c)
```
   1.25 × 10^-2
   7.61 × 10^-1
 + 3.06 × 10^-3
```

(d) $1.017 \times 10^5 \div 3.64 \times 10^7$

1.3 표시된 위치에서 반올림을 수행하라.

(a) 1000 자리에서 1047560을 반올림

(b) 0.1 자리에서 1.047을 반올림

(c) 100 자리에서 7450을 반올림

(d) 1자리에서 −15.43을 반올림

1.4 [문제 1.2(b)]를 손으로 직접 다시 풀어보라.

1.5 아래 표시된 합계에 대하여 각 구성 요소가 전체에서 차지하는 비율을 퍼센트(%) 단위로 계산하라. 백분율을 적절한 유효 숫자까지 표현하고 그 합이 100%가 되도록 하라.

```
375
 44
145
 14
201
---
779
```

1.6 계산기 또는 스프레드시트를 사용하여 다음 함수를 계산하라.

(a) $\sin(1.84\pi)$ (b) $\tan\left(-\frac{\pi}{4}\right)$ (c) $\cos(47.9°)$ (d) $\tan^{-1}(25)$

1.7 다음 이차방정식의 근을 구하라.

(a) $x^2 + 0.20 \cdot x + 0.70 = 0$ (b) $x^2 - 28.4 \cdot x + 201.64 = 0$

(c) $24 \cdot x^2 - 13 \cdot x = 0$ (d) $x^2 + 187 \cdot x - 24.0 = 0$

1.8 [그림 P1.8]에 표시된 파형을 근사식으로 표현하라.

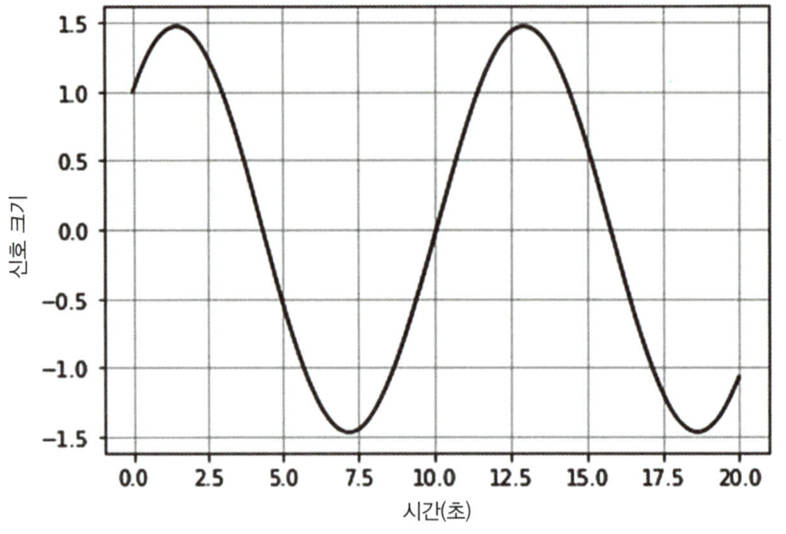

그림 P1.8 파형 그래프.

1.9 미국에서는 차량 연비가 일반적으로 갤런당 마일(mpg)로 표시되고, 유럽에서는 100km당 리터(L/100km)로 표시된다. 미국인들은 적당한 연비를 40 mpg로 알고 있다. 유럽인의 이해를 돕기 위해 이를 L/100km로 변환하여 표시하라.

1.10 주어진 단위 변환을 수행하라.

(a) 150 kph = ?? mph(아우토반에서의 적당한 속도)

(b) 7 ft − 6 inches = ?? m(이것은 야오밍의 키이다. − 그는 누구인가?)

(c) 45°C = ?? °F(중동의 전형적인 여름 기온)

(d) 12.4 psi = ?? Pa(고도 1800m의 일반적인 대기압)

1.11 미국을 제외한 대부분의 국가에서는 사람의 체중을 킬로그램으로 표시한다. 자신의 체중(또는 목표 체중)을 파운드에서 킬로그램으로(또는 그 반대로) 변환하라. 또한 영국에서는 체중을 스톤(stone)으로 표시하는 경우가 많다. 해당 무게를 스톤으로 변환하라.

1.12 초대형 유조선(supertanker)의 용량은 일반적으로 100,000 dwt이다. 운송 단위 dwt는 중량톤(deadweight)이라고 하며 톤 또는 1,000 kg의 용량에 해당한다. 원유의 밀도는 일반적으로 약 835 kg/m^{3}이다. 미국 또는 선택한 국가에서 매월 소비되는 액체 화석 연료의 양을 원유 기준으로 조사하고, 또한 선박을 통해 수입되는 원유

의 비율을 알아보라. 한 달에 몇 척의 초대형 유조선이 항구에 하역해야 할까?

1.13 전 세계 대부분의 국가에서는 산의 높이를 미터로 표시하지만, 미국에서는 보편적으로 피트를 사용한다. 세계에서 잘 알려진 다음 봉우리들의 고도를 미터와 피트로 각각 표시하였을 때 얼마인가? 각 봉우리의 위치도 설명해보라. 몽블랑, 데날리, 에베레스트 산, 킬리만자로, 아콩카과, 후지산

1.14 일반 무연 휘발유 가격은 지역마다 크게 다르다. 미국에서는 갤런당 달러로 표시되고, 대부분의 다른 국가에서는 리터당 자국 통화로 표시된다. 미국과 유럽 국가 중 한 곳을 선택하고, 두 기준을 사용하여 현재 연료 가격을 비교해 보라.

1.15 변의 길이가 a, b, c인 삼각형에 반지름 r의 내접원과 반지름 R의 외접원이 있다. 내접원은 삼각형 안에 들어가고 세 변에 모두 닿는 가장 큰 원이다. 외접 원은 삼각형을 포함하고 세 꼭지점에 모두 닿는 가장 작은 원이다. $a=10$, $b=8$, $c=5$일 때, r과 R을 구하라.

1.16 원유를 채웠을 때 500 m^3의 원유를 담을 수 있는 탱크를 건설하려고 한다. 탱크의 모양은 바닥을 포함한 원통형이며 상단에 원뿔형 지붕이 장착되어 있고([그림 P1.16] 참조) 지붕의 높이는 반지름과 같다. 바닥을 포함한 원통형 부분을 만드는 데 드는 재료비와 인건비는 m^2당 \$300이고 원뿔형 부분의 비용은 m^2당 \$400이다. 이 탱크의 비용을 구하라.

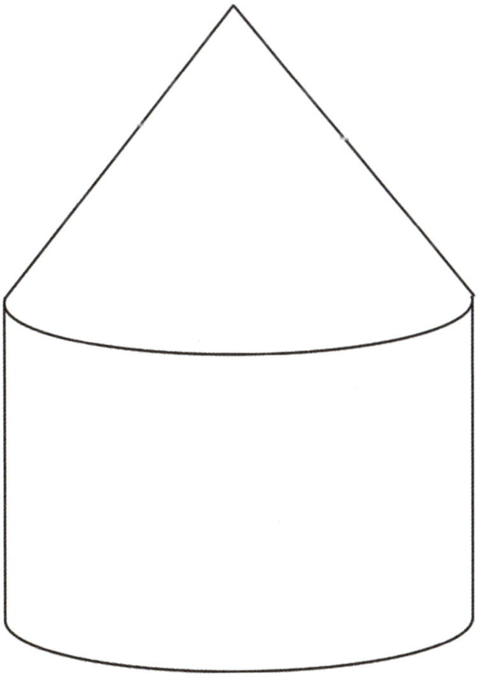

그림 P1.16 원뿔형 지붕이 있는 원통형 탱크.

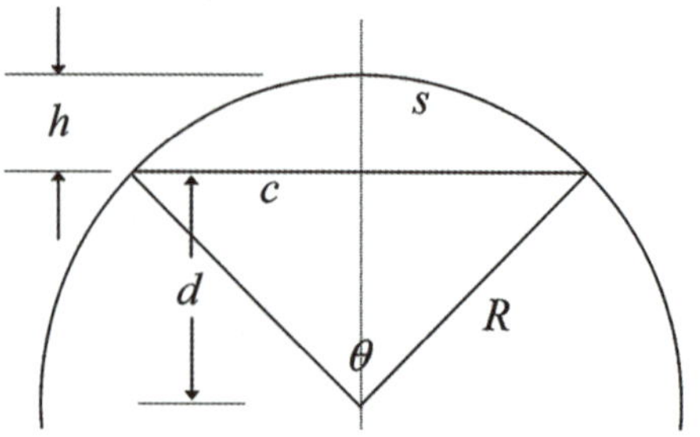

그림 P1.17 부채꼴과 원의 호와 현

1.17 부채꼴과 원의 호와 현은 [그림 P1.17]에 표시된 것처럼 원과 관련된 다양한 길이와 연관이 있다.

θ와 R이 주어져 있을 때,

$$s = R\theta$$

$$d = R\cos\left(\frac{\theta}{2}\right)$$

$$h = R - d$$

$$c = 2R\sin\left(\frac{\theta}{2}\right)$$

면적에 대한 공식은 다음과 같다.

부채꼴(Sector of circle): $A_{sect} = \frac{1}{2}Rs$

원의 호(s)와 현(c)으로 이루어진 도형(Segment of Circle): $A_{seg} = \frac{1}{2}R^2[\theta - \sin(\theta)]$

$R = 3.6$, $s = 1.78$인 경우 두 영역을 각각 계산하라.

제 2 장

컴퓨터 기반 계산

2장의 목표

- 컴퓨터 아키텍처 내에서 수치가 어떻게 저장되고 조작되는지 알아본다.
- 10진수, 2진수, 8진수, 16진수 등 다양한 진법 시스템을 익히고 각 진법 간에 수를 변환하는 방법을 알아본다.
- 정수가 컴퓨터에 저장되는 방식과 범위 제한에 대해서 알아본다.
- 소수 부분과 지수 부분으로 구성되는 실수가 컴퓨터 아키텍처에서 어떻게 표현되고 어떠한 정밀도와 범위 한계를 가지는지 알아본다.
- 텍스트 및 참/거짓 부울 데이터와 같은 다른 유형의 정보가 컴퓨터에 어떻게 저장되고 조작되는지 알아본다.

컴퓨터를 통해서 이루어지는 작업은 공학자와 과학자가 (아마, 계산기의 도움을 받아) 종이에 적어서 하는 작업과는 다르게 이루어진다. 현실 세계에서는 우리는 **10진법**을 사용하여 수를 다룬다. 컴퓨터 내부에서 모든 연산의 기본은 밑(base)이 2인 이진법(0−1)이다. 이 장의 목적은 이 두 진법 사이를 원활히 오고 갈 수 있도록 다리를 놓고, 그 과정에서 어떠한 내재된 한계점이 있는지 이해하는 것이다. 이러한 이해를 바탕으로 컴퓨터에 능숙한 공학자와 과학자는 컴퓨터의 동작과 결과를 당황하지 않고 관찰할 수 있다.

위치 표기법과 10진수와 2진수 간의 변환을 설명하는 예제로부터 시작해보자.

예제 2.1 2진수로 표현되는 지구의 반지름은 얼마인가?

앞서 1장의 [예제 1.1]에서 언급하였듯이 지구 중심에서 적도까지의 반지름은 6,378 km로 추정한다. 이는 10진수이며 위치 표기법[1]에 따라 다음과 같이 풀어 쓸 수 있다.

$$(6\times10^3)+(3\times10^2)+(7\times10^1)+(8\times10^0)$$

수치에서 자릿수 위치는 해당 위치에 해당하는 10의 거듭제곱만큼 '가중치'가 부여된다는 것을 알 수 있다. 이는 π의 근사치 3.1416과 같이 소수 부분이 있는 수치에도 적용된다.

$$(3\times10^0)+(1\times10^{-1})+(4\times10^{-2})+(1\times10^{-3})+(6\times10^{-4})$$

위치 표기법은 2진수, 8진수 그리고 16진수와 같은 다른 밑을 가지는 진법에 대해서도 동일하게 작동한다. 이진수 101101_2를 예로 들어 보면 다음과 같이 풀어 쓸 수 있다.

$$(1\times2^5)+(0\times2^4)+(1\times2^3)+(1\times2^2)+(0\times2^1)+(1\times2^0)$$

위치 표기법을 관찰하면 간단하게 해당 수치를 십진수로 변환할 수 있다.

$$32+0+8+4+0+1=45_{10}$$

위에서 표기한 것처럼 10진수는 10 또는 d, 2진수는 2, 8진수는 8, 16진수는 16 또는 h를 아래 첨자로 추가하여 밑 수를 표시할 수 있다. 이러한 표기는 진법에 대해 혼동이 있을 수 있는 경우 특히 중요하다.

반대로 10진수에서 2진수로 변환하는 과정은 그다지 명확하지 않을 수 있다. 간단한 예로 10진수 수치인 45_{10}을 이용하여 두 가지 기법을 설명해보기로 한다. 첫 번째 기법은 **연속 근사법**(successive approximation)이라고 하며, 주어진 수치보다 작거나 같은 2의 최대 거듭제곱을 구하는 것으로 시작한다. 이 경우 5가 되므로 이를 메모하고 숫자 45에서 $2^5 = 32$를 빼면 13이 남는다. 이 나머지를 가지고 같은 과정을 반복하여 $2^3=8$을 확인하고 이를 빼서 새로운 나머지 5를 구한다. 같은 방법으로 $2^2=4$를 빼서 새로운 나머지 1을 확인하고 마지막으로 $2^0=1$을 빼서 나머지 0까지 구한다. 지금까지 구한 과정을 기반으로 다음과 같이 표현할 수 있다.

$$(1\times2^5)+(1\times2^3)+(1\times2^2)+(1\times2^0)=45_{10}$$

위치표기법에서 빈자리를 0으로 채우게 되면 이진수 101101_2를 얻을 수 있다.

1 바빌로니아 숫자 체계는 60을 밑으로 하는 진법을 사용했는데, 이것이 최초로 개발된 위치 표기법 시스템이다. 그 영향은 오늘날에도 시간과 각도를 표현하는 방식(예: 1분 = 60초, 원주 한바퀴 = 360°)에서 여전히 계승되고 있다.

또 다른 방법을 **연속 분할법**(successive division)이라고 한다. 간단한 예로 6,378을 십진수에서 십진수로 변환해보자! 십진법의 밑인 10으로 나누고 나머지인 8을 보관한다. 결과를 다시 나누고 나머지인 6을 보관한다. 이 과정을 완료하면 나머지 8, 7, 3, 6들을 갖게 된다. 순서를 거꾸로 하여 적어주면 원래의 숫자가 된다. 놀라운 결과는 아닐 것이다. 이제 이를 간단한 십진수인 45에 적용하여 이진수로 바꾸어 보자.

1. 45를 2로 나눈 몫 22, 나머지 1
2. 22를 2로 나눈 몫 11, 나머지 0
3. 11를 2로 나눈 몫 5, 나머지 1
4. 5를 2로 나눈 몫 2, 나머지 1
5. 2를 2로 나눈 몫 1, 나머지 0
6. 1를 2로 나눈 몫 0, 나머지 1

나머지의 순서를 거꾸로 하여 적어주면 2진수 101101_2를 얻을 수 있다.

마지막으로 연속 근사법을 이용하여 지구 반지름의 근사치를 2진수로 변환해 보자.

1. $6,378 - 2^{12} = 2,282$
2. $2,282 - 2^{11} = 234$
3. $234 - 2^{7} = 106$
4. $106 - 2^{6} = 42$
5. $42 - 2^{5} = 10$
6. $10 - 2^{3} = 2$
7. $2 - 2^{1} = 0$

계산에 기여한 자리에는 1을 적어주고 빈자리를 0으로 채우면 1100011101010_2을 얻을 수 있다.

8진수와 **16진수**(흔히 "hex"로 표기)는 2진수와 상응(commensurate)[2]한다(8과 16은 2의 정수배 거듭제곱이다). 8과 16진수는 2진수를 보다 간결하게 전달하기 위한 목적으로 사용된다. 초기에는 12비트 길이의 워드(word)를 사용하는 컴퓨터가 있었는데 12자리의 2진수를 모두 기록(또는 인쇄)하는 대신 8진수 4자리로 하나의 워드[3]를 나타낼 수 있도록 8진수 표현을 사용하였다. 컴퓨터 기술이 16비트, 32비트, 64비트 운영체제로 이동하면서 모두 3이 아닌 4로 나눌 수 있는 16진수 표현이 더 보편화되었고 오늘날에도 여전히 사용되고 있다. [표 2.1]은 세 가지 진법 간의 관계를 보여준다. 밑이 16인 16진수를 표현하기 위해 6개의 로마 문자가 사용된다는 것을 알 수 있다. 따라서 $FFFF_h$와 같은 일반적

2 두 개의 0이 아닌 실수 a와 b의 비율 a/b가 유리수인 경우 이를 상응(commensurate)한다고 한다.

3 워드와 비트의 개념이 익숙하지 않은 경우 다음 절에서 자세히 설명한다.

인 "16진수" 표기는 1111111111111111_2에 해당하며, 문서 작성에 훨씬 간결한 형식임을 분명히 알 수 있다.

2.1 컴퓨터 내부의 수치 저장 방법

수치는 컴퓨터 내부에 여러 자리(비트)의 2진수로 저장된다. 몇 개의 비트를 하나의 그룹으로 묶을 수 있는데 이러한 기본 그룹을 **워드**(word)라고 한다. 초창기 디지털 컴퓨터에서 워드는 8, 12 또는 16비트의 그룹이었다. 8비트 그룹을 일반적으로 **바이트**(byte)[4]라고 한다. 컴퓨터 아키텍처가 더욱 정교해지면서 32비트, 64비트의 워드 길이가 일반화되었다.

2.1.1 정수

정수(또는 분수 부분이 없는 숫자)는 일반적으로 하나의 컴퓨터 워드에 저장되며, 여러 워드로 저장될 수도 있다.

표 2.1 2진수, 8진수 그리고16진수의 등가 숫자.

10진수(Decimal)	2진수(Binary)	8진수(Octal)	16진수(Hexadecimal)
0	0000	0	0
1	0001	1	1
2	0010	2	2
3	0110	3	3
4	0100	4	4
5	0101	5	5
6	0110	6	6
7	0111	7	7
8	1000	10	8
9	1001	11	9
10	1010	12	A
11	1011	13	B
12	1100	14	C
13	1101	15	D
14	1110	16	E
15	1111	17	F
16	10000	20	10
17	10001	21	11

4 괴짜 유머처럼 보일 수도 있지만, 4비트는 니블(nibble = (조금 베어문) 한 입)이라고도 불린다. 이 용어는 4비트가 '반 바이트'라는 사실에서 유래되었는데, 바이트는 한입(bite)와 동음이의어이기 때문이다. 여기서 더 나아가, 일부 사람들은 바이트(byte)의 철자와 일치하기 위해 대체 철자인 니블(nybble)을 사용하기도 한다. 이 글을 읽은 후에 주체할 수 없이 웃음이 터져 나온다면, 당신은 컴퓨팅 분야에 미래가 있을지도 모릅니다!

간단한 예로 8 bit(=1 byte)를 생각해 보면, 이를 이용하여 00000000_2부터 11111111_2까지 가능한 모든 이진수를 아래와 같이 표로 나타낼 수 있다.

00000000
00000001
00000010
00000011
•
•
•
11111101
11111110
11111111

당연한 이야기지만, 8자리로 제한되어 있기 때문에 더 이상 숫자를 추가할 수 있는 여지가 없다는 점을 상기하면서 질문을 하나 던져보자: 표의 마지막 숫자에 1을 더하면 어떻게 될까? 결과는 00000000_2가 된다. 1을 더하여 생기는 가장 높은 자릿수 1이 어떻게 되는지 궁금할 것이다. 컴퓨터에는 이를 저장할 공간이 부족하므로 이 경우에 1은 흔히 말하는 **비트 버킷**(bit bucket) 속에 들어가 사라진다고 표현한다. 우리는 분명히 11111111_2에 1을 더해서 00000000_2를 얻었다. 즉, 1을 더하여 0이 된 것이기 때문에, 11111111_2는 −1에 해당하며, 이는 음의 정수를 가장 앞자리에 1이 있는 정수로 정의할 수 있는 길을 열어준나.

이를 설명하는 또 다른 편리한 방법은 [그림 2.1]에 나와 있다. 원의 왼쪽에 있는 숫자는 음수, 오른쪽에 있는 숫자는 양수로 간주한다.

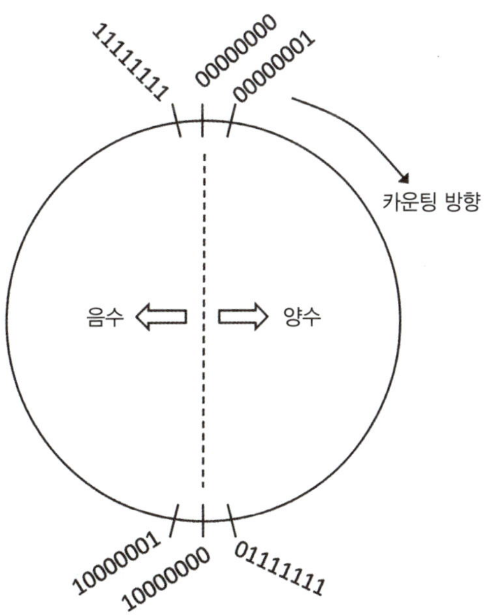

그림 2.1 바이트(byte)에 대한 숫자 원.

이 배열에서 유일하게 어색한 부분은 원의 맨 아래에 있다. 우리는 짝수개($2^8 = 256$)의 이진수를 가지고 있으므로, 00000000_2을 기준으로 양쪽으로 내려가면서 양수와 음수를 대응시키면 10000000_2가 남는데, 규칙에 따라 가장 앞자리에 1이 있으므로 음수로 간주한다. 10000000_2을 자기 자신에게 더하면 0이 되기 때문에 자기 음수(self-negative)라고 한다. 이제 이들 2진수를 십진수로 변환하면 정수의 범위가 −128에서 +127까지임을 알 수 있다. 이를 정수의 2의 보수 표현이라고 한다.

이 개념을 일반화하면 워드 길이가 n(여기서는 8)인 경우 표현되는 정수 범위는 $-(2^{n-1})$에서 $+2^{n-1}-1$까지이다. [표 2.2]는 다양한 단어 길이에 대하여 2의 보수 표현에 의한 정수 범위를 보여준다. 많은 컴퓨팅 소프트웨어 시스템에서 프로그래머는 32비트와 64비트 단어 길이를 각각 short integer(또는 간단히 integer)와 long integer라고 부르며 사용한다. 프로그래머는 애플리케이션에 필요한 범위를 고려하여 둘 중 하나를 결정하여 사용해야 한다.

표 2.2 워드 길이에 따른 2의 보수 표현에 의한 정수 범위.

워드	범위		
길이	최소	최대	
8	−128	127	
16	−32,768	32,767	"short integer"
32	−2,147,483,648	2,147,483,647	"long integer"

Long integer를 사용하게 되면 범위가 훨씬 넓지만 작은 수를 표현할 때도 두 배의 컴퓨터 메모리를 필요로 한다. 파이썬 언어는 정수를 표현하는 데 필요한 컴퓨터 단어를 동적으로 할당하여 모든 크기의 정수를 처리할 수 있기 때문에 조금 다르다. 따라서 큰 정수를 처리할 때 추가 프로그래밍을 구현해야 하는 Visual Basic이나 C/C++ 같은 언어보다 유리하다. 이에 대해서는 3장에서 자세히 살펴보도록 하겠다.

2.1.2 실수

컴퓨터 내부에서 실수를 표현하는 데는 몇 가지 어려움이 있다:

- 지수와 그 범위를 다루는 방법
- 소수 부분의 표현방법과 표현 정밀도
- 십진법 상의 소수에 대한 정확한 표현법의 부재

마지막 문제점을 먼저 다루어 보자.

피트 단위에서 미터로의 변환할 때의 계수는 0.3048이다. 이 소수를 컴퓨터에서 표현하기 위해 연속 근사법을 적용하여 2진수로 변환하면 다음과 같다.

$$0.3048-2^{-2} = 0.0548$$
$$0.0548-2^{-5} = 0.02355$$
$$0.02355-2^{-6} = 0.007925$$
$$0.007925-2^{-7} = 0.0001125$$
$$0.0001125-2^{-14} = 0.00005146484375$$

•

•

여기까지는 계산을 수행하였을 때 이진수 소수 0.01001110000001... 를 얻을 수 있지만, 변환은 계속 진행할 수 있다. 이것은 중요한 점을 보여준다. 제한된 자리수를 가지는 이진수 소수를 이용하여 많은 (사실은 대부분의) 십진수 소수를 정확하게 표현하는 것이 어렵다는 것이다. 변환의 정밀도는 사용되는 이진수 자릿수에 따라 달라진다. 예를 들어, 십진수 0.1은 이진수로 정확하게 표현할 수 없다. 즉, 0.1은 십진법으로는 유한한 개수의 소수점 자릿수로 정확히 표현할 수 있지만, 유한한 개수의 이진수 자릿수로는 정확히 표현할 수 없다.

십진수의 과학 표기법(scientific notation)에서는, 10에 대한 정수 지수를 사용한다(예, 1.372×10^{12}). 이를 이용하여 이진수에 대한 등가 범위를 고려해 볼 수 있다. 예를 들어, 숫자의 과학 표기법에서 지수 부분을 표현하는데 1바이트를 할당하면 이진수를 2의 보수 형식으로 표현할 경우 10^{-128}에서 10^{127}까지의 범위가 허용된다. 대부분의 공학/과학 응용 분야에서는 이 정노의 범위는 충분히다. 따라서 필요한 범위에 따라 실수의 지수에 할당할 이진수의 자릿수를 몇 자리로 할지 결정해야 한다.

디지털 컴퓨터 초창기에는 실수를 저장하는 데 여러 가지 형식이 사용되었다. 다행히도 시간이 지나면서 부동소수점 회로와 소프트웨어 프로그램 모두에서 현재 IEEE 754 double-precision이라는 공통 표준이 사용되고 있다. 실수는 [그림 2.2]에 표시된 레이아웃에 따라 64비트(=8바이트) 워드로 저장된다.

첫 번째 비트는 숫자의 부호를 나타내는 데 사용되며, +는 0, −는 1이다. 11비트의 지수 필드는 이진수의 2의 보수 형식을 사용하지 않고 [표 2.3]에 표시된 대로 사용된다. 이러한 배열을 **편향된 지수**(biased exponent)라고 한다. 이것은 어떻게 보면 [그림 2.1]의 숫자 원을 회전시켜 놓은 것과 같다. 11비트에 의해 표현되는 지수의 범위는 다음과 같아진다.

$$2^{-1022} \cong 2.23\times10^{-308} \qquad \leftrightarrow \qquad 2^{1023} \cong 8.99\times10^{307}$$

이 것은 약 10^{-308}~10^{307}에 해당한다. 이는 대부분의 공학 계산과 과학 계산에서 필요한 것보다 더 넓은 범위이다. [그림 2.3]은 2진수의 실수가 실수축 위에서 어떻게 표시되는지 보여준다. 가장 작은 양수와 음수와 0 사이에 두 개의 간격이 있는 것을 주목해보자. 컴퓨터 과학에서는 이를 **0의 구멍**(hole at zero)이라고 한다.

실수 레이아웃의 마지막 부분은 가수(또는 mantissa)다. 이진수의 지수 표기법에서 모든 숫자는 다음과 같이 표현할 수 있다.

$$\pm 가수 \cdot 2^{지수}$$

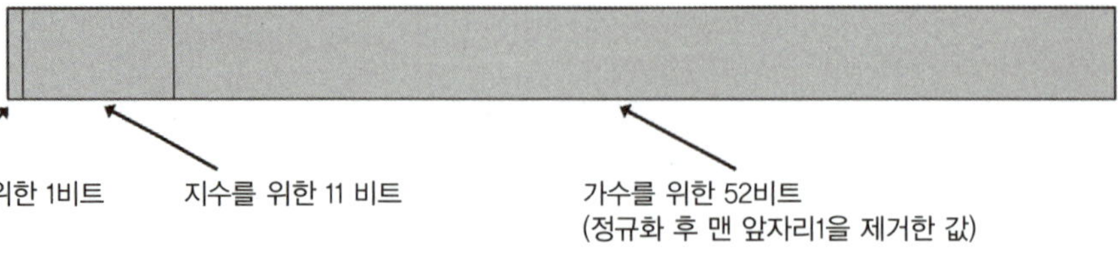

그림 2.2 실수 저장을 위한 IEEE 754 표준의 레이아웃.

표 2.3 편향된 지수 표현.

이진수	등가 십진수
11111111110	1,023
11111111101	1,022
•	•
10000000000	1
01111111111	0
01111111110	−1
•	•
00000000010	−1,021
00000000001	−1,022

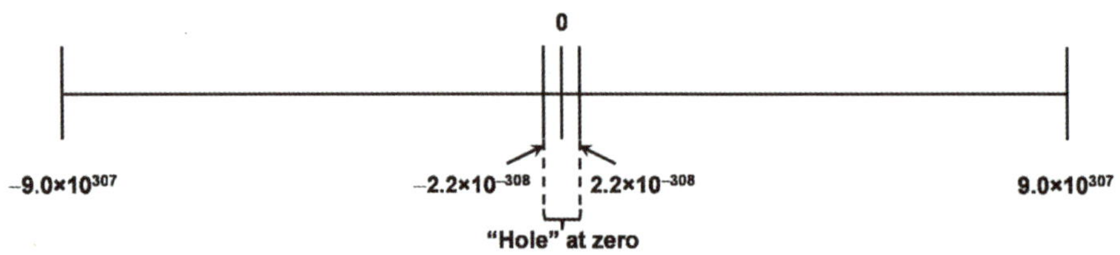

그림 2–3 실수축 위에서의 IEEE 754 표현법.

가수는 항상 이진수 소수점 앞에 1이 나오는 형태로 정규화할 수 있다. 예를 들어 숫자 $(21.375)_{10}$을 표현하려면 먼저 이진수 $(10101.011)_2$로 변환한 다음 $(1.0101011 \times 2^4)_2$로 정규화한다.

모든 숫자의 가수는 첫 번째 숫자가 1이기 때문에(물론 0은 제외) IEEE 754 형식은 맨 앞의 1을 저장하지 않는다. 나머지 52비트는 이진수 소수점의 오른쪽에 있는 소수 부분을 나타내는 데 사용된다. 그러면 표현할 수 있는 이진수의 수는 $1.11...11_2$ 또는 $2^{54}-1$ 이며, 이는 대략 1.8×10^{16}과 같다. 이는 실수를 약 10^{16}분의 1의 정밀도 또는 16개의 유효 자릿수로 저장할 수 있음을 의미한다. 다시 말하지만, 이러한 유효숫자는 대부분의 계산에 충분한 정도이다

예제 2.2 IEEE 754 표기법에 의한 π값 표현

물론 첫 번째 단계는 π가 양수이므로 부호 비트가 0이라는 것을 인식하는 것이다. 그런 다음 π를 53개의 유효 자릿수를 가진 2진수로 변환해야 한다. 이는 [그림 2.4]에 설명되어 있다.

처음 두 행은 비트 자리번호와 53개의 유효 자릿수로 변환된 가수를 보여준다. 두 번째 두 행은 이진수의 소수점이 왼쪽으로 한자리 이동한 정규화 된 숫자와 그 비트 자리번호를 보여준다. 저장될 가수는 박스로 강조되어 있다. 지수는 2^1이므로 [표 2.3]의 편향된 지수표현을 참고하면 지수 필드는10000000000_2가 된다.

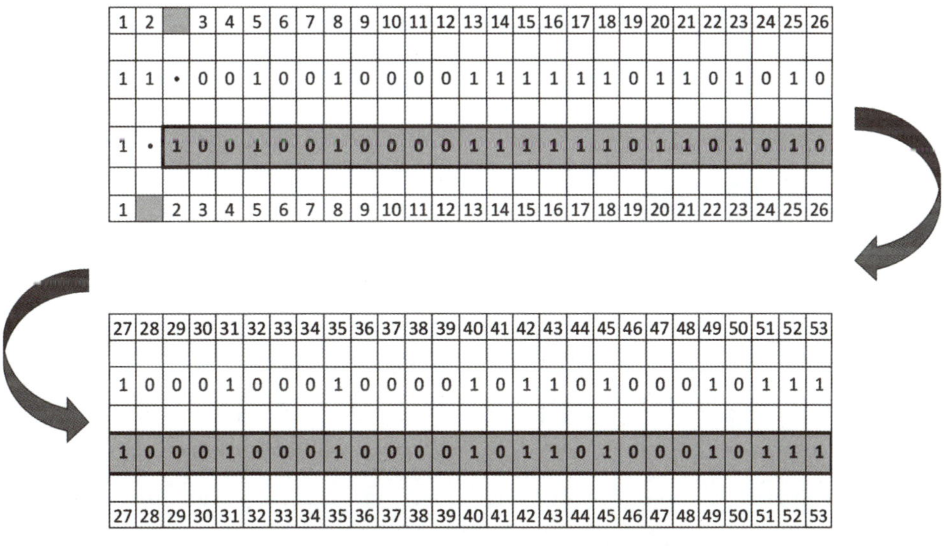

그림 2.4 IEEE 754 표기법에 의한 π 값 표현.

IEEE 745 형식의 실수 표현의 자세한 부분까지 직접적으로 다룰 필요는 없지만, 범위와 정밀도 측면에서 한계를 이해하는 것이 중요하다.

2.2 컴퓨터가 텍스트를 저장하는 방법

많은 컴퓨터 애플리케이션이 텍스트 또는 문자열 데이터(예: 직접적으로 계산에 사용되지 않는 이름이나 데이터식별 번호)를 다루고 조작하기 때문에 이러한 정보의 내부 저장 방법은 매우 중요하다. 공학자와 과학자는 수치 데이터에 더 관심이 많을 수 있지만, 문자열을 저장하고 조작하는 기본 사항을 아는 것도 중요하다. 다행히도 텍스트를 표현하고 저장하는 데 오랜 기간동안 잘 정립된 표준이 마련되어 있다. 이는 ASCII code("askey", American Standard Code for Information Interchange)이며 각 문자를 저장하는 데 1바이트를 사용한다. [표 2.4]에는 각 텍스트 문자에 대한 ASCII 코드가 정리되어 있다.

예를 들어 "Yes" 문자열은 이렇게 저장된다.

Y	**e**	**s**
59_h	65_h	73_h

텍스트 문자열을 저장하는 데 필요한 메모리의 양은 문자열의 길이에 따라 달라질 수 있다는 점에 유의해야 한다. 또한 단일 문자를 나타내는 데 8비트가 사용되므로 전체 문자열의 저장에 필요한 메모리 양이 상당히 많아 질 수 있다.

2.3 부울 참/거짓 정보

부울 데이터는 참과 거짓의 두 가지 상태만 표현하면 되기 때문에 컴퓨터 아키텍처와 직접 호환이 된다. 단순한 접근 방식으로는 단일 이진 숫자 또는 비트로 부울 데이터를 저장할 수도 있다. 하지만 이는 바이트와 워드로 구성된 컴퓨터 아키텍처와 잘 맞지 않는다. 결과적으로, 부울 데이터을 표현하기 위해 낭비적인 방식을 사용하는 것이 일반적이며, 이는 거짓에 0, 참에 1이라는 정수 값을 사용하는 것이다. 32비트가 필요한 "short" 정수인 경우 마지막 숫자만 의미가 있고 나머지 31개는 그냥 0으로 설정된다.

이 방식이 주어지면 부울 수량이 1 또는 0과 같은지 테스트하여 확인할 수 있다. 그러나 프로그래밍 시스템에는 True와 False이라는 부울 상수를 사용하는 것이 일반적이다. 이렇게 하면 단어와 숫자 사이의 등가 관계를 이해할 필요가 없다.

표 2.4 표준 텍스트 문자에 대한 ASCII 코드.

Dec	Hex	Character	Description	Dec	Hex	Character	Dec	Hex	Character	Dec	Hex	Character
0	0	NUL	null	32	20	Space	64	40	@	96	60	`
1	1	SOH	start of heading	33	21	!	65	41	A	97	61	a
2	2	STX	start of text	34	22	"	66	42	B	98	62	b
3	3	ETX	end of text	35	23	#	67	43	C	99	63	c
4	4	EOT	end of transmission	36	24	$	68	44	D	100	64	d
5	5	ENQ	enquiry	37	25	%	69	45	E	101	65	e
6	6	ACK	acknowledge	38	26	&	70	46	F	102	66	f
7	7	BEL	bell	39	27	'	71	47	G	103	67	g
8	8	BS	backspace	40	28	(	72	48	H	104	68	h
9	9	TAB	horizontal tab	41	29	)	73	49	I	105	69	i
10	A	LF	NL: line feed, new line	42	2A	*	74	4A	J	106	6A	j
11	B	VT	vertical tab	43	2B	+	75	4B	K	107	6B	k
12	C	FF	NP: form feed, new page	44	2C	¢	76	4C	L	108	6C	l
13	D	CR	carriage return	45	2D	-	77	4D	M	109	6D	m
14	E	SO	shift out	46	2E	.	78	4E	N	110	6E	n
15	F	SI	shift in	47	2F	/	79	4F	O	111	6F	o
16	10	DLE	data link escape	48	30	0	80	50	P	112	70	p
17	11	DC1	device control 1	49	31	1	81	51	Q	113	71	q
18	12	DC2	device control 2	50	32	2	82	52	R	114	72	r
19	13	DC3	device control 3	51	33	3	83	53	S	115	73	s
20	14	DC4	device control 4	52	34	4	84	54	T	116	74	t
21	15	NAK	negative acknowledge	53	35	5	85	55	U	117	75	u
22	16	SYN	synchronous idle	54	36	6	86	56	V	118	76	v
23	17	ETB	end of transmission block	55	37	7	87	57	W	119	77	w
24	18	CAN	cancel	56	38	8	88	58	X	120	78	x
25	19	EM	end of medium	57	39	9	89	59	Y	121	79	y
26	1A	SUB	substitute	58	3A	:	90	5A	Z	122	7A	z
27	1B	ESC	escape	59	3B	;	91	5B	[	123	7B	{
28	1C	FS	file separator	60	3C	<	92	5C	\	124	7C	|
29	1D	GS	group separator	61	3D	=	93	5D	]	125	7D	}
30	1E	RS	record separator	62	3E	>	94	5E	^	126	7E	~
31	1F	US	unit separator	63	3F	?	95	5F	_	127	7F	DEL

2.4 컴퓨터 저장소의 발전과 용어

디지털 컴퓨터의 초창기부터 저장소 기술은 놀랍도록 발전해 왔다. 초기 컴퓨터 메모리는 전선 4개가 연결된 도넛형태의 작은 자성 코어를 사용했다. 1을 저장하기 위해 코어에 자성을 부여하고 0을 저장하기 위해 자성을 제거하였다. 메모리 뱅크의 일반적인 크기는 12비트 워드를 기반으로 한 49,152개의 코어였다. 당시에는 이러한 메모리의 가격이 워드당 1달러 또는 메모리 유닛 1개당 4,000달러 정도였다. 오늘날 2테라바이트 휴대용 USB 드라이브는 40달러에 구입할 수 있으며, 저장소의 크기는 계속 커지고 비용은 감소하고 있다.

이 비교를 계속하려면 몇 가지 저장소 용어를 이해해야 한다. 이는 [표 2.5]에 요약되어 있다. 메모리 비용은 10^{10}배 이상이라는 경이로운 수치만큼 감소하였다! 컴퓨터 저장소에 대한 용어가 종종 (약간) 잘못 이해되는 경우가 있다는 점에 유의하자. 메가바이트(Mb)는 100만 바이트를 의미하는 것이 아니라 대략 100만 바이트 정도에 해당한다.

저장소의 발전은 단순히 숫자 이상의 의미가 있다. 초창기에는 컴퓨터 메모리가 너무 작고 비쌌기 때문에 프로그래밍 기법은 종종 메모리를 아껴서 신중하게 사용하는 데 중점을 두었다. 오늘날에는 저장소가 매우 크고 경제적이기 때문에 이러한 기법은 거의 사라졌다. 컴퓨터 저장소에 대한 환경이 극적으로 변한 것이다.

표 2.5 컴퓨터 스토리지 용어와 크기.

용어	크기
비트(bit)	1 binary digit
바이트(byte)	8 bits
킬로바이트(kb)	$2^{10} = 1{,}024$ bytes
메가바이트(Mb)	$2^{20} = 1{,}048{,}576$ bytes
기가바이트(Gb)	$2^{30} \cong 1.074 \times 10^{9}$ bytes
테라바이트(Tb)	$2^{40} \cong 1.1 \times 10^{12}$ bytes

연습 문제

2.1 다음 십진수를 이진수로 변환하라.

(a) 18191 (b) 5389 (c) 66.3125

2.2 다음 이진수를 십진수로 변환하라.

(a) 01001101 (b) 1110001101 (c) 1000.111

2.3 다음 십진수를 8진수로 변환하라.

(a) 87 (b) 29 (c) 53

2.4 이진수, 8진수 그리고 십진수 시스템 간에 수를 변환하라.

(a) 다음 이진수를 8진수로 변환하라.

011101000010 110101100001

(b) 다음 이진수를 16진수로 변환하라.

1001110100001001 1111010110000100

(c) 다음 16진수를 이진수로 변환하라.

ACDC F2D1

2.5 당신의 나이(혹은 18 이상의 원하는 다른 나이)를 다음 진법 시스템으로 나타내라.

(a) 10진법 (b) 2진법 (c) 8진법 (d) 16진법

2.6 이진법의 산술을 이용하여 다음 덧셈을 계산하라.

(a) 101 + 011 (b) 0011 + 1001 + 0101

2.7 이진법의 산술을 이용하여 다음 뺄셈을 계산하라.

(a) 1010 − 0101 (b) 11000 − 00111

2.8 [예제 2.7]을 반복하되, 빼는 수의 2의 보수를 더하여 뺄셈을 수행하라. 8비트 정수 표현을 사용한다.

2.9 이진법의 산술을 이용하여 다음 곱셈을 계산하라: 111011 × 1011

2.10 이진법의 산술을 이용하여 다음 나눗셈을 계산하라:

(a) $101 \overline{)101101}$ (b) $11 \overline{)100100}$

2.11 8비트 정수의 2의 보수를 사용하여 주어진 수의 음수를 계산하라.

(a) 01011010 (b) 11110000

2.12 다음 10진수 수치를 IEEE 754 이진수 레이아웃으로 표현하라.

(a) 6.626196×10^{-34}(플랑크 상수)

(b) 6.02252×10^{23}(아보가드로 수)

2.13 노트북 컴퓨터의 하드 디스크 저장소의 바이트와 비트 수를 계산하라.

2.14 여러분은 학교에서 빨강, 파랑, 노랑 이렇게 세 가지 1차색(3원색)과 삼원색의 각 쌍을 더하여 만들어지는 세 가지 2차색 주황(= 빨강 + 노랑), 초록, 보라에 대해서 배웠을 것이다. 컴퓨터는 빛의 혼합을 이용하여 색을 다르게 표현한다 따라서 컴퓨터, 텔레비전, 그리고 전자제품의 삼원색은 빛의 삼원색인 빨강, 녹색, 파랑이다. 이를 RGB 색상 모델이라고 하며 빨강(Red), 녹색(Green), 파랑(Blue)을 나타낸다. [표 P2.14]에 표시된 것처럼 2차색은 노란색, 자홍색(magenta), 청록색(cyan)이다. RGB 모델은 가산형 모델로서, 특정 조합으로 합쳐진 광파를 통해 색상을 생성하게 된다.

표 P2.14 RGB 색상 모델의 삼원색을 혼합하였을 때 얻어지는 2차색들.

	R	G	B
R	빨강	노랑	자홍
G		초록	청록
B			파랑

컴퓨터 내의 모든 것과 마찬가지로 색상은 코드로 표현된다. RGB의 색상 코드는 해시 마크를 맨 앞에 두는 6자리 16진수 숫자로 표현한다. 각 16진수 쌍은 빨강, 초록, 파랑의 혼합을 나타내며 각 쌍의 크기는 각 색의 강도를 나타낸다. 예를 들어 순수한 파란색은 다음과 같이 표시한다. #000000FF. 인간은 "10진수"의 동물이기 때문에 16진수 코드는 인간의 이해와 의사소통을 돕기 위해 10진수 RGB 코드로 표현되는 경우가 많다. FF_h는 255_{10}에 해당하므로 파란색에 대한 파란색 코드는 십진수로 다음과 같이 표현할 수 있다.

#000000FF ↔ RGB(0, 0, 255)

(a) 분홍색의 코드(#FFC0CB)를 십진수 기반 RGB 코드로 변환하라.

(b) 16진수의 유용성을 직접 확인하기 위해 분홍색에 대한 코드를 등가의 이진 코드로 변환하라.

다음 16진수 코드를 십진수 기반 RGB 코드로 변환한 후, 해당 코드가 나타내는 색을 추측하라.

(c) #000000

(d) #FFFFFF

(e) #00FFFF

(f) #A020F0(힌트: 엘비스와 프린스가 이 색을 좋아했다)

색상 혼합(color mixing)이라는 흥미로운 주제에 대해 더 자세히 알아보려면 https://en.wikipedia.org/wiki/Color_mixing을 참조해보자. (최종 수정일: 2022년 5월 18일)

제 3 장

파이썬 기초

3장의 목표

- IPython 콘솔, Spyder 에디터, 탐색기 창 등 Spyder 통합 개발 환경의 기능에 익숙해진다.
- 로그, 지수, 삼각함수, 쌍곡선 함수을 포함한 다양한 산술식을 Python으로 구현하는 방법을 배운다.
- 변수를 생성하고 Python 연산에 사용해본다. 변수 탐색기를 통해 변수의 속성과 저장된 값을 추적해본다.
- 객체와 객체의 속성 그리고 메서드에 대해 알아본다. 또한 정수, 부동소수점, 부울, 문자열을 포함한 데이터 유형에 익숙해진다.
- 산술 연산자, 관계 연산자, 논리 연산자를 사용해보고 계산 순서를 정할 때 우선순위를 이해한다.
- 리스트, 튜플 그리고 배열에 주의를 기울여 Python의 다양한 데이터 모음에 대해 알아본다.
- 여러 데이터 세트, 범례 그리고 제목이 포함된 분산형 차트와 꺾은선형 차트를 pylab 모듈을 사용하여 Python에서 간단하고 보기 좋게 표현된 플롯으로 만들어본다
- IPython 콘솔과 외부 파일 사용을 포함하여 Python에서 데이터를 입력하고 결과를 표시하는 방법을 배운다.
- Spyder IDE, Python 그리고 NumPy, SciPy를 포함한 지원 모듈(Module)에 대한 다양한 도움말 소스를 사용하는 법을 연습한다.

파이썬은 1990년대 후반 네덜란드 프로그래머 귀도 반 로섬이 개발한 범용 프로그래밍 언어이다. 높은 코드 가독성을 포함하여 명확하고 논리적인 프로그램을 생성하는 데 도움이 되는 많은 바람직한 특징들을 가지고 있다. 이러한 특징들뿐만 아니라 포괄성과 탄탄한 디자인으로 인해 STEM[1] 애플리케이션에서 가장 인기 있는 프로그래밍 언어 중 하나로 꾸준히 순위를 차지하고 있다.

파이썬 언어의 최신 버전인 파이썬 3은 오픈 소스 소프트웨어 패키지로 무료로 이용 가능하다. Python은 객체 지향 언어(Object-oriented language)로서 광범위한 기능을 갖추고 있으며, 철저히 검증된 서브 프로그램들이 들어있는 많은 모듈 패키지를 제공하고 있어서 "바퀴를 재발명"하지 않고도 컴퓨팅 작업을 수행할 수 있도록 지원한다. Python 프로그램은 간단한 텍스트 에디터로 개발할 수 있으며, 기본 "명령창"을 통해 실행해 볼 수 있다. 이는 프로그래밍에 매우 "비친화적인" 방식이기 때문에 **통합 개발 환경**(IDE, Integrated Development Environment)이라고 하는 여러 소프트웨어들이 개발되었다.

이 책에서는 이 중 하나인 Spyder 환경의 IPython을 선택하였다. 이 프로그램은 엔지니어와 과학자들이 수치적인 문제 해결하기 위해 자주 선택하는 옵션으로, 프로그램 개발, 디버깅, 문서화 그리고 중요한 보조 모듈들에 대한 "도움말" 액세스를 용이하게 하는 기능들을 갖추고 있다.

Python, Python에 대한 지원 모듈, IDE는 주기적으로 수정과 개선될 수 있다. 따라서 시간이 지남에 따라 더 최신 버전을 이용할 수 있을 가능성이 높다. 새 버전이 나오면서 발생하는 변경 사항은 점진적으로 적용되고 일반적으로 이전 버전과 하위 호환[2]되므로 여기에 제시된 정보와 예제를 쉽게 적용할 수 있을 것이다.

파이썬에는 공학 계산과 과학 계산에 초점을 맞추지 않은 많은 특징과 기능이 있다. 이 장과 그 이후의 장에서 다룰 내용을 넘어서 더 크게 확장하게 되면 파이썬을 더 광범위하게 파악할 수 있을 것이다. 이렇게 범위를 확장하면 이 책을 공부하는 데도 필수적이지는 않지만(흥미롭고, 더 큰 그림을 그리는 데 필요한) 많은 세부 사항들을 알 수 있을 것이다. 여러분이 파이썬에 대해 더 자세히 알고 싶다면 이는 환영할 만한 일로서, 이를 제공하는 컴퓨터 공학 교재나 인터넷 강좌를 찾아보시길 권한다. 지금은 우선 당면한 과제를 살펴보자.

1 Science, Technology, Engineering and Mathematics

2 하위 호환성이란 이전 버전으로 작성된 프로그램을 최신 버전에서 수정 없이 구현할 수 있는 컴퓨터 언어의 속성을 말한다.

3.1 Spyder/IPython 환경[3]

앞으로 진행을 하기 위해서는 먼저 컴퓨터에 Spyder/IPython IDE를 설치해야 한다. 계속 진행하기 전에 이 작업을 수행할 것을 강력히 권장한다. 이 IDE는 일반적으로 Anaconda **소프트웨어 패키지**를 설치하여 얻을 수 있다. Anaconda에는 응용 통계학을 위한 RStudio와 R과 같은 다른 오픈 소스 소프트웨어의 패키지와 인터페이스에 대한 액세스가 포함되어 있다. Anaconda의 설치에 대한 정보는 인터넷 URL(https://www.anaconda.com/distribution/)을 통해 얻을 수 있다.

Anaconda를 설치하고 실행하면 Spyder 아이콘을 보여주는 인터페이스가 표시된다. 버전은 주기적으로 업데이트되므로 표시되는 버전 번호는 아래 표시된 버전보다 높을 수 있다.

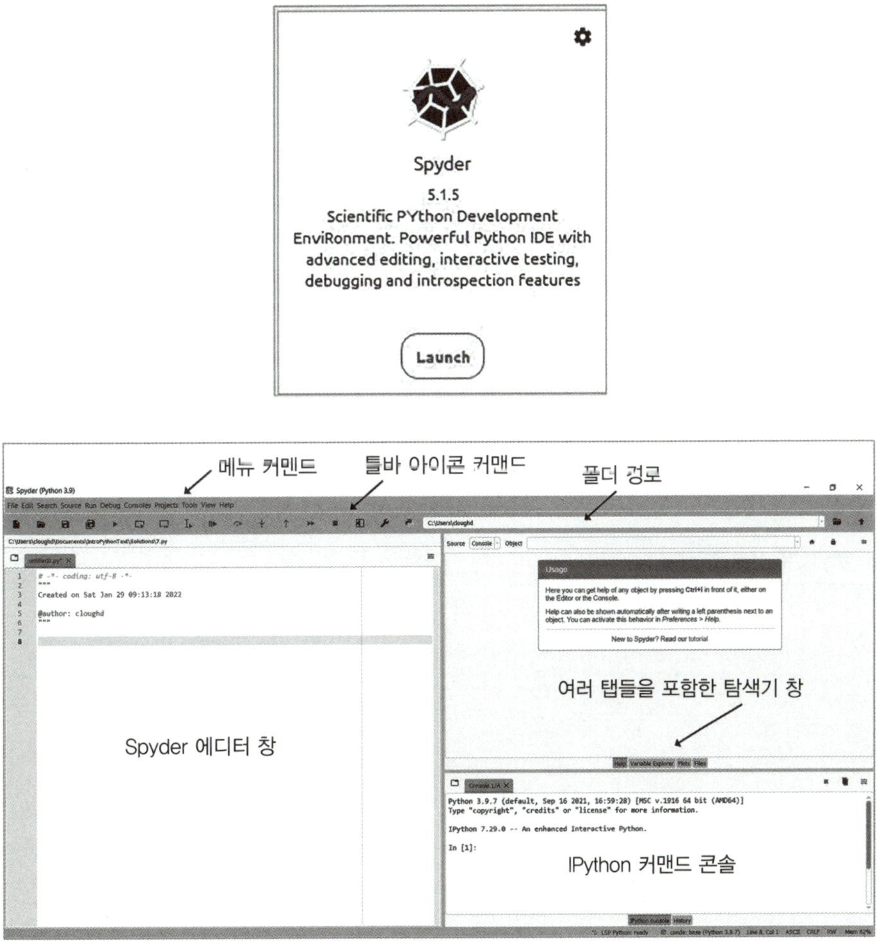

그림 3.1 Spyder 인터페이스.

3 이 장을 "읽는" 가장 좋은 방법은 이 장을 "직접 해보는"것이다. 즉, 이 장을 진행하면서 Spyder IDE의 모든 예제를 따라 하는 것이다.

Spyder를 처음 실행하면 Anaconda 인터페이스를 통하지 않고 바로 실행할 수 있으며, Spyder 아이콘을 운영 체제에 추가할 수 있다.

Spyder 인터페이스는 다양한 레이아웃, 색 구성 등을 사용자 지정할 수 있지만, 기본적인 설정은 [그림 3.1]과 같은 흰색 배경을 가진다.

이 장의 목적을 위해, 먼저 IPython 콘솔 창에 명령을 입력해 보겠다. 추가적인 IDE에 대한 오리엔테이션은 탐색기 창의 튜토리얼을 통해 진행할 수 있다. 3.7절에서는 에디터 창에 코드를 입력하고 거기에서 실행해 보도록 한다.

Python용 계산기 모드는 명령을 한 줄 씩 입력할 때 순차적으로 작동한다. 각 줄의 명령에 대해 결과를 얻을 수 있다. 따라서 멋진 계산기라고 생각하면 된다. 예를 들어 다음과 같이 입력하면,

```
In [1]: 55-16
```

콘솔에 결과[4]가 표시된다.

```
Out[1]: 39
```

대부분의 계산에는 **산술 연산자**가 사용된다. 이러한 연산자는 **산술식**에 포함되어 사용된다. 파이썬의 산술 연산자는 [표 3.1]에 정리되어 있다.

표 3.1 파이썬의 산술 연산자.

+	더하기
−	빼기
*	곱하기
/	나누기 (부동 소수점)
//	나누기 (정수)
%	나머지
**	거듭제곱

4 IPython 콘솔은 In[n]: 프롬프트와 함께 자동으로 순서대로 줄에 번호를 매기고 대응되는 결과 Out[n]:을 생성한다. 결과 줄 뒤에는 빈 줄이 삽입된다. 필요에 따라 콘솔에서 결과를 복사하여 다른 문서(예: Microsoft Word 또는 PowerPoint)에 붙여 넣을 수 있다.

표 3.2 파이썬 산술 연산자의 우선순위.

연산자	우선순위
**	가장 높음
– (단항 마이너스)	
*, /, //, %	
+, – (빼기)	가장 낮음

참고: 단항 마이너스 연산자는 음수를 나타내는 데 사용된다. 예를 들면: –53.76은 "음수 53.76"을 의미한다. 이항 빼기 연산자는 한 숫자를 다른 숫자에서 빼는 데 사용된다. 예를 들면: 55 – 16.

결과를 계산하기 위해 여러 연산자를 결합하여 산술식을 표현할 때, 각 연산자들은 [표 3.2]에 정리된 대로 우선순위를 가진다.

산술식은 왼쪽에서 오른쪽으로 계산되지만, 거듭제곱 연산이 반복되는 경우 예외로 오른쪽에서 왼쪽으로 계산한다. 괄호는 순서를 변경하는 데 사용된다. 다음 예가 유용한 지침이 될 것이다.

```
0.5 ** 2 / 3 * 5 + 1.2
```

위 산술식의 계산 단계는 다음과 같다.

```
0.5 ** 2 ⇨ 0.25
0.25 / 3 ⇨ 0.0833...
0.0833... * 5 ⇨ 0.4166...
0.4166... + 1.2 ⇨ 1.6166...
```

5가 분모에 있다고 생각할 수 있지만 왼쪽에서 오른쪽으로 계산과정을 따라가 보면 그렇지 않다는 것을 알 수 있다. 5가 분모에 포함되기를 원한다면 아래의 두 가지 방법이 있다.

```
0.5 ** 2 / (3 * 5) + 1.2 또는 0.5 ** 2 / 3 / 5 + 1.2
```

첫 번째 경우에는 괄호로 인해 분모 곱셈(3 * 5)이 가장 우선 순위가 높다. 두 번째 경우에는 왼쪽에서 오른쪽 순서 때문에 0.25를 3으로 나눈 다음 다시 5로 나눈다. 일부 프로그래머는 분모를 명확하게 알 수 있고, 아래와 같은 수식 형태와 잘 연관되기 때문에 첫 번째 경우를 선호한다.

$$\frac{0.5^2}{3 \cdot 5} + 1.2$$

하지만 두 경우 모두 유효한 방법이다.

다음 예에서도 연산자들의 우선순위를 중점으로 살펴볼 수 있다.

```
-3 ** 2 ⇨ -9
```

여기서는 거듭제곱(**)의 우선순위가 가장 높으므로 가장 먼저 수행된다. 그런 다음 단항 마이너스(–)로 음수화를 수행한다. 소프트웨어 프로그램에 따라서 우선순위가 다를 수 있기 때문에 이 예는 짚고 넘어갈 가치가 있다. 예를 들어, Excel 스프레드시트에서는 단항 마이너스가 거듭제곱보다 우선순위가 높다.

세 번째 예에서는 반복 지수의 우선 순위를 보여준다.

```
3 ** 2 ** 1.5 ⇨ ≅ 22.361...
```

반복되는 거듭제곱은 오른쪽에서 왼쪽으로 계산이 됨으로 첫 번째 연산은 `2 ** 1.5 ⇨ ≅ 2.828...`이고, 그 다음에 `3 ** 2.828...`이 수행된다. 이를 수식으로 표현해보면 다음과 같다.

$$3^{2^{1.5}}$$

일반적으로 $2^{1.5}$가 먼저 계산될 것이라고 가정할 수 있으므로, 파이썬은 이 방식을 따른다. 그러나 이 순서는 다른 소프트웨어 프로그램에서는 성립하지 않을 수 있다는 것을 알고 있어야 한다. 물론 3^2가 먼저 계산되기를 원한다면 다음과 같이 괄호를 사용하여 아래와 같이 이를 강제할 수 있다.

```
(3 ** 2) ** 1.5
```

어떤 경우에서도 작업의 우선순위에 대해 의문이나 의구심이 들면 몇 가지 테스트 케이스를 시도하여 이를 확인할 수 있다. 그런 다음에도 의심이 가는 경우 괄호를 사용하여 이러한 의심을 피할 수 있다.

[표 3.1]에서 익숙하지 않을 수 있는 두 가지 산술 연산자가 있다. 정수 나누기(//)와 나머지(%)가 바로 그것이다. 다음은 정수 나누기의 예이다.

```
12.435 // 2.9 ⇨ 4.0
```

일반적인 부동소수점 나누기를 수행하면 4.28... 값을 얻을 것이다. 정수 나누기는 부동소수점 나누기를 수행한 다음 결과에서 소수 부분을 잘라낸다. 계산 결과의 소수점에 주목하자. 이는 결과가 실제로 소수 부분이 0인 부동 소수점 숫자임을 나타낸다.

나머지(**모듈러스**라고도 함) 연산자는 나눗셈을 통해 정수 몫을 구하고 남은 나머지 값을 반환한다. 즉, 나눗셈을 수행하여 몫을 구한 다음 해당 값의 정수 부분만 취하여 나누는 수와 곱하고 그 결과를 나누어 지는 수에서 빼면 나머지를 구할 수 있다. 위의 정수 나누기의 예를 이어서 다음과 같은 나머지 연산을 할 수 있다.

```
12.435 % 2.9 ⇨ 0.835
```

여기서 해석에 주의하자. 연산 결과는 분명히 부동 소수점 나눗셈의 나머지 0.28....이 아니다: 이것은 12.435에서 2.9*4를 뺀 결과이며, 여기서 4는 몫의 정수 부분이다. 나머지 연산자는 해석이 더 간단한 정수 계산에 자주 사용된다. 이 경우 연산의 결과는 정수 나눗셈의 나머지 부분일 뿐이다. 예를 들어 정수가 홀수인지 짝수인지 확인하려는 경우 모듈러스 2를 사용하면 결과가 0이면 짝수, 1이면 홀수이다. 예를 들어,

```
1243 % 2 ⇨ 1 그리고 1244 % 2 ⇨ 0
```

여기서 두 숫자를 소수점과 함께 입력하지 않았으므로 결과 또한 소수점이 없는 정수가 됨을 주목하자.

공학 계산과 과학 계산에 사용되는 가장 많이 상수 중 하나는 파이(π)이다. 일부 소프트웨어 패키지는 파이를 직접 사용할 수 있도록 제공하지만, 파이썬은 그렇지 않다. 파이의 기본값을 얻으려면 지원 모듈을 호출해야 한다. 파이 값을 제공하는 두 가지 대표적인 모듈이 있다: Math와 NumPy. 이 장의 뒷부분에서 NumPy에 대해 소개하기로 하고, 지금은 콘솔 명령에 `import math` 문을 실행하면, 다음과 같이 파이를 사용할 수 있다.

```
import math
math.pi
3.141592653589793
```

16개의 유효숫자를 가지는 π를 이용하여 5의 반지름을 가지는 구의 부피 계산과 같은 여러 가지 계산을 할 수 있다.

```
4/3 * math.pi * 5**3 ⇨ 523.598...
```

[표 3.3]에 요약된 대로 자연 로그의 밑 e(오일러의 수라고도 함)와 같은 다른 상수도 사용할 수 있다. 대부분 수학 식에 자주 사용되지는 않지만 계산의 결과로 표시되는 상수도 있다. 예를 들어 2.1.2절에서의 실수에 대한 논의를 상기하면 64비트 컴퓨터에서 표현가능한 최대의 부동 소수점 숫자는 $1 \cdot 10^{308}$ 정도이다. 따라서 다음과 같은 경우 결과를 나타내는 데 무한대 상수가 사용된다.

```
2*1e308 ⇨ inf
```

표 3.3 파이썬의기본 제공 상수.

이름	심볼	정의	값	파이썬
파이	π	원의 둘레와 지름 사이 비율	3.14159265358979...	math.pi
오일러 수	e	자연로그의 밑	2.71828182845905...	math.e
무한대	∞	무한히 큰 값		math.inf
NaN(Not a Number)		숫자가 아닌 값		math.nan

3.2 수학 함수

1장에서 공학 계산과 과학 계산에 자주 등장하는 다양한 수학 함수를 소개했다. 이제 파이썬에서 이러한 함수를 어떻게 호출하는지 방법을 알아 두는 것이 중요하다. 먼저, 파이썬에서 직접 사용할 수 있는 함수가 몇 가지 있다. 우리가 자주 사용하는 두 가지 함수는 절대값 함수인 abs(•)와 반올림인 round(•)이다.

절대값 함수를 실수에 대하여 적용하면 다음과 같이 우리가 예상하는 대로 작동한다.

```
abs(-5) ⇨ 5 and abs(5) ⇨ 5
```

또한 복소수에 대하여 다음과 같이 복소수의 크기 값을 반환한다.

$$|a+jb|=\sqrt{a^2+b^2}$$

예를 들면 다음과 같다.

```
abs(-6+4j) ⇨ 7.211...
```

파이썬에서 복소수를 표현할 때 허수 부분의 숫자 뒤에 j 기호를 붙인다는 것을 알 수 있다.

다음은 반올림 함수의 예이다.

```
round(4.5) ⇨ 4 그리고 round(3.5) ⇨ 4
```

반올림 함수가 1장에서 설명한대로 0.5를 짝수로 반올림하는 규칙을 따른다는 점에 유의하자.

소수점 오른쪽의 n자리로 반올림하기 위해서는 아래와 같이 추가 인수를 사용할 수 있다.

```
round(math.pi, 5) ⇨ 3.14159 그리고 round(1250.33,-2) ⇨ 1300.0
```

소수점 이하의 자릿수에는 양수의 반올림 자릿수 인수를 적용하고, 소수점 왼쪽 자릿수에 대해서는 음수의 인수를 적용한다. n이 0인 경우 가장 가까운 정수로 반올림된다. 또

두 번째 예에서는 소수 부분로 인해 1,250 보다 약간 큰 값이 되므로 짝수로 반올림하는 규칙이 적용되지 않는다.

표 3-4 Math 모듈의 삼각함수와 쌍곡선 함수.

삼각함수		쌍곡선함수	
sin(•)	asin(•)	sinh(•)	asinh(•)
cos(•)	acos(•)	cosh(•)	acosh(•)
tan(•)	atan(•)	tanh(•)	atanh(•)

지수, 로그, 삼각함수, 쌍곡선 함수로 넘어가게 되면, **Math 모듈**을 이용하여 함수를 가져와야 한다.

```
math.exp(1) ⇨ 2.718... 그리고 math.log(math.e) ⇨ 1.0
```

첫 번째 예는 exp(1)가 자연 상수(*e*)와 같다는 것을 보여주고, 두 번째 예는 `log(•)` 함수가 자연 로그임을 보여준다. 밑이 10인 로그는 어떻게 사용할 수 있을까?

```
math.log10(1000) ⇨ 3.0
```

또한, `log(,•)` 함수를 사용하여 임의의 밑에 대한 로그(여기서는 밑이 2)를 구할 수도 있다.

```
math.log(8192,2) ⇨ 13.0
```

`math.sqrt(•)` 함수도 자주 사용되므로 언급할 가치가 있다.
[표 3-4]에는 Math 모듈에서 사용할 수 있는 삼각함수와 쌍곡선 함수가 요약되어 있다.

삼각 함수(예: `sin(•)`)는 라디안을 인수로 받고, 역삼각 함수(예: `asin(•)`)는 라디안 단위로 결과를 산출한다. 라디안(radian)과 도(degree) 사이를 오가는 변환은 매우 간단하지만 Math 모듈은 이를 위한 두 가지 함수를 제공한다.

```
math.degrees(1) ⇨ 57.295... 그리고 math.radians(60) ⇨ 1.047...
```

예제 3.1 지구 상의 두 점 사이의 대원 거리 계산하기

지구 표면의 두 지점 사이의 최단 거리를 구하는 것은 흥미로운 네비게이션 문제이다. 이 최단 경로는 **대원**(Great circle)이라는 수학 개념을 사용하여 결정할 수 있다. 대원은 구의 중심을 통과하는 평면에 놓여 있는 구 표면의 원이다([그림 3.2] 참조). 대원을 따라 놓인 두 점 사이의 경로[기하학에서는 **최소 호 거리**(minimal arc distance)라고 함]는 두 점의 최단 거리를 나타낸다. 따라서 **대원 거리**(Great Circle Distance)를 따라가는 것이 선박이나 항공기가 선호하는 경로다.

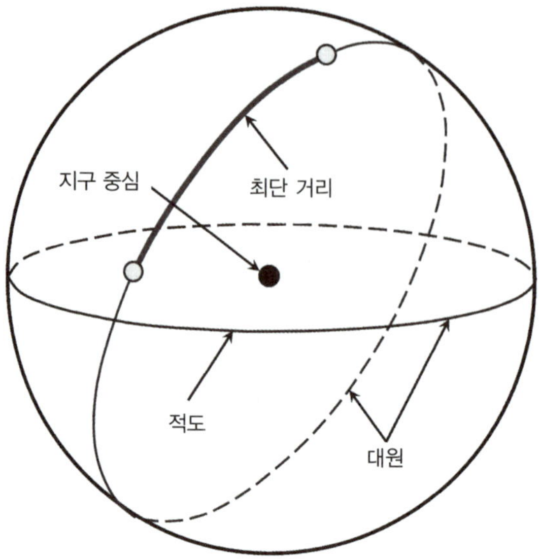

그림 3.2 대원은 지구 표면 상의 두 점의 최단거리를 나타낸다. 적도 또한 대원 중 하나이다.

알다시피 지구 표면의 위치는 위도[적도로부터 측정한 극축(polar axis) 상의 각도]와 경도(영국 그리니치의 본초 자오선으로부터 측정한 적도 상의 각도)로 지정된다. 관례에 따라 자오선 서쪽의 경도 각도는 양수이고 동쪽의 경도 각도는 음수이다. 또한 적도 북쪽의 위도 각도는 양수이고 적도 남쪽의 위도 각도는 음수이다.

이 예에서는 영국 런던과 호주 시드니 사이의 거리를 계산하고자 한다. 최근에서야 두 도시 사이에 경유 없는 항로가 개설되었다. 먼저, 두 도시의 위치를 찾아야 한다.

영국, 런던 - 히드로 공항	51.4700°N, 0.4543°W
호주 시드니 - 킹스포드 스미스 공항	−33.9399°S, 151.1753°E

부호에 대한 규칙에 따라서, 히드로 공항의 위도는 양수이고, 시드니 공항은 음수 위도를 가진다.

최소 호 거리를 계산하는데 사용되는 공식[5]은 다음과 같다.

$$d = 2\sin^{-1}\left(\sqrt{\left(\sin\left(\frac{lt_1 - lt_2}{2}\right)\right)^2 + \cos(lt_1)\cos(lt_2)\left(\sin\left(\frac{\ln_1 - \ln_2}{2}\right)\right)^2}\right)r \tag{3.1}$$

5 구형 삼각법을 사용하여 이 공식의 유도하는 과정을 연구하는 것은 흥미롭다. 여기서는 이에 대해 다루지 않지만 참고할 만한 자료가 많이 있다. 그중 하나가 항공 공식 V1.46(edwilliams.org)이다. 완전한 구형이 아닌 타원형인 지구의 특성을 반영한 더 복잡한 공식도 있지만, 오차가 약 0.05%로 거리 계산에 거의 영향을 미치지 않는다.

이 예에 적용하면 다음과 같다.

$$lt_1 = 51.4700° \cong 0.8983 \text{ radians} \quad lt_2 = -33.9399° \cong -0.5924 \text{ radians}$$

$$ln_1 = 0.4543° \cong 0.007929 \text{ radians} \quad ln_2 = -151.1753° \cong -2.6385 \text{ radians}$$

r = 지구 반지름(≅ 6,371km)을 사용하여 IPython 콘솔에 다음과 같이 긴 수식을 만들어 입력하면 최종 결과를 얻을 수 있다.

```
2*math.asin(math.sqrt((math.sin((0.8983-(-0.5924))/2))**2 + \
math.cos(0.8983)*math.cos(-0.5924) * \
(math.sin((0.007929-(-2.6385))/2))**2))*6371
⇨ 17019.822798178586
```

계산된 거리는 17,020 km이다. 이 거리는 다양한 인터넷 웹사이트를 통해 확인할 수도 있다.

백슬래시(\) 문자를 두 개 사용하여 긴 수식을 여러 줄로 나누어 가독성을 높인 것을 볼 수 있다. 백슬래시는 정식 명칭으로 **줄 바꿈 문자**(line continuation character)라고 한다.

이렇게 긴 수식으로 계산을 수행하면서 라디안으로 변환하는 부분을 명령에 포함하는 것이 더 편리하고 정확할 것이며, 또한 계산과정을 여러 부분으로 나누어 관리하기 쉽고 따라하고 디버그하고 검증하기 쉽게 하는 것이 더 좋을 것이라는 생각이 들었을 것이다. 다음 절에서는 이러한 요구 사항을 다룬다.

3.3 변수와 할당

공식과 방정식을 작성할 때 우리는 많은 기호들을 사용하여 다양한 관련 수량을 표현한다. 마지막 절의 대원 거리 공식(식 (3.1))이 이에 대한 예이다. 따라서 프로그래밍 명령에서 기호를 사용하고자 하는 것은 당연한 일이다. 이를 위해 변수(variable)의 이름을 만들고, 값은 할당(assignment) 과정을 통해 변수 이름과 연결된다. 다음은 가장 간단한 예이다.

```
a = 5
```

변수 이름 a는 할당문이 실행된 후 값 5가 저장될 컴퓨터 메모리의 위치를 나타낸다. 이 할당 과정은 [그림 3.3]에 표시된 사서함으로 비유할 수 있다.

사서함 자체는 변수 이름(메모리 위치에 해당)해당하고, 봉투는 할당에 의해 사서함에 배치된 값이다. 만약 위의 코드 이후에 아래의 명령이 수행된다면,

```
a = -4
```

그림 3.3 할당에 대한 사서함 비유.

5를 담고 있는 봉투는 제거되어 폐기되고, -4를 담고 있는 봉투로 대체된다.

변수를 정의하고 값을 할당하면 IPython 콘솔 위의 **변수 탐색기 창**(Variable Explorer window)에서 변수를 확인할 수 있다. 변수 탐색기 탭을 선택하면 다음과 같은 내용이 표시된다.

Name ▲	Type	Size	
a	int	1	-4

변수 이름과 현재 저장된 값 외에도 저장된 값의 타입(이 경우는 정수)과 크기(항목의 개수, 여기서는 1)가 기록되어 있다. 나중에 살펴보겠지만 하나의 변수 이름으로 데이터의 모음을 저장할 수 있다. 또한 처음 변수를 정의한 후에는 뒤따라오는 수식에서 변수를 사용할 수 있다. 아래는 그 예이다.

```
math.exp(a) ⇨ 0.01831…
```

다음과 같은 명령을 수행하면 어떻게 될까?

```
A = 12
```

변수 탐색기를 확인하면,

Name ▲	Type	Size	
a	int	1	-4
A	int	1	12

A와 a가 서로 다른 사서함(변수)임을 알 수 있다. 파이썬은 대문자와 소문자를 구분한다. 이를 공식 용어로 말해 보면 파이썬 언어는 "Case sensitive"하다고 한다. 변수 이름에 문자가 아닌 다른 기호를 사용할 수도 있지만, 반드시 첫글자는 문자로 시작해야 한다. 다음은 변수 이름에 대한 세 가지 예이다.

```
b12     c_10     Temperature_Value
```

대부분의 특수 문자는 이름에 사용할 수 없다. 의심스러운 경우 직접 사용해 보면 알 수 있다. 특히 +, −, *, /, &와 같이 연산자로 사용되는 특수 문자의 경우 더욱 그렇다. 위와 같이 밑줄(_)을 사용하는 것은 변수 이름을 구성하는 단어들을 구분짓는 데 좋은 방법이다.

해결하려는 문제와 직접적인 연관이 있는 변수 이름을 사용하는 것이 가장 좋다. 높이와 너비를 나타내는 h, w와 같이 도면(그림) 상의 이름과 관련이 있는 경우도 있다. 다른 경우에는 길고 의미 있는 이름을 사용하면 의미가 더 명확해지지만, 너무 긴 이름을 많이 사용하면 프로그래밍에 방해가 될 수 있다.

특히 파이썬에서 키워드로써 사용되고 있는 이름을 사용하지 않도록 주의해야 한다. Spyder는 IPython 콘솔이나 에디터 창에서 키워드를 입력하자 마자 파란색으로 코딩되기 때문에 이러한 이름을 식별하는 데 도움이 된다. 좋은 예로 그리스 문자 lambda를 들 수 있는데, 뒤에서 설명하겠지만 이 이름은 파이썬에서 간단하게 사용자 정의 함수를 정의하는 데 사용된다.

예제 3.2 대원 공식에서 변수 이름 사용하기

[예제 3.1]에서 식 (3.1)의 대원 거리를 계산하기 위해 만든 Python 수식은 길고 숫자 값만을 사용하였다. 수식에서 사용된 숫자 중 대부분은 별도로 계산한 다음 그 값을 복사하여 수식에 집어 넣은 것이다. 이 수식을 입력하면서 이런 방식으로 하면 사소한 오류가 생길 수 있고 다른 곳에 쓸 수 있도록 수식을 수정하는 것이 어렵겠다고 생각했을지도 모른다.

IPython 콘솔의 편리한 기능 중 하나는 위쪽 화살표 키(↑)를 사용하여 이전에 입력한 식을 불러올 수 있다는 것이다. 이전 식을 불러온 후에는 편집하거나 수정할 수 있다. 변경이 완료되면 수식의 아무 위치에서나 Enter 키를 눌러서 실행할 수 있다. 참고로 여러 번 이전의 명령을 불러오려면 원하는 명령이 나올 때까지 화살표 키를 반복해서 누르면 된다.

다른 거리 계산을 시도해 보자. 하지만 이번에는 변수를 할당하고 긴 수식을 "한입 크기"로 나누어 보자.

```
r = 6371
lt1d = 51.4700
lt1 = math.radians(lt1d)
ln1d = 0.4543
ln1 = math.radians(ln1d)
lt2d = -33.9399
lt2 = math.radians(lt2d)
ln2d = -151.1753
ln2 = math.radians(ln2d)
d1 = (math.sin(lt1-lt2)/2)**2
d2 = math.cos(lt1)*math.cos(lt2)*(math.sin((ln1-ln2)/2))**2
d = 2*math.asin(math.sqrt(d1 + d2))*r
```

마지막 명령줄은 거리 결과를 변수 d에 할당한다. 변수 탐색기에서 d의 값을 관찰할 수도 있지만 콘솔에 d를 입력하기만 하면 값이 표시된다.

```
d
17019.601897936718
```

이제 도쿄와 케이프타운 사이의 거리에 관심이 있다고 가정해 보자.

도쿄, 일본 – 나리타 공항	35.7653°N, 140.3856°E
남아프리카공화국, 케이프 타운 – 공항 Airport	33.9694°S, 18.5972°E

위쪽 화살표를 사용하여 거리를 다시 계산하는 데 필요한 명령을 불러올 수 있다.

```
lt1d = 35.7653
lt1 = math.radians(lt1d)
ln1d = -140.3856
ln1 = math.radians(ln1d)
lt2d = -33.9694
lt2 = math.radians(lt2d)
ln2d = -18.5972
ln2 = math.radians(ln2d)
d1 = math.sin((lt1-lt2)/2)**2
d2 = math.cos(lt1)*math.cos(lt2)*(math.sin((ln1-ln2)/2))**2
d = 2*math.asin(math.sqrt(d1 + d2))*r
```

```
d
14780.78626470105
```

거리를 계산하는 주요 수식은 변경되지 않았음을 알 수 있다. 변수 탐색기는 [그림 3.4]에 표시된 것처럼 계산과 관련된 모든 값을 관찰하는 데 좋은 도구이다.

`r`을 제외한 모든 변수의 유형은 소수점 이하의 값을 갖기 때문에 "float"이다. 소수점 없이 6,371을 할당했기 때문에 `r` 변수는 정수이다.

나중에 살펴보겠지만 이러한 다단계 계산의 경우 Spyder 에디터 창에서 처리하는 것이 더 편리하다.

3.4 객체, 속성, 메서드 그리고 데이터 유형

Python은 객체 지향 프로그래밍 언어이다. 이는 익숙해지는 데 시간이 좀 걸린다. 일반적으로 파이썬의 모든 개체(entity)들은 객체로 간주된다. 여기에는 숫자와 변수도 포함된다.

변수와 숫자로 수행하는 연산 외에도 객체의 **속성**(attribute)을 참조할 수 있으며, 이러한 객체에 작용하는 **메서드**(method)를 호출할 수 있다. 이 책에서 이에 대한 많은 예를 볼 수 있다. 객체를 속성이나 메서드와 연관시키는 데 사용되는 문법은 다음과 같다.

Nam▲	Type	Size	
d	float	1	14780.78626470105
d1	float	1	0.32681621249509624
d2	float	1	0.5137155357056657
ln1	float	1	-2.4501909423877515
ln1d	float	1	-140.3856
ln2	float	1	-0.32458237165188947
ln2d	float	1	-18.5972
lt1	float	1	0.624222242963528
lt1d	float	1	35.7653
lt2	float	1	-0.5928778749269618
lt2d	float	1	-33.9694
r	int	1	6371

그림 3.4 변수 탐색기 창.

```
object_name.attribute    object_name.method()
```

위에 사용된 마침표(.)는 소수점이 아니라 객체 이름과 그 뒤에 오는 내용을 구분하기 위한 것이다. 메서드 이름 뒤의 괄호는 비어 있을 수도 있고, 특정한 지정자(specification)나 인수(argument)를 포함할 수 있다. 다음은 다음 장과 관련되어 있는 두 가지 예이다:

```
(123456789).bit_length() ⇨ 27

a = 1234567890
a.bit_length() ⇨ 31
```

`bit_length()` 메서드는 주어진 수치를 저장하는 데 필요한 이진 숫자(비트)의 수를 알려준다. 수(number)[이를 리터럴(literal)이라고도 함]가 객체일 경우 괄호로 묶여 있는 것을 알 수 있다. 변수 이름에는 괄호가 필요하지 않다.

다음은 `imag`와 `real` 속성을 사용하여 복소수의 허수부와 실수부를 추출하는 예이다.

```
(24-0.3j).imag ⇨ -0.3
(24-0.3j).real ⇨ 24.0
```

여기서 객체의 속성을 불러올 때는 마지막에 괄호를 필요로 하지 않는다. 종종 위와 같이 객체 지향 표현식을 사용하는 것 대신, 아래에 표시된 것처럼 내장 함수를 사용하는 방법이 있다.

```
import numpy as np
np.real(24-0.3j) ⇨ 24.0
```

NumPy 숫자 지원 모듈을 가져와서 이를 단축 이름 np로 지정하였다. 이것은 파이썬 프로그램에서 흔히 사용하는 작업 스타일이다. 그런 다음 내장 함수 `real(•)`을 사용하여 복소수의 실수 부분을 추출하였다. 같은 작업을 수행하는 두 가지 방법에 모두 익숙해져야 한다.

지금까지 정수형과 실수형이라는 두 가지 숫자 데이터 유형을 살펴보았다. 또한 이들을 결합하여 복소수 유형을 형성하는 방법도 살펴보았다. 2장에서는 이러한 유형이 컴퓨터 메모리에 내부적으로 저장되는 방법에 대해 설명하였다. 파이썬의 흥미로운 기능 중 하나는 정수의 크기에 제한을 두지 않고 이를 표현하는 데 필요한 메모리 양을 할당한다는 것이다. 위에서 `bit_length()` 메서드를 사용하여 이를 확인할 수 있다.

3.4.1 부울 유형

파이썬에서 자주 사용되는 다른 두 가지 유형의 변수가 있다. 논리(또는 부울) 유형과 문자(또는 문자열) 유형이 그것이다. 파이썬에는 부울 유형 변수에 대해서 `True`와 `False` 두 가지 값을 가진다. 다음과 같이 변수를 생성할 수 있다:

```
switch = True
```

여기에서는 보이지 않을 수도 있지만 `True`는 키워드임을 나타내기 위해 파란색으로 표시된다. 변수 탐색기를 보면,

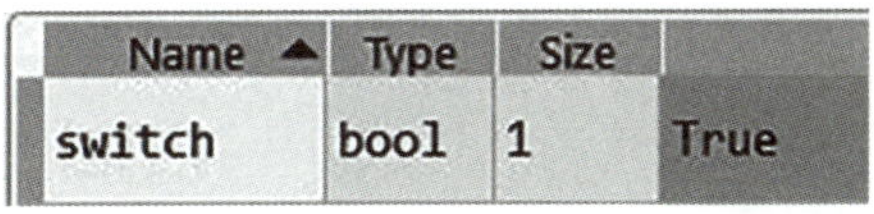

변수의 유형이 `bool`(부울)이고 현재 값이 `True`인 것을 확인할 수 있다. 부울 수량에 대해서는 다음과 같이 관계 연산자를 사용할 수 있다.

표 3.5 파이썬의 관계 연산자.

예시	연산자	관계
`x == 0`	`==`	같음
`y != x`	`!=`	같지 않음
`a > 0`	`>`	더 큼
`s < t`	`<`	더 작음
`3.9 >= a/3`	`>=`	크거나 같음
`r <= 0`	`<=`	작거나 같음

표 3.6 논리 연산자를 위한 진리표.

		우선순위 높음 → 우선순위 낮음		
x	y	not x	x and y	x or y
T	T	F	T	T
T	F	F	F	T
F	T	T	F	T
F	F	T	F	F

```
math.pi > 22/7 ⇨ False
```

위의 표현식은 다음과 같은 참/거짓 질문과 같다. "π가 7분의 22로 근사한 값보다 큰가?". 정답은 아니오, 즉 `False`이다. 다양한 관계 연산자가 [표 3.5]에 나와 있다.

마지막 네 개의 연산자는 바로 이해가 될 수 있지만 처음 두 개의 연산자에 주의하자. 두 변수가 같은지를 확인하기 위하여 하나의 = 기호가 아닌 두 개의 == 기호를 사용해야 한다.[6] 그리고 !=를 사용하여 두 수량이 같지 않음을 테스트할 수 있다. 후자의 연산자는 프로그래밍 언어마다 표현이 다르다.

관계 연산자 외에도 하나 이상의 부울 수량에 대해 적용할 수 있는 논리 연산자가 있다. 아래는 논리연산자의 예이다.

```
switch = True
light = False
switch and light ⇨ False
```

논리 연산자를 사용한 결과를 보여주는 진리표가 [표 3.6]에 정리되어 있다.

not 연산자는 인수의 의미를 반전시킨다. and 연산자는 두 인수가 모두 True일 때만 True를 반환한다. 그리고 or 연산자는 두 인자 중 하나 또는 둘 다 True일 때 True를 반환한다. 산술 연산자와 마찬가지로 논리 연산자를 사용할 때도 우선순위가 정해져 있다. 이 우선 순위는 [표 3.6] 최상위 → 최하위 순으로 표시되어 있다.

관계 연산자와 논리 연산자를 결합하여서 표현식에 사용하는 경우가 많은데, 아래는 그 예이다.

```
not 12 < 8 and -3 > -5
```

위 표현식은 어떻게 작동할까? 먼저, 관계 연산을 수행한다.

```
not False and True
```

그리고 나서, 진리표에 의하여 not 연산을 수행한다.

```
True and True
```

마지막으로 and 연산을 수행한다.

```
True
```

산술 표현식과 마찬가지로 이러한 연산 순서는 괄호로 수정할 수 있다. 이후 장에서는 관계 표현식과 논리 표현식이 구조화된 프로그래밍에 필수라는 것을 알게 될 것이다.

6 과거에는 일부 컴퓨터 언어(예: 1951년 슈퍼플랜, 포트란의 첫 번째 버전)에서 할당과 동일성 확인 연산에 모두에 등호 하나를 사용했었다. 이로 인해 프로그래밍 초보자가 혼동할 수 있었기 때문에, 파이썬과 같이 널리 사용되는 언어에서는 두 연산자를 구분하기 위해 별도의 연산자를 사용한다.

3.4.2 문자 유형

문자(또는 **문자열**) 데이터 유형은 텍스트를 저장한다. 문자열 상수는 작은따옴표 또는 큰따옴표(' 또는 ")로 묶어서 표시한다. 예는 다음과 같다.

```
'Isaac Newton' "Marie Curie" '123.5'
```

여는 따옴표와 닫는 따옴표는 동일해야 하며 혼용할 수 없다.

다음과 같이 변수에 문자열 상수를 지정할 수도 있다

```
switch = 'on'
```

변수 값을 할당한 후, 변수 탐색기에서 다음과 같이 확인할 수 있다.

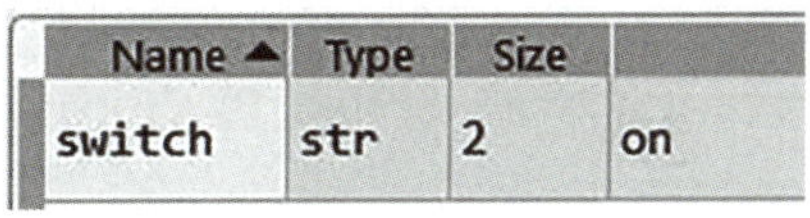

문자열에 적용할 수 있는 다양한 조작, 연산, 함수들이 있다. 이 책에서는 수치 문제 해결에 중점을 두기 때문에 자세히 다루지는 않도록 한다. 하지만 몇 가지 살펴볼 만한 기능들이 있다. 첫 번째는 아래와 같이 문자열을 더 긴 문자열로 **연결**(concatenation)하는 것이다.

표 3.7 문자열 함수.

len(s)	문자열 s의 문자 수
str(x)	숫자 x를 문자열로 변환
int(s)	문자열 s를 정수로 변환
float(s)	문자열 s를 부동 소수점 수로 변환

```
'on' + 'off' ⇨ 'onoff'
```

몇 가지 유용한 문자열 관련 함수들이 [표 3.7]에 나와 있다. 문자열에서 처음 두 문자를 추출하고 싶다면 어떻게 해야 할까? 문자열의 문자는 다음과 같이 조회할 수 있다:

```
string[start:stop:step]
```

처음 두 문자를 추출하는 예는 다음과 같다.

```
'onoff'[0:2] ⇨ 'on'
```

첫 번째 문자의 인덱스는 0이며, 선택 범위는 stop 인덱스인 2까지이지만 2를 포함하지는 않는다. 마지막 세 문자를 불러오기 위해서 아래와 같이 인덱스를 설정할 수 있다.

```
'onoff'[-3:] ⇨ 'off'
```

인덱스는 아래 예와 같이 문자열 중간에 있는 하나 이상의 문자를 선택하는 데도 사용된다.

```
'onoff'[1:3] ⇨ 'no'
```

문자열 데이터 유형에 대한 설명은 이 정도로 충분하다.

3.5 데이터의 모음

공학/과학 문제를 해결하는 과정에서 우리는 숫자, 부울, 문자열 등 하나 이상의 데이터의 모음을 다루는 것에 관심이 있는 경우가 많다. 전체 데이터의 모음을 하나의 변수 이름과 연관시키고 싶은 것은 자연스러운 일이다. 이 주제를 살펴볼 때 정리하고 가야할 몇 가지 질문이 있다.

- 데이터 모음에 서로 다른 데이터 유형이 포함되어 있는가?
- 데이터 모음의 원소를 조작하고, 원소를 추가하고, 제거하고, 재정렬할 수 있어야 하는가?

표 3.8 파이썬 데이터 모음의 종류와 표기법.

종류	표기법	예제
리스트	다양한 데이터 유형의 모음, 대괄호[ ] 사용	[2, False, 'oats', 0.618034]
튜플	불변 목록(확장, 축소, 원소 제거, 재할당 불가), 소괄호( ) 사용	(2, False, 'oats', 0.618034)
집합(set)	중복과 순서가 없는 데이터 모음, 중괄호{ } 사용	{2, False, 'oats', 0.618034}
딕셔너리	숫자 인덱스가 아닌 key로 각각 식별되는 객체 모음, 중괄호{ } 안의 값의 쌍	Fourteeners={'Elbert':4401.2, 'Massive':4398., 'Harvard':4395.6}
배열(array)	수치와 통계 계산에 사용하기 위해 정수로 인덱싱된 단일 데이터 유형의 모음으로, NumPy 모듈에 의해 제공	아래의 예제 참조

- 데이터 모음에 숫자만 포함된 경우, 모든 원소에 숫자를 곱하는 등 전체 모음을 수학적으로 조작할 수 있어야 하는가?

파이썬은 데이터 모음을 나타내기 위해 [표 3.8]과 같이 몇 가지 옵션을 제공한다. 처음에는 혼란스러울 수 있지만, 공학 계산과 과학 계산에서 주로 이 중 하나를 선택하여 사용한다.

가장 간단한 데이터 모음 유형은 **리스트**이다. 리스트는 다양한 데이터 유형을 포함할 수 있으며, 각 원소들은 뚜렷한 순서(첫 번째 원소, 두 번째 원소 등)를 가진다. 예시와 같이 리스트를 정의할 때는 대괄호를 사용한다. 다음 예시는 리스트가 변수 이름에 할당된 예제이다.

```
mylist = [2, False, 'oats', 0.618034]
```

다음과 같이 리스트의 특정 멤버를 참조할 수 있다.

```
mylist[0] ⇨ 2
mylist[3] ⇨ 0.618034
```

여기에는 두 가지 중요한 관찰 사항이 있다. 첫째, 리스트의 특정 원소를 참조하기 위해 변수 이름 뒤에 소괄호가 아닌 대괄호를 사용한다는 것이다. 둘째, 목록의 첫 번째 원소는 1이 아니라 0으로 인덱싱된다. 이 인덱스는 수학 표기법에서 아랫첨자와 비슷한 역할을 하기 때문에 종종 **첨자**(subscript)라고도 한다. 수학 표기법에서는 첫 번째 원소가 0이 아닌 1로 인덱싱되는 것이 일반적이기 때문에 약간의 혼란이 발생할 수 있다. 파이썬 프로그래밍을 하는 과정에서 계속해서 이 문제를 다루어야 한다.[7] 뒤에서 배열에 대해서 다루면서, 첨자를 사용하는 더 많은 기능을 소개하도록 하겠다.

튜플은 **불변**(변경할 수 없는) 리스트이다. 튜플은 대괄호가 아닌 소괄호로 묶여 있다. 일단 생성되면 그 원소는 변경할 수 없다. 파이썬에서 튜플은 함수에 의해 생성되는 경우가 많기 때문에, 자연스럽게 그 값을 변경하지 않고 튜플의 원소만 추출하여 사용하는 것이 일반적이다.

```
mytuple = (2, False, 'oats', 0.618034)
mytuple[2] ⇨ 'oats'
```

여기서는 **집합**(set)과 **딕셔너리** 데이터 모음 유형에 대해서는 다루지 않겠다. 넓은 범위에서의 파이썬 애플리케이션에는 유용하게 쓰이지만, 공학/과학 문제 해결에서는 적극적으로 사용되지 않기 때문이다.

배열(array)은 이 책에서 보게 될 핵심 데이터 모음 유형이다. 이것은 NumPy 모듈의 ndarray라는 클래스에 의해서 제공된다. 배열은 같은 유형의 원소들로만 구성된다. 배열은 NumPy의 배열 함수 또는 생성자를 사용하여 리스트나 튜플로부터 만들 수 있다. 다음 두 가지 예를 참조해보자.

```
import numpy as np
x = np.array([2.3, -4, 23.45, 5.6, -14.77])
y = np.array((1, 2, 3, 4, 5))
```

7 이는 C/C++ 프로그래밍 언어에서도 마찬가지이지만 MATLAB® 소프트웨어에서는 그렇지 않다. Microsoft Excel과 관련된 VBA 프로그래밍 언어의 경우 0기반 인덱싱이 기본값이지만 간단한 선언문을 사용하여 이를 1기반으로 전환할 수 있다.

위 명령문을 실행하였을 때 변수 탐색기에서 변수 x와 y가 어떻게 표시되는지 보자.

Name ▲	Type	Size	
x	Array of float64	(5,)	[2.3 -4. 23.45 5.6 -14.77]
y	Array of int32	(5,)	[1 2 3 4 5]

import 문에서 numpy를 np로 편리하게 줄여서 사용하는 것을 볼 수 있다. 배열 x를 생성하는 명령문은 리스트를 배열로 변환한다. 리스트의 두 번째 원소는 정수로 입력되었지만, 배열 x에서는 부동 소수점 수로 변환되어 변수 탐색기에서 -4.으로 표시된다. 배열의 유형은 float64이며, 여기서 64는 각 수를 저장하는 데 사용되는 **비트**의 개수를 나타낸다(2.1.2절 참조). 배열 x의 크기가 (5,)로 지정되었음을 알 수 있다. 쉼표(,)가 있는 이유는 배열이 행과 열로 이루어진 행렬처럼 두 개의 차원을 가질 수 있기 때문이다. 배열 y를 생성하는 명령문은 튜플을 배열로 변환한다. 유형은 int32로, 각 정수 숫자가 32비트에 저장됨을 의미합니다. 튜플의 모든 원소가 정수이기 때문에 배열 y는 정수 배열이다.

리스트와 튜플과 마찬가지로 배열의 개별 원소를 다음과 같이 첨자를 사용하여 참조할 수 있다.

```
x[2] ⇨ 23.45
```

다시 한 번, 0 기반 인덱싱에 주의하자.

인덱스의 또 다른 기능에 대해서 소개하자면 콜론(:)의 사용이다. 콜론은 다양한 범위의 인덱스를 지정하는 데 사용된다. 첫 번째 예는 다음과 같다.

```
y[1:3] ⇨ array([2, 3])
```

결과값으로 y 배열의 두 번째 원소와 세 번째 원소가 표시되는 것을 확인할 수 있다. 또한 콘솔에서 결과가 배열로써 표시된다. 첫 번째 인덱스가 1이기 때문에 두 번째 원소가 표시되는 것은 쉽게 이해할 수 있다(다시, 0 기반 인덱싱!). 하지만 세 번째 원소로 끝나는 것은 어떨까? 1:3을 사용했기 때문에 두 번째 원소부터 네 번째 원소까지 표시되는 것을 기대했을 수도 있다. 하지만 인덱스 범위인 i:j를 사용하면 i번째 원소(다시 말하지만, 0 기반)부터 j-1번째 원소까지 추출하지만 j번째 원소는 포함하지 않는다. 이것이 말이 안 된다고 생각할 수도 있지만 특이하게도 파이썬에서는 이렇게 처리한다.

다음과 같이 인덱스 중 하나를 생략하여 콜론을 사용할 수도 있다.

```
x[1:] ⇨ array([ -4., 23.45, 5.6, -14.77])
y[:3] ⇨ array([1, 2, 3])
```

첫 번째 예처럼 두 번째 인덱스를 생략하면 “배열의 끝까지”를 의미하므로 두 번째부터 다섯 번째 원소까지 얻게 된다. 두 번째 예처럼 첫 번째 인덱스를 생략하면 “배열의 시작부터”를 나타내므로 0, 1, 2번째 원소를 얻게 된다. 인덱스 3 원소까지는 포함되지 않는다는 점을 기억하자. 이 인덱싱은 익숙해지는 데 시간을 필요로 한다. 이해는 연습과 함께 오므로 인내심을 가져보자.

배열에 대해서 설명할 마지막 기능(추가적인 내용은 다음 장에서 더 자세히 설명할 예정이다)은 수치 계산에 대한 것이다. 아래 예제를 보자.

```
2.3*y ⇨ array([ 2.3, 4.6, 6.9, 9.2, 11.5])
x*y ⇨ array([ 2.3, -8., 70.35, 22.4, -73.85])
```

먼저 배열에 상수를 곱할 수 있다는 것을 알 수 있다. 물론 상수로 나눌 수도 있다. 둘째, 같은 개수의 원소를 가지는 배열끼리 서로 곱할 수 있다. 이러한 곱셈은 항과 항끼리 곱셈이 이루어지기 때문에 **배열 연산**(array operation)이라고 한다. 5장에서는 내적과 외적과 같은 벡터 행렬 연산을 소개한다. 이 연산들은 다른 규칙을 가지지만 마찬가지로 매우 중요하다.

이와 같은 연산은 리스트나 튜플로는 수행할 수 없다.

아래의 두 가지 예도 중요한 점을 말해준다.

```
math.sqrt(x)
TypeError: only size-1 arrays can be converted to Python
scalars
np.sqrt(y) ⇨ array([1., 1.41421356, 1.73205081, 2.,
2.23606798])
```

첫 번째 예에서는 Math 모듈의 sqrt 함수를 사용하여 제곱근 값을 얻으려고 하였다. 하지만 Math 모듈의 함수는 배열에는 적용할 수 없고 단일 스칼라 값에만 적용할 수 있기 때문에 오류가 발생한다. 두 번째 예에서는 Math 모듈 대신 NumPy 모듈의 sqrt 함수를 사용하여 제곱근 값을 추출한다. ndarray 클래스가 NumPy 내에 정의되어 있기 때문에 이러한 결과를 예상할 수 있다. Math 모듈의 함수들은 NumPy에서도 사용할 수 있으므로 이후 챕터에서 NumPy 함수를 더 자주 사용하게 될 것이다.

마지막으로 설명할 기능은 2차원 리스트로부터 2차원 배열을 만드는 것이다. 아래 예제를 살펴보자.

```
X = np.array([ [ 1., 2., 3. ], [4., 5., 6.], [7., 8., 9.] ])
X ⇨ array([[1., 2., 3.],
           [4., 5., 6.],
```

```
             [7., 8., 9.]])
```

여기서는 행렬을 나타내기 위해 대문자 X를 사용하였다. 이는 필수는 아니며 일반적인 관례이다. 배열은 행과 열로 구성되어 있으며, 여기서는 3×3으로 나타낼 수 있다. 배열에서 원소를 추출하려면 두 개의 인덱스가 필요하며, 둘 다 0 기반 인덱싱을 기준으로 한다.

```
X[1,1] ⇨ 5.0
```

2차원 배열은 또한 다음과 같은 수학 연산을 지원한다.

```
np.log10(X)
with the result
array([[0.        , 0.30103   , 0.47712125],
       [0.60205999, 0.69897   , 0.77815125],
       [0.84509804, 0.90308999, 0.95424251]])
```

이후의 많은 부분에서 2차원 배열을 자주 다룰 것이다.

3.6 플롯 생성하기

파이썬은 빠르고 편리하게 플롯을 만들 수 있는 pylab 모듈을 제공한다. 그래픽을 담당하는 파이썬 "부모(parent)" 모듈은 Matplotlib이다. 이후 장에서 Matplotlib와 pylab 서브모듈의 더 많은 기능을 소개하도록 한다. 공학/과학 문제 해결과정에서 생성되는 많은 플롯은 비교적 단순하며, pylab은 이러한 플롯을 생성하는 데 적합하다. 일반적으로 다음과 같은 선언문으로 pylab의 기능을 불러와서 사용할 수 있다.

```
import pylab as py
```

위 선언문은 명령을 사용할 때마다 pylab을 입력하는 대신 사용할 약어 py를 정의하고 있다.

공학 플롯과 과학 플롯은 데이터를 기반으로 하거나, 수학 함수를 계산하여 만든다. 측정된 데이터 포인트가 있지만 그 수가 많지 않은 경우, **마커**(marker)라고 하는 기호를 사용하여 플롯하는 것이 일반적이다. 때때로 데이터 패턴의 인식을 돕기 위해 이러한 마커를 직선으로 연결하기도 한다. 데이터가 수백 개일 때는 마커를 지워서 군더더기를 없애고 데이터 포인트만 직선으로 연결하는 경우가 많다. 수학 함수를 그리는 경우, 많은 점(많게는 수백 개 이상)을 사용하여 이를 마커는 사용하지 않고 직선으로 연결하여 부드러운 곡선처럼 보이게 한다.

두개 이상의 데이터 시리즈를 동시에 플롯하는 경우 플롯에서 데이터를 어떻게 구분할지 결정해야 한다. 데이터에 따라 다양한 스타일의 마커나 선을 사용하여 데이터를 구분할 수 있다. 마커나 선을 구분하기 위해 색상을 사용할 수 있지만, 이 색상이 도표가 표시되는 모든 문서나 프레젠테이션에서 복제되고 표시될 수 있도록 해야 한다. 플롯에 두개 이상의 데이터 시리즈가 있는 경우 이를 구분하기 위해 범례를 포함해야 한다.

몇몇 데이터를 가지고 간단한 분산형 플롯를 그려보는 것으로 시작해보자. 먼저 *x*축과 *y*축 변수에 대한 배열을 생성하는 것으로 시작한다.

```
import numpy as np
x = np.array([1.5, 2.6, 4.3, 6.7, 9.9])
y = np.array([25.7, 12.9, 17.6, -3.4, 7.7])
```

다음은 위의 데이터를 기반으로 플롯을 생성하는 명령이다.

```
py.scatter(x, y)
```

콘솔 창 위의 탐색기 창에서 플롯 탭을 선택하면 플롯을 볼 수 있다. 표시된 플롯은 [그림 3.5]과 같다.

오른쪽의 플롯 스택에서 이전 플롯을 선택하여 표시할 수도 있다. 플롯을 마우스 오른쪽 버튼으로 클릭한 다음 Copy Image 아이콘을 클릭하거나 단축키 Ctrl-C를 사용하여 클립보드에 복사할 수 있다. 복사된 플롯은 문서나 프레젠테이션의 원하는 곳에 붙여 넣을 수 있다.

위의 플롯에서 다음과 같은 몇 기지 요구 사항이 있다 하자

- 마커의 기본색은 파란색이지만 검은색으로 수정하고 싶다.
- 공학자와 과학자는 대부분 데이터 요소를 눈금에 맞춰 정렬할 수 있는 격자선이 있는 걸 선호한다.
- 플롯과 축의 제목을 추가한다.

플롯에 지정할 수 있는 옵션은 매우 다양하다. 아래와 같은 변경을 통해 위의 사항을 해결할 수 있다.

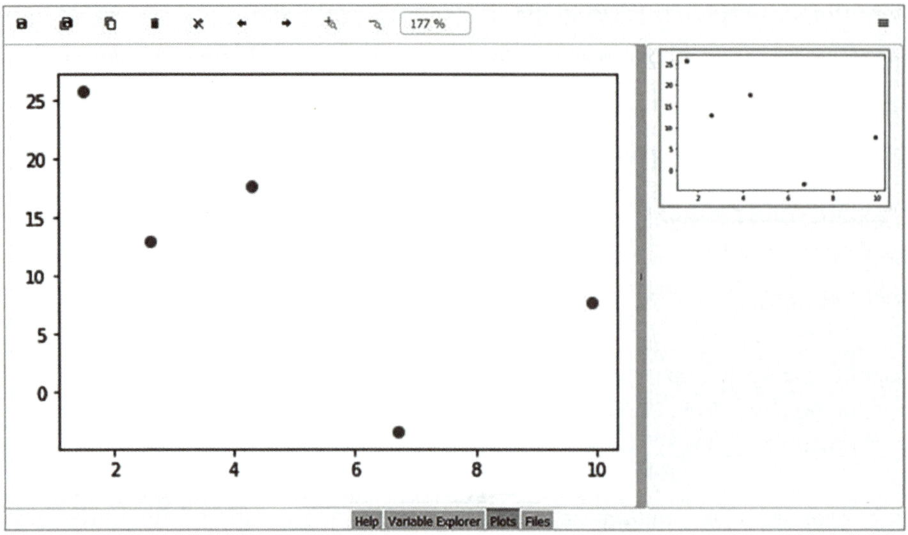

그림 3.5 탐색기 창의 플롯 탭에 표시된 플롯.

```
py.grid()
py.xlabel('x')
py.ylabel('y')
py.title('my first plot')
```

하지만 문제가 있다. IPython 콘솔에서 이러한 명령을 하나씩 입력하여도 작동을 하지 않는다. (직접 시도해보자!) 이를 구현하기 위해서는 [그림 3.6]과 같이 **Spyder 에디터** 창에 필요한 모든 명령문을 파이썬 스크립트로 입력해야 한다.

앞으로는 에디터를 사용하여 파이썬 스크립트를 작성할 것이다. 콘솔은 명령어 탐색과 테스트 그리고 일회성 계산을 위하여 존재한다. Spyder 에디터는 Windows 운영 체제의 메모장과 같은 간단한 텍스트 프로세서처럼 작동한다. [그림 3.6]에는 색상이 표시되어 있지 않지만 에디터 창에서 키워드(파란색), 리스트의 데이터(빨간색), 문자열(녹색)에 자동으로 색상을 지정하는 것을 확인할 수 있다.

```
import numpy as np
import pylab as py
x = np.array([1.5, 2.6, 4.3, 6.7, 9.9])
y = np.array([25.7, 12.9, 17.6, -3.4, 7.7])
py.scatter(x,y,color='k')
py.grid()
py.xlabel('x')
py.ylabel('y')
py.title('my first plot')

```

그림 3.6 파이썬 스크립트가 작성되어 있는 Spyder 에디터 창.

Spyder 에디터에 대한 자세한 내용은 이 장의 다음 절에서 다루겠지만, 우선 스크립트를 실행하기 전에 `.py` 파일로 저장하는 연습을 해보도록 하자. 세 가지 방법으로 저장할 수 있다. 먼저, File 메뉴에서 Save를 선택할 수 있다. 단축키인 Ctrl-S를 사용하여 파일을 저장할 수도 있다. 또한 메뉴 바 아래의 툴바에는 Save File 아이콘, 도 있다. 여기에서는 `firstplot.py`의 이름으로 파일을 임의의 폴더에 저장했다. 파일이 저장되면 Save 아이콘이 회색으로 표시된다. 그런 다음, 스크립트를 실행하는 방법에도 몇 가지 선택 사항이 있다.

먼저 Run 메뉴에서 Run을 선택할 수 있고, 단축키인 F5 키를 사용할 수도 있다. 또한 Run 버튼인 를 클릭할 수도 있다. 실행을 하게 되면 탐색기 플롯 창에 [그림 3.7]과 같은 화면이 표시된다.

[그림 3.6]으로부터 검정색 색상 코드는 `'k'`임을 알 수 있다. [표 3.9]에는 다양한 색상 옵션이 나열되어 있다.

그림 3.7 탐색기 창에 표시된 플롯.

표 3.9 색상 코드.

문자	색상
k	검정
b	파랑
g	초록
r	빨강
c	청록
m	자홍
y	노랑
w	하양

표 3.10 마커 코드.

문자	기호 표시	마커 모양
.	•	점
o	○	원
+	+	플러스 사인
x	×	
D	◊	다이아몬드
v	∇	델
^	Δ	삼각형
s	□	사각형

여기서는 사용하지 않았지만 입력 가능한 옵션이 있기 때문에 `py.grid()` 명령에는 괄호가 있다. 기본 마커는 채워진 원이지만 [표 3.10]에 가능한 마커 옵션이 정리되어 있다.

만약 마커를 사용하여 데이터를 플롯하고 마커를 직선으로 연결하려면 어떻게 해야 할까? 그러한 경우에는 아래와 같이 `py.scatter` 명령을 `py.plot` 명령으로 대체할 수 있다.

```
py.plot(x, y, color='k', marker='s')
```

마커 스타일도 정사각형으로 변경하였다. Save 아이콘이 더 이상 회색으로 표시되지 않고, 에디터 창 바로 위 탭의 파일 이름 옆에 firstplot.py* × 와 같이 별표가 있는 것을 볼 수 있다. 이는 스크립트를 다시 저장하라는 신호이다(자주 저장하는 것은 좋은 습관이다). 결과 플롯은 [그림 3.8]에 나와 있다.

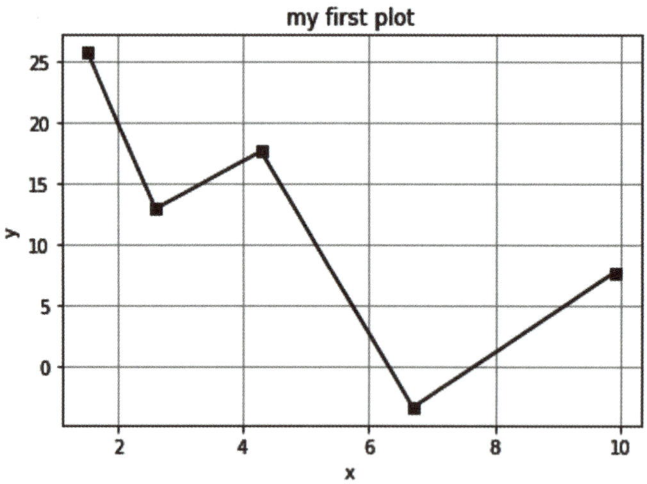

그림 3.8 마커와 선이 있는 플롯.

그림 3.9 두 개의 데이터 시리즈와 범례가 있는 플롯.

다음으로 스크립트를 수정하여 구별되는 마커와 선 스타일을 가지는 다른 데이터 시리즈를 추가하고 범례를 표시할 수 있도록 하였다. 결과는 [그림 3.9]와 같다.

```
import numpy as np
import pylab as py
x = np.array([1.5, 2.6, 4.3, 6.7, 9.9])
y1 = np.array([25.7, 12.9, 17.6, -3.4, 7.7])
y2 = np.array([20.2, 15.3, 10.6, 3.4, 15.2])
py.plot(x, y1,color='k', marker='s', label='y1')
py.plot(x, y2,color='k', linestyle='--', marker='d',
label='y2')
py.grid()
py.xlabel('x')
py.ylabel('y')
py.title('my first plot')
py.legend()
```

여기에는 몇 가지 새로운 요소가 있다. 첫째, y2 데이터에 대한 두 번째 py.plot 명령이 있다. label 인수는 py.legend() 명령에 대한 범례 정보를 제공한다. 그리고 y2 데이터에 대해 다이아몬드 마커와 파선 스타일을 지정하였다. 선 스타일의 옵션들은 [표 3.11]에 정리되어 있다.

이와 같은 플롯을 많이 만들게 되면, py.scatter와 py.plot 명령의 인수에 특정 약어를 사용하는 것이 편리하다는 것을 알 수 있다. 가장 일반적으로 사용하는 두 가지 약어는 아래와 같다.

color	c
linestyle	ls

pylab 플롯에서 다룰 수 있는 더 많은 지정항목들이 있지만, 여기 소개한 것만으로도 기능적이고 매력적인 공학 플롯과 과학 플롯을 충분히 만들 수 있다. 5장에서는 pylab보다 더 사용하기는 복잡하지만 포괄적 기능을 가지고 있는 Matplotlib pyplot 모듈에 대해 소개하도록 한다.

표 3.11 선 스타일 옵션과 코드.

기호	스타일
-	실선
--	파선
:	점선
-.	1점 쇄선

Spyder IDE에서 파이썬 스크립트를 실행하면 해당 명령이 실행될 때 플롯이 자동으로 나타난다. 다른 개발 환경에서는 그렇지 않을 수 있다. 그런 경우는 플롯 명령의 마지막에 py.show() 문을 포함해야 한다.

3.7 Spyder 에디터

지난 절에서 Spyder 에디터의 사용법을 소개하면서 텍스트 편집기처럼 작동한다고 언급하였다. 확실히 맞는 말이지만 Spyder 에디터는 단순한 텍스트 편집기 이상으로 파이썬 프로그램 개발에 도움이 되는 많은 기능을 제공한다. 가장 눈에 띄는 두 가지 기능은 **오류 진단**(error diagnostics)과 **디버그 추적**(debug tracing)이다. 이 절에서는 이 두 가지를 살펴보도록하자. 지난 절에서 다루었던 **firstplot.py** 스크립트로 돌아가보자.

```
import numpy as np
import pylab as py
x = np.array([1.5, 2.6, 4.3, 6.7, 9.9])
y1 = np.array([25.7, 12.9, 17.6, -3.4, 7.7])
y2 = np.array([20.2, 15.3, 10.6, 3.4, 15.2])
py.plot(x, y1,color='k', marker='s', label='y1')
py.plot(x, y2,color='k', linestyle='--', markerr='d',
label='y2')
py.grid()
py.xlabel('x')
py.ylabel('y')
py.title('my first plot')
```

```
py.legend()
```

x = 로 시작하는 명령문에서 오른쪽 대괄호(])를 제거하고 에디터가 어떻게 반응하는지 확인해보자.

```
3  x = np.array([1.5, 2.6, 4.3, 6.7, 9.9)
```

즉시 빨간색 오류 경고 가 나타날 것이다. 에 마우스 포인터를 가져가면 툴팁도 나타난다.

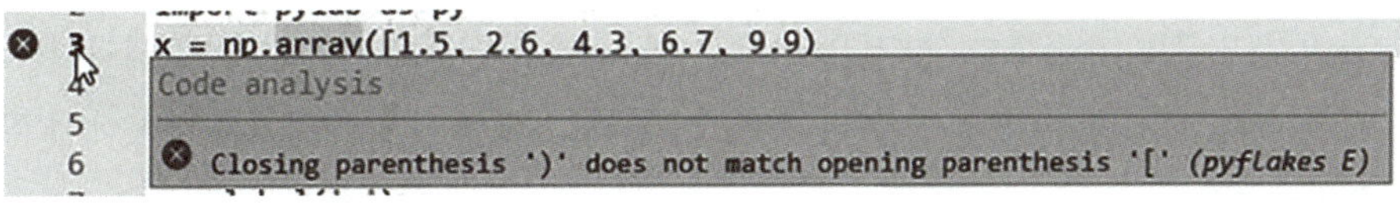

이 표시는 우리에게 **구문 오류**(syntax error)[8]를 알려주므로, 문장을 주의 깊게 확인하고, 오른쪽 괄호를 추가하여 앞의 왼쪽 괄호와 균형을 맞출 수 있다. 짝이 맞지 않는 괄호들은 코딩에서 흔히 발생하는 구문 오류 중 하나이다.

다음의 알림은 Spyder 에디터에서 제공하는 또 다른 유형의 오류 탐지 기능을 보여준다.

```
7  py.plot(z,y2,color='k',linestyle='--',mr='d',label='y2')
```

여기서는 오타가 발생하여 `py.plot` 명령의 첫 번째 인수로 `x` 대신 `z`를 입력하였다. 에디터는 즉시 툴팁과 함께이 오류를 표시한다.

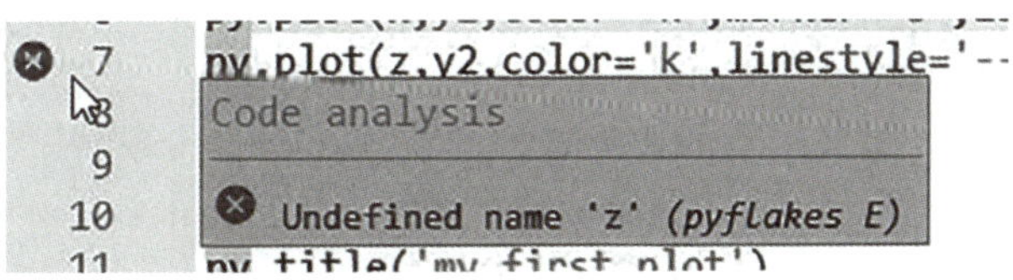

툴팁에서 알 수 있듯이 이 명령문은 아직 정의되지 않은 변수 이름 `z`를 사용하였다. 이러한 알림은 오타를 인식하는 데 도움이 된다.

에디터의 또 다른 오류 탐지 기능은 코드에서 불필요한 문장을 인식하는 것이다. 예를 들어 다음과 같은 명령문을 추가하는 경우,

```
3  import math
```

경고를 나타내는 삼각형, 이 툴팁과 함께 표시된다.

8 구문 오류(syntax error)는 맞춤법 오류, 구두점 오류, 잘못된 레이블과 같은 소스 코드의 실수로 코드 컴파일 시 오류 메시지를 생성시키는 것들을 말한다.

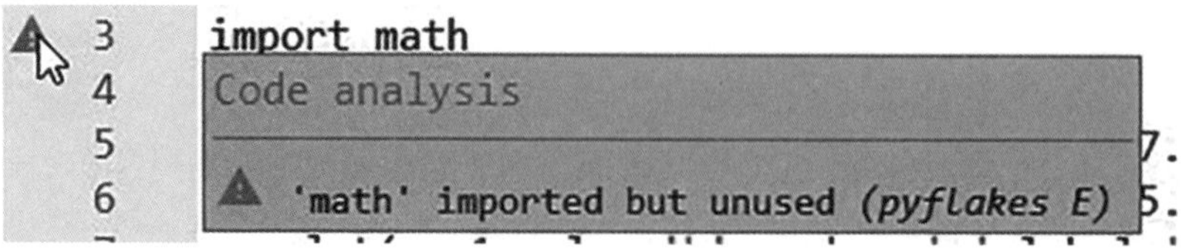

Math 모듈의 함수를 활용하는 명령문을 추가하면 이 경고가 사라지게 된다. 일부 경고는 약간 귀찮을 수 있지만, 그래도 주의를 기울여서 살펴보는 것이 도움이 된다.

코드에 에디터 경고가 없더라도 스크립트가 실행될 때만 나타나는 오류가 있을 수 있다. Spyder 에디터는 이러한 **실행**(또는 **런타임**) **오류**의 원인을 발견하는 데 도움이 되는 훌륭한 디버깅 도구를 제공한다. 그것은 코드를 한 단계씩 진행하면서 변수 탐색기 창에서 변수 값을 계속 주시할 수 있도록 하는 것이다. 현재 스크립트를 띄워놓은 상태에서 에디터의 Debug 메뉴에서 Debug를 선택한다. 단축키 Ctrl-F5를 이용하거나 툴바에서 Debug 아이콘, 을 클릭해도 된다. 디버깅을 시작하면 실행하려는 명령문 옆에 화살표가 나타나고, 해당 명령문 앞에서 실행을 멈추게 된다.

```
1➡ import numpy as np
```

Ctrl-F10 조합을 누르거나 툴바의 아이콘을 클릭하여 코드를 한 단계씩 진행한다. `x =` 로 시작하는 명령문을 지나가면, x 변수가 탐색기 창에 다음과 같이 나타난다.

Name	Type	Size	
x	Array of float64	(5,)	[1.5 2.6 4.3 6.7 9.9]

실행 오류가 발생하는 지점을 만나게 되었을 때, 우리에게는 두 가지 선택이 있다. 가장 간단한 방법으로는 도구 모음에서 **중지 버튼**인 를 클릭하여 디버깅 실행을 중지하는 것이다. 또는 한 줄씩 명령문을 실행을 하는 대신 남아있는 스크립트 끝까지 한번에 프로그램이 실행되도록 할 수도 있다. 이렇게 하려면 **실행 계속 버튼**, 을 클릭하면 된다.

Python 스크립트가 길어지면 코드에서 특정 관심 영역까지 도달하기 위해 너무 많은 단일 스텝을 실행해야 할 경우가 생긴다. 이러한 경우 사용할 수 있는 기법은 코드에 **중단점**(breakpoint)을 배치하고 해당 지점까지 연속적으로 실행한 다음 그 뒤부터 한 스텝씩 실행하는 것이다. 예를 들어 첫 번째 `py.plot` 명령에서 멈추고 싶은 경우, Spyder 에디터에서 마우스를 해당 줄번호의 오른쪽에 가져가게 되면 희미한 빨간 점이 나타나는 것을 볼 수 있다. 실행을 멈추고 싶은 명령문에서 이 빨간점을 클릭해주면, 아래와 같이 중단점이 설정되는 것을 확인할 수 있다.

```
7● py.plot(x,y1,color='k',marker='s',label='y1')
```

Debug File 버튼, , 또는 Ctrl-F5를 사용하여 연속 실행을 시작하면 코드가 중단점 줄까지 실행된 후 중지된다.

```
7 py.plot(x,y1,color='k',marker='s',label='y1')
```

여기서 변수를 검사한 뒤, 연속적으로, , 또는 한 단계씩, , 실행을 계속할 수 있다. 중단점이 더 이상 필요하지 않은 경우 빨간색 점을 클릭하여 제거할 수 있다. 중단점은 하나 이상 설정할 수 있으며, 코드 줄을 선택하고 F12 키를 눌러 중단점을 설정하거나 제거할 수도 있다. Debug 메뉴에는 모든 중단점을 지우는 옵션도 있다. 코딩 연습을 하다 보면 이러한 디버깅 작업이 자연스럽고 매우 편리하다는 것을 알게 될 것이며, 특히 길이가 긴 스크립트의 경우 더욱 그렇는 것을 깨닫을 수 있다.

한 번에 두 개 이상의 에디터 창을 켜 둔 채로 작업하는 것이 일반적이다. 새 창은 File 메뉴의 New File 명령, Ctrl-N 단축키, 또는 툴바의 왼쪽 끝에 있는 New File 아이콘 을 클릭하여 만들 수 있다. 새 창이 열리면 편집, 제거 또는 대체할 수 있는 헤더(header)가 표시되어 있다. 이 헤더에서 눈에 띄는 기능 중 하나는 세개의 큰따옴표, """, 사이의 텍스트이다. Python에서는 이를 **도큐스트링**(docustring)이라고 하며 목적, 작성자 그리고 개발 날짜에 대한 설명을 포함하여 Python 스크립트에 대한 정보를 제공하는 데 사용한다. Python을 처음 배울 때 사용하는 간단한 스크립트에서는 **헤더 정보**를 제거하기도 한다. 하지만 나중에는 이들을 계속해서 활용할 것이다.

파이썬 프로그래밍의 중요한 기능 중 하나는 코드에 설명을 위한 주석을 포함하는 것이다. 이러한 비실행형 레이블은 다른 사람이 코드를 쉽게 이해할 수 있도록 하는 데 필수적이며, 스크립트에서 한동안 떨어져 있던 사용자가 다시 돌아왔을 때에도 코드를 쉽게 다시 알아볼 수 있도록 해준다. 주석 앞에는 # 문자가 붙으며, 별도의 줄로 만들어 삽입하거나 코드 줄 끝에 추가할 수 있다. 다음은 주석을 추가하는 두 가지 예를 보여준다.

```
x = np.array([1.5, 2.6, 4.3, 6.7, 9.9])  # assign x values
y1 = np.array([25.7, 12.9, 17.6, -3.4, 7.7])
y2 = np.array([20.2, 15.3, 10.6, 3.4, 15.2])
# create plot
py.plot(x,y1,color='k',marker='s',label='y1')
```

Spyder 에디터는 주석을 밝은 회색의 이탤릭체로 표시한다.

파이썬 스크립트가 더 이상 필요하지 않은 경우 Spyder 에디터 창에서 해당 스크립트 탭의 ×을 클릭하여 끌 수 있다. 파일의 최신 버전이 저장되지 않은 경우 창을 끄기 전에 저장하라는 메시지가 표시된다.

예제 3.3 대원 거리 계산을 위한 스크립트 만들기

[예제 3.2]에서는 변수와 여러 명령문을 사용하여 IPython 콘솔에서 대원 거리를 계산하는 방법에 대하여 설명했다. 이러한 유형의 계산을 콘솔에서 수행하는 것은 적합하지 않으며, Spyder 에디터에서 스크립트의 형태로 코딩하는 것이 더 적절하다. 해당 스크립트는 [그림 3.10]에 나와 있다.

이 스크립트는 이전 예제의 명령문을 거의 그대로 복사하였지만, 설명을 위해 여러 주석과 함께 문서 도입부에 도큐스트링이 추가되었다. 또한 최종 print 명령문을 통해 콘솔에 계산 결과를 표시한다. 스크립트가 실행되면 다음과 같이 계산 결과가 콘솔에 출력된다.

```
Distance = 13112.648691661389 km
```

기본적으로 Python의 print 명령문은 계산된 거리를 최대 정밀도까지 표시한다. 출력 결과는 우리가 원하는 것보다 훨씬 더 많은 숫자가 표시하게 된다. 다음 절에서 출력의 서식을 지정하는 방법을 다루게 될 것이다.

스크립트에 (아마 대부분 세 줄짜리 거리 계산 공식에서 발생될 것으로 예상되는) 오류가 있는 경우, 이를 검사하고, 디버깅 과정을 통하여 필요한 명령문을 수정하고 테스트 계산을 통하여 올바른 동작 여부를 확인하는 과정을 통해 스크립트를 고칠 수 있다.

에디터가 제공하는 또 다른 편리한 기능은 **괄호 매칭**(parentheses matching)기능이다. d1 =로 시작하는 명령문에서 첫 번째 괄호 바로 앞에 커서를 놓으면 서로 매칭되는 두 괄호가 녹색으로 강조 표시된다. 화살표 키를 사용하여 커서를 표현문 앞뒤로 이동하여 각 괄호가 올바른 위치에 있는지 확인할 수 있다. 이 방법은 스크립트의 오류를 발견하는 데 매우 유용하게 사용되는 방법 중 하나이다.

```
"""
지구상의 두 점 사이의 대원 거리를 계산하는 스크립트
공식 출처: www.edwilliams.org
2020년 11월 29일
"""
import math
r = 6371 # km
# 두 지점의 위도와 경도 지정
# 런던 히드로 공항
lt1d = 51.4700 # degrees
lt1 = math.radians(lt1d)
ln1d = 0.4543 # degrees
ln1 = math.radians(ln1d)
# 시드니 킹스턴 스미스 공항
lt2d = -33.9399 # degrees
lt2 = math.radians(lt2d)
ln2d = -151.1753 # degrees
ln2 = math.radians(ln2d)
```

```
# 대원 거리 계산
d1 = math.sin((lt1-lt2)/2)**2
d2 = math.cos(lt1)*math.cos(lt2)*(math.sin((ln1-ln2)/2))**2
d = 2*math.asin(math.sqrt(d1+d2))*r
# 콘솔에 계산 결과 출력
print('Distance =',d,' km')
```

그림 3.10 대원 거리 계산을 위한 Python 스크립트.

[예제 3.2]에서 했던 것처럼 도시의 위치를 바꾸게 된다면,

도쿄, 일본 – 나리타 공항	35.7720°N, 149.3929°E
남아프리카공화국, 케이프 타운 – 공항	33.9175°S, 18.6021°E

스크립트에서 적절한 줄을 편집하기만 하면 된다.

```
# 도쿄 나리타 공항
lt1d = 35.7653 # degrees
lt1 = math.radians(lt1d)
ln1d = -140.3856 # degrees
ln1 = math.radians(ln1d)
# 케이프 타운 공항
lt2d = -33.9694 # degrees
lt2 = math.radians(lt2d)
ln2d = -18.5972 # degrees
ln2 = math.radians(ln2d)
```

변경한 내용이 있으므로 원래 버전을 잃고 싶지 않은 경우는 스크립트를 실행하기 전에 File 메뉴에서 Save As를선택하여 스크립트를 `GreatCircle1.py`와 같은 새 이름으로 저장할 수 있다. 그런 다음 스크립트를 실행하면 콘솔에 다음과 같이 표시된다.

```
Distance = 14780.78626470105 km
```

대원 거리 스크립트를 더 "사용자-친화적으로" 만들기 위해 추가해야 할 다른 기능들이 있으며, 이들은 다음 절에서 설명하도록 한다.

한 가지 덧붙이자면, 파이썬 스크립트를 개발할 때는 자주 저장하는 것이 좋다. Save File 아이콘이나 , Ctrl-S 키 조합을 클릭하면 쉽게 저장을 할 수 있다. 또한 스크립트가 수정되고 확장됨에 따라 업데이트되는 스크립트를 다른 파일 이름(예: `MyFile1.py`, `MyFile2.py` 등)으로 저장하는 것이 좋다. 이렇게 하려면 File 메뉴에서 Save As을 선택하거나 단축키 Ctrl-Shift-S를 사용해야 한다. 이렇게 하면 스크립트의 변경 또는 확장을 시도한 결과가 제대로 작동하지 않을 때, 이전 버전으로 쉽게 돌아갈 수 있다.

다음 절로 넘어가기 전에, 추가로 설명하고 갈 가치가 있는 몇 가지 Spyder 기능들이 있다. 우선, 변수 탐색기를 디버깅 과정에서 활용할 때, 스크립트를 반복해서 실행하게 되면 탐색기에 표시된 변수들이 제거되지 않은 채로 일부 변수들만 업데이트되게 된다 즉, 더 이상 관심이 없는 이전 변수로 인해 탐색기 창이 복잡해질 수 있다는 것이다. 이 문제를 해결하는 방법은 스크립트를 실행하기 전에 변수 탐색기 창의 왼쪽 상단의 툴바에서 'Remove all variable' 아이콘을 클릭하여 변수들을 지워주는 것이다.

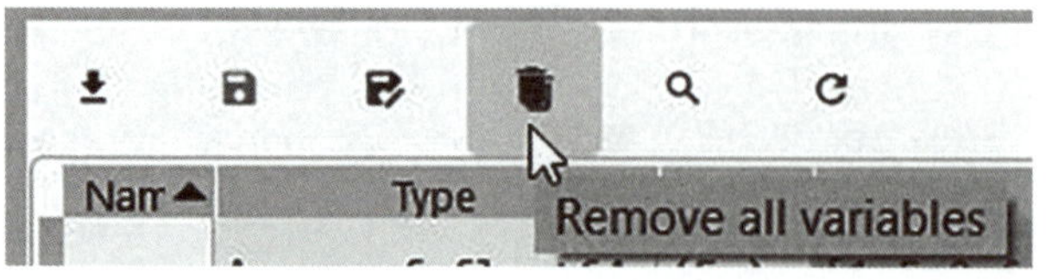

콘솔의 오른쪽 상단 모서리에도 동일한 작업을 수행하는 유사한 아이콘이 있다.

IPython 콘솔에도 더 이상 관심이 없는 긴 명령이력이 있는 경우 clear **명령문**을 입력하면 콘솔의 명령이력이 제거되고 빈 창에서 다시 시작할 수 있게 된다.

Spyder는 Tools 메뉴의 Preferences window와 또는 렌치 아이콘인 를 클릭하여 환경설정 창을 들어갈 수 있다. 여기서는 자세히 설명하지 않겠지만, 이 창에서는 창의 전체 모양과 레이아웃, 배경색(일부는 밝은 글꼴의 검은색 배경을 선호함) 등 Spyder를 사용자 지정할 수 있는 다양한 옵션이 제공된다. 또한 실행, 에디터, 변수 탐색기, 키보드 단축키 등 Spyder의 기능적 부분과 관련된 환경 설정도 할 수 있다.

3.8 입력과 출력

Python 스크립트에 정보를 입력하고 결과를 출력하는 방법에는 여러 가지가 있다. 데이터를 입력하는 두 가지 일반적인 방법은 (1) 스크립트 실행 중에 사용자가 직접 입력하는 방법과 (2) 외부 파일에서 대량의 데이터를 입력하는 방법이 있다. 출력 방법의 경우도 콘솔에 결과를 표시하는 방법과 외부 파일로 결과를 출력하는 방법이 있다. 출력 방법을 결정할 때 결과를 어떤 서식으로 저장할 것인지도 결정해야 한다.

3.8.1 콘솔 입력과 출력

사용자 입력은 스크립트에서 사용자와 상호작용을 하기 위해 사용된다. 다음은 간단한 예이다.

```
tempF = input('enter a temperature in degree F: ')
```

이 명령문이 실행되면 괄호 안의 문자열이 콘솔에 프롬프트로 표시되며, 여기서 값을 입력한 후 Enter 키를 입력할 수 있다.

```
enter a temperature in degree F: 72
```

값을 입력한 후 변수 탐색기를 확인하면 다음과 같이 표시된다.

Name	Type	Size	
tempF	str	1	72

여기서 주목할 점은 **tempF** 변수가 정수나 부동 소수점 숫자가 아닌 문자열을 저장하고 있다는 점이다. 수식에서 **tempF** 값을 숫자로써 사용하려고 하므로 문자열을 부동 소수점 숫자로 변환해야 한다. 이 작업은 아래와 같이 float 함수를 통해 수행된다([표 3.7] 참조).

```
tempF = float(input('enter a temperature in degree F: '))
```

위 명령문을 실행 후 똑같은 값을 입력하게 되면 변수 탐색기에 다음과 같이 표시된다.

Name	Type	Size	
tempF	float	1	72.0

이제 tempF의 타입이 float이고 계산할 준비가 되었음을 나타낸다. 그런 다음 온도를 섭씨로 변환하는 명령문을 추가할 수 있다.

```
tempC = (tempF-32)/1.8
```

스크립트가 실행되면 이제 변수 탐색기에 다음과 같이 표시된다.

Name	Type	Size	
tempC	float	1	22.2222222222222
tempF	float	1	72.0

변수 탐색기에서 변환된 값을 확인할 수도 있지만, 입력 직후에 콘솔에 해당 값을 표시하는 것이 더 편리할 것이다. 이렇게 하기 위해서 아래의 명령문을 추가해보자.

```
print('temperature in degree C is', tempC)
```

그러면 콘솔에 입력문과 출력문이 다음과 같이 표시됩니다.

```
enter a temperature in degree F: 72
temperature in degree C is 22.2222222222222
```

물론 너무 많은 소수 자릿수를 표시하는 것은 만족스럽지 않으므로 이에 대해서는 나중에 다시 설명하도록 한다.

3.8.2 파일 입력과 출력

다른 유형의 입력 방법은 외부 파일에서 데이터를 읽어오는 것이다. 이러한 파일 입력은 대부분 `.txt` 또는 `.csv` 유형의 텍스트 파일을 이용한다. `.csv` 파일은 Excel 스프레드시트에 데이터를 저장하여 생성할 수 있으며, 한 줄에 여러 개의 데이터가 있는 경우 쉼표로 구분되어 나타낸다. 텍스트 파일의 정보는 숫자나 문자열 또는 이들의 조합일 수 있다. [표 3.12]는 데이터 셋의 예시로 1851년부터 2020년까지 연도별 대서양 허리케인 발생 횟수를 집계한 것이다.[9]

이 데이터는 스프레드시트를 통해 텍스트 파일인 `AtlanticHurricaneHistory.csv`에 저장되었으며, 각 줄에서 연도와 숫자는 쉼표로 구분되어 저장되어 있다. 이 데이터를 Python 스크립트로 가져와서 연도별 허리케인 발생 횟수에 대한 플롯을 만들고 싶다. 이러한 값을 스크립트에 하나씩 입력하는 것은 실용적이지 않다는 것을 알 수 있다. 데이터를 스크립트로 읽기 위해 NumPy 모듈의 `loadtxt` 함수를 사용할 수 있다.

```
import numpy as np
year, hurr = np.loadtxt('AtlanticHurricaneHistory.csv' \
      , unpack=True, delimiter=', ')
```

이 함수가 실행되면 변수 탐색기에 다음과 같이 표시된다.

Name	Type	Size	Value
hurr	Array of float64	(170,)	[3. 5. 4. ... 8. 6. 13.]
year	Array of float64	(170,)	[1851. 1852. 1853. ... 2018. 2019. 2020.]

데이터 파일에서는 숫자가 정수의 형태로 저장되어 있지만, 부동 소수점으로 불러온다는 점에 유의하자. `unpack=True` 지정자는 `loadtxt` 함수에서 각 줄의 항목들을 별개의 배열 변수로 분리하도록 요청한다. `delimiter` 지정자는 `.csv` 파일로부터 데이터를 가져오게

---

9 http://tropical.atmos.colostate.edu/Realtime/index.php?arch&loc=northatlantic.

하므로 사용하였다. 이제 아래의 코드를 이용하여 데이터를 불러오고 플롯을 생성할 수 있다. 데이터가 꽤 많으므로 마커를 사용하지 않고 데이터 포인트를 연결하는 직선만 사용하도록 한다.

표 3.12 1851년부터 2020년까지 연간 대서양 허리케인 발생 건수.

1851 3	1871 6	1891 7	1911 3	1931 3	1951 8	1971 6	1991 4	2011 7
1852 5	1872 4	1892 5	1912 4	1932 6	1952 6	1972 3	1992 4	2012 10
1853 4	1873 3	1893 10	1913 4	1933 11	1953 6	1973 4	1993 4	2013 2
1854 3	1874 4	1894 5	1914 0	1934 7	1954 8	1974 4	1994 3	2014 6
1855 4	1875 5	1895 2	1915 5	1935 5	1955 9	1975 6	1995 11	2015 4
1856 4	1876 4	1896 6	1916 10	1936 7	1956 4	1976 6	1996 9	2016 7
1857 3	1877 3	1897 3	1917 2	1937 4	1957 3	1977 5	1997 3	2017 10
1858 6	1878 10	1898 5	1918 4	1938 4	1958 7	1978 5	1998 10	2018 8
1859 7	1879 6	1899 5	1919 2	1939 3	1959 7	1979 5	1999 8	2019 6
1860 6	1880 9	1900 3	1920 4	1940 6	1960 4	1980 9	2000 8	2020 13
1861 6	1881 4	1901 6	1921 5	1941 4	1961 8	1981 7	2001 9	
1862 3	1882 4	1902 3	1922 3	1942 4	1962 3	1982 2	2002 4	
1863 5	1883 3	1903 7	1923 4	1943 5	1963 7	1983 3	2003 7	
1864 3	1884 4	1904 4	1924 5	1944 8	1964 6	1984 5	2004 9	
1865 3	1885 6	1905 1	1925 1	1945 5	1965 4	1985 7	2005 15	
1866 6	1886 10	1906 6	1926 8	1946 3	1966 7	1986 4	2006 5	
1867 7	1887 11	1907 0	1927 4	1947 5	1967 6	1987 3	2007 6	
1868 3	1888 6	1908 6	1928 4	1948 6	1968 4	1988 5	2008 8	
1869 7	1889 6	1909 6	1929 3	1949 7	1969 12	1989 7	2009 3	
1870 10	1890 2	1910 3	1930 2	1950 11	1970 5	1990 8	2010 12	

소스: http://tropical.atmos.colostate.edu/Realtime/index.php?arch&loc=northatlantic

```
import numpy as np
import pylab as py
year, hurr = np.loadtxt('AtlanticHurricaneHistory.csv', \
            unpack=True, delimiter=', ')
py.plot(year, hurr, c='k')
py.grid()
py.xlabel('Year')
py.ylabel('Number of Hurricanes')
py.title('Atlantic Hurricane History')
```

생성된 플롯은 [그림 3.11]에 나와 있다.

데이터 집합을 텍스트 파일에 저장할 수 있는 savetxt라는 동반 NumPy 함수가 있다. 저장된 데이터는 Excel 스프레드시트와 같은 다른 소프트웨어나 다른 파이썬 스크립트에서 불러와서 사용할 수 있다. Savetxt과 loadtxt 함수를 사용하여 데이터 입출력을 관리할 수도 있지만, NumPy는 배열을 바이너리 형식으로 저장하여 내보내고 나중에 저장된 바이너리 파일을 Python 스크립트로 가져올 수 있도록 하는 save와 load 함수도 제공한다.

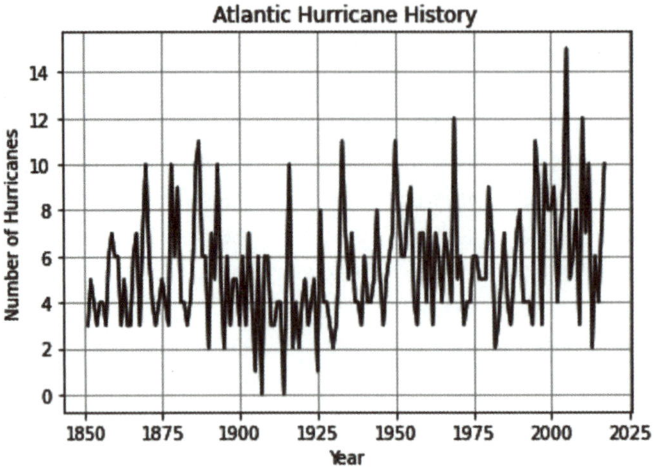

그림 3.11 대서양에서 발생한 허리케인 횟수 데이터의 플롯.

3.8.3 출력 서식 지정

이 장의 앞부분에서 print 함수를 사용하여 IPython 콘솔에 결과를 표시하였을 때, 필요 이상으로 많은 자릿수가 표시되는 문제를 지적하였다. 이를 해결하는 방법은 print 문에 형식 정보를 포함하는 것이다. 다음은 이전 예제를 가져온 것이다.

```
tempF = float(input('enter a temperature in degree F: '))
tempC = (tempF-32)/1.8
print('temperature in degree C is', tempC)
```

스크립트를 실행하면 콘솔에 다음과 같이 출력된다.

```
enter a temperature in degree F: 88
temperature in degree C is 31.1111111111111
```

변환된 온도를 1/10 자리까지만 표시하고 싶을 수도 있다. print 문을 다음과 같이 수정하여 이 작업을 수행할 수 있다.

```
print('temperature in degrees C is {0:5.1f}'.format(tempC))
```

결과는 다음과 같이 출력된다.

```
temperature in degrees C is 31.1
```

여기에는 두 가지 변경 사항이 있다. 첫째, 출력의 형식을 지정하는 문자열, {0:5.1f}을 포함시켰다. 이것은 tempC 값을 어떤 형식으로 표시할 것인지를 관리한다. 이 문자열의 구성은 상당히 난해하므로 설명이 필요하다.

먼저 중괄호 {•}로 묶여 있음을 알 수 있다. 다음으로, 앞의 0은 이 값이 서식을 지정할 첫 번째 값임을 나타낸다(하나 이상의 변수에 대하여 서식을 지정할 수 있으며, 0 기반 인덱싱을 기반으로 순서를 매긴다). 구분 콜론(:) 뒤에 5.1f가 표시된다. 5는 표시할 필드의 너비를 지정하고 .1은 소수점 이하 한 자리까지 표시하라는 것을 나타낸다. 마지막으로 f는 부동 소수점 표시임을 나타낸다.

f 외에도 다른 서식 지정 문자들이 있다.

- b – 바이너리
- d – (정수형 변수를 위한) 십진수
- e – 과학 표기법
- g – 부동 소수형 표기 (+ 아주 작거나 큰 수에 대해서는 과학 표기법 사용)

이 외에도 여러 가지가 있다.

다음은 출력 서식 지정에 대한 3가지 예시이다.

```
numdays = 44165
print('number of days since Jan 1, 1900: {0:6d}'.format(numdays))
number of days since Jan 1, 1900: 44165
-----------------------------------------------------------------
Planck = 6.62607015e-34 # J*s
print("Planck's constant is {0:15.8e}".format(Planck))

Planck's constant is 6.62607015e-34
-----------------------------------------------------------------
mu = 0.000001 # m
print('one micron is {0:3.1g} meters'.format(mu))
mm = 0.001 # m
print('one millimeter is {0:3.1g} meters'.format(mm))

one micron is 1e-06 meters
one millimeter is 0.001 meters
```

첫 번째 예제에서 일 수는 정수이므로 d 형식을 사용하는 것이 적절하고, 두 번째 예제에서 플랑크 상수는 e 형식을 사용하여 과학 표기법으로 표시하는 것이 적절하다.[10] 세 번째 예제에서 g 형식은 미크론 단위에 대해서는 과학 표기법으로 밀리미터 단위에 대해서는 부동 소수점 형식을 채택하여 표시해 준다.

앞으로도 본문에서 print 문의 서식을 지정하는 많은 예시들을 보게 될 것이다. 간단한 print 문으로 결과를 먼저 확인하고, 그 다음 나중에 서식을 추가하여 출력을 더 보기 좋게 만드는 것도 좋은 접근 방법이다. 서식 지정은 공학과 과학분야에 국한되기 보다는 좀 더 일반적인 주제에 해당한다. 출력 서식 지정에 대해서는 다른 방법도 많이 있지만 여기서는 너무 복잡해지지 않도록 그중 하나를 선택하여 소개하였다.

print 서식과 loadtxt, savetxt와 같은 함수에 대한 정보는 Python과 NumPy 문서에서 확인할 수 있다. 다음 절에서는 Python, NumPy와 같은 모듈과 Spyder IDE에 대한 도움말을 찾는 방법에 대해 설명한다.

3.9 도움 구하기

Python 스크립트를 프로그래밍할 때 도움을 구하는 것은 매우 빈번한 일이다. 여러 단계에서 이러한 상황이 발생한다.

- 내장 함수(예: NumPy의 loadtxt)에 수반되는 인수 또는 지정자를 확인
- 존재하거나 존재할 것이라 생각하는 기능 또는 함수(예: NumPy 또는 다른 모듈의 4-사분면 아크탄젠트 함수)에 대한 정보 찾기
- "파이썬에서 ...을 어떻게 하나요?"라는 일반적인 질문하기

이 책에서 소개할 수 있는 범위보다 훨씬 많은 파이썬과 다양한 지원 모듈에 대한 자세한 내용들이 존재한다. 파이썬 프로그래밍에 관한 책을 당신의 서재에 비치하여 도움을 받을 수도 있다. 좋은 책으로는 Deitel, Deitel(2020)과 Gaddis(2018)가 있다. 또한 인터넷에서 액세스할 수 있는 파이썬 관련 동영상도 무수히 많다.

Spyder 에디터는 파이썬 함수를 입력할 때 그에 맞춰 적절한 지원을 제공한다. 이전 절에서 사용한 print 함수의 예가 [그림 3.12]에 나와 있다.

팝업 툴팁은 함수의 인수 또는 매개변수를 표시하고 아래에 추가 정보를 제공한다. 모든 키워드와 함수에 대하여 툴팁이 표시되지는 않지만 대부분은 제공된다. 키워드나 함수에 마우스 포인터를 올려놓고 Ctrl-I 키를 눌러서 확인할 수도 있다. 예를 들어, print

10 텍스트 문자열 안에 Planck's에서 소유격을 나타내는 작은따옴표를 사용하고자 하였으므로 작은따옴표가 아닌 큰따옴표로 해당 문자열 묶어주었다.

함수에 이 방법을 적용하면 아래와 같이 탐색기 창에 도움말 정보가 제공된다.

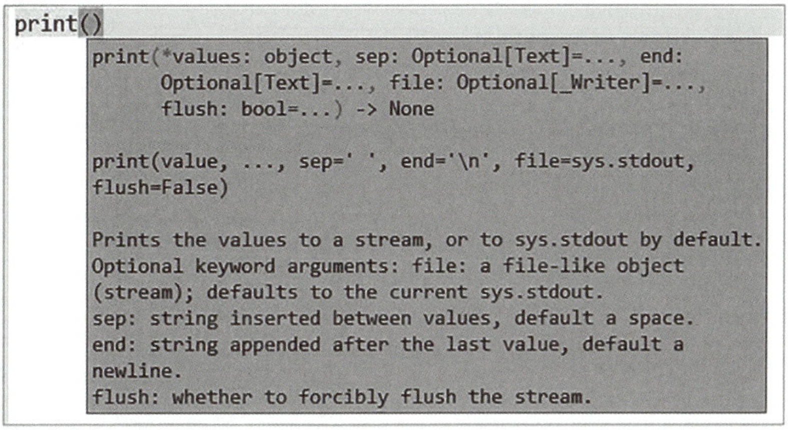

그림 3.12 print 함수에 대한 Spyder 에디터 툴팁 예시.

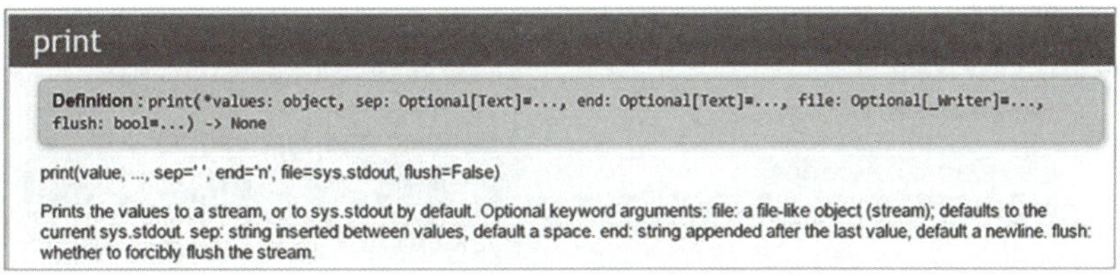

다음 단계의 지원은 Spyder Help 메뉴를 통해 제공된다.

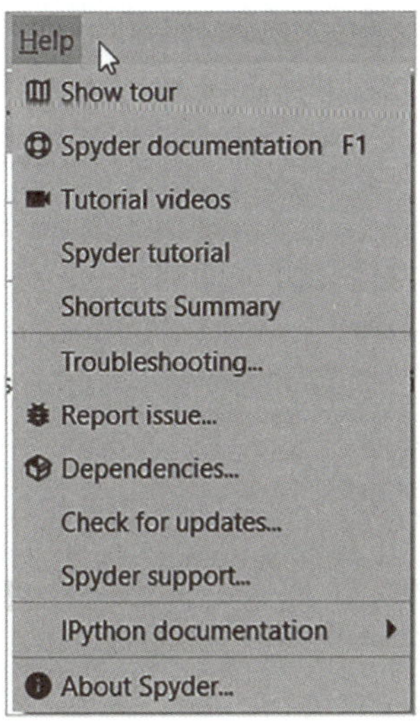

여기에는 Spyder 문서, 튜토리얼 비디오와 Spyder 튜토리얼을 포함한 몇 가지 일반적인 리소스가 제공된다.

Python, NumPy 그리고 자주 사용되는 또 다른 모듈인 SciPy에 대한 구체적인 도움말은 인터넷을 통해 찾을 수 있다. 여기에 사용되는 Python(3.9) 버전의 경우 다음 문서를 참조할 수 있다: https://docs.python.org/3.9/.

[그림 3.13]에 표시된 것처럼 다양한 선택지의 도움을 받을 수 있다. 이 페이지에는 빠른 검색 필드도 있으며 여기에 abs를 입력하면 다음과 같이 표시된다.

> **abs**(*x*)
> Return the absolute value of a number. The argument may be an integer, a floating point number, or an object implementing `__abs__()`. If the argument is a complex number, its magnitude is returned.

우리는 종종 검색을 통해 NumPy 또는 SciPy 모듈의 기능에 대한 정보를 찾기도 한다. https://docs.scipy.org/doc/은 좋은 시작점이 될 수 있다.

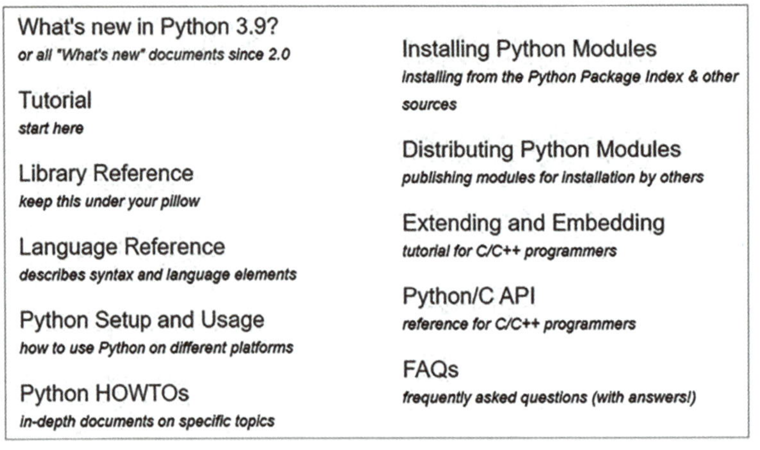

그림 3.13 파이썬 도움말 선택창.

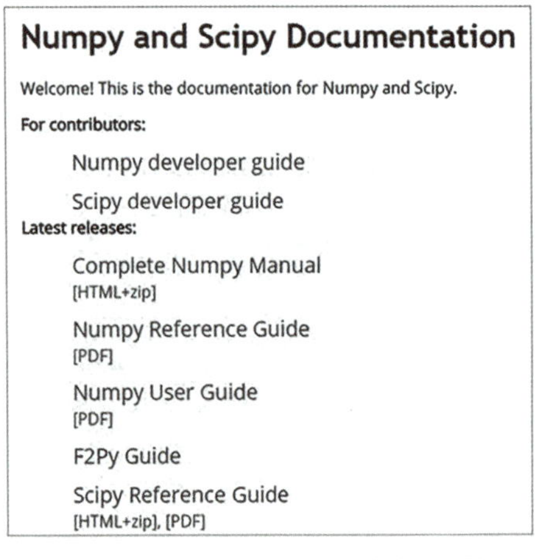

그림 3.14 NumPy와 SciPy 도움말 선택창.

해당 페이지에서 [그림 3.14]와 같은 선택 화면을 확인할 수 있다.

여기서 가장 많이 선택하는 항목은 Complete Numpy Manual 또는 SciPy Reference Guide이다. 예를 들어 전자를 선택하면 [그림 3.15]와 같은 화면이 표시된다.

여기서 Quick Search 필드에 `tangent`를 입력하고 검색을 클릭(또는 Enter 키를 누름)하면 [그림 3.16]과 같은 결과를 볼 수 있다.

4-사분면 아크탄젠트인 `arctan2` 항목이 흥미로워 보이므로 이를 선택하면 [그림 3.17]의 세부 정보가 표시되고, 그 아래에는 함수에 대한 모든 매개변수 또는 인자에 대한 세부 정보가 나타난다.

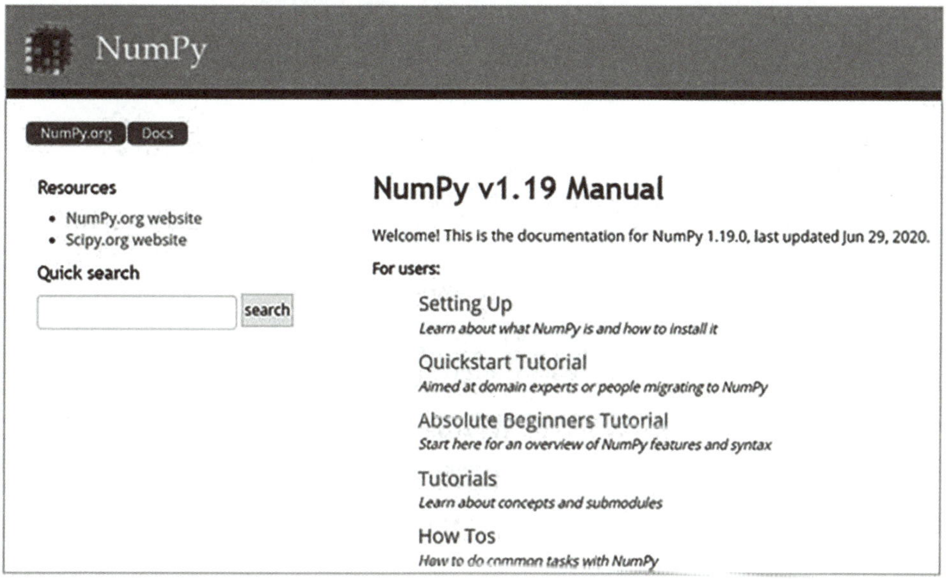

그림 3.15 NumPy 도움말 선택창.

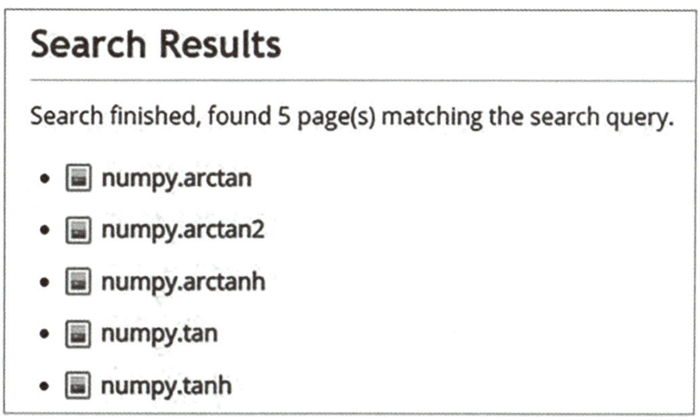

그림 3.16 tangent에 대한 검색 결과.

numpy.arctan2

numpy.arctan2(*x1, x2, /, out=None, *, where=True, casting='same_kind', order='K', dtype=None, subok=True[, signature, extobj]*) = *<ufunc 'arctan2'>*

Element-wise arc tangent of `x1/x2` choosing the quadrant correctly.

The quadrant (i.e., branch) is chosen so that `arctan2(x1, x2)` is the signed angle in radians between the ray ending at the origin and passing through the point (1,0), and the ray ending at the origin and passing through the point (*x2*, *x1*). (Note the role reversal: the "*y*-coordinate" is the first function parameter, the "*x*-coordinate" is the second.) By IEEE convention, this function is defined for *x2* = +/-0 and for either or both of *x1* and *x2* = +/-inf (see Notes for specific values).

This function is not defined for complex-valued arguments; for the so-called argument of complex values, use **angle**.

그림 3.17 arctan2 함수에 대한 상세정보.

numpy.dot

numpy.dot(*a, b, out=None*)

Dot product of two arrays. Specifically,

- If both *a* and *b* are 1-D arrays, it is inner product of vectors (without complex conjugation).
- If both *a* and *b* are 2-D arrays, it is matrix multiplication, but using **matmul** or `a @ b` is preferred.
- If either *a* or *b* is 0-D (scalar), it is equivalent to **multiply** and using `numpy.multiply(a, b)` or `a * b` is preferred.
- If *a* is an N-D array and *b* is a 1-D array, it is a sum product over the last axis of *a* and *b*.
- If *a* is an N-D array and *b* is an M-D array (where `M>=2`), it is a sum product over the last axis of *a* and the second-to-last axis of *b*:

```
dot(a, b)[i,j,k,m] = sum(a[i,j,:] * b[k,:,m])
```

그림 3.18 dot product에 대한 인터넷 검색 결과.

마지막으로, 파이썬에 대한 가장 일반적인 "어떻게 해야 하나요?"라는 질문에 도달했다. 파이썬의 개방적인 특성은 인터넷에서 많은 정보들이 공유될 수 있도록 한다. 이 책의 5장과 관련된 질문의 예는 다음과 같다.

How do I compute a dot product in Python?

이를 검색하면 많은 결과들이 표시되고 [그림 3.18]에 그중 한 가지가 표시되어 있다.

공학문제와 과학문제를 해결하기 위해 파이썬으로 프로그래밍을 진행하다 보면 많은 의문과 좌절에 직면하게 될 것이다. 충분히 공감하지만, 이것이 바로 프로그래밍을 배우는 과정이다. 그리고 사실 이것이 일반적인 문제 해결의 본질이다. Spyder IDE 또는 인터넷을 통해 온라인에서 도움을 구한 후에는 강사, 조교, 동료학생 등 다른 사람들과 상담하는 것을 생각할 필요가 있다. 어떤 사람들은 도움을 구하게 되면 자신의 지식 부족을 드러내는 것이 아닌가 걱정하지만, 그런 함정에 빠지지 말아야 한다.

또한, 자신이 무엇을 하고 있는지 제대로 이해하지 못한 채 "이것도 해보고, 저것도 해보고"라는 식의 접근 방식(shotgun programming이라고도 함)으로 너무 많은 시간을 보내지 말기를 바란다. 대신에 문제 해결에 성공하는 데 걸리는 시간을 단축할 수 있는 도움말과 예제를 찾는 것이 적절하다.

연습문제

3.1 IPython 콘솔에서 다음 산술식을 구현하고 결과를 구하시오.

(a) $\dfrac{12-\dfrac{5}{2}}{\left|\dfrac{22}{7}-\pi\right|}$

(b) $\pi \cdot 11^2\left(\dfrac{3\cdot 15-11}{3}\right)$

(c) $\dfrac{1}{\dfrac{1}{20}+\dfrac{3}{11}-\dfrac{0.6}{0.2}}$

3.2 다음 공항들 사이의 대원 거리를 km 단위로 구하시오.

(a) 아이슬란드 레이캬비크 – 케플라비크 공항

로스엔젤레스 – LAX 공항

(b) 아랍에미리트 두바이 – 국제 공항

아르헨티나 부에노스아이레스 – 미니스트로피스타리니 국제 공항

(c) 영국 런던 – 개트윅 공항

북아일랜드 벨파스트 – 조지 베스트 시티 공항

3.3 탄젠트에 대한 삼각함수의 합공식은 다음과 같이 주어진다.

$$\tan(\alpha+\beta)=\frac{\tan(\alpha)+\tan\beta}{1-\tan(\alpha)\tan(\beta)}$$

$\alpha=37°$, $\beta=107°$에 대해 IPython 콘솔에서 계산을 통해 위 수식이 성립함을 확인하시오.

3.4 [그림 P3.4]에서 볼 수 있듯이, **활꼴**(lune)은 구의 3차원 파이와 같은 조각이다. 활꼴의 부피는 $2r^2\theta$로 주어지며, 여기서 r은 구의 반지름이고 θ는 내부의 각도이다. 파이썬을 사용하여 터키 이스탄불의 경도부터 스페인 마드리드의 경도까지 지구의 활꼴의 부피를 입방 킬로미터(km^3) 단위로 계산하시오.

3.5 전 세계 메탄올의 연간 생산량을 백만 톤 단위로 검색하여, 실온에서 메탄올의 밀도를 이용하여 그에 해당하는 메탄올의 부피를 입방 미터(m^3) 단위로 계산하시오. 액체 화학 물질을 운반하는 데 사용되는 일반적인 탱커 트럭의 부피를 검색하여, 이 연간 생산량을 담는 데 필요한 탱커 트럭의 수를 계산하시오. 탱커 트럭의 길이를 검색하여, 계산된 수의 탱커 트럭을 차례로 줄을 세웠을 때 그 줄의 길이를 계산하시오. 적도에서의 지구 둘레와 비교하면 어떻게 되는가?

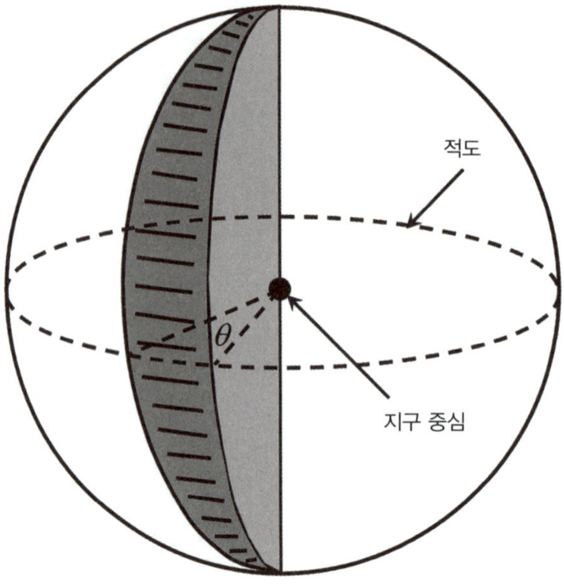

그림 P3.4 활꼴의 형상.

3.6 콜로라도 강 수로는 애리조나-캘리포니아 국경의 콜로라도 강에서 로스앤젤레스 유역으로 연간 약 110만 에이커-피트의 물을 운반한다. 로스앤젤레스 카운티의 하루 평균 물 소비량은 85갤런일 때, 콜로라도 강 수로에서 물을 공급받을 수 있는 인구는 몇 명인지 구하시오.

3.7 파이썬을 사용하여 다음 식을 실행하고 결과를 설명하시오.

(a) `round(np.pi,8)` 그리고 `round(np.pi,7)`

(b) `2**3**4` and `(2**3)**4`

(c) np.`arctan(1.5)` 그리고 `np.arctan2(-3.,-2.)`

(d) `4+-3`

3.8 다음 데이터는 0°C에서 100°C까지의 온도 T에 대한 해수면 대기압에서 물의 밀도 ρ(kg/m^3)를 나타낸다. Python의 `pylab` 모듈을 사용하여 데이터에 깔끔하게 레이블이 지정된 플롯을 생성하고, 플롯에서 관찰할 수 있는 특성에 대해 서술하시오.

T(°C)	ρ(kg/m^3)	T(°C)	ρ(kg/m^3)	T(°C)	ρ(kg/m^3)	T(°C)	ρ(kg/m^3)
0	999.87	20	998.23	50	988.07	80	971.83
2	999.97	25	997.08	55	985.73	85	968.65
4	1,000	30	995.68	60	983.24	90	965.34
6	999.97	35	994.06	65	980.59	95	961.92
10	999.73	40	992.25	70	977.81	100	958.38
15	999.13	45	990.25	75	974.89		

3.9 NOAA의 국립환경정보센터(NCEI)-기후 한 눈에 보기 웹 사이트에서 지구 평균 기온 변화의 역사에 대한 데이터를 `.csv` 파일로 다운로드한 뒤, Python 스크립트를 작성하여 깔끔하게 레이블이 지정된 플롯을 생성하시오.

3.10 대기 중 전 세계 CO_2 농도의 역사에 대한 데이터를 `.txt` 파일로 https://gml.noaa.gov/ccgg/trends/data.html에서 다운로드한 뒤, Python 스크립트를 작성하여 깔끔하게 레이블이 지정된 플롯을 생성하시오. [문제 3.9]도 풀었다면 두 데이터 집합을 같은 그래프에 범례와 함께 플롯하시오. 이렇게 하려면 두 데이터의 연도가 일치하도록 온도 데이터 집합을 손질하고, CO_2 데이터를 1,000배로 축소해야 한다.

3.11 [그림 P3.11]의 수평 원통형 탱크의 액체 부피를 계산하는 Python 스크립트를 작성하고자 한다. 탱크 지름을 2 m, 길이를 4 m으로 지정하고, 사용자가 탱크의 중심선에서 액체 깊이를 입력할 수 있다고 가정한다. 콘솔에 액체 부피를 리터 단위로 표시하는 출력을 아래의 공식을 사용하여 생성하시오.

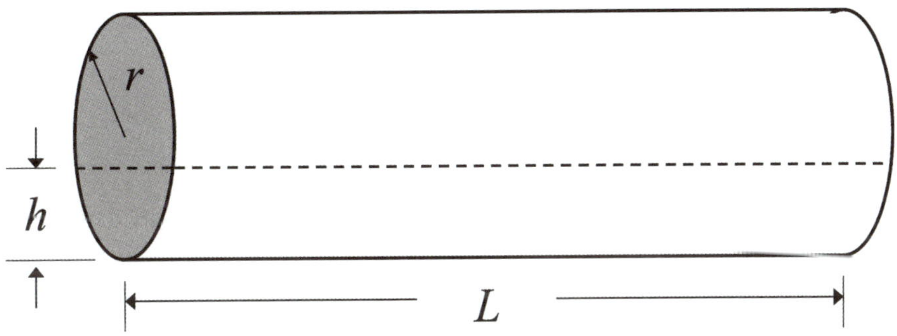

그림 P3.11 액체가 들어있는 수평, 원통형 탱크.

$$V = \left(r^2 \cos^{-1}\left(\frac{r-h}{r}\right) - (r-h)\sqrt{2rh-h^2} \right) L$$

여기서 V = 액체 부피, r = 탱크 반지름 = 지름/2, L = 탱크 길이, h = 액체 깊이이다. 공식에 사용되는 모든 치수는 일관성이 있어야 한다.

3.12 뉴턴의 만유인력의 법칙은 다음과 같이 주어진다.

$$F = \frac{G m_1 m_2}{d^2}$$

여기서 F = 중력(N), m_1과 m_2 = 두 물체의 질량(kg), d = 두 질량의 중심 사이의 거리(m), G = 만유인력 상수(6.673×10^{-11} N·m²/kg²)이다. 다음 두 가지 경우에 대한 중력을 구하시오.

(a) 질량이 80 kg인 사람이 지구 표면에 서 있다. 지구의 반지름은 6,371 km이고, 지구의 질량은 5.98×10^{24} kg으로 추정한다.

(b) 목성 행성과 목성의 위성 유로파의 질량은 각각 1.898×10^{27} kg과 4.8×10^{22} kg로 추정한다. 유로파의 궤도 반경은 670,900 km이다.

3.13 12시간 시계에서 시간을 세는 경우, 12까지 세고나서 다시 1로 돌아간다. 예를 들어, 오전 9시에서 10시간이 지났을 때 시간을 확인하려고 한다면, 12시간 시계에서는 10에 9를 더하면 19가 되므로 단순히 10을 더할 수 없다. 다음 코드의 마지막 두 명령문을 완성하여, 24시간 시계의 시간(`t24`)을 계산하고 나머지(modulus) 연산자를 사용하여 12시간 시계의 시간(`t12`)을 계산하시오.

```
tinit = 9
deltat=10
t24 =
t12 =
```

제 4 장

파이썬을 사용한 구조적 프로그래밍

4장의 목표

- 파이썬 프로그램의 순차적(sequential) 구조에 대해 보완이 필요함을 이해한다.
- 선택 구조에 대해 학습하고 필요한 일을 수행하기 위한 다양한 if 문 유형을 구현할 수 있다.
- 카운트 제어 반복을 구현하기 위해 for 루프 구조를 사용하는 방법을 학습한다.
- 사전 테스트, 중간 테스트, 사후 테스트 루프 및 이들의 조합을 수행하기 위해 while 루프 구조를 프로그래밍할 수 있게 된다.
- 계산을 "패키지"화 할 수 있도록 사용자 정의 함수를 만든다.
- 사용자 정의 함수를 사용하여 프로그램을 관리 용이한 모듈들로 나누는 방법을 학습한다.
- 하위 프로그램과 관련 있는 변수 범위의 개념을 이해한다.
- 함수를 별도의 파이썬 프로그램 파일로 저장하는 방법과 이러한 파일을 파이썬 스크립트로 가져오는 방법을 학습한다.

3장에서 소개된 파이썬 스크립트는 순서대로 수행되는 일련의 구문들(statements)로 구성되었다. 이런 구성은 간단한 계산에 적합하지만 다음과 같은 시나리오에 직면할 경우 문제가 발생한다.

- 하나 또는 그 이상의 참/거짓이 판정되는 조건에 따라 다른 계산이 필요한 경우
- 코드가 여러 번 반복되어야 하는 경우
- 계산을 패키지화하여 같은 스크립트 내 다른 곳에서 여러 번 호출할 수 있도록 해야 하거나, 또는

- 파이썬 스크립트의 사이즈가 수백(또는 수천!)개의 구문들로 이루어져서 좀 더 다루기 쉽도록 적당한 사이즈의 모듈들로 분해할 필요가 있는 경우

물론, 이러한 문제들은 20세기 중반 디지털 컴퓨터 기술이 시작되었을 때부터 프로그래머들이 직면한 문제들이었고, 거의 모든 프로그래밍 언어는 이러한 시나리오를 처리할 수 있는 기능들을 제공하고 있다. 이 장의 목적은 파이썬이 이를 위해 제공하는 기능들을 소개하는 것이다.

4.1 프로그램 구조 소개

프로그래밍 작업의 큰 그림이 [그림 4.1]에 나와 있다. 그림은 선형적인 순차적(sequential) 구조의 개념을 보이고 있다. 그림에서 왼쪽의 흐름도는 지나치게 단순화되어 있다. 이를 확대한 것이 오른쪽의 흐름도로 처음과 마지막 단계 그리고 중간에 주요 계산 부분이 있는 시퀀스 구조의 전형적인 모습을 보여주고 있다.

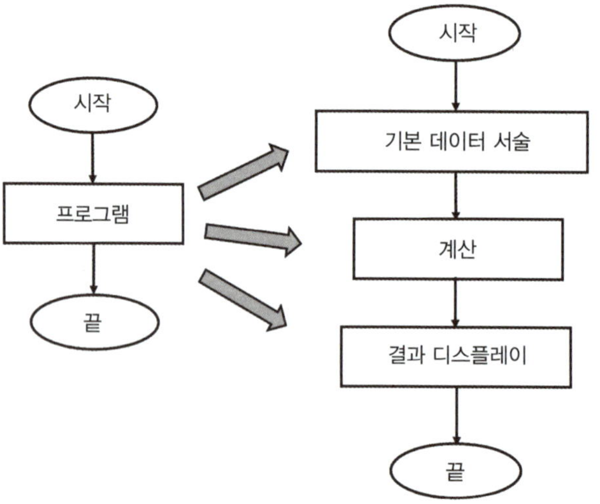

그림 4.1 전체 프로그램 구조.

프로그램을 이용한 계산을 더 탐구해가다 보면, 순차적이고 단계적(step-by-step)인 구조에서 벗어나야 하는 상황에 마주친다. 이러한 시나리오 중 하나는 어떤 조건이 만족될 때만 해당하는 구문들을 실행하는 경우이다. 이런 구조를 **결정**(decision) 또는 **선택**(selection) **구조**라고 하며, [그림 4.2]에 그 흐름도(flowcharts)를 나타내었다.

단방향 If의 경우 논리 조건을 확인하여 True인 경우 해당하는 프로그램 구문들이 실행된다. False일 때는 이 구문들이 실행되지 않는다. 이후, 두 경우 모두 동일한 위치에서 프로그램 세그먼트가 계속 진행된다. **양방향** If 구조는 논리 조건의 테스트 결과가 False일

때 별도의 구문들이 제공된다. 그림의 계산 블록 내에 또 다른 If 구조가 들어가는 임베디드 구조도 가능하다. 다음 절에서, 파이썬에서 이러한 구조를 구현하는 방법을 살펴볼 것이다.

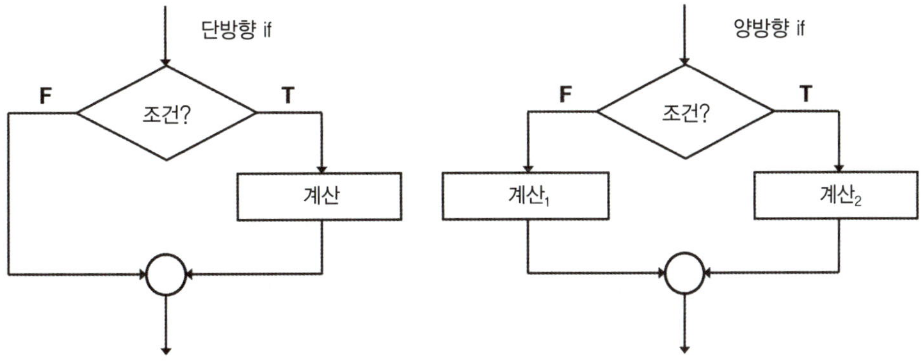

그림 4.2 결정 구조: 단방향과 양방향 If.

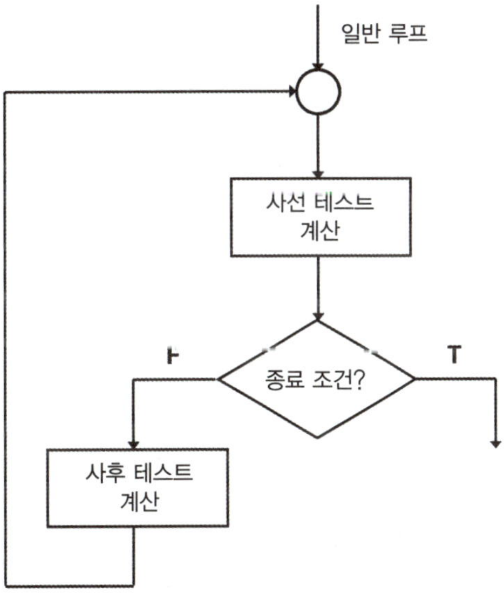

그림 4.3 일반 루프에서의 반복 구조.

두 번째 시나리오는 계산을 반복해야 하는 경우이다. 이를 **루프**(loop) 또는 **반복**(repetition) **구조**라고 부르고 구현 방법은 크게 두 가지로 나뉜다. 첫 번째는 **일반**(general) **루프**라고 불리는 것으로 [그림 4.3]에 제시되어 있다. 두 번째는 **리스트 제어**(list-controlled) **루프**와 **카운트 제어**(count-controlled) **루프**를 포함한다. 이들은 [그림 4.4]에 표시되어 있다. 두 구현 방법 간의 차이는 다음과 같다: 일반 루프에서는 반복 횟수가 루프 시작 전에 결정되지 않는다. 반면에, 리스트 제어 및 카운트 제어 루프의 경우 반복 횟수가 루프 시작 전에 계산된다.

먼저 일반 루프에 대한 [그림 4.3]에 있는 다이어그램을 보면 루프의 진입점으로 원 또는 "방울(bubble)" 모양이 사용되고 있다. 프로그래밍 측면에서는 이 기능을 위한 구문이 제공되어야 한다.

또한, 방울이 표시되어 있지는 않지만 그림의 하단에 루프의 종료를 알리는 방법이 있어야 한다. 루프 내에는 항상 종료할 방법이 있어야 한다. 그렇지 않으면 무한 루프가 생길 수 있다. 그림에는 하나의 결정 블록만 표시되어 있지만 둘 이상일 수 있다. 반복 작업의 필요에 따라 루프 종료 결정 블록 전이나 후 또는 두 위치 모두에서 계산 작업이 일어날 수 있다. 종료 결정 블록이 루프 진입 직후에 있는 경우 이를 **사전 테스트 루프**(pre-test loop)라고 한다. 반면에, 종료 결정 블록이 하단에 있고 테스트 후에는 다른 계산 작업이 없는 경우는 **사후 테스트 루프**(post-test loop)라고 한다. 그림에 보이는 구조는 **중간 테스트 루프**(mid-test loop)이다. 종료 조건이 만족되는 시점에 따라 1회, 10회, 100회 또는 1,000회 반복이 일어날 수 있다.

두 번째 루프 시나리오는 루프 진입 전에 루프 반복 횟수를 알고 있는 경우로 [그림 4.4]에 나와 있다. 첫 번째는 그림에서 왼쪽에 있는 **리스트 중심**(list-driven) 구조로, 이것은 파이썬[1]의 중요한 특징 중 하나다. 이는 리스트를 기반으로 하며 리스트의 각 항목에 대해 순차적으로 루프를 반복한다.

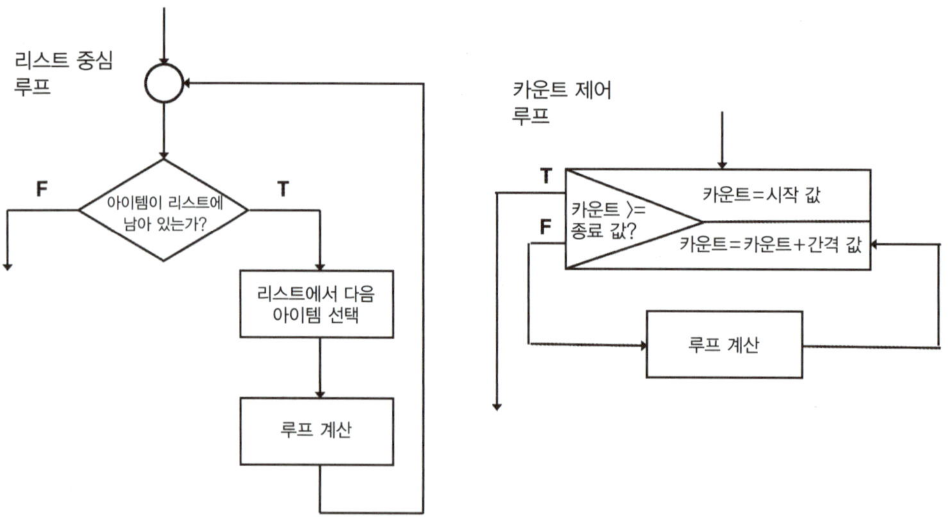

그림 4.4 리스트 중심 및 카운트 제어 루프 구조.

1 리스트 중심 루프는 MATLAB, 엑셀/VBA, 그리고 Fortran 같은 다른 프로그래밍 언어에서는 일반적이지 않다.

두 번째는 그림에서 오른쪽에 있는 **카운트 제어 루프**로, 초창기 프로그래밍 언어부터 존재해 온 구조이다. 이 루프는 시작(start) 값, 종료(end) 값 그리고 간격(step) 값의 세 가지 파라미터를 사용하는 것이 특징이다. 각 루프 반복 후, 간격 값이 루프 카운터에 추가되고, 카운터 값이 종료 값보다 크거나 같지 않으면 루프는 반복된다. 따라서 루프 진입 전에 루프가 몇 번 반복될 것인지 계산할 수 있다. 실제로 루프가 실행 시작되면 간격 값이나 종료 값을 수정해도 반복 횟수에 영향을 주지 않는다. 반복 횟수가 사전 계산되기 때문이다.

이 장의 다음 절에서는 파이썬에서 반복 구조를 구현하는 방법을 배울 것이다. 이 절에 나온 그림들을 참고하여 구조를 잘 파악하는 것이 중요하다. 또한 구조에 변화를 주거나 조합하는 것도 배우게 될 것이다. 선택 구조에서도 이런 경우들이 생긴다.

4.2 결정 구조의 구현

일반적인 프로그래밍 구조를 학습하는 것은 다른 프로그래밍 언어에서 이를 구현하는 것을 준비할 수 있게 해주기 때문에 중요하다. 예를 들어 파이썬과 같은 새로운 언어에 접근할 때, "이미 양방향 If가 무엇인지 알고 있는데 파이썬에서는 양방향 If를 어떻게 구현할 수 있을까?"같은 질문을 가질 수 있다. 다시 말해, 파이썬과 같은 절차적(procedural) 프로그래밍 언어를 배우고 나면, 다른 언어도 처음부터 시작하는 것이 아니게 된다.

먼저, 가장 간단한 결정 구조는 [그림 4.2]에 나와 있는 **단방향** If이다. 이를 구현하기 위한 파이썬의 문법은 다음과 같이 매우 간단하다.

```
if condition:
    statements
```

여기에서 콜론(:)이 쓰인 것과 조건이 True인 경우 실행되는 프로그램 코드에 들여쓰기(4칸)가 적용된 것에 주의한다. 예를 들어 수치를 제곱하되 부호는 유지하는 다음 프로그램을 살펴보자.

```
Sgnx2 = x**2
if x < 0:
    Sgnx2 = - Sgnx2
```

`if` 구문 행과 그 조건이 참일 때 실행되는 구문이 끝나고 나오는 코드는 들여쓰기를 하지 않는다. if 구조를 종료하는 공식 구문은 없으며 `if` 구문 행 자체에 적용한 들여쓰기 폭만큼 이후 구문이 되돌아가는 것으로 `if` 구조의 종료를 표시한다.

if 구문이 참인 경우 실행되는 구문이 하나뿐이거나 짧은 경우, 다음과 같이 콤팩트한 형태의 단방향 If를 사용할 수 있다.

```
Sgnx2 = x**2
if x < 0: Sgnx2 = - Sgnx2
```

이 스타일은 **한 줄**(one-line) If라고 불린다. 이때 세미콜론(;)으로 구분하여 if 행에 여러 개의 구문들을 추가할 수 있지만, 이 방법보다는 if 행 다음에 들여 쓰기 된 구문들을 사용하는 이전 스타일이 보통 선호된다.

양방향 If 구문의 문법은 단방향 If에 else 절이 추가된 형태이다.

```
if condition:
    statements1
else:
    statements2
```

여기에서도, 뒤 따르는 구문이 if와 else 구문 행의 들여쓰기된 만큼 되돌아가면 구조가 종료된다. 양방향 If 구조를 이용하여 위의 수치 제곱 계산을 수행하면 다음과 같다.

```
if x < 0:
    Sgnx2 = - x**2
else:
    Sgnx2 = x**2
```

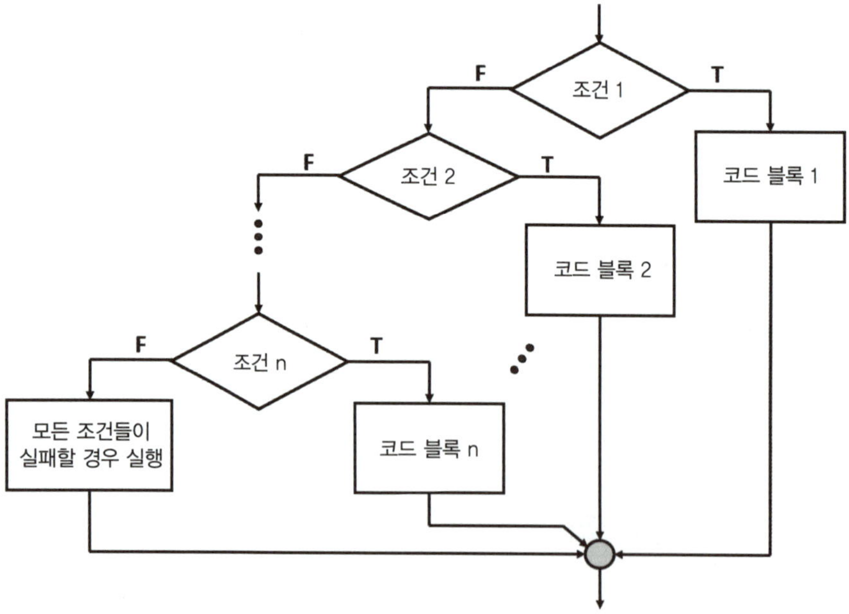

그림 4.5 다중 대안 If 구조.

파이썬을 비롯한 다른 많은 프로그래밍 언어들은 **다중 대안**(multi-alternative) If 구조라 불리는 확장 버전을 지원한다. 여기서는 복수의 시험 조건들이 계단식으로 연속될 수 있다. 이를 [그림 4.5]에 나타내었다.

이 구조의 일반적인 문법은 다음과 같다.

```
if condition1:
    statements1
elif condition2:
    statements2
…
elif condition_n:
    statements_n
else:
    else statements
```

마지막 else절은 선택(optional) 사항이다. 다중 대안 If의 간단한 예는 다음과 같다:

```
if temperature < 0:
    print('Brrr!')
elif temperature < 10:
    print('Chilly')
elif temperature < 20:
    print('Comfortable')
elif temperature < 30:
    print('Warm')
elif temperature < 40:
    print('Whew! Hot!')
else:
    print('Ssssss! Gimme a break!')
```

여기서 `elif` 절이 특정 순서를 따르고 있다는 점을 유의해야 한다. 예를 들어, 시험 조건 `temperature < 30`은 이전에 지나온 시험들 때문에 `temperature >= 20`임을 의미한다. 이 예의 경우, 조건들의 순서가 명백하지만, 그렇지 않다면 `elif` 절들의 순서에 매우 주의를 기울여야 한다.

MATLAB, Excel/VBA, C/C++와 같은 일부 다른 프로그래밍 언어들은 시험 조건의 순서를 지정할 필요가 없는 또 다른 다중 대안 구조를 지원한다. 그러나 이 경우 시험 조건들은 서로 배타적이어야 한다(즉, 한 번에 한 테스트만 참이 될 수 있다). 이러한 구조는 **스위치**(switch) 또는 **셀렉트-케이스**(select-case) 구조라고 불리며 메뉴에서 항목을 선택하는 경우 등에 보통 이용된다. 파이썬은 이 구조를 제공하지 않지만, 수치 계산 등에 있어 전혀 문제가 되지 않는다.

마지막으로, 한 결정 구조가 다른 결정 구조 안에 포함될 수 있다는 것을 알 필요가 있다. 예를 들어, [그림 4.5]의 코드 블록 1 대신 양방향 If가 추가될 수 있다. 이 경우 일반적 구문은 다음과 같다.

```
if condition1:
    if condition1a:
        statements1a
    else:
        statements1b
elif condition2:
    statements2
...
elif condition_n:
    statements_n
else:
    else statements
```

statements1a 또는 statements1b 중 하나가 실행되면, 전체 다중 대안 If 구조가 종료되고 그 밑으로 프로그램이 계속 진행된다.

여기에서 들여쓰기를 통해 condition1a 양방향 If 구조가 condition1의 참 값 분기에 삽입되는 것을 표시하는 방식에 주목한다. 이 들여쓰기는 의무사항이다! 그러나 의무사항인 것을 넘어서 이러한 들여쓰기는 코드의 가독성을 높이고 구조가 더 투명하게 보이도록 한다. 이것은 파이썬의 긍정적인 특성이다.

예제 4.1 열전대 밀리볼트 측정값을 온도로 변환

온도를 측정하는 데 사용되는 가장 일반적인 산업 장치는 **열전대**(thermocouple) 회로이다. 이것은 **제벡**(Seebeck) **효과**라고 불리는 열전(thermoelectric) 현상에 기반을 두고 있다. [그림 4.6]의 다이어그램은 단순화된 열전대 회로를 보여주고 있다.

접합부 T_h와 T_c를 사이에서 전자의 이동성 차이로 인해 작은 기전력(electromotive force, emf) 또는 전압이 (보통 밀리볼트 범위) 발생하며, 이 값은 온도에 따라 달라진다. 따라서, 두 접합부의 온도가 다르다고 가정하면, 작은 전압 값 V를 측정할 수 있고 이는 온도 차이 $\Delta T = T_h - T_c$에 비례하지만 선형적이지는 않다. T_c가 알려진(또는 제어된) 경우, T_h는 $T_c + \Delta T$로 계산될 수 있다.

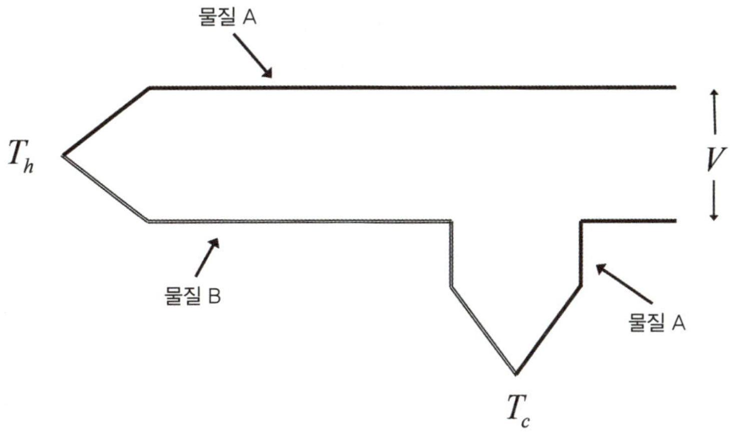

그림 4.6 열전대 회로.

물질 A와 B에 사용된 금속 또는 합금에 따라 많은 종류의 열전대 회로가 있다. 이 중 가장 일반적인 J형은 철과 콘스탄탄(구리 55%, 니켈 45%)이라는 합금의 조합이다. NIST[2]는 다양한 온도 범위에서 전압 V로 부터 dT를 계산할 수 있는 다항식으로 된 공식들을 제공한다. 이들을 식 (4.1)–(4.3)에 단순화시켜서 표시하였다. V의 값은 밀리볼트(mV)이다.

$-8.10 \le V \le 0.0$ mV 구간:

$$dT = 19.53V - 1.229V^2 - 1.075V^3 - 0.5909V^4 - 0.1726V^5 - 0.02813V^6 - 2.396\times10^{-3}V^7 - 8.382\times10^{-5}V^8 \tag{4.1}$$

$0.0 \le V \le 42.92$ mV 구간:

$$dT = 19.78V - 0.2001V^2 + 0.01037V^3 - 2.550\times10^{-4}V^4 + 3.585\times10^{-6}V^5 - 5.344\times10^{-8}V^6 + 5.100\times10^{-10}V^7 \tag{4.2}$$

$42.92 \le V \le 69.55$ mV 구간:

$$dT = -3114.0 + 300.5V - 9.948V^2 + 0.1703V^3 - 1.430\times10^{-3}V^4 + 4.739\times10^{-6}V^5 \tag{4.3}$$

측정된 전압 V와 냉 접합부 온도 T_c를 이용하여 온도 T_h를 계산하는 파이썬 코드를 구현해 본다. 여기에는 다중 대안 If 구조의 사용이 필요하다. 주어진 전압 V가 최소 −8.10 mV보다 크고 최대 69.55 mV보다 작다고 가정하면, 파이썬 코드는 다음과 같다.

2 NIST = 미국 국립 표준기술연구소(National Institute of Standard and Technology).

```
V = float(input('Enter voltage in mV: '))
Tc = float(input('Enter cold junction temperature in degC: '))
if V <= 0.:
    dT = 19.53*V - 1.229*V**2 - 1.075*V**3 \
    - 0.5909*V**4 - 0.1726*V**5 - 0.02813*V**6 \
    - 2.396e-3*V**7 - 8.382e-5*V**8
elif V <= 42.919:
    dT = 19.78*V - 0.2001*V**2 + 0.01037*V**3 \
    - 2.550e-4*V**4 + 3.585e-6*V**5 - 5.344e-8*V**6 \
    + 5.100e-10*V**7
else:
    dT = -3114.0 + 300.5*V - 9.948*V**2 \
    + 0.1703*V**3 - 1.430e-3*V**4 + 4.739e-6*V**5
Th = Tc + dT
print('\nHot junction temperature = {0:7.2f} degC'.format(Th))
```

*V*의 몇 가지 값을 예로 들어 사용하여 코드가 정확한지 테스트할 수 있다.

```
Enter voltage in mV: 5
Enter cold junction temperature in degC: 22
Hot junction temperature = 117.04 degC
-------------------
Enter voltage in mV: 35
Enter cold junction temperature in degC: 50
Hot junction temperature = 682.00 degC
-------------------
Enter voltage in mV: -6
Enter cold junction temperature in degC: 0
Hot junction temperature = -135.38 degC
```

이제 "경계를 벗어난(out of bounds)" 입력 값 문제에 대해 고려한다. 한 가지 방법은 코드를 유효성 검사(validity test)로 "감싸주어" *V* 값이 유효한 범위 밖인 경우 계산이 진행되지 않도록 하는 것이다.

```
if V >= -8.1 and V <= 69.55:
    if V <= 0.:
        dT = 19.53*V - 1.229*V**2 - 1.075*V**3 \
        - 0.5909*V**4 - 0.1726*V**5 - 0.02813*V**6 \
        - 2.396e-3*V**7 - 8.382e-5*V**8
    elif V <= 42.919:
        dT = 19.78*V - 0.2001*V**2 + 0.01037*V**3 \
        - 2.550e-4*V**4 + 3.585e-6*V**5 - 5.344e-8*V**6 \
        + 5.100e-10*V**7
    else:
```

```
        dT = -3114.0 + 300.5*V - 9.948*V**2 \
        + 0.1703*V**3 - 1.430e-3*V**4 + 4.739e-6*V**5
    Th = Tc + dT
    print('\nHot junction temperature={0:7.2f} degC'.format(Th))
else:
    print('\nVoltage is out of acceptable range')
```

유효한 범위를 벗어난 전압이 입력되면 다음과 같이 된다.

```
Enter voltage in mV: 70
Enter cold junction temperature in degC: 22
Voltage is out of acceptable range
```

이후 4.4절에서 사용자 정의 함수의 입력 값에 대한 유효성 검사가 필요할 때 이 이슈로 되돌아올 것이다.

4.3 반복 구조의 구현

[그림 4.3]과 [그림4.4]에 소개된 세 가지의 루프 구조가 파이썬에서 각각 다르게 구현되기 때문에 개별적으로 고려한다.

4.3.1 일반 루프 구조

파이썬은 일반 루프 구조를 구현할 수 있도록 `while` 구문을 제공한다. 하지만, 우리는 일반 루프 구조를 구현하는 데 있어 `while` 구문을 원래 활용 의도대로만 사용하지는 않을 것이다. `while` 구문의 일반적인 문법은 다음과 같다.

```
while condition:
    loop statements
```

논리 조건 condition이 True로 판정되면 `loop statements`(들여쓰기 됨)가 실행되고 루프가 반복된다. False인 경우 루프가 종료된다.

[그림 4.3]과 비교하면, 위의 while 코드는 일반 루프의 사전 테스트 버전과 유사하다. 하지만, 종료 테스트를 보면 반전되어 True인 경우 루프가 유지되고 False의 경우 종료한다. 위의 `while` 코드를 사전, 중간, 그리고 사후 테스트가 가능한 일반 루프 구조로 만들기 위해 다음과 같이 수정한다.

```
while True:
    pre-test statements
    if condition: break
    post-test statements
```

먼저 while 조건이 항상 True이기 때문에 루프는 계속 반복될 것이다. 대신, 한 줄 If 문으로 종료할 수 있는 기회를 제공하고 있다. condition이 True이면 break 명령은 while 루프를 종료한다. 이 방식을 이용하면 사전 테스트 코드 대신 사전 테스트 루프를 넣거나, 사후 테스트 코드 대신 사후 테스트 루프를 넣는 등 유연하게 코드를 만드는 것이 가능해진다. 또한 이 방식은 둘 이상의 if 문을 루프에 포함시켜 여러 번의 종료 기회를 가지게 할 수도 있다.

예제 4.2 while 구조를 사용한 입력 값 유효성 검사

[예제 4.1]에 이어서, 잘못된 입력 데이터로부터 보호하는 다른 방법을 살펴본다. 이를 입력 **유효성 검사**라고 하며, while 루프를 사용한다. 일반적인 형태는 다음과 같다.

```
while True:
    acquire input value
    if input value is valid: break
    print error/corrective message
```

이를 앞의 열전대 회로 코드에 적용하면 다음과 같다.

```
while True:
    V = float(input('Enter voltage in mV: '))
    if V >= -8.10 and V <= 69.55: break
    print('Voltage out of range, please re-enter')

Tc = float(input('Enter cold junction temperature in degC: '))

if V <= 0.:
    dT = 19.53*V - 1.229*V**2 - 1.075*V**3 \
    - 0.5909*V**4 - 0.1726*V**5 - 0.02813*V**6 \
    - 2.396e-3*V**7 - 8.382e-5*V**8
elif V <= 42.919:
    dT = 19.78*V - 0.2001*V**2 + 0.01037*V**3 \
    - 2.550e-4*V**4 + 3.585e-6*V**5 - 5.344e-8*V**6 \
    + 5.100e-10*V**7
else:
    dT = -3114.0 + 300.5*V - 9.948*V**2 \
```

```
    + 0.1703*V**3 - 1.430e-3*V**4 + 4.739e-6*V**5

Th = Tc + dT
print('\nHot junction temperature = {0:7.2f} degC'.format(Th))
```

보다시피, while 문에서 True 설정 때문에 루프는 반복된다. 다만, if 문 테스트 결과가 True로 판정되면 종료한다. 이는 입력 전압이 유효하다는 것을 의미한다. 그렇지 않으면 print 구문으로 인해 오류 프롬프트가 표시되고 루프가 반복된다. 아래에 테스트 결과를 보인다.

```
Enter voltage in mV: 70
Voltage out of range, please re-enter
Enter voltage in mV: 69
Enter cold junction temperature in degC: 25
Hot junction temperature = 1226.12 degC
```

이 입력 유효성 검사 구조의 단점은 사용자가 유효한 입력 값이 무엇인지 모르면 루프가 계속될 수 있다는 것이다. 이런 경우, 사용자는 보통 프로그램 실행을 강제 종료시킬 것이다. 이 문제를 해결하기 위한 한 방법은 시도 횟수를 제한하는 것이다. (대부분 사람들이 로그인 시도 시 이런 경험을 한 적이 있었을 것으로 본다). 이를 위해 카운트 제어 루프를 추가하여 위 코드를 수정할 것이다.

4.3.2 리스트 중심 및 카운트 제어 루프 구조

공학 및 과학 응용 분야에서 **리스트 중심**(list-driven) **루프**가 자주 사용되지는 않지만 학습해둘 필요가 있으며 카운트 제어 루프를 학습하기 위한 배경 지식을 제공한다. 파이썬은 for 명령으로 이 기능을 제공한다. 일반적인 문법은 다음과 같다.

```
for variable in [list]:
    loop statements
```

위에서 변수와 리스트 사이에 in이 사용된 것에 주목한다. for 루프의 작동은 간단하다 – 리스트의 각 항목에 대해 반복한다. 다음에 간단한 예를 보인다.

```
import numpy as np

for x in [30, 45, 75, 125]:
    print('{0:5.2f}'.format(np.cos(np.radians(x))))
```

리스트에 나열된 여러 각(도 단위)의 코사인(cosine) 값이 다음과 같이 표시된다.

```
 0.87
 0.71
 0.26
-0.57
```

여러 계산 작업에서 for 루프의 리스트가 시작 값, 동일 간격, 그리고 마지막 값이 있는 숫자(종종 정수)들의 시퀀스(sequence)인 시나리오를 자주 접할 수 있다. 그 리스트는 매우 길 수 있으며 수백 개의 숫자를 포함할 수도 있다. 이런 경우 리스트 중심 for 구조에 대한 수정이 필요하며 이를 위해 range 유형을 활용할 수 있다. 이 유형은 for 루프에 정수로 된 리스트를 제공하는 데 이용된다. 아래에서 몇 가지 예를 들어 설명한다.

range(10)은 0에서 9까지 1씩 증가하는 정수 리스트를 제공한다.

range(n)은 n이 정수일 때 0에서 n−1 사이의 정수 리스트를 제공한다. 즉, range(1,11)은 1에서 10까지의 정수 리스트를 제공한다.

range(0,11,3)은 0, 3, 6, 9로 된 정수 리스트를 제공한다.

일반적인 문법은 아래와 같다.

```
range(start, end, step)
```

시작 값과 간격(step) 값을 제공하지 않으면 시작 값은 0, 간격 값은 1로 가정된다. 1이 아닌 다른 간격 값을 사용할 경우는 시작 값이 반드시 제공되어야 한다. range 유형은 for 문에서 사용되기 때문에 일반적으로 생성될 값들을 직접 볼 수는 없지만, list 함수를 사용하면 볼 수 있다.

```
x = range(0,12,3)
print(list(x))

[0, 3, 6, 9]
```

range 유형의 사용에 어려움이 있는 경우 위 방법으로 값들을 확인할 수 있다.

카운트 제어 루프를 사용하는 데는 일반적으로 아래와 같은 몇 가지 시나리오가 있다.

- 루프 반복 횟수에 대한 제한을 설정
- 배열 또는 행렬의 첨자 변경
- 일련의 부동 소수점(floating-point) 값들에 대한 계산 수행

아래에 이들에 대해 예를 들어 설명한다.

예제 4.3 반복을 제한하기 위한 for 루프의 사용

[예제 4.2]에서 설명한 **while** 루프 기반 입력 유효성 검사 코드를 아래에 다시 보이고 있다.

```
while True:
    V = float(input('Enter voltage in mV: '))
    if V >= -8.10 and V <= 69.55: break
    print('Voltage out of range, please re-enter')
```

위 코드에서 while 루프를 for 루프로 대체하여 수정하면 아래와 같다.

```
for i in range(5):
    V = float(input('Enter value for voltage in mV: '))
    if V >= -8.10 and V <= 69.55: break
    print('Voltage out of range, please re-enter')
```

이 경우 유효한 전압 값이 입력되거나 루프 한계에 도달하면 for 루프가 종료된다. 여기서의 딜레마는 어떤 종료 조건을 통해서 끝났는지 알 수 없다는 것이다. 이를 알기 위한 방법으로 for 루프가 종료될 때 i의 값을 확인한다. i가 4(range(5)가 0~4의 값을 제공함을 상기한다)일 경우, 이 종료는 for 루프 한계에서 발생했다. 따라서 for 루프 다음에 아래 코드를 추가할 수 있다.

```
import sys
if i == 4: sys.exit('too many bad inputs')
```

sys 모듈이 제공하는 exit 함수를 사용하고 있다. 유효 입력 범위 밖의 값 5개로 테스트해 보면 결과는 다음과 같다.

```
Enter voltage in mV: -20
Voltage out of range, please re-enter

Enter voltage in mV: -18
Voltage out of range, please re-enter

Enter voltage in mV: -16
Voltage out of range, please re-enter

Enter voltage in mV: -14
Voltage out of range, please re-enter

Enter voltage in mV: -12
Voltage out of range, please re-enter
```

```
An exception has occurred, use %tb to see the full traceback.
SystemExit: too many bad inputs
```

이후에 나오는 장들에서 방정식을 풀기 위한 수치적 방법을 다룰 때 반복을 제한하기 위해 이 for 루프를 사용할 것이다.

예제 4.4 for 루프를 사용한 배열의 첨자 변경

공학 및 과학 수치 계산에서 for 루프는 배열의 첨자를 관리하는 용도로 가장 많이 쓰인다. 이때 루프의 인덱스 변수를 첨자로 사용한다. 이를 설명하기 위해 두 가지 응용 프로그램을 살펴보겠다.

먼저, 배열 x의 원소(element)들 중에서 양(positive)인 원소들만의 합을 계산하는 코드를 아래에 보인다.

```
import numpy as np

x = np.array([2.3, -6.8, -0.7, 1.5, 8.4, -43.])

n = len(x)
sumpos = 0.
for i in range(n):
    if x[i] > 0:
        sumpos = sumpos + x[i]

print('sum of positive elements = ',sumpos)
```

먼저, 숫자로 된 리스트를 Numpy모듈의 배열(array) 형태로 변환 후 x에 할당한다. 이 배열의 원소 개수를 파이썬의 내장 함수 len을 이용하여 계산하고 변수 n에 할당한다. 양수의 합을 위한 변수 sumpos에는 0이 초기 값으로 할당된다. for 루프에서 사용할 0, 1, 2, …, n−1(n개의 값)을 설정하기 위해 인덱스 변수 i와 range 유형이 사용되었다. if 문은 배열 첨자를 사용하여 x 배열의 i번째 값을 테스트하고, 만약 양수이면 양수의 합을 누적하는 sumpos 변수에 더한다. for 루프 종료 후에 print 문에 의해 아래 결과가 표시된다.

```
sum of positive elements = 12.2
```

여기서 range 유형이 배열의 첨자 요구 사항에 부합하는, 0에서 시작하는 정수 리스트를 생성하는 것에 주목한다.

두 번째 예는 2차원 배열을 포함한다. 여기서는 배열 각 원소의 제곱을 합하고 그 제곱근을 계산하려고 한다. 예제 코드는 다음과 같다.

```
import numpy as np

X = np.matrix(' 3. 1.,2. ; -4., 11., 0. ; -1., 6., 14.')

sumsq = 0.
for i in range(3):
    for j in range(3):
        sumsq = sumsq + X[i,j]**2
sumsqrt = np.sqrt(sumsq)
print('square root of sum of squares = ',sumsqrt)
```

이 경우 행렬(matrix) 유형을 사용하여 X 배열을 만든다. 다시, sumsq 변수는 0으로 초기화된다. 여기서 차이점은 두 개의 for 루프가 사용된다는 것이다. 인덱스 변수 j가 있는 루프는 인덱스 변수 i가 있는 for 루프에 내장(embed)되어 있다. 둘 다 range(3) 유형을 사용한다(값 0, 1, 2). 외부 for 루프가 0에서 2로 순차적으로 반복될 때 각 i 값에 대해 내부 for 루프는 j를 0에서 2로 순차적으로 반복한다. 이를 통해 X의 모든 원소를 참조할 수 있는 첨자 값 쌍이 생성된다. 제곱 값은 sumsq에 누적되며, 루프가 종료되면, 그 합의 제곱근이 계산되어 다음과 같이 표시된다.

```
square root of sum of squares = 19.595917942265423
```

이 책에서 배열의 첨자를 관리하기 위해 for 루프가 사용되는 예를 많이 볼 수 있을 것이며, 문제를 해결하면서 연습할 수 있는 충분한 기회가 있을 것이다.

예제 4.5 일련의 값을 기반으로 한 계산 세트 수행

이제 알겠지만, 카운트 제어 for 루프는 정수를 인덱스 변수로 사용하며, 이들은 루프 내에서 사용될 일련의 정수들을 제공한다. 하지만 정수 대신 부동 소수점 값으로 된 시퀀스가 필요한 경우는 곤란하다. 예를 들어, [예제 4.1]의 J형 열전대 시나리오에서 2.0 mV 간격으로 −8.0~62.0 mV 사이의 전압 값 시퀀스에 대해 온도를 구하고 싶을 수 있다. 이 시퀀스는 양쪽 끝 값을 포함하여 36개의 값에 해당한다. 이런 시퀀스를 이용하기 위한 방법은 여러 가지가 있지만 아래에서 for 루프를 사용한 예를 보인다.

```
import numpy as np
import pylab

Tc = 20.

Vplot = np.array([])
Tplot = np.array([])

for i in range(36):
    V = -8. + 2.*i
    if V <= 0.:
        dT = 19.53*V - 1.229*V**2 - 1.075*V**3 \
            - 0.5909*V**4 - 0.1726*V**5 - 0.02813*V**6 \
            - 2.396e-3*V**7 - 8.382e-5*V**8
    elif V <= 42.919:
        dT = 19.78*V - 0.2001*V**2 + 0.01037*V**3 \
            - 2.550e-4*V**4 + 3.585e-6*V**5 - 5.344e-8*V**6 \
            + 5.100e-10*V**7
    else:
        dT = -3114.0 + 300.5*V - 9.948*V**2 \
            + 0.1703*V**3 - 1.430e-3*V**4 + 4.739e-6*V**5
    Th = Tc + dT
    Vplot = np.append(Vplot,V)
    Tplot = np.append(Tplot,Th)

pylab.plot(Vplot,Tplot,c='k')
pylab.grid()
pylab.xlabel('Voltage - mV')
pylab.ylabel('Temperature - degC')
```

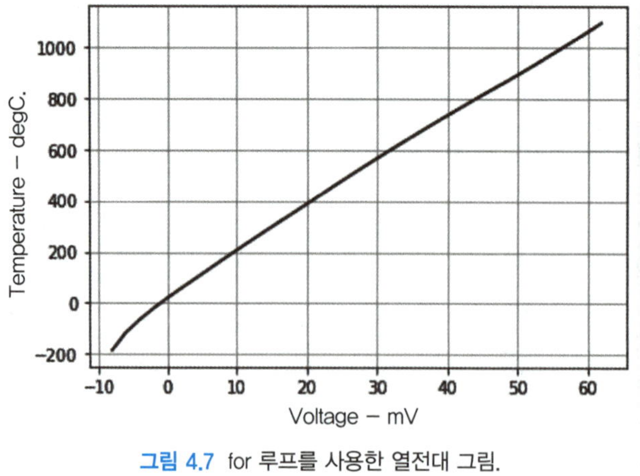

그림 4.7 for 루프를 사용한 열전대 그림.

위의 파이썬 스크립트에서 냉접합부의 온도 Tc는 20°C로 설정되었으며 전압 및 온도 값을 담을 수 있도록 두 개의 빈 배열 Vplot와 Tplot이 준비된다. for 루프는 0~35 사이의 36개의 i 값을 사용하도록 설정된다. for 루프 내의 첫 번째 구문에서 전압 값 V는 현재 i 값을 이용하여 계산된다. dT와 Th 값은 앞의 예제에서 개발된 코드를 사용하여 계산된다. for 루프 내에서 마지막 두 구문은 V와 Th 값을 각각 Vplot와 Tplot 배열에 추가한다. 루프 종료 후, pylab 모듈이 [그림 4.7]에 표시된 플롯을 생성하는 데 사용되고 있다.

4.3.3 for 루프에서의 break와 continue의 사용

for 루프와 while 루프에서 유용한 두 가지 기능에 대해 알아보자. 4.3.1절에서 중단(break) 문을 사용하여 while 루프를 조기에 종료할 수 있었다. for 루프를 종료하는 데도 동일하게 중단 문을 사용할 수 있다. 다음은 간단한 예이다.

```
import numpy as np

testdata = np.array([])
for i in range(10):
    datain=float(input('enter data item or -9999 to stop: '))
    if datain == -9999: break
    testdata = np.append(testdata,datain)

print(testdata)
```

이 코드를 실행한 예는 아래와 같다.

```
enter data item or -9999 to stop: -12

enter data item or -9999 to stop: 14

enter data item or -9999 to stop: 9

enter data item or -9999 to stop: 3

enter data item or -9999 to stop: -4

enter data item or -9999 to stop: -9999
[-12. 14. 9. 3. -4.]
```

위 스크립트에서 사용자는 최대 10개의 데이터 값을 입력할 수 있고 비정상적인 값(즉 −9999)을 입력하여 조기에 종료하겠다는 신호를 보낼 수 있다. 비정상적인 값이 입력되면 for 루프는 break문에 의해 종료된다. 입력 시퀀스를 종료하는 데 사용된 −9999 같은 값을 **보초**(sentinel) **값**이라고 부른다.

여기에서, 루프들이 중첩되어 있을 때 break 명령이 어떻게 동작하는지에 대한 질문이 생길 수 있다. 파이썬의 많은 기능들과 마찬가지로, 질문에 효과적으로 대답하는 방법은 테스트 스크립트를 만들어서 결과를 보는 것이다. 아래는 이 질문에 대답하기 위해 작성된 스크립트이다.

```
for i in range(3):
    for j in range(3):
        if j > 0: break
    print('outerloop',i,j)
print('after loops',i,j)
```

위 코드의 내부 루프에 break 문이 있다. break 문이 외부 루프로 나가게 하는지 아니면 두 루프를 모두 빠져나가게 하는지를 확인한다. 이 스크립트의 출력은 다음과 같다.

```
outerloop 0 1
outerloop 1 1
outerloop 2 1
after loops 2 1
```

break 문은 내부 루프만 종료하고 외부 루프는 종료하지 않는 것이 분명하다. 이것은 또 다른 질문을 제기한다. 만약 두 루프를 모두 끝내는 것을 원한다면 어떻게 할 것인가? 이에 대한 답은 양쪽 루프 모두에 break 테스트를 넣어 보는 것이다

```
for i in range(3):
    for j in range(3):
        if j > 0: break
    if j > 0: break
    print('outerloop',i,j)
print('after loops',i,j)
```

실행 결과는 아래와 같다.

```
after loops 0 1
```

결론적으로 for 루프에서 break 문을 사용하는 것은 while 루프에서 만큼 일반적이지는 않지만 경우에 따라 필요하다.

for 루프 또는 while 루프에서 코드의 일부 또는 전부를 건너뛰지만 루프는 계속 반복되기를 원하는 때가 있다. 이를 위해 파이썬에서 continue(계속) 문을 사용한다. 다음은

그 예이다.

```
import random
import pylab

testdata = []
for i in range(1000):
    rannum = random.normalvariate(0.,1.)
    if rannum < 0.: continue
    testdata.append(rannum)

pylab.hist(testdata,bins=20)
```

위 코드에서 for 루프는 1,000개의 난수(random number)를 생성하여 표준 정규(standard normal) 분포(평균 = 0, 표준 편차 = 1)[3]를 에뮬레이션(emulation)한다. 파이썬의 random 모듈은 난수와 관련된 함수들을 제공한다. 이 모듈의 용도는 특정 분포(distribution)에서 추출된 것으로 보이는 일련의 난수를 생성하는 것이다. 자주 사용되는 분포들 중 하나는 두 끝 값들 사이에서 숫자들이 나올 확률이 일정한 **균일 분포**(uniform distribution)이다. 예를 들어, 끝 값들이 0과 1이면, 0과 0.1 사이의 숫자가 나올 확률과 0.7과 0.8 사이의 숫자가 나올 확률이 같다.

자주 사용되는 분포들 중 다른 하나는 분포를 고전적인 종 모양의 곡선으로 모델링할 수 있는 **정규**(normal) 또는 **가우스**(Gaussian) **분포**이다. 분포의 중심인 평균 값 주변의 값이 나올 확률이 높고 평균 값과의 거리가 멀어질수록 확률이 떨어진다. random 모듈에 의해 만들어지는 숫자들이 지정된 분포를 완벽하게 따르는 것은 아니므로 종종 의사 난수(pseudorandom numbers)라고 불린다. random 모듈에 대한 자세한 내용은 https://docs.python.org/3/library/random.html에서 확인할 수 있다.

위 코드에서 현재 생성된 난수 값이 음수이면 if 문에 의해 append 문을 건너뛴다. 값이 양수이면 testdata 배열에 추가된다. for 루프 종료 후 testdata 배열의 히스토그램이 만들어지고 [그림 4.8]에 히스토그램 플롯을 보이고 있다. 이 플롯에 사용된 데이터는 495개로, 예상대로 for 루프의 총 반복 횟수의 약 절반이다.

3 이 책의 10장에서 정규 분포와 표준 정규 분포에 대해 더 설명한다.

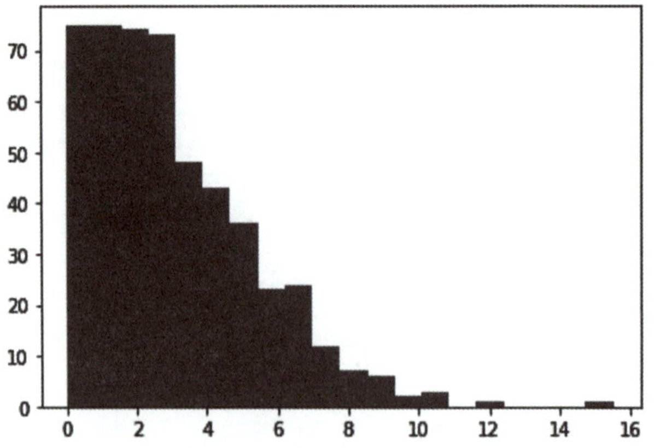

그림 4.8 표준 정규 분포에서 생성된 양수들의 히스토그램.

4.4 사용자 정의 함수

지금까지 파이썬과 NumPy 및 SciPy와 같은 지원 모듈에서 제공하는 많은 내장 함수들을 사용해 보았다. 하지만 파이썬의 중요한 핵심적인 특징 중 하나는 사용자가 자신만의 함수를 쉽게 만들 수 있다는 것이다. 이러한 **사용자 정의 함수**의 개념은 [그림 4.9]에 설명되어 있다.

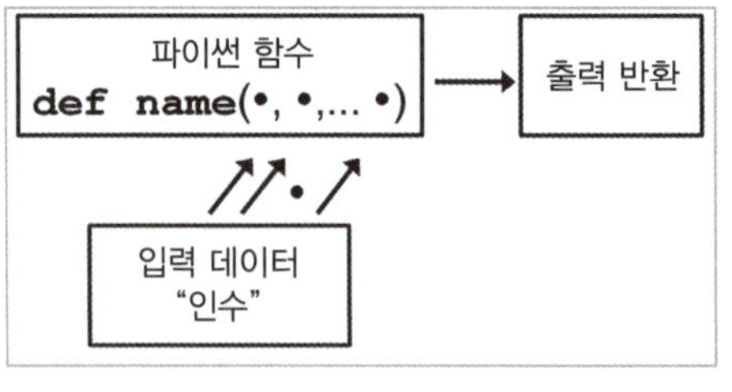

그림 4.9 파이썬 사용자 정의 함수에 대한 그림.

함수는 여러 가지 이유로 쓸모가 있다. 먼저, 계산을 "패키지(package)화"하여 스크립트의 여러 다른 위치에서 호출할 수 있게 한다. 둘째, 함수 자체를 신중하게 검증함으로써 계산의 신뢰성이 향상된다. 셋째, 함수는 포터블(portable)해서 다른 스크립트나 프로그래머가 쉽게 사용할 수 있다는 점이다.

파이썬 함수의 일반적 문법은 다음과 같다.

```
def function_name(argument list):
    statements
    return results
```

4.2절에서 보인 예(숫자를 제곱하지만 그 부호는 보존)를 다음과 같이 함수로 만들 수 있다.

```
def sgnsqr(x):
    sgnx2 = x**2
    if x < 0: sgnx2 = -sgnx2
    return sgnx2
```

여기서 함수 이름은 **sgnsqr**이고, 인수(argument)는 **x** 하나이다. **x**의 부호를 결과 변수 **sgnx2**에 붙이는 코드는 전에 본 것과 같다. 결과는 **return** 문으로 반환된다. 다른 스크립트 또는 IPython 명령 창(command window)에서 이 함수를 사용하려면 함수를 정의하는 위 스크립트가 먼저 실행되어야 한다. 그런 다음, 명령 창에서 이 함수를 다음과 같이 사용할 수 있다.

```
sgnsqr(-2)
Out[8]: -4

sgnsqr(2)
Out[9]: 4

sgnsqr(0)
Out[10]: 0

y = -12

sgnsqr(y)
Out[12]: -144
```

위 예는 숫자 값을 저장한 변수를 (여기서는 y) 함수의 인수로 사용할 수 있다는 것을 보여준다.

또한 Editor 창을 이용해서 다음과 같이 함수 뒤에 스크립트를 추가하여 사용자에게 입력을 요청할 수 있다.

```
def sgnsqr(x):
    sgnx2 = x**2
    if x < 0: sgnx2 = -sgnx2
    return sgnx2

y = float(input('enter a number: '))
print(sgnsqr(y))
```

다음은 위 스크립트가 실행되었을 때 명령 창의 출력 예이다.

```
enter a number: -400
-160000.0
```

파이썬에서는 함수가 호출되기 전에 그 함수를 정의한 코드가 먼저 실행되어야 한다. 파이썬의 이 요구 사항 때문에 긴 스크립트의 시작 부분에 한 개 또는 여러 개의 함수 정의를 배치하여 함수를 사용하는 코드들이 나오기 전에 함수가 나오도록 한 것을 볼 수 있다. 또한, 휴대성(portability)을 향상시키기 위해 함수 정의 코드를 파이썬 코드 파일로 저장한 다음, 그 함수를 다른 스크립트에서 가져오기(import)할 수 있다. 예를 들어 위 함수가 sgnsqr_function.py로 저장되었다고 가정할 때, 다음과 같이 가져오면,

```
from sgnsqr_function import sgnsqr

y = float(input('enter a number: '))
print(sgnsqr(y))
```

스크립트가 제대로 실행된다. 여기서 필요한 것은 from 명령이 이 파일을 찾을 수 있도록 파일 시스템 경로가 설정되어져 있어야 한다는 것이다. 어떤 의미에서 이 .py 파일은 프로그래머 자신만의 사용자 정의 모듈이고 내부에 유용한 함수들을 다수 포함하고 있을 수 있다.

4.4.1 람다 함수

파이썬은 간단한 함수를 만들 때 편리한 한 줄 스타일의 함수를 제공한다. 이를 람다(lambda)[4] 또는 **익명**(anonymous) **함수**라고 한다. 예를 들어, 다음과 같이 짧은 함수 정의를 고려한다.

```
def gety(x,a,b):
    return a*x**b
```

이는 공식 $a \cdot x^b$를 구현하는 함수이다. 이를 더 간결하게 다음과 같이 쓸 수 있다.

```
gety = lambda x,a,b: a*x**b
```

또한 파라미터 a와 b 없이 이 함수를 다음과 같이 정의할 수 있다.

4 파이썬에서 lambda는 예약된 단어이다. 변수 이름 등 다른 용도로 사용하지 말아야 한다.

```
gety = lambda x: a*x**b
```

그러나 이때는 주 스크립트에서 이 파라미터들이 미리 정의되어 있어야 한다. 다음은 코드와 그 실행 결과를 보여준다.

```
a = 4
b = -0.32

gety = lambda x: a*x**b

y = []
for x in [0.1,0.5,0.9]:
    y.append(gety(x))

print(y)

[8.357184523416159, 4.9933221956064475, 4.137160678619936]
```

위에서 먼저 변수 a와 b에 값이 할당되는 것을 볼 수 있다. 따라서 gety 람다 함수에서 이 변수들을 사용할 수 있다. 이후에 리스트 중심 for 루프가 gety 함수를 사용하여 계산한 세 개의 값을 리스트 y에 저장한다. 그 결과는 콘솔에 표시된다.

4.4.2 함수 인수

한수 정의에서 인수의 목록은 다양한 형태가 될 수 있다. 첫째, 인수가 필요하지 않은 경우 목록이 비어 있을 수 있다. 예를 들어 이전 절에서 본 것과 같이 표준 정규 분포에서 하나의 양수를 무작위로 제공하는 함수를 만들어 보겠다. 이를 위한 함수 정의와 테스트 코드는 다음과 같다.

```
import random

def halfrand():
    while True:
        rannum = random.normalvariate(0.,1.)
        if rannum > 0.: break
    return rannum

print(halfrand())
```

위 코드의 실행 결과는 다음과 같다.

```
0.28609469258613235
```

다음으로, 위와 비슷하지만 여러 개의 인수를 가지는 함수를 만들 수 있다. 예를 들어 위 함수에 추가적으로 정규 분포의 평균 및 표준 편차를 지정할 수 있도록 해 보겠다.

```
def halfrand(mu,sig):
    while True:
        rannum = random.normalvariate(mu,sig)
        if rannum > mu: break
    return rannum

print(halfrand(100.,20.))
```

위 코드의 실행 결과는 다음과 같다.

```
106.70667360844682
```

세 번째 예로, 위처럼 정규 분포의 평균과 표준 편차를 입력 받을 수 있지만, 만약 그 값들이 제공되지 않으면 평균은 0.0 그리고 표준편차는 1.0을 가정하여 표준 정규 분포를 위한 함수로 동작하게 할 수 있다. 이 작업은 **키워드 인수**(keyword arguments)를 사용하여 수행된다.

```
def halfrand(mu=0.,sig=1.):
    while True:
        rannum = random.normalvariate(mu,sig)
        if rannum > mu: break
    return rannum
```

이 경우 한 개 또는 두 개의 인수를 모두 제공할 수 있다. 두 번째 인수만 제공하는 경우는 아래와 같이 해당 키워드와 함께 제공해야 한다.

```
print(halfrand(sig=0.1))

0.18326947282604794
```

두 인수가 올바른 순서로 제공되면 키워드 식별자가 필요하지 않으며, 두 인수를 모두 생략하면 함수는 기본값을 사용한다. 다음은 설명을 포함한 두 가지 예이다.

```
halfrand(20.,5.) # 여기서 mu = 20 그리고 sig = 5이다.
halfrand() # 인수가 지정되지 않았으므로 기본 값들이 사용된다.
```

많은 경우에 함수의 인수가 배열일 수 있다. 함수가 제공받는 배열의 원소 개수는 일반적으로 다르므로 함수 내에서 원소의 개수를 계산해야 한다. 예를 들어 정렬된 배열에서 **백분위수**(percentile) **값**을 결정하는 사용자 정의 함수를 만들어 보겠다. 이를 위한 파이썬 함수는 다음과 같다.

```
def pctile(x,pct):
    n = len(x)
    mp = pct/100*(n-1)
    mp1 = int(mp)
    xp = (1-(mp-mp1))*x[mp1]+(mp-mp1)*x[mp1+1]
    return xp
```

이 함수의 두 인수는 오름차순으로 정렬된 숫자 배열(또는 리스트 또는 튜플)과 원하는 백분위수 값(%)이다. 함수는 먼저 x의 원소 수를 결정한다. 그런 다음 백분위수 위치 mp가 계산된다. 여기서 x의 0기반 인덱싱으로 인해 n-1이 사용되고 있다. 백분위수 위치의 정수 부분은 내장 함수 int를 사용하여 결정된다. 그런 다음 백분위수 값은 mp에 위치한 x 값과 mp+1에 위치한 x 값 사이에서 비례적으로 계산되고 이 값이 반환된다. 다음은 pctile 함수의 사용 예이다.

```
x = [0.1, 0.5, 0.8, 1.2, 1.7, 2.3, 3.1, 4.7, 5.1, 6.7]
print(pctile(x,25.))

0.9000000000000001
```

위 pctile 함수가 더 다재 다능하도록 개선할 수 있다. 예를 들어 입력 배열이 정렬되어 있어야 한다는 요구사항은 제약적인 면이 있다. 위 함수에 코드를 추가하여 입력 배열 x를 정렬하여 y 배열을 만든 다음, y를 사용하여 백분위수를 결정하게 할 수 있다. 이렇게 하는 방법은 여러 가지가 있지만 여기서는 단순하게 NumPy 모듈의 sort 함수를 활용한다.

```
import numpy as np

def pctile(x,pct):
    y = np.sort(x)
    n = len(y)
    mp = pct/100*(n-1)
    mp1 = int(mp)
    xp = (1-(mp-mp1))*y[mp1]+(mp-mp1)*y[mp1+1]
    return xp

x = [0.1, 0.5, 0.8, 1.2, 6.7, 2.3, 3.1, 4.7, 5.1, 1.7]
print(pctile(x,25))
```

이는 동일한 결과를 낳지만, 이제는 x 배열을 오름차순으로 사전에 정렬할 필요가 없다.

위 마지막 예에서 pctile 함수 안에서 sort 함수를 호출한 것을 볼 수 있다. 사용자 정의 함수 안에서도 당연히 이렇게 할 수 있다. 이제 75번째 백분위수 값과 25번째 백분위수 값 사이의 차이인 **사분위수 범위**(interquartile range)를 계산해보자. 데이터의 중앙에 위치한 50번째 백분위수 값은 사분위수 범위 내에 포함된다. 사분위수 범위는 pctile 함수를 사용하여 쉽게 계산할 수 있다.

```
def iqr(x):
    pct25 = pctile(x,25)
    pct75 = pctile(x,75)
    return pct75 - pct25
```

이를 x 배열로 테스트하면 다음과 같은 결과를 얻을 수 있다.

```
x = [0.1, 0.5, 0.8, 1.2, 6.7, 2.3, 3.1, 4.7, 5.1, 1.7]
print('iqr = {0:5.2f}'.format(iqr(x)))

iqr =  3.40
```

함수 인수에 있어 중요한 특징 중 하나는 다른 함수의 이름이 인수가 될 수 있다는 것이다. 이를 **함수 함수**(function function)라고 한다. 간단한 예로서, 두 번째 함수의 공식에서 계산된 값들의 평균을 계산하는 함수를 이용해서 설명한다.

```
import numpy as np

def funavg(func,x):
    n = len(x)
    y = np.zeros(n)
    for i in range(n):
        y[i] = func(x[i])
    return np.mean(y)
```

funavg 함수의 첫 번째 인수는 변수가 아닌 함수의 이름이다. 두 번째 인수 x는 숫자로 된 배열 변수이다. 이 함수 내에서 먼저 배열 y가 x와 동일한 크기로 생성되고, for 루프는 x 배열의 값을 이용해 func 함수가 계산한 값으로 y 배열을 채운다. 마지막으로, y 배열 값의 평균을 NumPy 모듈의 mean 함수를 사용하여 계산한 후 반환한다.

funavg 함수를 다음과 같이 테스트할 수 있다.

```
f = lambda x: x**3 - 0.28*x**2 + 0.43*x - 17.4
```

```
x = np.linspace(-10,10)
favg = funavg(f,x)
print(favg)
```

결과는 아래와 같다.

```
-27.11428571428567
```

함수 정의에 람다 형식이 사용되고 있음에 주목한다. 여기에 사용된 함수 f를 다른 함수로 변경하면 다른 결과가 도출될 것이다. 이를 통해 이 구조의 유연성(flexibility)을 확인할 수 있을 것이다. 함수 이름을 다른 함수에서 인수로 사용하는 개념은 파이썬에서는 어렵지 않게 그리고 직접적으로 구현된다. 하지만 다른 프로그래밍 언어나 소프트웨어 패키지에서는 이를 구현하는 것이 많이 복잡하거나 심지어 불가능한 경우도 있다.

이제 함수의 인수와 관련된 마지막 주제를 보겠다. 함수 f가 위의 마지막 예처럼 정의되는 것보다, 아래와 같이 다항식의 계수를 위한 변수를 추가로 가지면 더 유연한 함수가 될 수 있다.

```
f = lambda x,a,b,c,d: a*x**3 + b*x**2 + c*x +d
```

이제 funavg 함수는 a, b, c 및 d의 값을 func 호출 시 "전달(pass)"해야 한다. 하지만 이 경우 funavg가 일반적인 특성을 잃을 수 있기 때문에 이것을 명시적으로 할 수는 없다. 이 작업은 아래와 같이 일반(generic) 인수 *arg를 사용하여 수행한다.

```
def funavg(func,x,*args):
    n = len(x)
    y = np.zeros(n)
    for i in range(n):
        y[i] = func(x[i],*args)
    return np.mean(y)
```

이후 스크립트를 다음과 같이 수정하여 다항식을 테스트할 수 있다.

```
f = lambda x,a,b,c,d: a*x**3 + b*x**2 + c*x +d

x = np.linspace(-10,10)
a = 1. ; b = -0.28 ; c = 0.43 ; d = - 17.4
favg = funavg(f,x,a,b,c,d)
print(favg)
```

이를 실행하면 동일한 결과가 출력된다.

이 방식의 한 변형으로 함수 f의 인수 중 하나 이상이 키워드(keyword) 인수인 경우를 고려한다. 키워드 인수는 일반적으로 인수의 기본값을 표시한다. 표준 정규 분포에서 그 절반인 양수들에 대한 값을 다루던 이전 예에서 사용한 스크립트를 수정하여 이를 설명할 수 있지만, 여기서는 아래에 나와 있는 함수 genrand를 사용하겠다.

```
import random
import pylab

def genrand(mu=0.,sig=1.):
    testdata = []
    for i in range(1000):
        rannum = random.normalvariate(mu,sig)
        if rannum < 0.: continue
        testdata.append(rannum)
    return testdata

testdata = genrand(sig=4.)

pylab.hist(testdata,bins=20)
```

위 코드에서 genrand 함수가 호출(invoke)될 때(또는 "호명(called)"될 때) sig 변수만 지정되는 것을 알 수 있다. 즉, mu 변수는 기본 값(default)이 사용된다. 실행 결과인 히스토그램 플롯은 [그림 4.10]에 나와 있다.

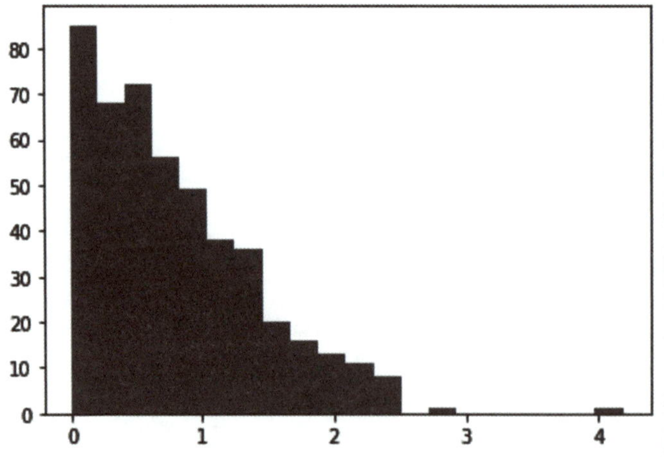

그림 4.10 genrad 함수의 sig 값이 4.0 일 때 생성된 데이터의 히스토그램.

이제 genrand 함수를 정규 분포에서 양수 하나만 반환하도록 더 단순화시키고 funavg 함수가 이 함수를 인수로 받도록 수정하겠다. 다만 genrand 함수에서 키워드 인수를 사용하는 것은 유지하려고 한다. 다음은 결과 코드이다.

```
import random
import numpy as np

def funavg(func,x,**kwargs):
    n = len(x)
    y = np.zeros(n)
    for i in range(n):
        y[i] = func(x[i],**kwargs)
    return np.mean(y)

def genrand(x,mu=0.,sig=1.):
    while True:
        rannum = random.normalvariate(mu,sig)
        if rannum > 0.: break
    return rannum

n = 1000
x = np.arange(1,n+1)

normavg = funavg(genrand,x,sig=4.)
print(normavg)
```

위에서 먼저 *args가 키워드 인수 **kwargs(두 개의 별표!)로 대체된 것에 주목한다. random.normalvariate 함수에는 실제로 "x" 인수가 없기 때문에 np.arange 함수를 이용해서 1에서 1,000까지의 숫자로 된 "더미(dummy)" x 배열을 만든다. funavg 호출 시 genrand 함수 이름, 더미 x 배열, 그리고 키워드 인수 중 하나만 제공한다. (나머지 인수 mu는 기본값 0을 사용한다). genrand 함수에서는 while 루프를 사용하여 양수 값이 생성될 때까지 난수 생성을 반복한다. genrand 함수는 하나의 값만 반환한다. 위 코드의 실행 결과는 아래와 같다.

```
3.0213502792531117
```

일반적으로 함수에 넣어주는 값들의 순서는 함수 정의에서 지정한 인수들의 순서와 일치해야 한다. 추가적인 *args 또는 **kwargs가 있는 경우 이들은 다른 인수들 뒤에 나와야 한다. *args가 제공하는 인수들은 함수 정의에서의 순서와 일치해야 하며 모든 인수가 완전히 제공되어야 한다. 키워드 인수는 일부만 제공되거나 순서가 다르게 제공될 수 있지만 다른 인수들 뒤에 나와야 하며 *args 인수가 있다면 그 뒤에 둔다. 이것은 약간 혼란스러워 보일 수 있지만, 시간이 지나면 익숙해질 것이다. 또한, 이후 장들에서 더 많은 예들을 보게 될 것이다.

4.4.3 변수 범위

변수 범위(variable scope)를 쉽게 설명하면 스크립트의 다른 위치에서 변수와 그 값을 "볼 수 있는" 범위를 정한다는 것이다. 이를 이해하는 좋은 방법은 몇 가지 간단한 예를 사용하여 변수가 보이는 범위를 조사한 다음 그 관찰들을 일반화하는 것이다. 첫 번째 예는 다음과 같다.

```
def func(x):
    a = 4.
    b = -0.32
    return a*x**b

print(func(12.3))
print(a,b)
```

스파이더 편집기에 이 코드를 입력하면 마지막 print 구문 옆에 즉시 오류가 표시된다. 이는 a와 b의 값을 주(main) 스크립트에서 사용할 수 없기 때문이다. 이들은 함수 정의 내부에 지역적("local")이다. 만약 코드를 다음과 같이 수정하면,

```
def func(x):
    a = 4.
    b = -0.32
    print(a,b)
    return a*x**b

print(func(12.3))
```

오류가 표시되지 않으며 코드가 실행되어 다음이 출력된다.

```
4.0 -0.32
1.7918033972156524
```

예상대로 함수 내부에서 a와 b 값을 사용할 수 있기 때문에 함수 내부의 print 명령에는 문제가 없다. 이제 이 예의 상황을 아래와 같이 반전시켜 보겠다.

```
def func(x):
    print(a,b)
    return a*x**b

a = 4.
b = -0.32
```

```
print(func(12.3))
```

이 코드는 이전과 동일한 결과를 생성한다. 변수(및 변수 값) a와 b가 주 스크립트에 정의되어 있더라도 함수 내에서 사용할 수 있음이 분명하다.

따라서 첫 번째 중요한 관찰 결과는 함수 내에서 정의된 변수는 함수 외부에서 볼 수 없는 반면, 주 스크립트에 있는 함수 외부의 변수는 함수 내에서 볼 수 있다는 것이다. 전자는 지역적인(local) 범위를 가지고 있다고 하고 후자는 전역적인(global) 범위를 가지고 있다고 한다. 하지만 함수 외부의 변수가 함수의 인수로 사용되는 경우는 관찰에 포함되지 않았다.

위 관찰들은 다음과 같은 의문을 제기한다: 함수 내부의 변수를 스크립트의 다른 모든 곳에서 볼 수 있도록 강제하는 방법이 있는가? 답은 '그렇다'이며, 다음 스크립트에서 그 방법을 보인다.

```
def func(x):
    global a
    a = 4.
    b = -0.32
    return a*x**b

print(func(12.3))
print(a)
```

출력은 아래와 같다.

```
1.7918033972156524
4.0
```

global 선언을 이용하면 변수 범위를 확장하여 모든 곳에서 볼 수 있게 된다. – 이때 변수 범위는 전역(global)이 된다.

연습문제

4.1 [그림 P4.1]에 보인 흐름도에 맞추어 파이썬 스크립트로 작성하라.

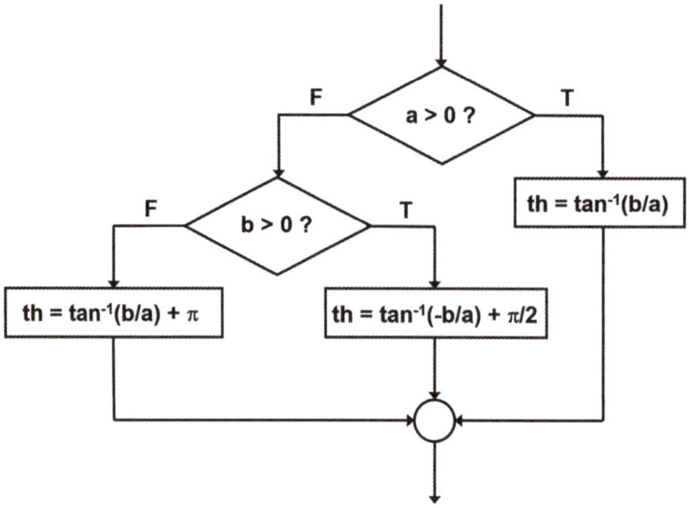

그림 P4.1 흐름도.

4.2 곡물이 일부 채워진 원뿔 받침이 있는 수직 원통을 생각해 보자. [그림 P4.2]를 참조한다. 원통의 반지름 r, 원통의 높이 hcyl, 원뿔의 높이 hcon, 그리고 통에 있는 곡물의 전체 깊이 h를 인수로 갖는 binvol이라는 이름의 파이썬 함수를 작성하고 테스트하라. 함수는 곡물의 부피 gvol을 반환해야 한다. 또한 함수는 곡물의 전체 깊이 값이 유효한지를 (원뿔 높이와 원통 높이의 합보다 크지 않아야 함) 확인해야 한다.

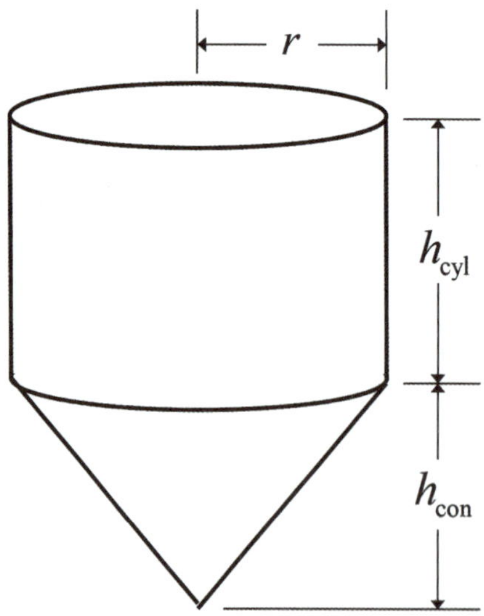

그림 P4.2 곡물 저장 통.

4.3 지구 대기의 온도와 압력 대 고도의 변화에 대한 대략적인 모델[5]들을 사용할 수 있다. 이들은 대류권, 하부 성층권, 상부 성층권의 세 가지 대기층에 대한 공식을 제공한다.

대류권($h < 11000$):

$$T = 15.04 - 0.00649h \qquad P = 101.29\left(\frac{T + 273.15}{288.08}\right)^{5.256}$$

하부 성층권($11000 < h < 25000$):

$$T = -56.46 \qquad P = 22.65e^{1.73-0.000157h}$$

상부 성층권($25000 < h$):

$$T = -131.21 + 0.00299h \qquad P = 2.488\left(\frac{T + 273.15}{216.6}\right)^{-11.388}$$

위의 공식에 사용된 단위는 다음과 같다.

h: 미터(m)　　T: ℃　　P: 킬로 파스칼(kPa)

그리고 공기의 밀도는 온도 및 압력과 다음 관계가 있다.

$$\rho = \frac{P}{0.2869(T + 273.15)} \qquad \rho: \text{kg/m}^3$$

(a) 인수 `h`를 입력 받아서 온도 `T`, 압력 `P`, 밀도 `rho`를 반환하는 파이썬 함수 `atm`을 작성하라. 이 함수를 다양한 `h` 값에 대해 테스트하라.

(b) (a)에서 만든 함수를 사용하여 0~25000 m의 밀도 대 고도의 관계를 플롯하라. 고도가 수직 축이어야 한다.

4.4 과학자와 공학자는 종종 표 데이터에서 수치 정보를 추출해야 한다. 예를 들어, 물의 밀도 ρ(kg/m^3)는 온도 T(℃)에 따라 변화한다는 것이 잘 알려져 있다. [표 P4.4]의 데이터가 이 관계를 보여 주고 있다. **선형 보간**(linear interpolation) 법을 사용하여 인수가 온도 `T` 하나이고 밀도 추정치 `rho`를 반환하는 파이썬 함수 `H2Oden`을 작성하고 테스트하라. 선형 보간 법을 이용하기 위해서 함수는 입력된 온도 값이 포함되는 테이블 항목 쌍(1과 2로 표시)을 찾은 다음 직선을 사용하여 다음과 같이 해당 밀도를 추정한다.

$$\rho = \frac{T - T_1}{T_2 - T_1}(\rho_2 - \rho_1) + \rho_1$$

5 https://www.grc.nasa.gov/www/k-12/airplane/atmosmet.html.

표 P4.4 물의 밀도 대 온도

T	ρ	T	ρ	T	ρ	T	ρ
0	999.87	20	998.23	50	988.07	80	971.83
2	999.97	25	997.08	55	985.73	85	968.65
4	1,000.00	30	995.68	60	983.24	90	965.34
6	999.97	35	994.06	65	980.59	95	961.92
10	999.73	40	992.25	70	977.81	100	958.38
15	999.13	45	990.25	75	974.89		

4.5 다음 파이썬 코드 세그먼트의 문제점은 무엇인가? 수정된 버전을 제안하라.

```
if x <= 0.:
    fval = -x
else:
    if x < 1:
        fval = x**2
    else:
        fval = 1
```

4.6 [그림 P4.6]에 표시된 그래프는 입력 변수 x와 출력 변수 y 사이의 함수 관계를 보여준다. 전기 공학자들은 이것을 포화 선형 함수라고 부르기도 한다. 입력 인수 `x`를 받아서 `y` 값을 반환하는 파이썬 함수 `sat`을 작성하고 테스트하라.

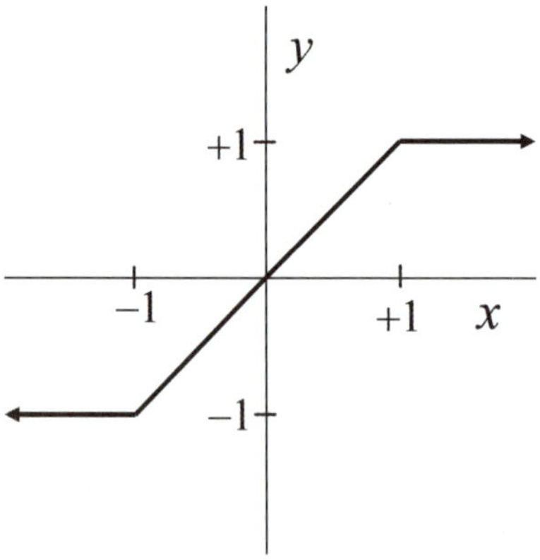

그림 P4.6 포화 함수.

4.7 한 환경 과학자가 제초제를 호수에 사용하는 것이 안전한지 여부를 결정하기 위해 컴퓨터 프로그램을 개발하고 있다. 과학적 연구에 따르면, 이 화학 물질은 수온이 30℃ 미만이고, 용존 산소 농도가 6 mg/L 이상이며, pH가 6.8에서 8 사이일 때만 적용해야 한다. 인수로 온도 `T`, 용존 산소 농도 `Do`, 그리고 `pH`를 사용하고 `'safe'` 또는 `'unsafe'` 문자열을 반환하는 파이썬 함수 `weedtest`를 작성하라. 다양한 입력

값에 대해 함수를 테스트하라.

4.8 인수가 x 하나이고 rx를 반환하는 파이썬 함수 `findrx`를 작성하고 테스트하라. x의 값은 양수 또는 0이어야 하며 함수는 이를 확인하고 x가 음수이면 오류 메시지를 반환해야 한다. x의 값이 0이면 함수는 단순히 0을 반환한다. x 값이 양수인 경우, 함수는 [그림 P4.8]에 표시된 흐름도를 구현한다. 다양한 x 값으로 함수를 테스트하라. 이 함수는 무엇을 계산하는 것인가?

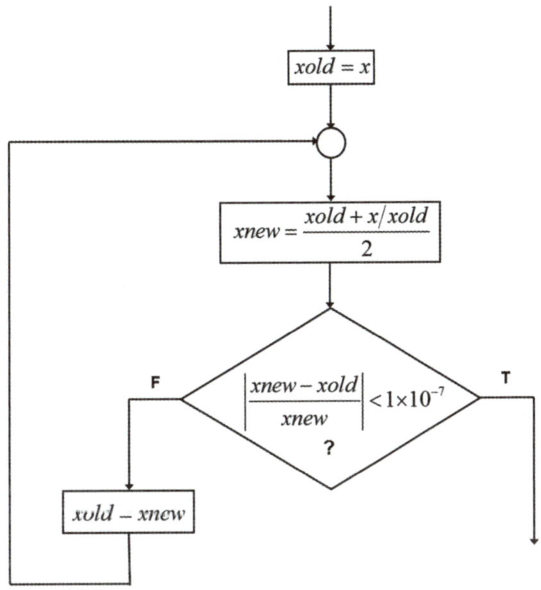

그림 P4.8 루프가 있는 흐름도.

4.9 유명한 **피보나치 수열**은 0, 1의 순서로 시작한다. 수열의 각 후속 숫자는 이전 두 숫자의 합이다. 처음 두 숫자에 이를 적용하면, 수열은 0, 1, 1, 2, 3, 5,...라는 숫자로 진화한다. 입력 인수가 정수 n인 파이썬 함수 `fibo`를 작성하라. 함수는 피보나치 수열의 n개 항(n은 2보다 커야 함)을 계산하고 마지막에서 두 번째 항과 마지막 항의 비율을 반환한다. 이 함수를 사용하여 n의 값이 커지면 비율이 수렴되는지 여부를 실험하라. 그 비율과 아래의 **황금 비율**을 비교하라.

$$\frac{\sqrt{5}-1}{2}$$

추가로 피보나치 수열과 이의 자연에서의 증거, 그리고 황금 비율과의 관계에 대한 자료들을 읽어 볼 것을 권장한다.

4.10 정수 입력 인수 n을 가지며 1에서 n까지 정수의 합을 반환하는 파이썬 함수 `sumn`을 작성하라. 함수를 테스트하고 결과를 다음의 간편 공식과 비교하라.

$$\frac{n(n+1)}{2}$$

4.11 미국 주 고속도로 및 운송 공무원 협회는 [표 P4.11]와 같이 토양이 고속도로 노반 및 제방 건설에 사용하기에 적합한지에 대한 분류 기준을 제공한다. 평균 입자 크기 `gsiz`를 입력 인수로 받아서 분류 결과를 반환하는 파이썬 함수 `soilclass`를 작성하라.

표 P4.11 토양 분류.

입자 크기 mm	분류
Size > 75	바위
2 < size ≤ 75	자갈
0.05 < size ≤ 2	모래
0.002 < size ≤ 0.05	양토
Size ≤ 0.002	점토

4.12 [그림 P4.12]에 표시된 흐름도를 구현하기 위한 파이썬 코드 세그먼트를 작성하라.

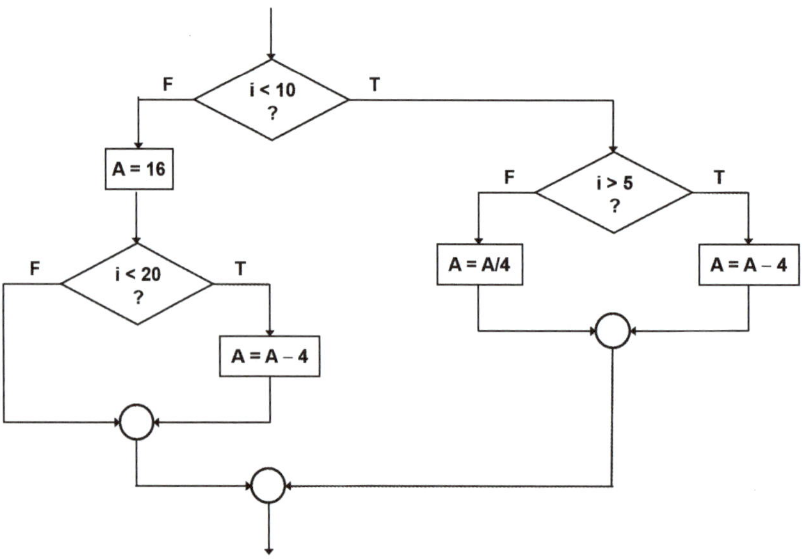

그림 P4.12 임베디드 구조를 가진 흐름도.

4.13 이상 기체 법칙은 극단적이지 않은 조건, 특히 과도하게 높은 압력이 아닌 조건에서 기체의 압력, 온도 또는 부피를 예측하는 데 널리 사용된다. 이 법칙은 아래와 같이 표현될 수 있다

$$P\hat{V} = RT$$

여기서 P: 압력, $\hat{V}$: 부피, R: 이상 기체 법칙 상수, T: 절대 온도. 일반적인 SI 단위인 P [=] kPa, $\hat{V}$ [=] m^3/kmol, T [=] K를 사용하는 경우 R의 값은 대략 8.3145 kPa·m^3/[kmol·K]이다.

P, $\hat{V}$, T를 입력 인수로 하는 `idealgas`라는 이름의 사용자 정의 파이썬 함수를 작성하라. 함수는 키워드 인수를 사용한다. 함수 호출 시 세 개의 인수 중 두 개만 제공되며 함수는 세 번째 인수를 반환한다. 다양한 시나리오에 대해 함수를 테스트하라.

4.14 온도가 증가함에 따라 고체인 물질은 팽창한다. 이 팽창은 다음과 같은 공식을 가진 계수로 정량화 할 수 있다.

$$\Delta L = \alpha \, \Delta T \, L$$

여기서 ΔL은 길이의 변화, α는 선형 팽창 계수, ΔT는 온도의 변화, L은 기준 온도 T에서의 재료의 길이이다.

아래 표에 몇 가지 일반적인 물질의 팽창 계수가 나와 있다.

물질	팽창 계수 × 10^6 m/[m·°C]
구리	16
알루미늄	22.5
유리	5.9
강철	11.5
폴리에틸렌	125

물질 유형(텍스트 문자열), 온도 변화 및 기본 길이를 입력 인수를 가지는 `linexp`라는 파이썬 함수를 작성하라. 함수는 확장된 길이(ΔL)를 반환해야 한다. 다양한 예를 사용하여 함수를 테스트한다.

4.15 미국에서 차량 연비는 일반적으로 갤런 당 마일(mpg) 단위로 보고되는 반면, 유럽에서는 주행 거리 100 km 당 소모되는 리터(litter)(L/100 km)를 사용한다. `mpg`를 L/100 km로 변환하는 람다 함수를 작성하라. 미국에서 연비가 좋은 경우가 40 mpg이라면 이 함수를 사용하여 이 값을 L/100 km 단위 값으로 계산하라.

4.16 누구나 어느 시점에 새 차나 중고 차를 구입하는 경험을 할 수 있다(아마도 이미 경험했을 수 있다). 구매 시 일부 금액을 대출로 조달하는 경우가 보통이다. 대출과 관련된 주요 변수는 구매 금액(또는 원금), P, 이자율, i, 대출 기간(n = 지급 개월 수), 그리고 월 고정 지급액 A이다. 이들은 다음 공식으로 연관되어 있다.

$$A = P \frac{i(1+i)^n}{(1+i)^n - 1}$$

만약 이자율이 연 단위로 주어지고 지불이 월 단위라면, 이자율을 12로 나눈 값을 공식에 사용해야 한다.

대출금액, 연이자율, 대출기간 년 수를 인수로 가지는 `loanpmt`라는 파이썬 함수를 작성하라. 이 함수는 매달 지불할 금액을 반환해야 한다.

매달 400달러를 지불할 수 있고, 연 4.8% 금리로 6년의 대출 기간을 얻을 수 있다고 가정한다. 이 대출 자격을 얻기 위해 20%의 계약금(down payment)이 필요한 경우, 작성한 함수를 이용하여 감당할 수 있는 최대 구매 가격을 결정하라.

4.17 옴의 법칙(Ohm's law)은 저항 *R*에 대해 전류 *I*와 전압 *V*의 관계를 설명한다. 표준 단위는 암페어(*A*), 전압(*V*), 옴(Ω)이며 옴의 법칙 공식은 다음과 같다.

$$V = I \cdot R$$

`I`, `V`, `R`이라는 세 개의 키워드 인수를 가진 파이썬 함수 `ohmslaw`를 작성하라. 함수가 호출되면 이 세 가지 중 두 가지가 제공되고 함수는 세 번째를 계산하여 반환한다. 몇 가지 예를 들어 함수를 테스트하라.

제 5 장

그래픽 – Matplotlib

5장의 목표

- Matplotlib 모듈 및 `pyplot` 하위 모듈에 대해 알아본다.
- `pyplot`을 사용하여 산점 및 라인 플롯을 만들 수 있다.
- 오른쪽 축 추가를 포함하여 플롯 축을 사용자 맞춤(customizing)한다.
- 한 그림 개체 내에서 여러 플롯을 넣기 위해 하위 플롯을 사용하는 방법을 학습한다.
- 막대 그래프를 작성하고 pylab을 이용할 때보다 더 유연하게 사용자 맞춤한다.
- 극좌표 플롯, 줄기 플롯, 그리고 파이 차트와 같이 다른 유형의 플롯을 만드는 방법을 알아본다.
- 로그 축 스케일을 사용하여 플롯하는 방법에 대해 학습한다.
- 2차원 데이터 및 함수를 나타내는 등고선 및 표면 플롯을 작성할 수 있다.

3장에서 `pylab` 모듈을 사용하여 다양한 플롯을 만드는 방법에 대해 학습하였다. 이 모듈은 많은 그래픽 애플리케이션을 위한 편리한 인터페이스를 제공하지만, 보다 포괄적인 Matplotlib 모듈에 비해서는 유연성과 기능이 부족하다. 이 장의 목적은 Matplotlib 모듈을 이용하여 공학과 과학에서 흔히 사용되는 유용한 플롯들을 만들 수 있도록 능력을 키우는 것이다.

5.1 Matplotlib 소개

Matplotlib **모듈**은 파이썬에서 광범위한 그래픽 기능을 제공한다. 하지만 이 장에서 Matplotlib를 완전히 섭렵하는 것은 가능하지 않다. 이를 원한다면 Matplotlib 사용자 안내서[1](User's Guide)를 보는 것이 도움이 될 것이다. 여기서는 Matplotlib의 pyplot 하위 모듈과 그 기능들 중 공학과 과학에 매우 유용한 기능들에 중점을 둘 것이다.

pyplot을 액세스하기 위한 일반적인 명령은 다음과 같다.

```
import matplotlib.pyplot as plt
```

plt 약어를 사용하여 이후 스크립트에서 키 입력 량을 줄인다. 이것은 NumPy 모듈을 위해 np를 사용하는 것과 같다. 대부분의 간단한 플롯은 pylab과 유사한 방식으로 만들어진다. 몇 가지 예를 들어 설명하겠다.

해석 함수(analytical function)를 그려 보는 것은 종종 일어나는 일이다. 아래 함수의 곡선을 그리는 플롯을 만들어 보겠다.

$$f(x) = \cos(x)\cosh(x) - 1 \qquad 0 \le x \le 5 \tag{5.1}$$

다음은 [그림 5.1]에 표시된 플롯을 만들기 위한 파이썬 코드이다.

```
import numpy as np
import matplotlib.pyplot as plt

x = np.linspace(0,5)
f = lambda x: np.cos(x)*np.cosh(x)-1
plt.plot(x, f(x))
plt.show()
```

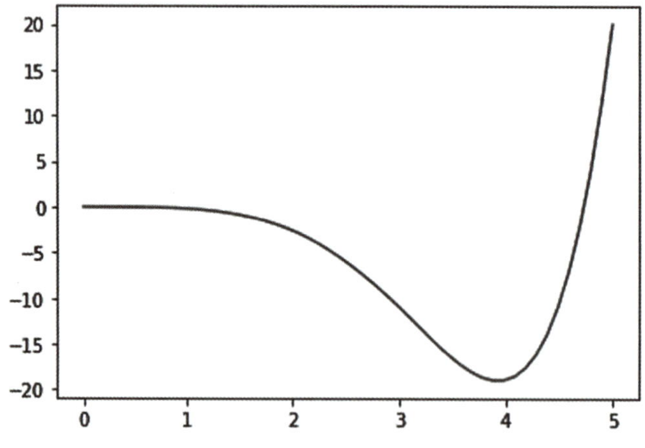

그림 5.1 해석 함수의 간단한 라인 플롯.

1 https://matplotlib.org/stable/users/index.html

[그림 5.1]를 위한 코드는 pyplot의 plot 함수를 사용한다. 또한 linspace, cos 및 cosh 함수를 사용하기 위해 NumPy 모듈이 포함되어 있다. 함수가 단순하기 때문에 람다 정의를 사용한다. (책이 흑백으로 제작되어) 눈에 보이지는 않지만 그림의 곡선은 파란색이다. linspace 함수는 기본적으로 50개의 점을 제공하며 이는 대부분의 연속된 곡선을 묘사하기에 충분하다. 이 그림은 개선할 여지가 있어 뒤에서 다시 언급할 것이다.

다음으로, 이산 데이터 집합의 플롯을 만드는 방법을 알아보겠다. 데이터가 너무 많아서 그래프를 지나치게 복잡하게 하는 경우 외에는, 개별 데이터는 마커(marker)를 이용하여 표시한다. 하지만 데이터가 많은 경우는 보통 데이터를 직선으로 연결하고 마커는 사용하지 않는다. 여기에서는 두 가지 경우를 모두 예를 들어 설명하겠다.

예제 5.1 수성 에틸렌 글리콜(Aqueous Ethylene Glycol) 용액의 응고점

에틸렌 글리콜(CH_2OHCH_2OH)은 보통 물과 혼합되어 차량 엔진의 냉각 시스템에 부동액으로 사용된다. 물에 글리콜을 첨가하면 용액의 응고점은 급격히 떨어진다. 그러나 순수한 글리콜에 가까워질수록 응고점은 다시 상승한다. [표 5.1]은 응고점 대 글리콜 백분율에 대한 데이터를 보이고 있다.

표 5.1 글리콜-물 용액의 응고점 데이터.

글리콜 (부피 %)	0	10	20	30	40	50	60	80	90	100
응고점 (°C)	0	−3.4	−7.9	−13.7	−23.5	−36.8	−52.8	−46	−30	−12.8

일반적인 부동액은 50% 글리콜로 −36.8°C(−34.2°F)까지 보호한다. 하지만 슬러시(slush) 형성으로 인해 보호 수준이 일반적으로 그 만큼은 낮지 않은 것으로 알려져 있다. 다음 파이썬 코드는 pyplot 모듈을 사용하여 [그림 5.2]에 표시된 플롯을 만든다.

```
import matplotlib.pyplot as plt

PG = [0.,10.,20.,30.,40.,50.,60.,80.,90.,100.]
FP = [0.,-3.4,-7.9,-13.7,-23.5,-36.8,-52.8,-46.,-30.,-12.8]

plt.scatter(PG, FP)
plt.show()
```

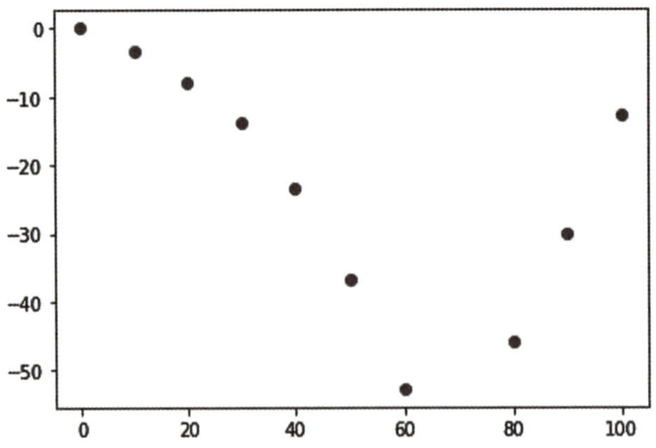

그림 5.2 단순 산점 플롯.

여기서 주목할 점은 plot 함수 대신 scatter 함수를 사용했다는 것이다. 마커는 기본적으로 파란색의 원 모양으로 표시된다. 플롯에 특성(feature)을 더 추가하는 방법은 이 장의 뒷부분에서 볼 것이다.

예제 5.2 흑점 관측

1848년에 **요한 루돌프 볼프**(Johann Rudolph Wolf)는 태양 표면의 개별 흑점과 흑점 그룹의 수를 세어 태양 활동을 정량화하는 방법을 고안했다. 그는 1년 동안 흑점 그룹 수에 10을 곱하고 개별 흑점은 총 수를 더하여 현재 **볼프 흑점 수**(Wolf sunspot number)[2]라고 부르는 값을 계산했다.

이렇게 계산된 연도별 데이터는 1700년까지 거슬러 올라간다! 이 데이터는 http://www.sidc.be/silso/datafiles에서 .csv 형식인 파일 이름 SN_y_tot_V2.0.csv로 다운로드할 수 있다. 아래의 파이썬 코드는 loadtxt 함수를 사용하여 이 파일에서 데이터를 읽고 [그림 5.3]에 표시된 플롯을 만든다.

```
import numpy as np
import matplotlib.pyplot as plt

year, nspots, sd, n1, n2 = np.loadtxt('SN_y_tot_V2.0.csv', \
                        delimiter=';', unpack=True)

plt.plot(year, nspots)
```

2 또한 독일어의 소유격을 사용하여 Wölfer 흑점 수라고도 불린다.

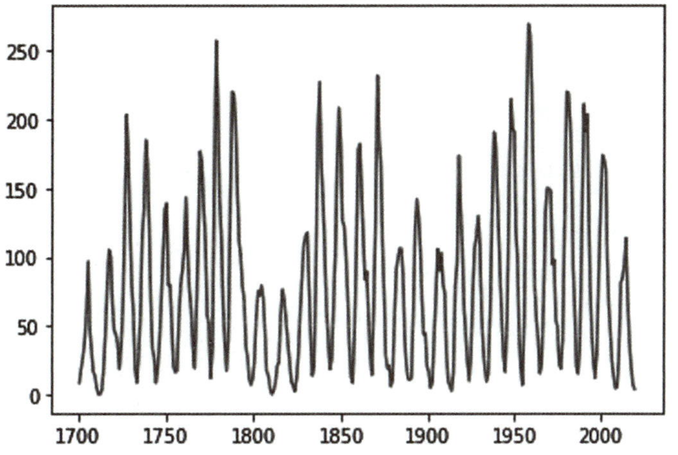

그림 5.3 볼프 흑점 데이터 플롯.

이 플롯에는 320개의 데이터 포인트가 있다. 이 데이터를 `scatter` 함수를 이용하여 그렸다면 플롯이 매우 복잡해졌을 것이다. 또한 데이터가 업-다운하는 주기적 특성을 보이는 것을 관찰할 수 있다. 이후 장에서 이에 대해 더 살펴볼 것이다. 플롯에서 각 데이터 쌍은 파란 색의 직선 선분(segment)으로 연결되어 있다.

지금까지 Matplotlib의 `pyplot` 모듈을 사용하여 세 가지의 기본적인 플롯을 생성해 보았다. 하지만 이보다 많은 것들이 가능하며 또한 플롯의 품질을 향상시킬 수 있다. 다음 절에서는 이를 위해 필요한 내용들을 다룬다.

5.2 라인 및 산점 플롯에 대한 사용자 지정

모양, 가독성 또는 복잡도의 개선 등을 위해 기본적인 플롯에 추가하고 싶은 특성들이 많이 있을 수 있다. 다음은 그 예들이다.

- 눈금선, 축 제목 및 플롯 제목 추가
- 색상을 포함한 선 및 마커의 속성에 대한 사용자 지정
- 데이터 세트를 플롯할 때 마커와 라인을 결합하기
- 둘 이상의 시리즈를 플롯하고 범례를 추가하기
- 축의 범위 조정, 그리고
- 플롯의 오른쪽에 축을 추가하고 적절한 범례 넣기

앞으로, 하나의 그림 개체에 여러 개의 플롯을 넣는 것과, 공학과 과학에서 자주 사용되는 다른 유형의 플롯도 살펴보겠다.

[그림 5.1]에 나타나있는 기본적인 플롯을 그리는 코드에 눈금선(grid), 축 및 플롯 제목을 넣는 코드를 다음과 같이 추가할 수 있다. 결과는 [그림 5.4]에 표시되어 있다.

```
import numpy as np
import matplotlib.pyplot as plt

x = np.linspace(0,5)
f = lambda x: np.cos(x)*np.cosh(x)-1
plt.plot(x, f(x))
plt.grid()
plt.xlabel('x')
plt.ylabel('f(x)')
plt.title('Plot of cos(x)*cosh(x) -1')
plt.show()
```

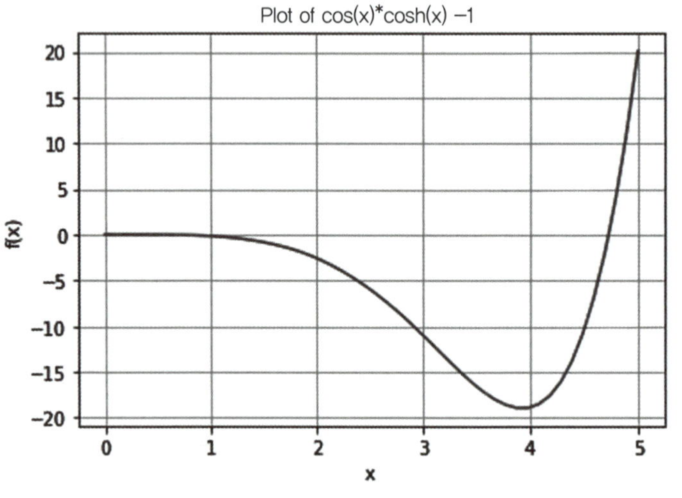

그림 5.4 눈금선과 제목이 있는 라인 플롯.

이 추가 구문들은 3장에서 더 간단한 pylab 모듈을 사용할 때 썼던 구문들과 동일하다. 플롯에 눈금선이 있으면 플롯을 볼 때 **시각적인 오류**(parallax errors)를 줄일 수 있기 때문에 대부분의 공학자와 과학자는 눈금선이 플롯에 포함되는 것을 선호한다. 또한 적절한 축 제목과 플롯 제목은 플롯을 정확하게 설명하는 데 도움이 된다.

다양한 색상과 선 스타일을 사용하면 플롯을 더 보기 좋고 읽기 쉽게 만들 수 있다. 흑백으로 플롯할 때는 선 색상을 기본 파란색에서 검은색으로 변경할 수 있다. 이것은 플롯 명령 내에 색상을 선택하는 지정자인 color를 추가하면 가능하다. [표 5.2]에 나와 있는 색상 선택을 위해 사용되는 기호들은 3장의 [표 3.7]에 제시된 것과 동일하다.

```
plt.plot(x, f(x), color='k')
```

참고: color 대신 단축 표기 c를 사용할 수 있다. 선의 색을 검은색으로 변경했지만 (책이 흑백이어서) 결과가 [그림 5.4]와 동일하므로 다시 보이지 않는다.

표 5.2 색상 코드.

문자	색상
k	검정색
b	청색
g	녹색
r	붉은색
c	청록색
m	자홍색
y	노란색
w	흰색

어떤 상황에서는 파선(dashed line)과 같이 실선이 아닌 선 스타일을 사용하고 싶을 수 있다. 이것은 곡선을 다른 곡선들과 구별하는 데 자주 사용된다. plot 명령문에 linestyle이라는 지정자를 추가하여 이를 수행할 수 있다. [표 5.3]은 linestyle을 위한 기호들을 보이고 있다.

표 5.3 선 스타일 선택을 위한 기호.

문자	스타일
-	실선
--	파선
:	점선
-.	파-점선

예를 들어 다음과 같은 방법으로 실선(solid line)을 파선으로 변경할 수 있다.

```
plt.plot(x, f(x), color='k', linestyle='--')
```

[그림 5.5]는 위 명령문을 사용한 버전의 플롯을 보여준다. **참고**: linestyle 대신 단축 표기 ls를 사용할 수 있다.

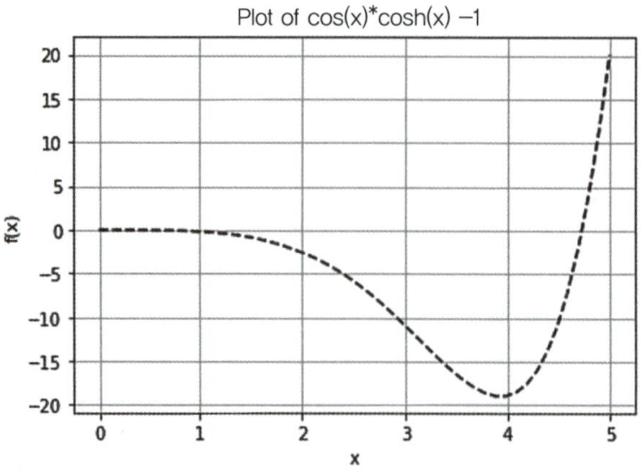

그림 5.5 검은색 곡선과 파선을 사용한 플롯.

마커에 대한 사용자 지정 방법으로 넘어가기 전에 선의 너비 또는 “가중치(weight)”를 변경하는 방법을 알아보겠다. plot 명령문에서 linewidth(또는 lw)라는 지정자를 다음과 같이 추가한다.

```
plt.plot(x, f(x), color='k', linestyle='--', linewidth=2.5)
```

위의 단축 표기 형태는 다음과 같다.

```
plt.plot(x, f(x), c='k', ls='--', lw=2.5)
```

선의 폭은 기본이 1.5이며 여러 다른 값으로 실험하여 플롯에 적합한 값을 찾을 수 있다.

이제 마커에 대한 옵션을 살펴보겠다. scatter 명령에서 color(또는 c)라는 지정자를 사용했던 것과 동일한 방식으로 마커의 색상을 지정할 수 있다. 또한 마커의 형태에 대해서는 [표 5.4]를 참고한다.

표 5.4 마커 용 기호들.

문자	기호	설명
.	•	점
o	○	원
+	+	플러스 사인
x	×	
D	◊	다이아몬드
v	▽	델
^	Δ	삼각형
s	□	사각형

[그림 5.2]에 보인 글리콜 용액의 응고점 플롯에서, 마커의 기호를 ×로 하고 색은 검은색으로 변경하고 싶을 수 있다. 또한 눈금선과 제목을 추가할 수도 있다. 다음은 이러한 수정 사항을 구현하기 위해 변경된 파이썬 코드이다. 결과는 [그림 5.6]에 나와 있다.

```
import matplotlib.pyplot as plt

PG = [0., 10., 20., 30., 40., 50., 60., 80., 90., 100.]
FP = [0., -3.4, -7.9, -13.7, -23.5, -36.8, -52.8, -46., -30., -12.8]

plt.scatter(PG, FP, marker='x', c='k')
plt.grid()
plt.xlabel('Glycol - % by volume')
plt.ylabel('Freezing Point - degC')
plt.title('Freezing Point of Glycol Aqueous Solutions')
plt.show()
```

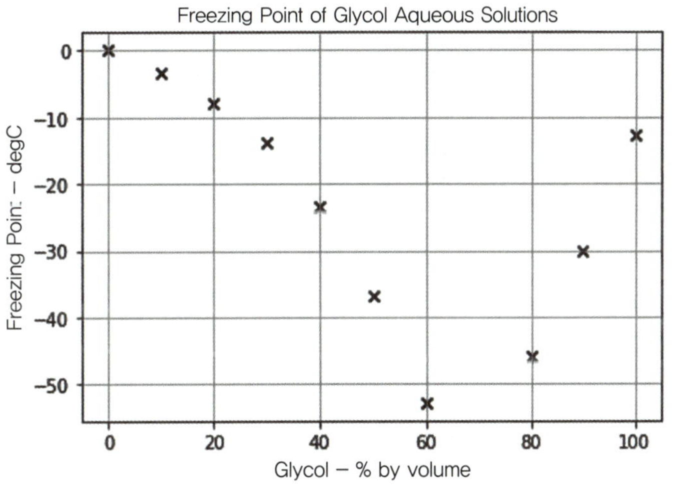

그림 5.6 검은색 "×" 마커, 눈금선 및 제목이 있는 응고점 플롯.

마커의 스타일들 중 원형, 다이아몬드, 사각형 등 가장자리가 있는 스타일의 경우 가장자리와 내부 색상을 다르게 지정할 수 있다. 이 작업은 가장자리를 위한 edgecolors 지정자와 내부를 위한 color 지정자를 사용하여 수행된다.

다음은 그 예이다.

```
plt.scatter(PG, FP, marker='s', c='w', edgecolors='k')
```

[그림 5.7]은 그 결과를 보여준다.

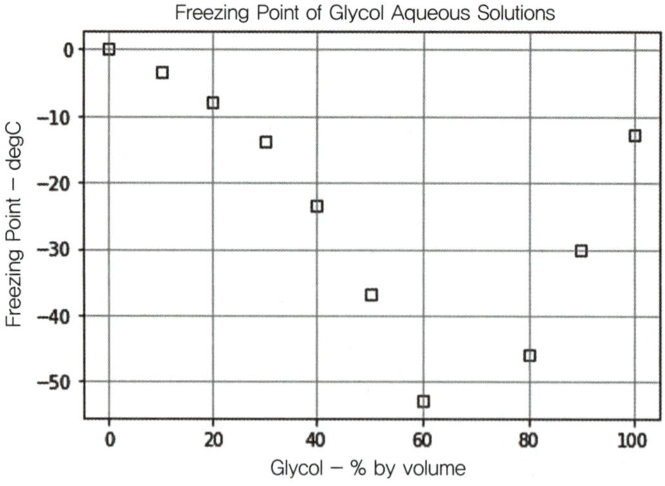

그림 5.7 마커가 사각형이고 가장자리는 검은색, 내부는 흰색인 응고점 그림.

산점 플롯에서 마지막으로 고려할 수 있는 개선 사항은 인접한 마커들을 선으로 연결하는 것이다. 이것은 scatter 명령을 사용하지 않고 plot 명령에 마커 지정자를 추가하여 수행한다. scatter 명령을 다음으로 대체하여 [그림 5.7]에 선을 추가한다.

```
plt.plot(PG, FP, c='k', marker='s', markeredgecolor='k' \
, markerfacecolor='w')
```

결과는 [그림 5.8]에 나와 있다. 여기서는 지정자로 markeredgecolor(또는 mec) 및 markerfacecolor(또는 mfc)를 사용하여 선에 대해 사용하는 지정자인 color(또는 c)와 구별한다.

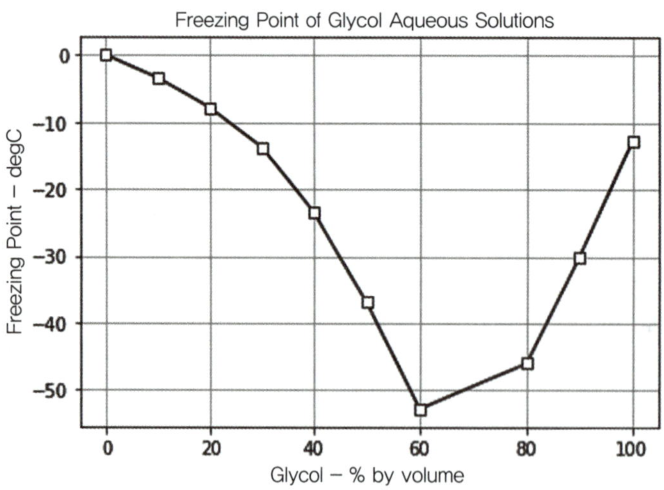

그림 5.8 마커를 연결하는 선이 있는 응고점 그림.

위와 같이 마커와 이들을 연결하는 선분들을 같이 보이는 것은 데이터의 패턴을 살피는 데 있어 유용하다. 하지만 데이터 포인트가 매우 많을 때는 마커를 같이 보이는 것은 플롯을 너무 복잡하게 할 수 있다. 다음으로 하나의 그림 개체에 둘 이상의 데이터 시리즈를 플롯하는 것에 대해 살펴보겠다.

지금까지 살펴본 것 외에도 plot 명령에 사용할 수 있는 다른 많은 사양이 있다. 이들은 https://matplotlib.org/stable/users/index.html 에서 다운 받을 수 있는 Matplotlib 문서에서 참조할 수 있다.

예제 5.3 소금 및 염화 마그네슘 용액의 밀도 그리기

도로 표면의 제빙을 위해 소금(NaCl) 용액을 사용하는 것은 차량 및 기타 구조물의 강철에 대한 부식 문제로 최근 수십 년 동안 염화 마그네슘("mag" chloride 또는 $MgCl_2$)으로 대체되어 왔다(염화 마그네슘이 알루미늄에 불리한 부식성이 있음에도 불구하고). 이들 용액의 특성이 이 예제에서 관심의 대상이며, [표 5.5]는 0°C에서 이들 용액의 밀도를 보여준다.

표 5.5 0°C에서 소금 및 염화 마그네슘 용액의 밀도(g/cc).

퍼센트	소금	염화 마그네슘
2	1.01509	1.0168
4	1.03038	1.0338
8	1.06121	1.0683
12	1.09244	1.1035
16	1.12419	1.1395
20	1.15663	1.1764

다음 파이썬 코드는 두 데이터 세트를 선으로 연결된 마커들을 사용하여 플롯한다.

```
import matplotlib.pyplot as plt

Conc = [2, 4, 8, 12, 16, 20]
NaCl = [1.01509, 1.03038, 1.06121, 1.09244, 1.12419, 1.15663]
MgCl2 = [1.0168, 1.0338, 1.0683, 1.1035, 1.1395, 1.1764]
plt.plot(Conc, NaCl, marker='o', c='k', mec='k', mfc='w')
plt.plot(Conc, MgCl2, marker='s', c='k', ls='--', mec='k', mfc='w')
plt.grid()
plt.xlabel('Concentration - wt%')
plt.ylabel('Density - gm/cc')
plt.title('Density of Salt and Mag Chloride Solutions')
plt.show()
```

결과는 [그림 5.9]에 나와 있다. 각 데이터 시리즈에 대해 별도의 plot 명령이 사용되었음을 볼 수 있다.

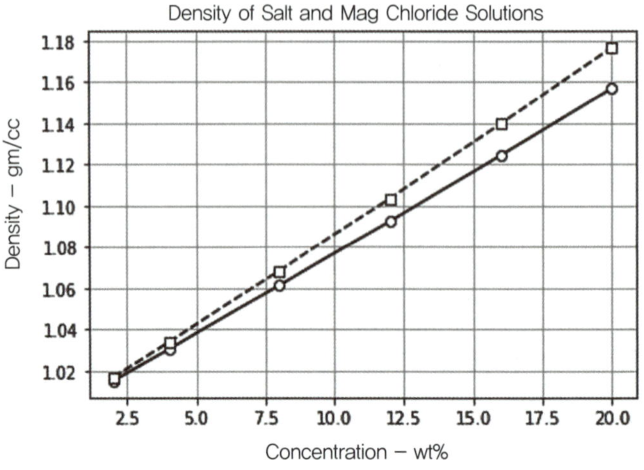

그림 5.9 0°C에서 NaCl 및 $MgCl_2$ 용액의 밀도.

여기서 바로 보이는 결함은 두 곡선 중 어느 것이 NaCl에 대한 것인지 $MgCl_2$에 대한 것인지 명확하지 않다는 것이다. 이것이 **범례**(legend)가 필요한 이유이다. 이는 `plot` 명령에 `label` 지정자를 추가하고 `legend` 명령을 실행하여 만들 수 있다. 아래 코드는 수정된 `plot` 명령과 `legend` 명령을 보이고 있다. 범례가 추가된 플롯은 [그림 5.10]에 나타나 있다.

```
plt.plot(Conc, NaCl, marker='o', c='k', \
mec='k', mfc='w', label='NaCL')
plt.plot(Conc, MgCl2, marker='s', c='k', ls='-- ', \
mec='k', mfc='w', label='MgCl2')
plt.legend()
```

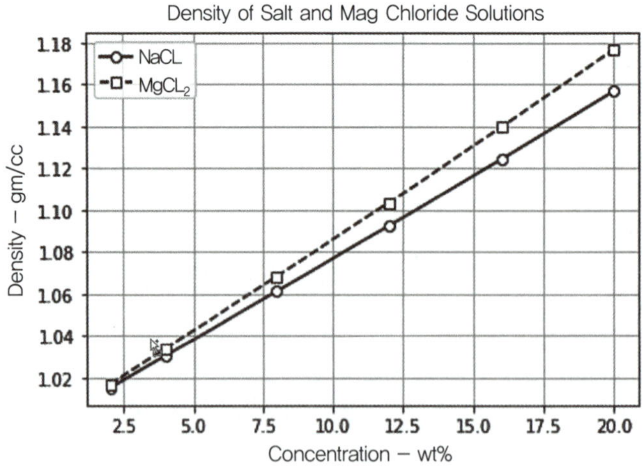

그림 5.10 범례가 있는 0°C에서 NaCl 및 $MgCl_2$ 용액의 밀도.

이제 어느 선이 어느 데이터를 위한 것인지 분명해졌다. legend 명령은 데이터 플롯과의 겹쳐짐을 최소화하기 위해 범례의 위치를 자동으로 정한다. legend 명령에 loc 지정자를 추가하면 범례의 위치를 원하는 곳으로 설정할 수 있다. 아래에 이를 위한 코드를 보이고 있다.

```
plt.legend(loc='lower right')
```

이제 범례는 플롯의 오른쪽 하단에 배치될 것이다. 범례가 사용되면 범례에서 마커를 이용해서 데이터 시리즈를 구별해주기 때문에, 더 이상 선 스타일을 다르게 할 필요가 없을 수 있다.

pyplot에서 자동으로 설정한 축들의 스케일이 만족스럽지 않을 때가 있다. 이때 원하는 대로 축의 범위와 눈금(tick) 간격을 조정할 수 있다. 예를 들어, 예를 들어 [그림 5.10]에서 x 축은 2 단위의 눈금 간격으로 0과 22까지 범위를 갖고 y 축은 0.02의 눈금 간격으로 1.0 - 1.2의 범위를 갖게 할 수 있다. 다음은 이렇게 범위와 눈금조정을 수행하는 코드이다.

```
import numpy as np
import matplotlib.pyplot as plt

Conc = [2, 4, 8, 12, 16, 20]
NaCl = [1.01509, 1.03038, 1.06121, 1.09244, 1.12419, 1.15663]
MgCl2 = [1.0168, 1.0338, 1.0683, 1.1035, 1.1395, 1.1764]

plt.plot(Conc, NaCl, marker='o', c='k', mec='k', mfc='w',
label='NaCL')
plt.plot(Conc, MgCl2, marker='s', c='k', ls='--', mec='k',
mfc='w', label='MgCl2')
plt.grid()
plt.xlim(0., 22.)
plt.ylim(1., 1.2)
plt.xticks(np.arange(0,24,2))
plt.yticks(np.arange(1,1.22,0.02))
plt.xlabel('Concentration - wt%')
plt.ylabel('Density - gm/cc')
plt.title('Density of Salt and Mag Chloride Solutions')
plt.legend(loc='lower right')
plt.show()
```

xlim 및 ylim 함수는 축별로 플롯이 그려질 범위를 지정한다. 그리고, 특정 축별로 눈금 간격을 지정하기 위해서 xticks 및 yticks 함수를 사용한다. 위의 코드를 보면서 arange 함수에서는 축 범위에서 사용한 것보다 한 단계만큼 눈금 간격이 더 넓은 범위가 지정되어 있는 것을 주목하기 바란다. 사용한 것보다 한 단계 더 넓은 범위를 지정하는 것에 유의한다. arrange 함수를 사용하는 대신 원하는 값들로 이루어진 리스트를 만들어 제공할 수도 있다. [그림 5.11]에 결과가 나와 있다.

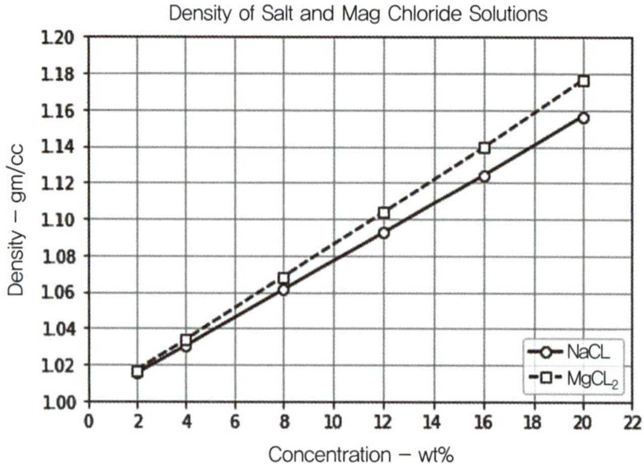

그림 5.11 축 스케일이 조정된 NaCl 및 $MgCl_2$ 용액의 밀도.

값이 많이 차이 나는 둘 이상의 데이터 시리즈를 한 그림 창에 그리면 한 쪽이 잘 보이지 않는 경우가 있다. 이 문제에 대한 한 가지 해결책은 그림의 오른쪽에 수직 축을 하나 더 두고 이를 함께 이용하는 것이다. 다음 예제에서 Matplotlib을 사용하여 이를 수행하는 방법을 보여 준다.

예제 5.4 기상 데이터 플롯 – 온도 및 상대 습도

저자의 거주지 근처 기상 관측소에서 15분 간격으로 일주일 간 수집한 기상 데이터(10월 말부터 11월 초까지) 자료가 있다. 여기에는 2,000개 이상의 데이터 포인트가 있다. 우리는 자료에서 온도(℃)와 상대 습도(%) 데이터만을 사용하겠다. 이들은 쉼표로 구분된 파일인 ClimateData.csv에서 읽을 수 있다.

다음 파이썬 스크립트로 플롯을 생성하면 [그림 5.12]와 같은 결과를 얻는다.

```
import numpy as np
import matplotlib.pyplot as plt

i, T, H = np.loadtxt('ClimateData.csv', delimiter=', ', unpack=True)

plt.plot(i, T, c='k', label='T')
```

```
plt.plot(i, H, c='k', ls='--', label='RH')
plt.grid()
plt.xlabel('Sample Number')
plt.ylabel('Temperature - degC and Relative Humidity - %')
plt.title('Week of Weather Data at 15 min Intervals')
plt.legend(loc='center left')
```

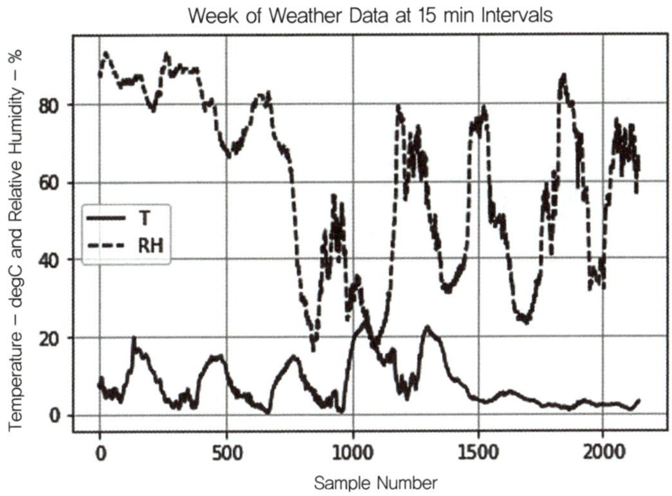

그림 5.12 단일 수직 축을 가진 기상 데이터 플롯.

그림에서 범례와 선 스타일로 두 곡선을 구별할 수 있다. 하지만, 습도는 수직 축 범위 내에서 적절히 변화하는 반면, 온도는 아래 부분에 집중되어 있다. 플롯의 오른쪽에 추가로 수직 축을 배치하고 twinx 함수를 사용하여 데이터 시리즈 중 하나가 이를 사용하도록 코드를 수정할 수 있다. 다음은 해당 스크립트의 첫 번째 버전이다.

```
import numpy as np
import matplotlib.pyplot as plt

i, T, H = np.loadtxt('ClimateData.csv', delimiter=', ', unpack=True)

plt.plot(i, T, c='k', lw=1.0,label='T')
plt.grid()
plt.xlabel('Sample Number')
plt.ylabel('Temperature - degC')
plt.title('Week of Weather Data at 15 min Intervals')
plt.twinx()
plt.plot(i, H, c='k', ls='--', lw=1.0,label='RH')
plt.ylabel('Relative Humidity - %')
```

결과 플롯은 [그림 5.13]에 나와 있다. 이제 두 곡선 모두 수직 축의 범위를 넓게 커버하고 있다. 여기서 누락된 항목은 범례이다. 곧 설명하지만 파이썬과 **pyplot**에서 축이 두 개 사용될 때 범례를 추가하는 것은 그렇게 간단하지가 않다.

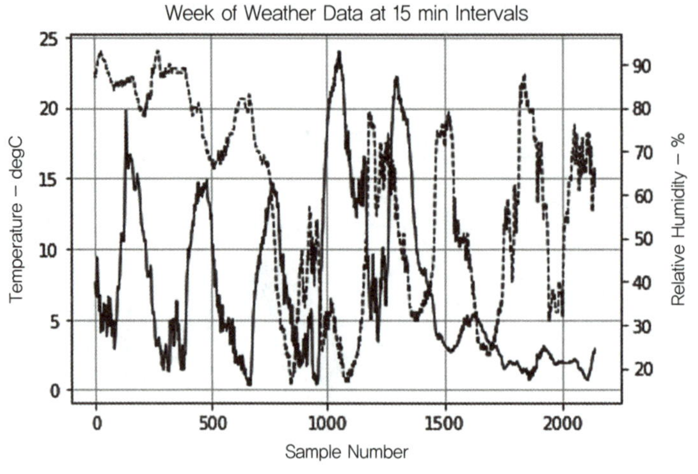

그림 5.13 두 개의 수직 축을 사용한 기상 데이터 플롯.

다음의 파이썬 코드는 쌍(twin) 축이 있는 플롯에 범례를 추가하는 방법을 보이고 있다. 여기서 Hill이 제안한 방법(참고문헌: Hill, 2016)을 사용한다. 먼저 **plot** 함수의 실행 결과를 각 개체(**curve1** 또는 **curve2**)에 할당한다. 그 다음 이 개체들을 **curves** 개체로 결합시킨다. 그런 다음 각 곡선의 범례 레이블을 **labels** 개체에 추가하고 이 **labels**를 **legend** 명령이 사용하게 한다. 결과는 [그림 5.14]에 나와 있다.

```
import numpy as np
import matplotlib.pyplot as plt

i, T, H = np.loadtxt('ClimateData.csv', delimiter=',',
unpack=True)

curve1 = plt.plot(i, T, c='k', lw=1.0,label='T')
plt.grid()
plt.xlabel('Sample Number')
plt.ylabel('Temperature - degC')
plt.title('Week of Weather Data at 15 min Intervals')
plt.twinx()
curve2 = plt.plot(i, H, c='k', ls='--', lw=1.0,label='RH')
plt.ylabel('Relative Humidity - %')
curves = curve1 + curve2
labels = []
for curve in curves:
```

```
    labels.append(curve.get_label())
plt.legend(curves, labels)
```

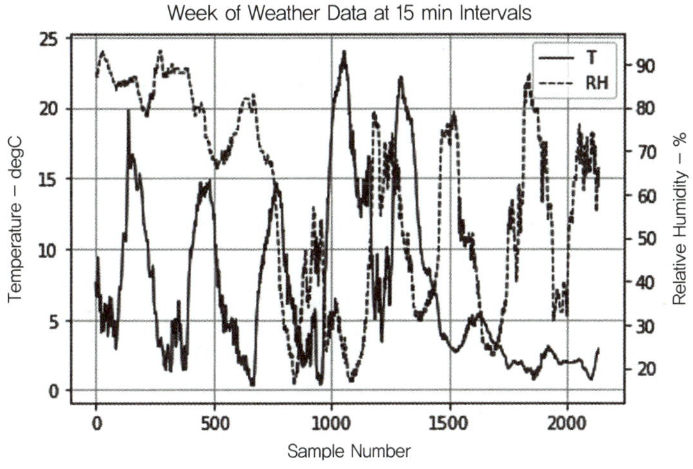

그림 5.14 두개의 수직 축과 범례가 있는 기상 데이터 플롯.

[그림 5.14]에 보이는 기상 데이터는 두 곡선이 겹쳐져 있어서 보기에 일부 만족스럽지 않을 수 있다. 이 문제는 색상을 활용할 수 있다면 두 곡선이 다른 색상을 사용하도록 하여 해결할 수도 있다. 또 다른 방법은 각 데이터 별로 별도의 플롯을 만들고 수직으로 배치하는 것이다. 다음 절에서 이 방법에 대해 알아보겠다.

5.3 그림 개체의 사용

그림(창) 개체(figure object)를 이용하면 Matplotlib과 pyplot을 사용하여 플롯을 생성할 때 추가적인 유연성을 확보할 수 있다. 한 스크립트 안에서 여러 개의 그림 창을 생성시킬 수 있으며 단일 그림 창에 여러 개의 플롯이 들어가게 할 수도 있다.

여러 개의 그림 개체가 동시에 필요한 시나리오 중 하나는 같은 독립 변수를 사용하는 두 함수를 플롯하고, 더불어 이 독립 변수를 매개변수로 하여 두 함수 값이 서로에 대해 플롯 되는 **위상 플롯**(phase plot)도 함께 보이는 것이 필요할 때이다. 이는 아래 스크립트에서 보듯이 `figure` 명령을 반복적으로 사용하면 가능하다.

```
import numpy as np
import matplotlib.pyplot as plt
```

```
x = np.linspace(0,np.pi, 100)
fun1 = lambda x: np.sin(x)
fun2 = lambda x: np.cos(x)

plt.figure()
plt.plot(x, fun1(x), c='k', label='sin(x)')
plt.plot(x, fun2(x), c='k', ls='--', label='cos(x)')
plt.grid()
plt.xlabel('x')
plt.ylabel('sin(x) and cos(x)')
plt.title('trig functions')
plt.legend()
plt.show()

plt.figure()
plt.plot(fun1(x), fun2(x), c='k')
plt.grid()
plt.xlabel('sin(x)')
plt.ylabel('cos(x)')
plt.title('cos(x) vs sin(x) for x = 0 to pi')
```

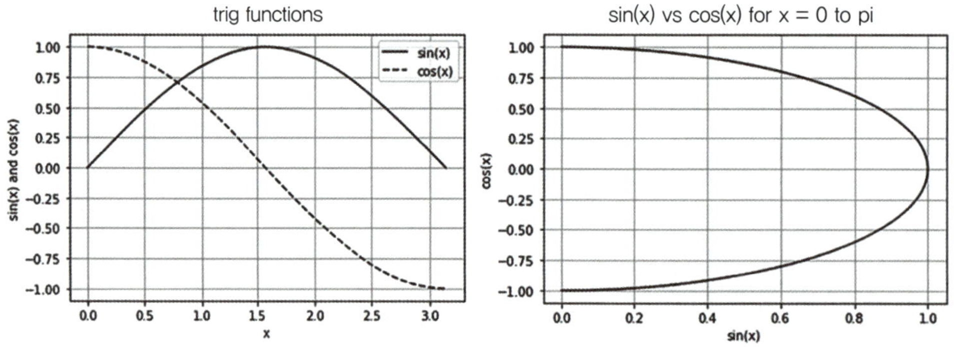

그림 5.15 sin(x) 및 cos(x)를 표시하는 두 개의 그림.

생성된 두 개의 그림을 [그림 5.15]에 나란히 나타내었다. 이들은 서로 독립적인 그림들이어서 개별적으로 문서의 원하는 위치에 배치할 수 있다. 이와 같이 여러 개의 그림 개체들을 생성시키는 것이 어렵지 않다는 것을 알 수 있다. 각각의 플롯 전에 **figure** 명령을 사용하기만 하면 된다.

만약 여러 개의 플롯들을 하나의 그림 창 안에 배치하려면 축(axes) 개체를 이용해서 배치 형태(전체 행의 수와 각 행에 들어갈 플롯의 수)를 지정해야 한다. 이 방법을 앞의 두 삼각 함수 플롯에 적용해 보겠다. 아래 스크립트에서 **figure** 개체 **fig**를 만든 다음 **add_subplot** 메소드를 사용하여 축 개체 **ax1** 및 **ax2**를 추가한다. 지정된 배치값(121 또는

122)은 1행 2열을 의미하며 마지막 숫자는 행 전체에서 각 그림이 어느 하위 플롯(subplot)에 위치할지를 정한다. 또한 plot 및 기타 명령문에 plt를 사용하지 않고 대신 축 개체들을 사용한다. 이전에 사용한 xlabel과 같은 명령문이 set_xlabel로 바뀐 것도 주목한다. 결과는 [그림 5.16]에 나와 있다.

```
import numpy as np
import matplotlib.pyplot as plt

x = np.linspace(0,np.pi, 100)
fun1 = lambda x: np.sin(x)
fun2 = lambda x: np.cos(x)

fig = plt.figure()
ax1 = fig.add_subplot(121)
ax1.plot(x, fun1(x), c='k', label='sin(x)')
ax1.plot(x, fun2(x), c='k', ls='--', label='cos(x)')
ax1.grid()
ax1.set_xlabel('x')
ax1.set_ylabel('sin(x) and cos(x)')
ax1.set_title('trig functions')
ax1.legend()

ax2 = fig.add_subplot(122)
ax2.plot(fun1(x), fun2(x), c='k')
ax2.grid()
ax2.set_xlabel('sin(x)')
ax2.set_ylabel('cos(x)')
ax2.set_title('cos(x) vs sin(x) for x = 0 to pi')

plt.show()
```

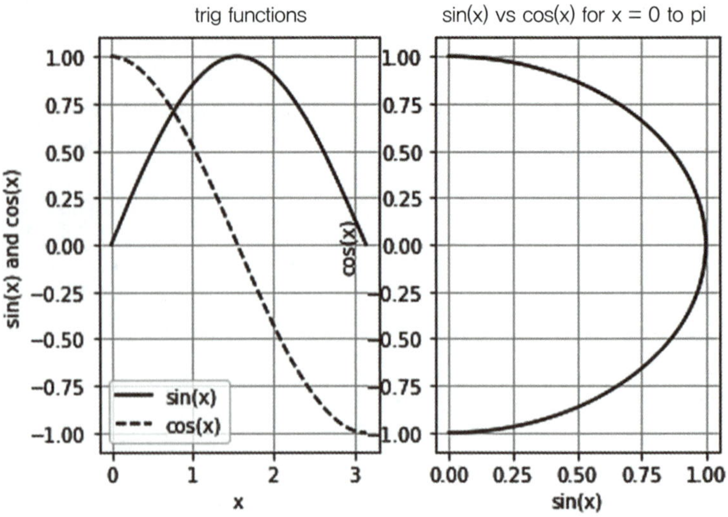

그림 5.16 삼각함수들을 한 그림 개체 안에 병렬로 표시한 그림.

여기에서 "미용상(cosmetic)" 문제가 있음을 [그림 5.16]에서 바로 알 수 있다. 즉, 두 플롯이 서로 겹치고 있다. 이 현상을 고칠 수 있는 두 가지 해결책이 있다. 첫 번째는 다음 코드와 같이 wspace 지정자를 사용해서 플롯 사이에 공간을 추가하는 것이다. 이를 이용한 더 깔끔한 플롯 배치를 [그림 5.17]에서 볼 수 있다.

```
fig.subplots_adjust(wspace=0.5)
plt.show()
```

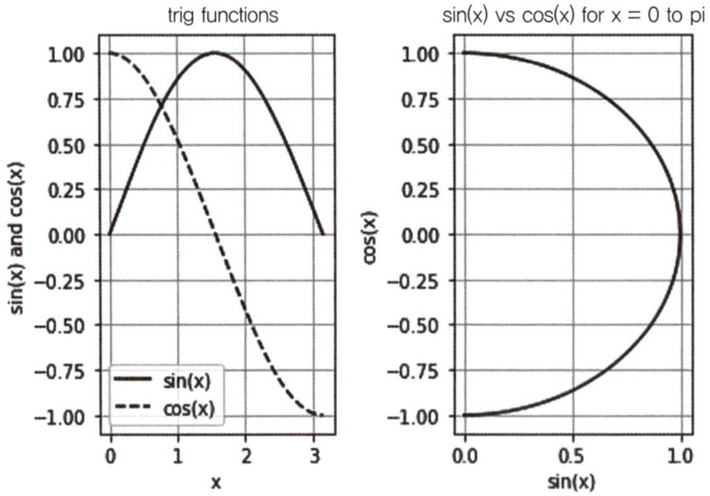

그림 5.17 플롯 사이에 공간이 추가된 병렬 플롯.

[그림 5.17]에서 두 플롯이 수평적으로 다소 압축된 것이 보기 좋지 않을 수 있다. 이는 figure 명령문을 아래와 같이 수정하여 그림 창의 너비와 높이 간 비율을 변경하면 해결할 수 있다.

```
fig = plt.figure(figsize=(8,3))
```

더 만족스러운 결과를 [그림 5.18]에서 볼 수 있다. 여기서 wspace 지정자는 같은 값이 사용되었다. **참고**: 플롯들이 아래 위로 있는 경우는 행 사이의 간격을 조정하기 위해 hspace 지정자를 사용할 수 있다.

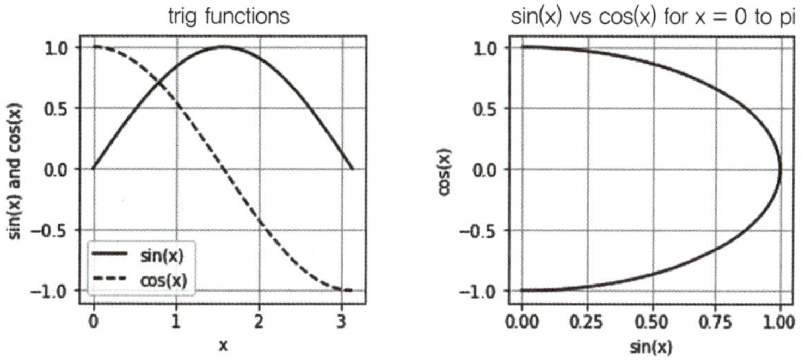

그림 5.18 가로 세로 비율이 변경된 병렬 플롯.

5.4 히스토그램을 포함한 막대 플롯

공학자와 과학자는 막대 차트로 정보를 표시하고 싶을 때가 종종 있다. 이를 위해 Matplotlib의 pyplot은 하위모듈인 pylab보다 더 많은 것을 할 수 있는 유연한 기능들을 제공한다. 막대 차트가 자주 쓰이는 응용 중 하나는 히스토그램(histogram)이므로 이를 먼저 고려한 다음 다른 용도로 일반화하겠다.

히스토그램 차트는 동일한 양을 측정한 값들에서 그 변동성을 보여주는 데 사용될 수 있다. 예를 들어, 동일한 제조 부품의 샘플들을 반복적으로 측정한 값들을 고려해 보겠다. [표 5.6]은 엔진 피스톤 링의 내경(internal diameter)에 대한 측정값을 보여준다(참고문헌: Montgomery, 2018).

표 5.6 엔진 피스톤 링 내경 측정치, mm.

74.030	73.995	73.988	74.002	73.992	74.009	73.995	73.985	74.008	73.998
73.994	74.004	73.983	74.006	73.984	74.000	73.994	74.006	73.984	74.000
73.982	74.004	74.010	74.015	73.982	74.012	73.995	73.987	74.008	74.003
73.994	74.008	74.001	74.015	74.030	74.001	74.015	74.035	74.017	74.010

히스토그램은 기본적으로 일련의 측정 구간을 고안하고 각 구간에 속하는 측정 값의 횟수를 세는 것이다. 표에 있는 40회 측정 값의 경우 4~6개 구간으로 나누면 적당하다. 다음은 표의 데이터에 대한 몇 가지 샘플 통계이다.

개체수	40
평균값	74.002
최소값	73.982
최대값	74.035

데이터 값 범위(최대-최소)의 약 1/6을 기준으로 구간을 나누겠다. 다음은 이렇게 선택한 구간들의 “에지(edge)” 값들이다.

73.980
73.990
74.000
74.010
74.020
74.030
74.040

NumPy 모듈에는 구간 별 카운트 데이터를 제공하는 histogram 함수가 있다. 아래의 파이썬 스크립트를 참고한다.

```
import numpy as np

diam = np.loadtxt('PistonData.txt')
hist, bin_edges = np.histogram(diam, bins=6, range=[73.98,74.04])
print(bin_edges)
print(hist)
```

콘솔에 다음과 같은 결과가 표시된다.[3]

```
[73.98 73.99 74.  74.01 74.02 74.03 74.04]
[ 8 8 14 7 0 3]
```

3 히스토그램에서 에지 값과 일치하는 값은 어느 쪽으로 카운트하는지에 대한 질문이 있을 수 있다. histogram 함수는 다음 구간, 즉 오른쪽 막대에 해당하는 값으로 카운트한다. 또 다른 방법은 데이터 값과 일치할 수 없는 에지 값을 사용하는 것이다.

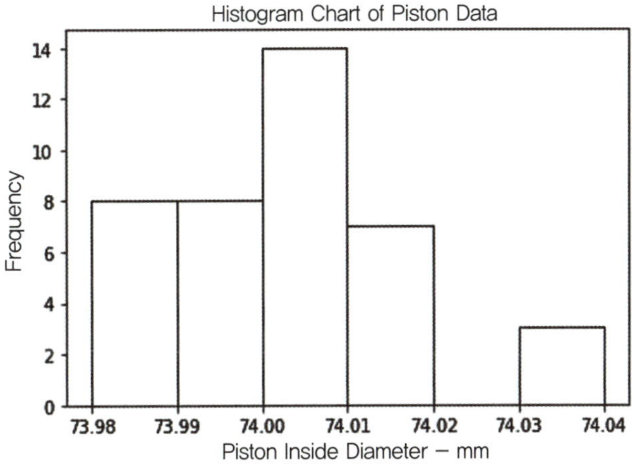

그림 5.19 피스톤 데이터의 히스토그램 차트.

다음으로, 아래 코드를 추가하여 hist로 계산한 카운트 데이터로부터 막대 차트를 생성한다. 그 차트는 [그림 5.19]에 나와 있다. 코드의 첫 부분은 막대들의 중앙점들이 될 배열을 만든다. 그 다음 bar 명령에서 hist 값을 막대의 높이로 사용하고, 막대의 너비(구간(bin)의 너비와 같아서 막대들이 맞닿아 있음) 및 막대의 내부 색상과 가장자리 색상도 지정하고 있다.

```
bin_width = bin_edges[1]-bin_edges[0]
n = len(hist)
bin_centers = np.zeros((n))
for i in range(n):
    bin_centers[i] = (bin_edges[i]+bin_edges[i+1])/2

import matplotlib.pyplot as plt
plt.bar(bin_centers, hist, width=bin_width, color='w',
    edgecolor='k')
plt.xlabel('Piston Inside Diameter - mm')
plt.ylabel('Frequency')
plt.title('Histogram Chart of Piston Data')
```

이 차트는 74.00 – 74.01 구간에서 측정값들이 가장 빈번하게 있음을 보여주고 있다. 나머지 측정값들은 이 구간을 중심으로 대칭적으로 분포되어 있지 않으며, 측정값이 예외적으로 높은 부품이 일부 있는 것을 볼 수 있다.

원한다면 플롯의 색상 구성을 변경할 수 있다. 또한 width = bin_width를 width = 0.7 * bin_width로 대체하여 막대의 폭을 좁힐 수 있다. Spyder 도움말 메뉴의 Matplotlib 매뉴얼에서 더 많은 옵션들을 확인할 수 있다.

더 일반적인 막대 플롯은 **범주형**(categorical) **차트**이다. 다음 예제는 이 차트에 대해 설명한다.

예제 5.5 전 세계 풍력 발전

새 밀레니엄(천년)의 첫 20년 동안 풍력 발전의 확장은 드라마틱(dramatic)했다. 2021년 기준 국가별 풍력발전 용량 순위는 [표 5.7]과 같다.

표 5.7 2021년 국가 별 풍력 발전 용량(GW).

	발전 용량(GW)
중국	221.0
미국	96.4
독일	59.3
인도	35.0
스페인	23.0
영국	21.7
프랑스	15.3
브라질	14.5
캐나다	12.8
이태리	10.0

이 데이터를 이용하여 왼편에 가장 높은 값이 표시되고 오른편에 가장 낮은 값이 표시되는 막대 차트를 만들고 (파레토 차트[4]라고도 불린다.) 국가명을 레이블로 사용한다. 이를 수행하기 위한 파이썬 스크립트는 다음과 같다.

```
import matplotlib.pyplot as plt

country = ['China', 'USA', 'Germany', 'India', 'Spain' \
           , 'UK', 'France', 'Brazil', 'Canada', 'Italy']
GW= [221.0, 96.4, 59.3, 35.0, 23.0, 21.7, 15.3, 14.5, 12.8,
10.0]

plt.bar(country, GW, edgecolor='k', facecolor='c')
plt.xticks(rotation=-90)
plt.grid(axis='y')
plt.title('Wind Power Capacity by Country in 2021')
```

4 이 차트는 이탈리아의 유명한 토목 기사, 경제학자 겸 철학자인 파레토(Vilfredo Pareto, 1848-1923)의 이름을 따서 지어졌다. 이 차트는 많은 경우에 결과들의 약 80%가 원인들의 20%에서 (파레토는 "핵심적인 소수"라고 불렀다.) 비롯된다는 파레토 원리를 시각적으로 보여준다. 이 원리는 80/20 법칙이라고 종종 불린다.

막대의 위치에 숫자 값을 사용하는 대신 국가 이름을 사용한다. 또한 국가 이름이 수평으로 표시될 때 서로 겹치기 때문에 `rotation` 파라미터와 `xticks` 명령을 사용하여 수직으로 표시한다. `grid` 명령은 수평 눈금선을 만든다. 결과는 [그림 5.20]에 나타나 있다.

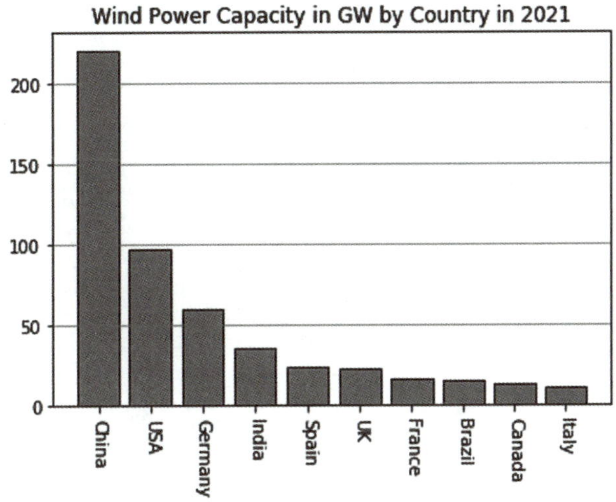

그림 5.20 2021년 국가별 풍력 용량(GW).

막대 차트에서 몇 가지 변형이 가능하다. 그중 하나는 세로 대신 가로 막대를 사용하는 것이다. 이것은 `barh` 명령으로 가능하다. 외형적으로는 `hatch` 지정자를 사용하여 단색이 아닌 패턴으로 막대를 채울 수 있다. 인터넷에서 파이썬 막대 차트의 사용자 맞춤을 위한 많은 정보를 찾을 수 있다.

5.5 다른 형태의 플롯

극좌표 플롯(polar plot)은 축이 각도와 크기인 **극좌표**(polar coordinates)를 이용한 플롯이다. 특히 삼각함수에 기반한 함수가 있으면 극좌표를 이용하여 그리는 것이 더 편리할 수 있다. 다음은 그런 함수와 각도의 한 예이다.

$$f(\theta) = \sin(\theta) \cdot \cos(\theta) \qquad 0 \le \theta \le \pi \tag{5.2}$$

다음 파이썬 코드는 [그림 5.21]에 보이는 극좌표 플롯을 만든다. `title` 명령에서 `pad` 지정자가 사용된 것을 볼 수 있다. 이것은 플롯과 제목 사이에 더 많은 공간을 두기 위한 것이다. 그렇지 않으면 플롯과 제목이 겹치게 된다. 또한 방사선 형태인 크기 축의 눈금에 음수 값이 포함되어 있음을 볼 수 있다. 이것은 $\pi/2$와 π 사이에서 코사인이 음수이므로 이 함수의 값이 음수가 되기 때문이다. 플롯에서 이 각도 범위에서 함수 값이 음수임을 확인할 수 있다.

```
import numpy as np
import matplotlib.pyplot as plt

theta = np.linspace(0., np.pi, 100)

f = lambda th: np.sin(th)*np.cos(th)
plt.polar(theta, f(theta), c='k')
plt.title('Polar Plot of sin(x)*cos(x)', pad=15)
plt.show()
```

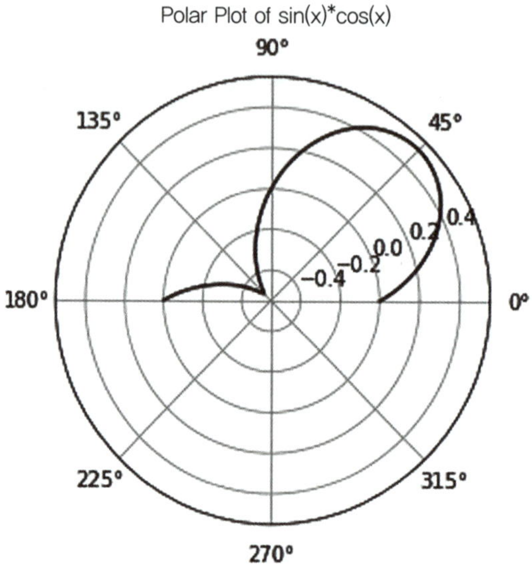

그림 5.21 sin(x)·cos(x)의 극좌표 플롯.

어떤 경우는 사용자들이 선호하는 플롯 스타일이 **줄기 플롯**(stem plot)일 수 있다. 이것은 가로축으로부터 각 마커로 "줄기(stem)"라고 부르는 수직선을 연결하는 플롯이다. 다음 코드는 이 장의 시작 부분에 나온 식 (5.1)를 이용한 예이다. 결과는 [그림 5.22]에 나타내었다.

```
import numpy as np
import matplotlib.pyplot as plt

x = np.linspace(0,5,20)
f = lambda x: np.cos(x)*np.cosh(x)-1
plt.stem(x, f(x), linefmt='k-', markerfmt='ks', basefmt='k-' \
, use_line_collection=True)
```

```
plt.grid()
plt.xlabel('x')
plt.ylabel('cos(x)*cosh(x)-1')
plt.title('Example Stem Plot')
plt.show()
```

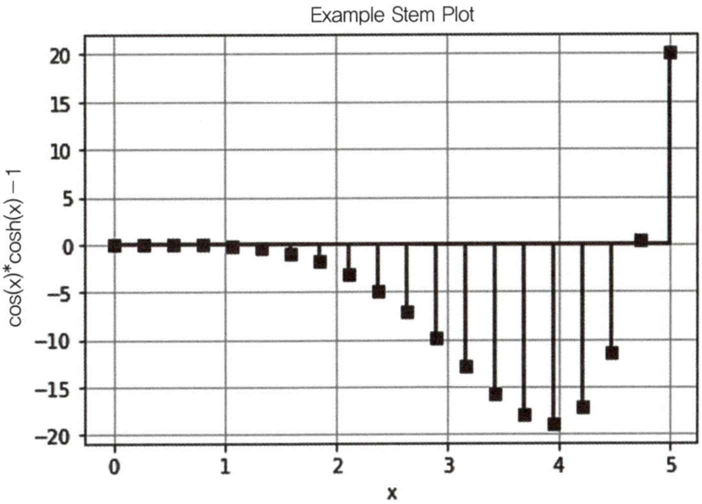

그림 5.22 cos(x)·cosh(x) − 1의 줄기 플롯.

stem 명령에서 지정한 사양은 검은색의 실선(k-) 형태의 수직선과 검은색의 사각형(ks) 모양 마커이다. 기준선(baseline)도 검은색 실선이다. Matplotlib의 최신 버전을 따르기 위해 use_line_collection 지정자를 True로 설정한다.

경우에 따라 x 축이나 y 축, 또는 둘 다에 로그 스케일을 사용하고자 할 때가 있다. 이것은 보통 값의 범위가 수십 배의 크기에 걸쳐 있고, 매 10배마다 그림의 변화에 관심이 있을 때 주로 사용된다.

예제 5.6 온도 대비 물의 증기압 플롯

이 예제에서는 온도와 압력이 알려진 습한 공기를 고려한다. 물의 **증기압**(vapor pressor)은 공기-물 혼합물 전체의 압력 중에서 물이 차지하는 부분에 관계되는 압력이다. 이 물이 차지하는 부분 압력의 비율은 질량(mass)이 아니고 몰(mole)의 비율이다. 수식으로 표현하면 다음과 같다.

$$P_w^V = P\, y_w \tag{5.3}$$

여기서, P_w^V: 물의 증기압

P: 전체 압력

y_w: 물 증기의 몰 비율

전체 압력이 줄어들어 물의 증기압과 같아지면 액체 상태의 물이 끓는다.

증기압은 온도의 함수로 그 관계는 보통 **증기표**(steam table)라고 부르는 데이터 표로 주어지는데, 다음의 **앙투안**(Antoine) **방정식**이라고 불리는 공식으로 모델링된다.

$$P^V = 10^{A - \frac{B}{T+C}} \tag{5.4}$$

여기서 A, B, 그리고 C는 모델 파라미터들이다.

[표 5.8]은 증기표에 나와 있는 물의 증기압을 보이고 있다. 표에서 온도 값은 화씨에서 (0에서 210도 사이에서 10씩 증가, 212도 추가) 섭씨로 변환되어 있다. 온도 단위가 섭씨(℃)이고 압력 단위가 kPa일 때, 물에 대한 앙투안 방정식의 파라미터 값들은 다음과 같다.

$$A = 7.2325 \quad B = 1750.3 \quad C = 235$$

표 5.8 물의 증기압 대 온도.

T(°C)	P^V(kPa)	T(°C)	P^V(kPa)
−17.8	0.1275	48.9	11.6712
−12.2	0.2128	54.4	15.3276
−6.7	0.3479	60.0	19.9210
−1.1	0.5078	65.6	25.6384
4.4	0.8386	71.1	32.6920
10.0	1.2270	76.7	41.3190
15.6	1.7659	82.2	51.7883
21.1	2.5023	87.8	64.3993
26.7	3.4946	93.3	79.4718
32.2	4.8136	98.9	97.3781
37.8	6.5016	100.0	101.3289
43.3	8.7911		

표의 데이터 값들과 앙투안 방정식의 곡선이 함께 있는 증기압 대 온도의 플롯을 만들어 보자.

이를 위해 plot 명령을 이용한 파이썬 스크립트는 다음과 같다.

```
import numpy as np
import matplotlib.pyplot as plt
```

```
TF = np.arange(0., 220., 10.)
TF = np.append(TF, 212.)

TC = (TF-32.)/1.8

PV = np.array([0.1275, 0.2128, 0.3479, 0.5078, 0.8386
              , 1.227, 1.7659, 2.5023, 3.4946, 4.8136
              , 6.5016, 8.7911, 11.6712, 15.3276, 19.921
              , 25.6384, 32.692, 41.319, 51.7883, 64.3993
              , 79.4718, 97.3781, 101.3289])

A = 7.2325; B = 1750.3; C = 235.
PA = 10**(A-B/(TC+C))


plt.plot(TC, PV, c='w', marker='s', mec='k', mfc='w', \
         label='Steam Tables')
plt.plot(TC, PA, c='k', lw=1.0,label='Antoine Equation')
plt.grid()
plt.xlabel('Temperature - degC')
plt.ylabel('Vapor Pressure - kPa')
plt.title('Vapor Pressure of Water Versus Temperature')
plt.legend()
```

첫 번째 **plot** 명령은 선 없이 마커만 보이게 배치한다(선은 흰색이다). 두 번째 **plot** 명령은 각 온도에서 앙투안 방정식의 값을 연결하는 검은 선을 추가한다. 플롯은 [그림 5.23]과 같다. 모델이 데이터와 잘 맞는 것을 확인할 수 있다.

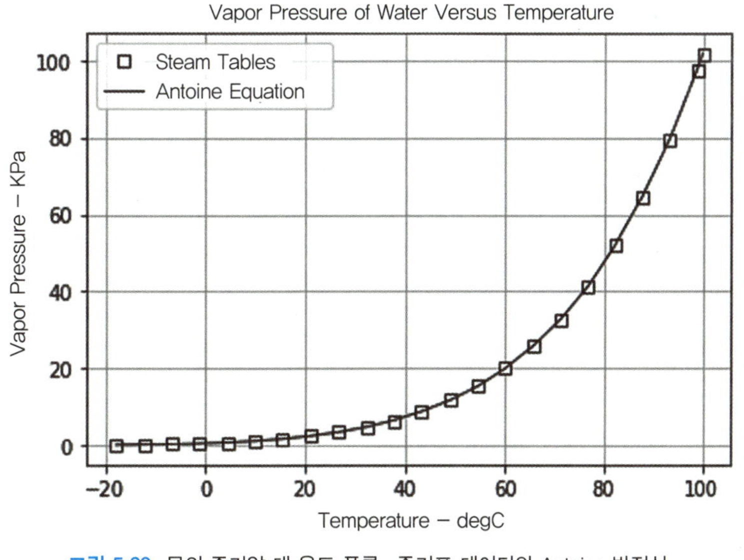

그림 5.23 물의 증기압 대 온도 플롯–증기표 데이터와 Antoine 방정식.

하지만 이 플롯의 단점은 낮은 온도 영역에서 증기압의 변화가 압축되어 있다는 것이다. 이 영역에서의 변화를 더 잘 나타내는 한 가지 방법은 증기압에 대해서 로그(logarithmic) 스케일을 사용하는 것이다. 이는 `plot` 명령을 다음과 `semilogy` 명령으로 대체하면 된다.

```
plt.semilogy(TC, PV, c='w', marker='s', mec='k', mfc='w'\,
label='Steam Tables')
plt.semilogy(TC, PA, c='k', lw=1.0,label='Antoine Equation')
```

결과는 [그림 5.24]에 나와 있다. 낮은 온도 영역에서 데이터와 모델의 비교가 더 명확해지고, 이 영역에서 둘 사이에 약간의 차이가 있는 것을 볼 수 있다.

참고: 후자의 플롯은 사실 앙투안 방정식을 다음과 같이 표현하는 것과 같다.

$$\log_{10} P^V = A - \frac{B}{T+C} \tag{5.5}$$

앙투안 방정식은 종종 위와 같이 표현된다.

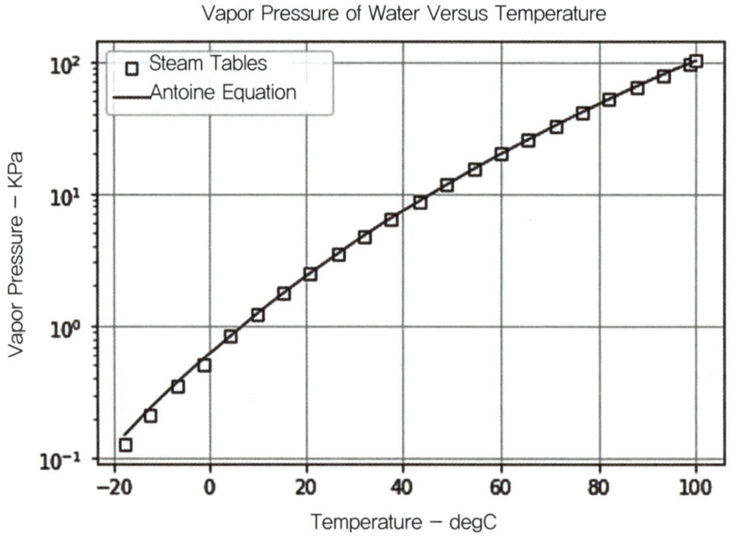

그림 5.24 물의 증기압 대 온도의 세미로그 플롯–증기표 데이터와 앙투안 방정식.

필요한 경우 `semilogx` 명령을 사용하여 x 축에 로그 스케일을 사용할 수 있으며, 두 축 모두에 로그 스케일이 필요한 경우 `loglog` 명령을 사용한다.

이어서 볼 또 다른 유형의 플롯은, 프레젠테이션에 자주 사용되는 **파이 차트**(pie chart)이다. Matplotlib의 `pyplot`은 파이 차트를 만들 수 있는 `pie` 함수를 제공한다. 이에 대해 다음 예제를 통해 설명한다.

예제 5.7 에너지원별 세계 에너지 생산량에 대한 파이 차트 생성

에너지원별 수요와 공급은 중요한 주제이며, 이 정보는 파이 차트를 사용하여 효과적으로 표시될 수 있다. [표 5.9]는 1973년과 2019년의 데이터를 보여준다.

표 5.9 1973년과 2019년의 에너지원별 세계 에너지 생산량(EJ = exajoule = 10^{18} J).

에너지원	1973	2019
석유	117	187
석탄	63	162
가스	41	141
바이오	26	57
핵	2	30
수소	5	15
기타	0	13
합계	254	606

출처: https://www.iea.org/reports/key-world-energy-statistics-2021/supply.

다음 파이썬 스크립트는 이 데이터로부터 파이 차트들을 만들고 병렬로 나란히 보인다.

```
import matplotlib.pyplot as plt

source -  ['oil', 'coal', 'natural gas' \
          , 'biofuels', 'nuclear', 'hydro']
en2019 = [187,162,141,57,30,15]
en1973 = [117,63,41,26,2,5]

fig=plt.figure(figsize=(8,3))
ax1 = fig.add_subplot(121)
ax1.pie(en1973,labels=source, labeldistance=1.2)
ax1.set_title('Energy Production -1973\n254 EJ')

ax2 = fig.add_subplot(122)
ax2.pie(en2019,labels=source, labeldistance=1.2)
ax2.set_title('Energy Production -2019\n606 EJ')
```

위 코드에서 [표 5.9]의 데이터는 list를 이용하여 입력되고 변수에 할당된다. 두개의 축 개체 **ax1**과 **ax2**가 그림 개체 **fig**에 추가된다. **pie** 함수는 레이블이 포함된 두 개의 파이 차트를 생성한다. **labeldistance** 지정자를 사용하여 차트에서 레이블까지 거리를 약간 증가시키고 있다. Matplotlib 매뉴얼에서 조절 가능한 다른 사양들을 찾아볼 수 있다. 결과는 [그림 5.25]에 나타나 있다. 그림에 보이지는 않지만 "파이 조각(slices)"들은 다른 색으로 되어 있다.

두 파이 차트의 비교를 통해, 예를 들어 천연 가스의 증가와 같이, 에너지원의 비율 측면에서 변화 추이를 알 수 있다. 전체 생산량이 240% 증가했다는 내용은 차트로는 알 수가 없지만 차트 제목에 표시되어 있다.

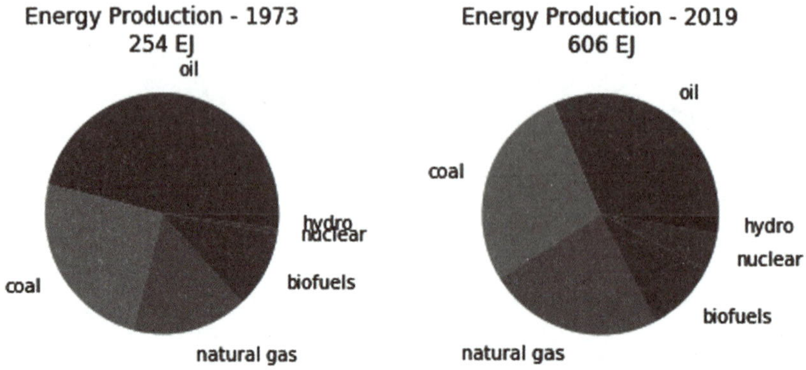

그림 5.25 1973년과 2019년의 세계 에너지 생산량에 대한 파이 차트.

5.6 등고선 및 표면 플롯

우리는 모두 지도를 보고 읽는 것에 익숙하다. 기본적으로, 우리는 2차원 상에 그려진 지도에서 3차원 정보를 추출할 수 있다. 하지만, 지도에 있는 정보가 연속적인 경우는 많지 않다. 좋은 예는 [그림 5.26]에 보이는 것과 같은 **지형**(topographic) **지도**이다. 같은 대기 압력 값을 가진 곡선을 의미해서 **등압선**(isobar)이라고도 불리는 지도의 등고선(contour)은 동일한 고도를 나타낸다. 등산가들은 이러한 지도에서 경사와 방향을 해석하는 방법을 잘 알고 있다.

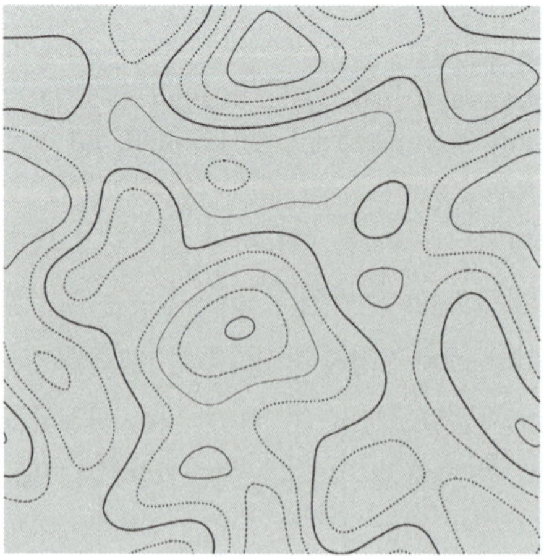

그림 5.26 지형도 예(출처: https://blog-assets.thedyrt.com/uploads/2019/06/shutterstock_75803032-1.jpg).

과학과 공학에서 독립 변수가 하나보다 많은 경우를 연구해야 하는 상황에 종종 마주친다. 이 중 변수가 두 개인 경우 **등고선 플롯**(contour plot)를 사용할 수 있다. 또한, 2차원 공간에서 3차원을 표현하는 표면 플롯(surface plot)도 고려할 수 있다. 이러한 등고선과 표면 플롯에는 두 가지 유형이 있다. 첫 번째는 이산 데이터 배열(종종 측정값)을 기반으로 하고, 두 번째는 수학 함수를 기반으로 한다. 먼저 후자를 사용하여 파이썬과 Matplotlib로 등고선 플롯과 표면 플롯을 만드는 방법을 설명한다.

독립 변수가 x와 y 두 개인 아래 함수를 $-2 \le x \le 2$, $-2 \le y \le 2$ 범위에서 고려한다.

$$f(x,y) = 89 + 0.04x - 0.16y - 8.09x^2 - 5.78y^2 - 5.89xy \tag{5.6}$$

다음 파이썬 스크립트는 [그림 5.27]에 보인 등고선 플롯을 만든다.

```
import numpy as np
import matplotlib.pyplot as plt

def f(x, y):
    return 89.+0.04*x-0.16*y-8.09*x**2 - 5.78*y**2 - 5.89*x*y

x = np.linspace(-2., 2.)
y = np.linspace(-2., 2.)
X, Y = np.meshgrid(x, y)
Z = f(X, Y)
plt.figure()
contplt = plt.contour(X, Y, Z, [80., 85., 88., 92., 95.],
colors='k')
plt.grid()
plt.clabel(contplt)
plt.xlabel('x')
plt.ylabel('y')
```

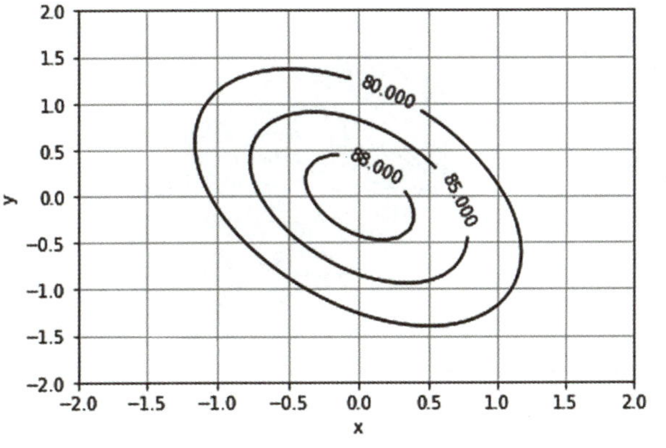

그림 5.27 간단한 등고선 플롯.

코드에서 먼저 주목할 것은 meshgrid 함수의 사용이다. 이 함수는 기본적으로 각각 x 및 y 값인 두 배열을 사용하여 지도 상의 위치 (즉 격자의 좌표)를 위한 2차원 배열 X와 Y를 생성한다. 아래 그림은 이를 예시하는 4-by-4 배열이다. 각 쌍의 첫 번째 숫자는 X 배열을 나타내고 두 번째 숫자는 Y 배열을 나타낸다.

y

1,4	2,4	3,4	4,4
1,3	2,3	3,3	4,3
1,2	2,2	3,2	4,2
1,1	2,1	3,1	4,1

x

그 다음, X 및 Y 배열을 인수로 하는 함수 f를 사용하여 2차원 배열 Z를 계산한다. 이것은 X 및 Y의 각 쌍에 대해 함수가 적용되는 **배열 연산**(array operation, 6장 참고)이다. Matplotlib의 contour 함수가 사용되고 그 결과물이 contplt 변수에 할당된다. 등고선의 레이블을 만들기 위해 함수 clabel이 여기에 적용된다.

[그림 5.27]의 플롯은 등고선의 레이블 값을 이용한 보간(interpolation)을 통해 등고선들 사이의 함수 값을 추정할 수 있으므로 유용하다. 등고선 플롯을 사용하는 또 다른 방법은, 함수 값을 읽기는 쉽지 않지만, 함수에 대한 "감(feeling)"을 제공할 수 있는 색이 채워진 등고선 플롯이다. 위 스크립트에서 코드를 아래와 같이 부분 수정하면 가능하며, 그 결과는 [그림 5.28]에 나와 있다. contourf 함수는 지정된 색상으로 등고선 플롯을 채우고 (흑백으로 인쇄된 이 책에서는 색이 보이지 않겠지만), 등고선의 레이블은 제거한다.

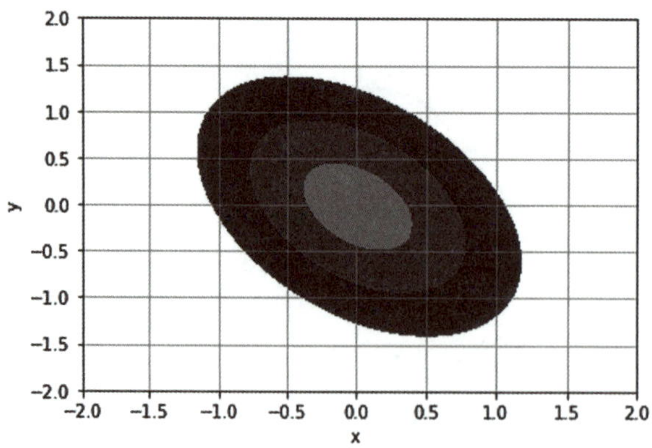

그림 5.28 색이 채워진 등고선 플롯.

```
plt.figure()
plt.contourf(X, Y, Z, [80., 85., 88., 92., 95.] \
, colors=['b', 'g', 'c', 'm'])
plt.grid()
plt.xlabel('x')
plt.ylabel('y')
```

예제 5.8 소금 용액 밀도 데이터의 등고선 플롯

해석 함수 대신 데이터 배열이 제공되는 경우에도 등고선 플롯을 그리고자 할 경우가 있다. 이 때는, 등고선 플롯을 그리는 함수가 데이터 사이 값들에 대한 보간(interpolation)을 수행해야 한다. 여러 가지 농도와 온도에서 소금 용액의 밀도를 보여 주는 [표 5.10]을 고려한다. 다음은 이 데이터를 사용하여 등고선 플롯을 만드는 파이썬 코드이다.

표 5.10 다른 농도(wt%) 및 온도(°C)에서 소금(NaCl) 용액 밀도(g/cc).

		온도(°C)						
		0	10	25	40	60	80	100
농도(wt%)	1	1.00747	1.00707	1.00409	0.99908	0.9900	0.9785	0.9651
	2	1.01509	1.01442	1.01112	1.00593	0.9967	0.9852	0.9719
	4	1.03038	1.02920	1.02530	1.01977	1.0103	0.9988	0.9855
	8	1.06121	1.05007	1.05412	1.04798	1.0381	1.0264	1.0134
	12	1.09244	1.08946	1.08365	1.07699	1.0667	1.0549	1.0420
	16	1.12419	1.12056	1.11401	1.10688	1.0962	1.0842	1.0713
	20	1.15663	1.15254	1.14533	1.13774	1.1268	1.1146	1.1017
	24	1.18999	1.18557	1.17776	1.16971	1.1584	1.1463	1.1331
	26	1.20709	1.20254	1.19443	1.18614	1.1747	1.1626	1.1492

```
import numpy as np
import matplotlib.pyplot as plt

wtpct = np.array([1., 2., 4., 8., 12., 16., 20., 24., 26.])
temp = np.array([0., 10., 25., 40., 60., 80., 100.])
W, T = np.meshgrid(wtpct, temp)
D = np.loadtxt('SaltDensity.csv', delimiter=',', unpack=True)

plt.figure()
contplt = plt.contour(W, T, D, colors='k')
plt.grid()
```

```
plt.clabel(contplt)
plt.xlabel('Concentration - wt%')
plt.ylabel('Temperature - degC')
plt.title('Density of Salt Solutions in gm/cc')
```

표의 데이터는 쉼표로 구분된 텍스트 파일(Excel이 생성)로부터 읽어 들인다. 등고선 사이의 간격은 contour 함수에 의해 자동으로 지정되며, 생성된 등고선들은 표에 있는 데이터를 보간한 결과를 이용해 만들어진다. 등고선이 더 많이 표시되도록 지정할 수도 있다. 결과는 [그림 5.29]에 나와 있다.

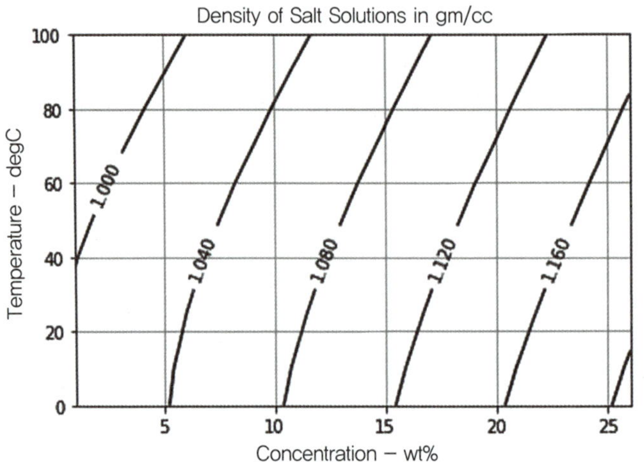

그림 5.29 소금용액 밀도 데이터의 등고선 플롯.

두 개의 독립 변수와 이들에 의해 결정되는 수치 간의 관계는 2차원 공간에 3차원 표면을 표시(rendering)하여 묘사할 수 있다. 색이 채워진 등고선 플롯과 마찬가지로 표면 플롯도 독립 변수들과 수치 간의 관계에 대한 감(feeling)을 제공한다. Matplotlib은 두 가지 스타일의 표면 플롯을 제공한다: 메쉬(mesh) 플롯과 입체적인 음영 표면(shaded surface) 플롯이다. 앞서 등고선 플롯의 예에서 사용된 해석 함수를 이용하여 설명한다.

다음의 파이썬 스크립트는 [그림 5.30]과 같은 **메쉬 플롯**을 만드는 데 사용된다. 먼저 `Axes3D` 모듈을 가져온 것을 눈여겨보기 바란다. Spyder Editor가 이 모듈이 사용되지 않는다는 경고를 전달할 것이다. 이 경고는 부정확하므로 무시해도 된다. 다음으로 그림 개체인 `fig`의 축 개체 `ax1`의 하위 플롯으로 이 그림을 만드는 것을 볼 수 있다. `plot_wireframe` 함수가 플롯을 생성하는 데 사용되며, `stride` 지정자는 메쉬에 사용되는 등고선의 수를 지정한다. `grid` 명령 다음에, 세 축들의 눈금선(tick) 간격이 설정되고 레이블들도 제공된다.

```
import numpy as np
import matplotlib.pyplot as plt
from mpl_toolkits.mplot3d import Axes3D

def f(x, y):
   return 89.+0.04*x-0.16*y-8.09*x**2 - 5.78*y**2 - 5.89*x*y

x = np.linspace(-2., 2.)
y = np.linspace(-2., 2.)
X, Y = np.meshgrid(x, y)
Z = f(X, Y)

fig = plt.figure()
ax1 = fig.add_subplot(111,projection='3d')
ax1.plot_wireframe(X, Y, Z, color='k', rstride=5,cstride=5)
ax1.grid()
ax1.set_xticks([-2., -1., 0., 1., 2.])
ax1.set_yticks([-2., -1., 0., 1., 2.])
ax1.set_zlim(0., 100.)
ax1.set_zticks(np.arange(0., 120., 20.))
plt.xlabel('x')
plt.ylabel('y')
ax1.set_zlabel('f(x,y)')
```

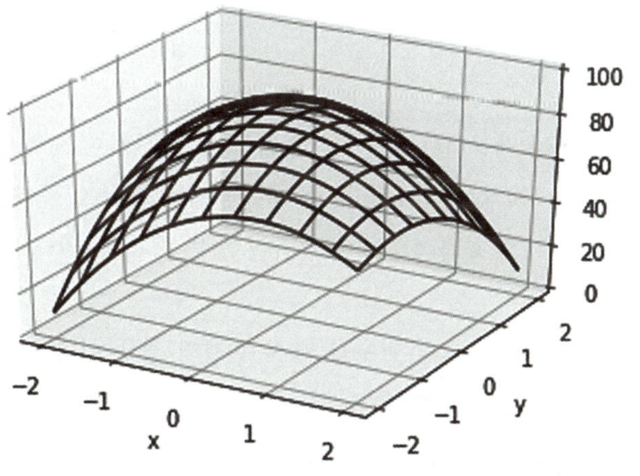

그림 5.30 함수 $f(x, y)$의 메쉬 플롯.

추가적으로, 표면 플롯을 바라보는 관점(viewpoint)을 회전시킬 수 있는 명령이 있다. 예를 들어,

```
ax1.view_init(35)
```

는 플롯을 바라보는 관점을 위로 35° 회전시킨다. 자세한 내용은 Matplotlib 사용자 설명서(https://matplotlib.org/stable/users/index.html)에서 확인할 수 있다.

또 다른 방법으로, 메쉬 대신 음영 표면(shaded surface)을 사용할 수 있다. 위 파이썬 스크립트에서 수정이 필요한 부분은 Matplotlib에서 `cm` 모듈 가져오기를 추가하고 다음과 같이 `plot_wireframe` 명령을 `plot_surface`로 변경하는 것이다.

```
from matplotlib import cm
ax1.plot_surface(X, Y, Z, cmap=cm.gray)
```

[그림 5.31]은 음영 표면 플롯을 보여준다. 물론 플롯에 적합하다면 표면에 색을 사용할 수 있다.

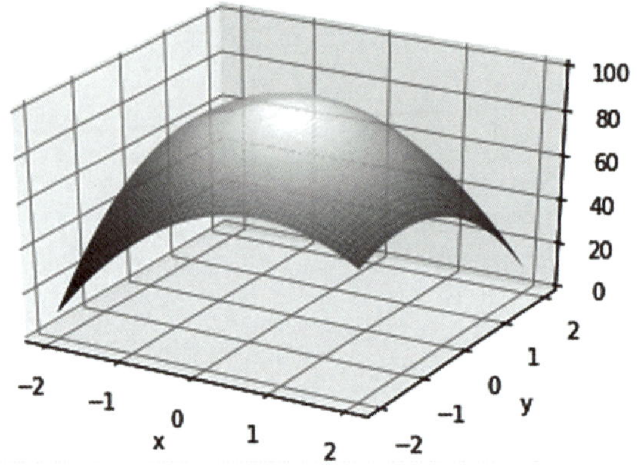

그림 5.31 함수 $f(x, y)$의 표면 플롯.

지금까지 Matplotlib이 제공하는 표면 및 메쉬 플롯에 관하여 살펴보았지만 실제는 시작 단계를 경험한 것에 불과하다. Matplotlib 매뉴얼에는 많은 예들이 있다. 다차원 함수 또는 다차원 데이터를 가장 효과적으로 표현하는 방법을 찾기 위해 이들로 실험해볼 것을 권장한다.

지금부터는 두 개보다 많은 독립 변수를 가진 수치의 경우 어떻게 플롯해야 하는가 알아보자. 이 경우 일반적인 접근 방법은 독립 변수들 중 한 쌍을 선택하고 그 외 변수들은 값은 고정시키고 분석하는 것이다. 이것은 쌍을 이룬 변수들 간의 관계를 그리기 위해 다차원 공간에서의 그림을 잘라서 "절편(slices)"을 보는 것과 같다.

우리는 이 장에서는 공학자와 과학자들이 파이썬 프로그래밍에서 자주 사용하는 플롯의 예를 많이 보았다. 이들은 앞으로 더 전진하기 위한 좋은 출발점이 될 것이다. 다음에 나오는 연습 문제들은 이 장에서 소개된 플롯 유형들 대부분을 사용하여 연습할 기회를 제공한다.

연습문제

5.1 Matplotlib `pyplot` 모듈을 사용하여 다음 함수를 도메인 $0 \le x \le 4$에서 적절한 레이블과 함께 라인 플롯하는 파이썬 스크립트를 작성하라.

$$f(x) = x^2 |\sin(x)| - 4$$

5.2 [표 P5.2]는 1990~2019년 사이 미국의 온실가스 배출량을 나타낸다. Matplotlib `pyplot`을 사용하는 파이썬 스크립트를 작성하여 다음의 플롯들을 생성하라(적절한 레이블도 추가).

(a) 연도 별 총 배출량의 산점 플롯.

(b) 양 축을 모두 사용한 연도별 이산화탄소, 메탄 및 아산화 질소 배출량에 대한 라인 플롯. 다양한 라인 스타일과 범례를 사용한다.

https://cfpub.epa.gov/ghgdata/inventoryexplorer/#allsectors/allsectors/ allgas/gas/all

표 P5.2 1990년부터 2019년까지 미국의 온실가스 배출량(MMT CO_2 상당량).

	1990	1991	1992	1993	1994	1995	1996	1997	1998	1999
이산화탄소	5113.5	5057.9	5167.5	5267.3	5358.8	5421.5	5610.6	5686.5	5731.0	5804.7
메탄	776.9	781.8	780.5	770.7	777.0	767.7	760.8	746.8	731.7	713.4
아산화 질소	452.7	443.2	443.1	471.3	457.0	468.8	480.8	466.8	467.7	457.5
불소화 가스	99.7	90.7	95.3	95.0	99.0	117.9	129.0	136.4	152.9	149.9
합계	6442.7	6373.6	6486.3	6604.3	6691.8	6775.9	6981.2	7036.5	7083.3	7125.4
	2000	2001	2002	2003	2004	2005	2006	2007	2008	2009
이산화탄소	6010.5	5904.9	5946.8	6011.8	6114.0	6134.5	6051.7	6131.0	5914.1	5478.2
메탄	707.6	699.8	692.8	692.7	687.0	686.1	690.8	693.9	700.8	689.7
아산화 질소	444.7	460.4	458.8	459.8	469.9	455.8	452.5	463.5	446.9	445.6
불소화 가스	150.9	137.9	145.9	137.0	144.6	146.6	149.5	161.2	162.8	158.5
합계	7313.6	7203.0	7244.3	7301.4	7415.5	7423.0	7344.5	7449.6	7224.6	6772.0
	2010	2011	2012	2013	2014	2015	2016	2017	2018	2019
이산화탄소	5675.8	5540.2	5338.7	5474.3	5522.8	5371.8	5248.0	5207.8	5375.5	5255.8
메탄	692.1	666.2	658.2	654.4	651.0	651.5	642.4	648.4	655.9	659.7
아산화 질소	455.0	445.6	416.8	463.9	474.0	468.2	450.8	446.3	459.2	457.1
불소화 가스	168.2	175.5	172.3	172.1	177.1	179.6	179.1	180.9	180.8	185.7
합계	6991.1	6827.4	6585.9	6764.7	6825.0	6671.1	6520.3	6483.3	6671.4	6558.3

5.3 설탕(수크로스(sucrose), $C_{12}H_{22}O_{11}$)의 생산에서, 수크로스 용액의 농도는 전형적으로(**굴절계**라고 불리는 기기를 사용하여) 굴절률(reflective index)로 측정된다. [표 P5.3]의 데이터는 관련된 측정치를 보여준다. 굴절률 n과 수크로스 농도 $pctS$ 사이

의 관계는 다음과 같이 제안되었다.

$$n = 1.32495 + 1.99515 \times 10^{-3}\, pctS$$

Matplotlib pyplot 모듈을 사용하여 수크로스 농도 데이터는 마커만 표시하고 함수 모델은 선을 사용하여 함께 플롯하는 파이썬 스크립트를 작성하라. 플롯에 레이블을 붙이고 범례도 추가한다.

표 P5.3 수크로스 용액의 굴절률.

수크로스 백분율	굴절률	수크로스 백분율	굴절률	수크로스 백분율	굴절률
0	1.3330	30	1.3811	60	1.4418
5	1.3403	35	1.3902	65	1.4532
10	1.3479	40	1.3997	70	1.4651
15	1.3557	45	1.4096	75	1.4774
20	1.3639	50	1.4200	80	1.4901
25	1.3723	55	1.4307	85	1.5033

5.4 도메인 $-1 \leq x \leq 1$에서 다음 하이퍼볼릭(hyperbolic) 함수들의 라인 플롯들을 하나의 그림 창 안에 2-by-2 배열로 만들라.

$\sinh(x)$ *vs.* x	$\cosh(x)$ *vs.* x
$\tanh(x)$ *vs.* x	$\text{sech}(x)$ *vs.* x

5.5 아래 [표 P5.5]는 태양계 각 행성으로부터의 탈출 속도를 나타낸다. Matplotlib pyplot 모듈을 사용하여 이 데이터를 표시하는 정렬된(파레토 스타일) 수평 막대 차트를 생성하는 파이썬 스크립트를 작성하라.

표 P5.5 태양계 행성의 탈출 속도(km/h).

	탈출 속도(km/h)
수성	1.302E+04
금성	3.747E+04
지구	4.027E+04
화성	1.831E+04
목성	2.145E+05
토성	1.278E+05
천왕성	7.666E+04
해왕성	8.525E+04

5.6 예제 5.5는 국가별 풍력 발전 용량을 막대 차트로 보였다. 국가별 태양광 발전 용량에 대해 유사한 플롯을 작성하라.

5.7 이 장에서 라인 플롯과 줄기 플롯의 예를 위해 사용한 해석 함수는 다음과 같다.

$$f(x) = \sin(x)\cosh(x) - 1 \quad 0 \le x \le 4$$

파이썬 스크립트와 Matplotlib `pyplot` 모듈을 사용하여 주어진 도메인(라디안) 상에서 이 함수의 극좌표 플롯을 만들라. 그림에 레이블도 지정한다.

5.8 [표 P5.8]의 데이터는 서로 다른 온도 및 촉매 농도에서의 화학 반응과 관련된 일련의 실험으로부터 수집되었다. Matplotlib `pyplot`의 `stem` 함수를 사용하여 이 데이터의 3차원 줄기 플롯을 생성하라. 필요한 경우 Matplotlib 사용자 가이드를 참고한다.

표 P5.8 다양한 온도 및 촉매 농도에서의 제품 수율.

촉매 농도(g/L)	온도(℃)	제품 수율(%)
0.54	110	83
0.63	117	87
0.71	113	84
0.48	107	82
0.57	118	92
0.63	117	89
0.59	102	78
0.60	118	91

5.9 [그림 P5.9]에 직사각형 모양의 파동이 표시되어 있다. 이 파형은 푸리에 급수(Fourier Series)라고 불리는 무한히 많은 정현파(sinusoidal wave) 성분으로 분해될 수 있다.

$$f(x) = \frac{4}{\pi}\cos(x) - \frac{4}{3\pi}\cos(3x) + \frac{4}{5\pi}\cos(5x) - \frac{4}{7\pi}\cos(7x) + \cdots$$

$-\pi \le x \le \pi$ 범위에서 위의 첫 항, 처음 두 항, 처음 세 항, 처음 네 항, 처음 다섯 항의 라인 플롯을 만드는 파이썬 스크립트를 작성하라. 색이 있는 곡선들을 사용하고 그림에 범례(legend)를 넣는다.

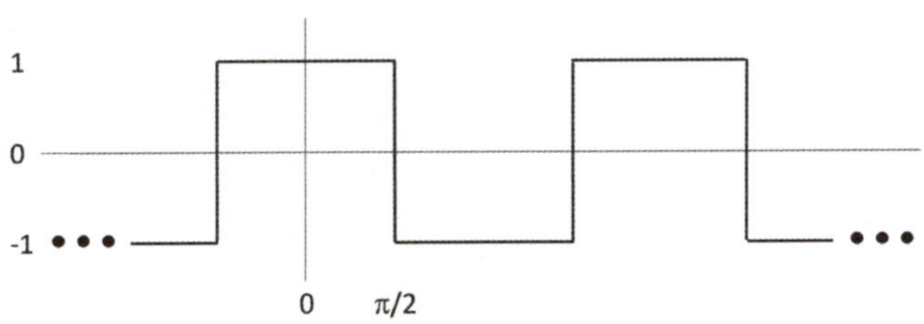

그림 P5.9 직사각형 파동.

5.10 직물에 의해 흡수되는 염료의 양에 대해서 용액 내 물의 온도 및 시간이 미치는 영향에 대한 연구가 수행되었다. 표준 양의 염료(200 mg)를 일정한 양의 물에 첨가하였다. 실험에 사용된 세 가지 온도는 105°C, 120°C 및 135°C였다. 직물을 15분, 30분, 또는 60분 동안 물에 두었다. 이들 각각의 온도-시간 조합에 대해, 직물에 흡수되는 염료의 양을 측정하였다. 실험 결과는 [표 P5.10]에 나타나 있다.

표 P5.10 용액 시간과 온도에 따른 염료 흡수.

염료 량(mg)	용액 내 시간(min)	온도(°C)
120.4	15	105
143.0	30	105
190.6	60	105
111.2	15	120
134.8	30	120
182.6	60	120
98.4	15	135
123.9	30	135
173.2	60	135

용액 내 시간과 온도 대비 흡수된 염료 량에 대한 메쉬 플롯을 만들라.

5.11 두 독립 변수 x_1과 x_2의 값들에 대한 반응인 y의 실험 데이터로부터 개발된 다음 모델에 대한 메쉬 및 표면 플롯을 만들라.

$$y = 60.64 - 3.672x_1 + 11.661x_2 - 3.514x_1^2 - 0.924x_2^2 + 2.220x_1x_2$$

이 함수의 대략적인 최소값을 보여줄 수 있도록 두 독립 변수의 범위를 정하고 이 경우가 최종 플롯에 표시되게 한다.

5.12 [표 5.10]에 제시된 소금 밀도 데이터에 대해서 Matplotlib pyplot 모듈을 사용하여 다음과 같이 두 개의w 라인 플롯을 만들라.

(a) 0°C, 25°C, 60°C, 그리고 100°C에 대해 각각의 라인이 있는 소금 밀도 대 농도.

(b) 농도 1, 8, 16, 그리고 26 wt%에 대해 각각의 라인이 있는 소금 밀도 대 온도.

각 플롯의 축에 레이블을 부여하고 제목을 포함시킨다. 또한 라인마다 다른 라인 스타일을 사용한다. 라인 색은 모두 검은색을 사용하고 범례를 포함시킨다.

5.13 [예제 5.5]에 보인 파레토 차트는 종종 전체 발생 횟수의 누적 백분율에 대한 플롯을 동반한다. [예제 5.5]의 파이썬 코드를 확장하여 전체 풍력 발전 용량의 누적 백분율을 계산하고 이 백분율 대 국가의 라인 플롯을 함께 그려라.

제 6 장

배열과 행렬 연산

6장의 목표

- NumPy 모듈의 ndarray 클래스를 사용하여 숫자 리스트와 튜플로부터 배열을 만들 수 있다.
- 행렬을 표현하기 위해 2차원 이상의 배열을 만드는 방법에 대해 알아본다.
- 0으로 채워진 배열 등 특수 배열을 생성하고, 배열들을 결합 및 분할할 수 있다.
- 콜론(:)을 사용한 인덱스 범위 지정 방법 및 첨자를 배열의 인덱스로 사용하는 방법에 대해 알아본다.
- 벡터를 이해하고 NumPy 배열을 사용하여 계산을 벡터화 하는 방법에 대해 알아본다.
- 파이썬 코드를 통해 덧셈, 뺄셈, 스칼라 곱셈, 그리고 행렬 곱셈 및 전치 등 행렬에 필요한 연산을 수행할 수 있다.
- 정방행렬에 대한 역행렬의 의미와 역행렬이 선형 연립 대수방정식을 푸는 데 어떻게 사용될 수 있는지 이해한다.
- NumPy의 `linalg` 모듈과 이 모듈의 `inv` 함수에 대해 학습한다.

공학자와 과학자는 계산을 할 때 개별적인 숫자를 많이 다룬다. 이들은 이전 장들에서 중점적으로 다루었다. 이제는 숫자의 집합을 고려하겠다. 파이썬의 리스트와 튜플 구조는 숫자의 집합을 저장하는 데 사용될 수는 있지만, 계산을 할 때 유용한 구조가 아니다. 숫자의 집합에 대한 수치 계산을 위해서는 NumPy 모듈의 ndarray 클래스에서 만드는 배열(array)들이 필요하다. 이 장에서는 이 배열에 대해 중점적으로 다룰 것이다.

배열이 포함되는 계산 작업은 주로 어떤 것인가? 다음은 몇 가지 예이다.

- 물질, 합금, 복합재 또는 혼합물의 물리적, 화학적 특성 값 등이 기록된 표 데이터에 대한 액세스와 저장
- 실험, 제조 공정 또는 환경 현상에 대한 측정 값의 수집
- 냉각 핀 같은 고체 물체의 전체 온도 분포 등 연속적인 양의 이산 근사
- 입력 파라미터 값을 특정 범위에서 변화시킬 때 일어나는 출력의 변화를 플롯하는 등의 사례 연구
- 공정 단계별로 발생하는 물리적 또는 화학적 변수들의 값, 예를 들어 폐기물 또는 재활용 재료로부터 원하는 제품을 분리하는 데 사용되는 변수들의 값

이 장에서는, 먼저 1차원이나 2차원 배열을 만드는 방법을 알아본다. 다음으로 수치 계산에 배열을 포함시키는 방법(배열 연산이라고 불림)을 학습한다. 그런 다음 곱셈과 전치(transpose)를 포함하는 벡터/행렬 연산으로 넘어간다. 마지막으로 배열과 행렬 계산에 유용한 함수들을 많이 가지고 있는 `linalg` 모듈을 소개한다.

이 장의 학습에 있어 주의할 점에 대해 언급하고자 한다. 이 장에서는 새로운 개념과 방법을 많이 소개한다. 특정 계산을 수행할 때, 보다 나은 설명을 위해, 몇 가지 다른 대안들도 함께 소개된다. 이들 중 편한 방법을 선택하여 사용할 수 있다. 또한 이 장에서 소개된 방법들은 이후 장들에서 반복적으로 사용될 것이기 때문에 추후 더 잘 이해할 수 있게 될 것이다. 이 장을 학습하는 데 있어 두 가지를 제안한다. 첫째, 모든 예제 코드를 재현해보고, 변화도 줘보면서 주의 깊게 학습한다. 둘째, 인내심을 가지고 어려움에 처하더라도 너무 낙담할 필요가 없다.

6.1 파이썬에서 배열 만들기

파이썬은 복수의 항목을 저장하기 위해 리스트와 튜플 같은 컬렉션 유형을 제공한다. 그 항목에는 숫자와 텍스트가 포함될 수 있다. 하지만 리스트와 튜플로는 공학자와 과학자가 자주 수행하는 계산을 수행하는 데 있어 한계가 있다. 이러한 요구를 충족시키기 위해 NumPy 모듈은 숫자 배열(array)을 만들 수 있는 `ndarray` 클래스를 제공한다.

먼저 배열 컬렉션이 왜 필요한지 예를 통해 설명해보기로 한다. 만약 파이썬에서 숫자로 이루어진 리스트를 만들고 그 리스트에 상수를 곱하면 어떻게 되는가? 다음은 그 예이다.

```
list1 = [1.5, 3.2, -6.4, 0.9]
list2 = 2*list1
print(list2)
```

```
[1.5, 3.2, -6.4, 0.9, 1.5, 3.2, -6.4, 0.9]
```

리스트에 2를 곱하면 리스트가 복제되어 두 배로 확장된 것을 볼 수 있다. 수치 계산에서는 리스트의 각 원소가 두 배가 되고 리스트의 크기는 그대로일 것을 기대했을 것이다.

또한, 만약에 아래를 시도하면,

```
list3 = [0., 1., 4., -2.]
list4 = list1*list3
```

컨솔에 나오는 결과는,

```
TypeError: can't multiply sequence by non-int of type 'list'
```

다시 말해서, 그렇게 할 수 없다. 두 리스트의 해당 항목들이 각각 곱해져서 같은 크기의 리스트가 만들어질 것으로 기대했을 것이다. 하지만 결과는 그렇지 않다.

위 문제들의 해결 방법은 리스트를 배열로 변환하는 것이다. 이렇게 하기 위해서는 NumPy 모듈이 필요하며 코드는 아래와 같다.

```
a = np.array(list1)
b = 2*a
print(b)

c = np.array(list3)
d = a*c
print(d)
```

출력되는 결과는 다음과 같다.

```
[  3.    6.4 -12.8   1.8]
[  0.    3.2 -25.6  -1.8]
```

계산들이 기대한 대로 일어나는 것을 알 수 있다. 배열 a에 2를 곱하면 a의 각 항목이 두 배가 되어 배열 b에 저장된다. 배열 a와 c를 곱하면 항목별로 곱셈이 수행된다. 이것을 **배열 연산**(array operations)이라고 한다.

변수 탐색기(Variable Explorer)는 변수의 유형과 값에 대한 정보를 제공한다([그림 6.1]). 그림에서 부동 소수점 수(floating-point number)를 가지는 배열들이 생성되었고 그 크기는 쉼표와 함께 표시된 것을 볼 수 있다. 여기 생성된 배열들은 1차원이며, 때로는 **벡터**(vector) 또는 **벡터 배열**(vector arrays)이라고 불린다.

이름	유형	크기	값
a	Array of float64	(4,)	[1.5 3.2 -6.4 0.9]
b	Array of float64	(4,)	[3. 6.4 -12.8 1.8]
c	Array of float64	(4,)	[0. 1. 4. -2.]
d	Array of float64	(4,)	[0. 3.2 -25.6 -1.8]
list1	list	4	[1.5, 3.2, -6.4, 0.9]
list2	list	8	[1.5, 3.2, -6.4, 0.9, 1.5, 3.2, -6.4, 0.9]
list3	list	4	[0.0, 1.0, 4.0, -2.0]

그림 6.1 변수 탐색기는 변수 값과 그 유형을 보여준다.

행렬(matrix)이라고 불리는 다차원, 보통 2차원, 배열도 흔히 사용된다. 다음은 2차원 배열을 만드는 코드의 예이다.

```
import numpy as np

A = np.array([[2., -3.], [6., 1.]])
print(A)

[[ 2.     -3.]
 [ 6.      1.]]
```

결과 행렬은 두 개의 행과 두 개의 열을 가진다. 행들은 괄호 안에 추가된 대괄호, [•] 안에 포함되어 있다. 각 1차원 배열이 하나의 행으로 표시되는 방식에 주목한다. 반면에, 다음 코드를 사용하면,

```
b = np,array([[1], [2], [3], [4]])
print(b)

[[1]
 [2]
 [3]
 [4]]
```

배열 b는 **열 벡터**(column vector)로 표시된다.

파이썬의 NumPy는 `matrix`라는 또 다른 유형의 특별한 배열도 제공한다. 이 유형을 이용하면 MATLAB® 소프트웨어가 사용하는 것과 유사한 스타일의 벡터와 행렬을 만들 수 있다. 하지만 기본 배열 유형만으로도 필요한 계산들을 수행할 수 있기 때문에 이 책에서 더 언급하지 않는다.

6.1.1 특수 배열 생성

파이썬과 NumPy는 특수한 배열을 만들거나, 배열을 결합하고 분할하는 함수를 제공한다. 다음은 그중 자주 사용되는 세 가지 함수를 사용한 예들이다.

zeros 함수는 매우 흔하게 쓰인다. 이 함수를 이용해서 항목들이 모두 0으로 채워진 1차원 또는 2차원 배열을 만들 수 있다. 예를 들어,

```
A = np.zeros((3,2))
print(A)

[[0.  0.]
 [0.  0.]
 [0.  0.]]
```

보통 이런 코드를 사용하여 처음에는 0으로 채워진, 원하는 크기만큼의 배열을 만들고, 나중에 다른 숫자로 수정한다.

ones 함수는 배열을 0 대신 1로 채우는 것을 제외하면 zeros 함수와 유사하다. 다음 예에서 2차원 배열을 만들기 위해서 두 쌍의 괄호, ((•))가 사용된 것을 주목한다.

```
B = np.ones((2,3))
print(B)

[[1. 1. 1.]
[1. 1. 1.]]
```

만약 0이나 1로 된 1차원 배열을 만든다면, 아래와 같이 괄호는 한 쌍만 필요하다.

```
d = np.zeros(5)
print(d)

[0. 0. 0. 0. 0.]
```

eye 함수는 보통 "I"로 표기하는 **정방 항등**(square identity) 배열을 만든다. 인수는 하나이고 같은 수의 행과 열을 만든다. 예를 들어,

```
C = np.eye(4)
print(C)

[[1.  0.  0.  0.]
 [0.  1.  0.  0.]
 [0.  0.  1.  0.]
 [0.  0.  0.  1.]]
```

6.1.2 배열 결합, 쌓기 그리고 분할

배열을 옆으로 나란히 또는 아래위로 쌓아서 결합하거나, 하위 배열(subarray)로 분할하고 싶을 때가 있다. 다음은 이를 수행하는 함수들에 대해 설명한다.

먼저 두 개의 2×2 배열을 정의한다.

```
import numpy as np

A = np.array([[3.6, 2.1], [-1.4, 0.7]])
B = np.array([[-12., 7.7], [2.1, -1.9]])
```

다음으로 vstack 함수를 사용하여 A를 B 위에 쌓아서 4×2의 새로운 배열을 만든다.

```
C = np.vstack((A, B))
print(C)

[[ 3.6 2.1]
[ -1.4 0.7]
[-12. 7.7]
[ 2.1 -1.9]]
```

또는 hstack 함수를 사용하여 B를 A의 오른쪽에 배치할 수 있다.

```
D = np.hstack((A, B))
print(D)

[[ 3.6 2.1 -12. 7.7]
[ -1.4 0.7 2.1 -1.9]]
```

반대로, 배열을 하위 배열들로 분할할 수 있다. 다음에 예들이 있다. 먼저 인수 2를 갖는 vsplit 함수는 C를 두 개의 동일한 크기의 배열들로 수직 분할한다.

```
A1, B1 = np.vsplit(C, 2)
print(A1)
print('\n', B1)

[[ 3.6  2.1]
 [-1.4  0.7]]

 [[-12.  7.7]
 [2.1  -1.9]]
```

hsplit 함수를 사용하면 배열 D를 두 개의 동일한 크기의 배열들로 수평 분할할 수 있다.

```
A3,B3 = np.hsplit(D, 2)
print(A3)
print('\n', B3)

[[ 3.6  2.1]
 [-1.4  0.7]]

 [[-12.   7.7]
 [2.1  -1.9]]
```

6.1.3 배열의 변형

공학 계산에서 자주 일어나는 일은 아니지만, 배열을 행과 열의 수가 다르게 그 형태를 변형하는 것이 가능하다. 간단한 경우들 중 하나는 다차원 배열을 1 차원으로[1] **평탄화**(flatten) 하는 것이다. 예를 들어, 아래 명령을 사용하여 위 A 배열을 평탄화 할 수 있다

```
a = A.flatten()
print(a)
[ 3.6 2.1 -1.4 0.7]
```

이 방법은 배열을 행 단위로 평탄화하는 것을 알 수 있다. 이 방법은 A의 차원을 바꾸는 것은 아니고, A를 1차원 배열로 재배치(recast)한 결과를 a에 할당한다.

이 시점에서는 다소 혼란스러울 수 있지만, 다른 방법으로, 동일한 배열의 다른 **보기**(view)를 제공하는 ravel 메소드가 있으며, 여기서는 배열을 수정하면 보기와 원래 배열 모두에 영향을 미친다. 이것을 다음 예를 통해 살펴보자.

```
print('\n')
b = A.ravel()
print(b)
b[2] = 99.
print(b)
print(A)

[ 3.6  2.1 -1.4  0.7]
[ 3.6  2.1 99.   0.7]
[[ 3.6  2.1]
 [99.   0.7]]
```

1 파이썬 프로그래머는 종종 배열의 차원을 축이라고 부른다. 그래서 2차원 배열을 1차원으로 평탄화하는 것을 단일 축으로 평탄화 한다고도 말한다.

여기서 먼저, `ravel` 메소드가 `A`를 `b`로 평탄하게 만드는 것을 볼 수 있다. 그 다음 `b`의 세 번째 항목이, `b`의 두 번째 출력에서 보이듯이, 99로 수정된다. 마지막으로, `A`를 다시 출력해 보면, `A`의 대응하는 항목도 99로 변경되었다는 것을 볼 수 있다. `b`와 `A`는 메모리의 같은 위치를 가리키지만 다른 보기(view)를 제공하고 있는 것이다.

또한 배열의 행과 열의 수를 다르게 변형할 수 있다. 다음은 그 예이다.

```
B = np.array([[1., 3., 5.], [2., 4., 6.]])
D = B.reshape(3,2)
print(D)

[[1.  3.]
 [5.  2.]
 [4.  6.]]
```

`B` 배열은 계속 2행 3열로 유지되고 `D`에 3행 2열로 변형된 배열이 저장된다. `ravel` 메소드처럼 `reshape` 메소드도 배열의 다른 보기를 제공한다. 다른 방법으로, 배열 자체를 변형하는 `resize` 메소드도 있다.

또한 외부 텍스트 파일에서 데이터를 읽는 NumPy의 `loadtxt` 함수를 사용하여 배열을 만들 수도 있다. 이와 관련한 예는 이전 장에서 살펴본 바 있다.

6.2 인덱싱: 배열 첨자

배열의 개별 원소 또는 원소들의 집합에 접근하는 것은 매우 자주 있는 일이다. 이를 위해 **첨자**(subscript)라고도 부르는 **인덱스**(index)를 사용한다. 이는 수학 표현과 파이썬 배열을 연관시킬 때 중요한 점이면서 동시에 혼동을 야기시키는 근본적인 원인이기도 하다. 이를 [그림 6.2]에 나타내었다. 그림을 관찰해 보면 수학에서 첨자는 일반적으로 시작 값이 1인데 반해, 파이썬 첨자의 시작 값은 0이다.[2]

$$\begin{bmatrix} x_{11} & x_{12} & x_{13} & x_{14} \\ x_{21} & x_{22} & x_{23} & x_{24} \\ x_{31} & x_{32} & x_{33} & x_{34} \end{bmatrix} \quad \begin{bmatrix} x_{[0,0]} & x_{[0,1]} & x_{[0,2]} & x_{[0,3]} \\ x_{[1,0]} & x_{[1,1]} & x_{[1,2]} & x_{[1,3]} \\ x_{[2,0]} & x_{[2,1]} & x_{[2,2]} & x_{[2,3]} \end{bmatrix}$$

그림 6.2 수학 및 파이썬 배열 인덱싱.

---

2 다른 프로그래밍 언어를 사용할 때 이 점을 유의하는 것이 중요하다. MATLAB은 수학 표현에 맞춰 시작 값이 1인 첨자를 활용한다. 엑셀의 VBA는 0 기반 첨자를 사용하지만 옵션으로 1 기반으로 전환하는 것이 가능하다. C/C++ 언어는 첨자 시작 값으로 0을 사용하고 포트란(Fortran) 언어는 1을 기반으로 한다.

먼저 다음의 간단한 1차원 배열을 고려한다.

```
import numpy as np

a = np.array([1.2, 3.5, 7.9, 8.4, 9.9])
print(a[2])

7.9
```

인덱스 2가 사용되었는데 배열의 세 번째 원소가 선택되는 것을 볼 수 있다.

다음으로 2차원 배열을 사용하여 이를 좀 더 자세히 설명한다. 첨자를 위해 대괄호 [•]가 사용된 것을 주목한다.

```
B = np.array([[1., 3., 5.], [2., 4., 6.]])
print(B[1,2])

6.0
```

위에서 [1,2] 인덱스는 두 번째 행, 세 번째 열에 있는 B의 원소를 의미한다. 익숙해지려면 약간의 시간이 걸릴 수 있으니 인내심을 가지기 바란다. 계속 훈련하면 자연스러워질 것이나.

다음으로 인덱싱에서 콜론(:)의 사용을 소개한다. 단독으로 사용될 때 콜론은 "모든"을 의미한다. 위의 B 배열에 대해 사용한 예를 다음에 보인다.

```
print(B[:, 1])

[3. 4.]
```

두 번째 열(인덱스 1)의 모든 행이 추출되어 콘솔에 표시된다.

콜론을 사용하여 첨자의 범위를 지정할 수도 있다. 여기서 좀 더 혼란스러워질 수 있다. 다음에 그 예가 있다.

```
print(a[1:3])

[3.5 7.9]
```

배열의 두 번째 및 세 번째 원소가 선택된다. 0부터 시작하는 인덱싱을 사용하므로 두 번째부터 네 번째 원소까지 선택되는 것을 예상했을 수 있지만 그렇지 않다. arange 함수와 range 유형에서와 마찬가지로 [1:3]을 사용하면 최종 인덱스 3에 해당하는 원소는 포함되지 않는다. 이 방법을 확장하여 다음의 배열에서 두 번째 및 세 번째 행과 열을 선택해보겠다.

$$\begin{bmatrix} 3 & -2 & 7 & 1 \\ 4 & -1 & 6 & 5 \\ 9 & -8 & 4 & 2 \\ -5 & 8 & -7 & -3 \end{bmatrix}$$

이를 위한 코드는 다음과 같다.

```
import numpy as np

Z = np.array([[ 3, -2, 7, 1],
              [ 4, -1, 6, 5],
              [ 9, -8, 4, 2],
              [-5, 8, -7, -3]])
print(Z[1:3,1:3])

[[-1  6]
 [-8  4]]
```

첨자는 for 루프에서 인덱스로 많이 사용된다. 예를 들어, 아래 스크립트는 a의 원소들을 제곱하고 그 합을 계산한다.

```
sumsqa = 0
for i in range(5):
    sumsqa = sumsqa + a[i]**2
print(sumsqa)

244.67000000000002
```

4장에서 학습한 대로 위 range 유형은 0에서 4까지의 시퀀스를 생성할 것이므로, 이는 0부터 시작하는 배열의 0 기반 인덱싱과 잘 일치한다는 것을 알 수 있다. 다섯 원소의 제곱 값은 sumsqa 변수에 누적된다. sumsqa 변수는 먼저 0을 할당하여 초기화해야 한다. 그렇지 않으면 등호 오른쪽에 sumsqa를 사용하는 명령문에 오류가 발생한다. 변수가 생성될 때 0으로 자동으로 설정되는 다른 프로그래밍 언어를 사용했다면 이 과정이 반드시 필요한 것은 아니다.

마찬가지로, 다음과 같이 중첩된 for 루프를 이용하여 B 배열의 제곱근을 누적할 수 있다.

```
sumsqrtB = 0
for i in range(2):
    for j in range(3):
```

```
        sumsqrtB = sumsqrtB + np.sqrt(B[i,j])

print(sumsqrtB)

10.83182209022494
```

여기서 i 인덱스는 행 0과 1을 위한 것이고, j 인덱스는 열 0, 1, 2을 위한 것이다.

배열과 첨자로 작업할 때 0 기반 첨자가 사용된다는 점과 콜론을 사용한 범위 지정에서 첨자가 사용되는 방식에 대해 항상 염두에 두어야 한다. 때때로 손으로 스케치를 해서 제대로 하고 있는지를 확인하고, 결과도 주의 깊게 보기 바란다.

6.3 배열 연산

배열에 적용되는 수학 연산에는 크게 두 가지 유형이 있다. 하나는 항목별(item-by-item) 연산이라고도 부르는 배열 연산(array operations)이고, 다른 하나는 벡터/행렬 연산(vector/matrix operations)이다. 두 유형의 연산에서 덧셈, 뺄셈, 상수에 의한 곱셈/나눗셈의 결과는 같다. 그러나 곱셈과 나눗셈 경우에는 차이가 있다. 아래 예에서 배열 a를 상수 3으로 나누기하는 것을 보인다. 그 결과는 예상하는 것과 같이 a의 각 원소가 3으로 나누어져서 a와 같은 차원 또는 형태(shape)의 배열을 얻는다. 이것을 배열 연산이라고 부르며 원소별로 동작이 일어나는 특성을 가지고 있다.

```
a = np.array([1.2, 3.5, 7.9, 8.4, 9.9])
b = a/3
print(b)

[0.4        1.16666667 2.63333333 2.8        3.3       ]
```

덧셈과 뺄셈의 연산에는 제약 조건이 있다. 배열들이 같은 형태(또는 차원)를 가져야 한다는 것이다. 다음에 성공한 것과 잘못된 것의 두 가지 예를 들어 설명한다.

```
import numpy as np

a = np.array([1.,3.,5.])
b = np.array([2.,4.,6.])

print(a+b)

d = np.array([7.,9.])
print(a+d)
```

```
[ 3.   7.   11.]

ValueError: operands could not be broadcast together with
shapes (3,) (2,)
```

a와 b의 배열은 같은 수의 원소를 가진 것을 볼 수 있으며, 덧셈은 예상대로 항목별 합을 생성한다. 그러나 a와 d의 덧셈이 시도될 때는, 둘의 형태가 다르기 때문에 오류가 난다.

이제 곱셈과 나눗셈을 살펴본다. 마지막 예에서 a를 b로 곱하려고 하면 어떻게 되는가?

```
print(a*b)

[ 2. 12. 30.]
```

덧셈과 뺄셈처럼 곱셈도 항목별로 일어난다는 것을 알 수 있다. 나눗셈도 마찬가지다. 하지만, 다음 절에서 보겠지만, 벡터 내적 같은 연산을 수행하고자 할 때는 차이가 있다.

배열 연산이 사용되는 좀 더 복잡한 상황을 보겠다. 다음 코드는 여러 개의 항이 있는 다항식에 대한 계산을 수행한다. 항별로 연산이 수행되어 3개의 원소를 가진 배열이 만들어진다.

```
import numpy as np

x = np.array([0.1,0.2,0.3])
print(x**3 - 2*x**2 + 0.4*x + 3)

[3.021 3.008 2.967]
```

내장 함수를 사용할 때 주의해야할 점이 있다. 예를 들어, 만약 x 배열의 사인 값을 계산하고 싶다면, 다음과 같이 시도할 수 있다.

```
import math
import numpy as np

x = np.array([0.1, 0.2, 0.3])

print(math.sin(x))

TypeError: only size-1 arrays can be converted to Python scalars
```

위 예는 배열 연산을 위해 math 모듈의 sin 함수를 사용할 수 없다는 것을 분명히 보여준다. 반면, 아래의 코드를 보자.

```
print(np.sin(x))

[0.09983342 0.19866933 0.29552021]
```

NumPy 모듈에 있는 sin 함수는 배열 연산을 지원한다.

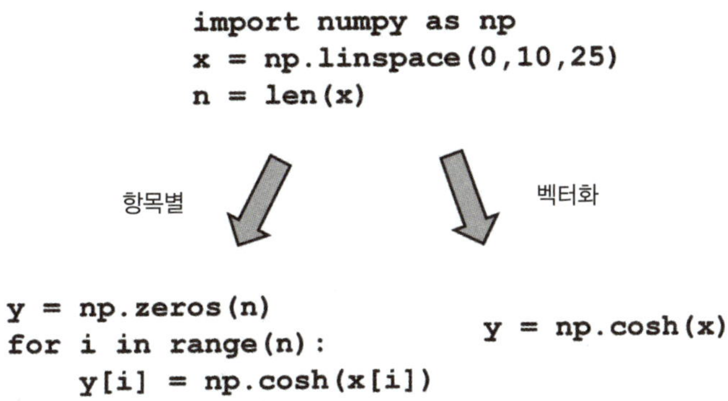

그림 6.3 항목별 계산과 벡터 계산의 대조.

[그림 6.3]은 항목별 계산과 벡터 계산을 대비시켜 보여준다. 항목별 계산에서 for 루프는 각 항목의 하이퍼볼릭 코사인 값을 계산하기 위해 모든 항목을 순환하는 데 사용된다. 벡터 계산에서는 전체 x 배열을 np.cosh 함수의 인수로 전달하면 대응하는 y 배열이 생성되므로 연산이 매우 단순해졌다. 또한 항목별 접근 방법을 사용하면 for 루프에서 값을 채우기 전에 먼저 y 배열을 준비해야 한다는 점을 유의해야 한다. 또는 빈 y 배열을 생성한 후 append 메소드를 사용하여 추가해 나갈 수도 있다.

예제 6.1 배열을 이용한 사례 연구

이 예제에서는, 하나 또는 그 이상의 파라미터 값을 특정 범위 내에서 변화시켰을 때 그에 따른 계산 결과의 변화를 관찰한다. 이를 위해, 배열과 배열 연산을 사용한다.

[그림 6.4]는 부피 유량(volumetric flow rate)[3]이 Q(m^3/s)인 물이 흐르는 개방형, 직사각형 수로(channel)를 보여주고 있다. 수로의 폭은 B(m)이고, 물의 깊이 d(m)이다. 수로 표면의 특성은 거칠기 계수 (roughness factor) n으로 기술되었으며, 수로의 기울기는 S(m/m)이다.

건설 공학자(civil engineer)들은 다음의 **매닝 방정식**(Manning's equation)을 사용하여 수로의 특성, 수심 및 부피 유량 사이의 관계를 정량화 한다.

3 (옮긴이) 단위시간당 이동하는 유체의 부피.

$$Q = \frac{1}{n} \frac{(d\,B)^{\frac{5}{3}}}{(B+2d)^{\frac{2}{3}}} \sqrt{S} \tag{6.1}$$

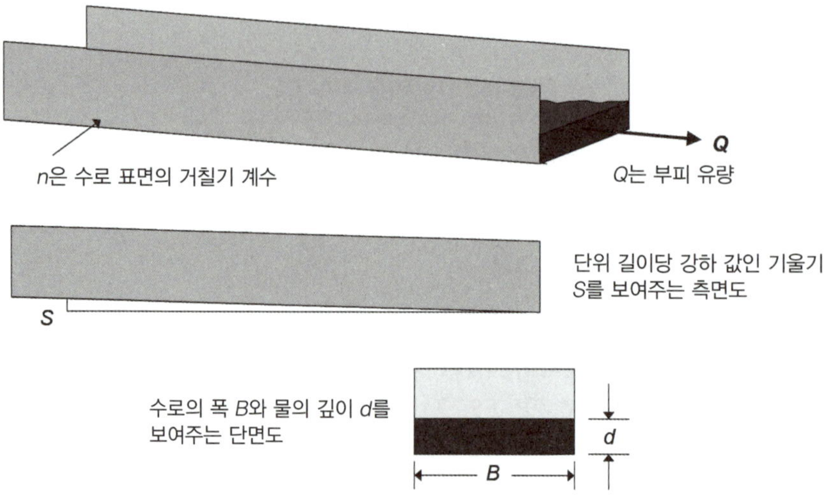

그림 6.4 열린 수로에서 물의 흐름.

사례 연구를 위해서, 위 식에 사용된 파라미터들이 $B=4$ m, $n=0.017$, $S=0.0015$ m/m으로 고정되고 깊이만 0.2와 2 m 범위에서 변하면 유량이 어떻게 달라지는지를 계산하는 파이썬 스크립트를 만들고자 한다. 계산 결과는 플롯을 통해 보이겠다. [그림 6.5]에 이 사례 연구를 위한 파이썬 스크립트를 보이고 있다

```
import numpy as np
import matplotlib.pyplot as plt

B = 4 # m
n = 0.017
S = 0.0015 # m/m

def Manning(d,B,n,S):
    Q = 1/n * (d*B)**(5/3) / (B + 2*d)**(2/3) * np.sqrt(S)
    return Q

d = np.linspace(0.2,2.)
Q = Manning(d,B,n,S)

plt.plot(d,Q,c='k')
plt.grid()
plt.xlabel('Water Depth - m')
plt.ylabel('Flow Rate - m3/s')
```

그림 6.5 개방형 수로의 부피 유량에 대한 사례 연구를 위한 파이썬 스크립트.

함수 Manning은 주어지는 네 개의 인수 d, B, n, S에 대해 공식의 결과 값을 계산한다. Manning 함수가 호출될 때 *d* 값은 배열로 *B*, *n*, *S*는 단일 파라미터 값으로 제공된다. 함수 호출의 결과로 배열 *Q*가 만들어지고, *Q* 대 *d*의 플롯이 만들어진다. 이 플롯은 [그림 6.6]에 나타나 있다.

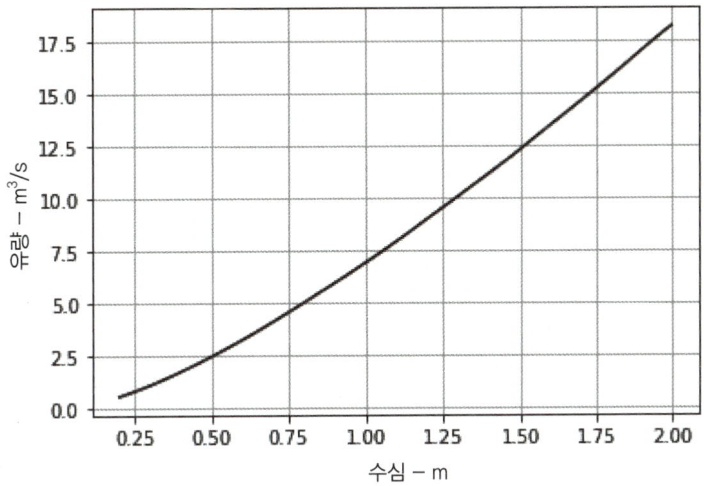

그림 6.6 개방형 수로의 유량 대 수심 플롯.

그림에서 유량이 약 0.5에서 18 m^3/s까지 달라진다는 것을 관찰할 수 있다. 또한, 유량과 수심의 관계는 낮은 깊이에서는 선형이 아니지만 높은 깊이에서는 선형에 가까워지는 것을 알 수 있다.

이제, 이 사례 연구를 확장하여 거칠기 계수 *n*과 같은 다른 파라미터의 변화를 포함시키고자 한다. 이 계수는 매끄러운 유리선(glass-line) 수로의 경우에 해당하는 0.010에서 자연 토양 표면을 가진 수로의 경우인 0.030까지 값이 변한다는 것이 알려져 있다. 5장에서 두 개의 변수가 있는 경우 meshgrid 함수를 사용하여 등고선 플롯을 어떻게 만들었는지를 기억할 것이다. 이를 위한 파이썬 스크립트는 [그림 6.7]에 나와 있다. 이로부터 만들어진 등고선 플롯은 [그림 6.8]에 나와 있다.

```
import numpy as np
import matplotlib.pyplot as plt

B = 4 # m
S = 0.0015 # m/m

def Manning(d,B,n,S):
    Q = 1/n * (d*B)**(5/3) / (B + 2*d)**(2/3) * np.sqrt(S)
    return Q
```

```
d = np.linspace(0.2,2.)
n = np.linspace(0.010,0.030)
D,N = np.meshgrid(d,n)
Q = Manning(D,B,N,S)

cplot = plt.contour(D,N,Q,colors='k')
plt.grid()
plt.xlabel('Water Depth - m')
plt.ylabel('Roughness coefficient')
plt.clabel(cplot)
plt.title('Flow Rate - m3/s')
```

그림 6.7 수심과 거칠기 계수의 두 개 파라미터 사례 연구를 위한 파이썬 스크립트.

[그림 6.7]의 파이썬 스크립트는 `meshgrid` 함수에 의해 생성된 2차원 배열, `D`와 `N`이 `Manning` 함수로 전달되고, 계산 결과인 유량이 2차원 변수 `Q`로 반환되는 과정을 보여준다. 그 다음 Matplotlib `pyplot` 모듈의 `contour` 함수가 사용되어 플롯을 생성한다. 그림에서 등고선은 유량이 동일한 점들이며, 연구 대상인 두 파라미터들의 값에 따라 등고선이 어떻게 변하는지 관찰할 수 있다.

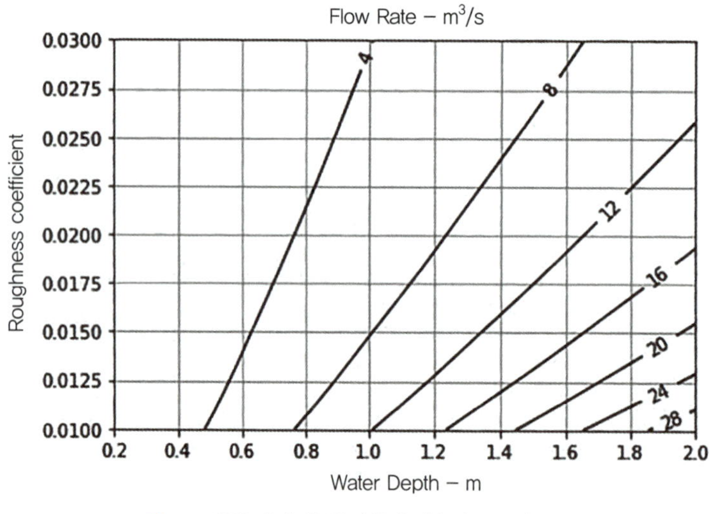

그림 6.8 유량 대 수심 및 거칠기 계수의 등고선 플롯.

파이썬 코드를 작성하고 수식을 만들면서 배열과 배열 연산을 지원하는 것이 중요한지를 고려해야 한다. 만약 그렇다면 NumPy 모듈의 내장 함수를 사용하거나 사용자 정의 함수로 비선형 함수를 구현할 때 모두 주의가 필요하다.

6.4 벡터/행렬 연산

다차원 배열을 사용하는 계산은 공학과 과학에서 자주 접한다. 수치를 벡터와 행렬로 나타내는 것은 이런 계산 작업을 종종 간결하고 효율적으로 할 수 있게 한다. 예를 들어 다음과 같은 연립 선형 대수 방정식을 고려한다.

$$\begin{aligned} -2x_1 + 5x_2 &= 43 \\ 7x_1 + 0.5x_2 &= -9 \end{aligned} \tag{6.2}$$

위를 다음과 같이 벡터/행렬 형태로 편리하게 표현할 수 있다.

$$\begin{bmatrix} -2 & 5 \\ 7 & 0.5 \end{bmatrix} \cdot \begin{bmatrix} x_1 \\ x_2 \end{bmatrix} = \begin{bmatrix} 43 \\ -9 \end{bmatrix} \tag{6.3}$$

그리고 아래에 표시된 정의를 사용하여, 더 간결하고 일반화된 형태로 위 식을 표현할 수 있다.

$$\mathbf{A} = \begin{bmatrix} -2 & 5 \\ 7 & 0.5 \end{bmatrix}, \quad \mathbf{x} = \begin{bmatrix} x_1 \\ x_2 \end{bmatrix}, \quad \mathbf{b} = \begin{bmatrix} 43 \\ -9 \end{bmatrix} \quad \Rightarrow \quad \mathbf{Ax} = \mathbf{b} \tag{6.4}$$

위 식의 배치는 행렬/벡터 곱셈의 개념이 도입된 것을 보여준다.

6.4.1 행렬/벡터 곱셈

[그림 6.9]는 행렬/벡터 곱셈을 묘사하고 있다. 이 그림을 설명하는 한 가지 방법은 행렬의 첫 번째 행을 가져다 **x** 벡터에 "부은(pour)" 후, 쌍을 이루는 원소끼리 곱한 후 더한다고 보는 것이다. 이 과정은 두 번째 행에 대해서도 반복된다. 이 결과들을 위 **b** 벡터의 원소들과 매칭시키면 해당 연립 선형 방정식을 형성하게 된다.

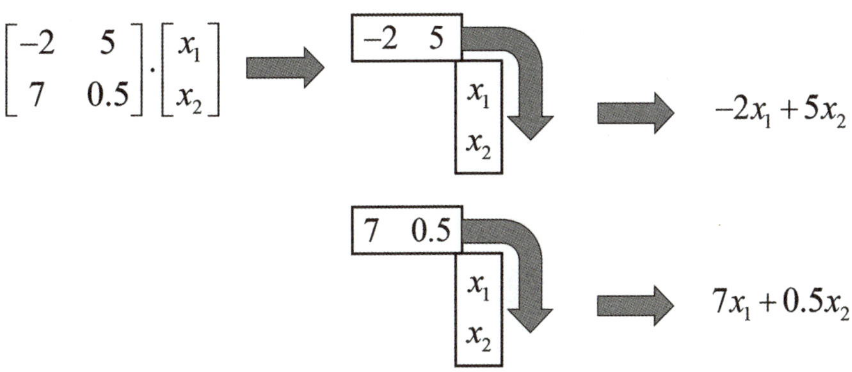

그림 6.9 행렬/벡터 곱셈의 예시.

위 선형 방정식 예에서 하나의 스칼라 결과를 계산하기 위해 행 벡터와 열 벡터를 어떻게 곱하는지 좀 더 알아보겠다. [그림 6.10]에 예를 들어 보이고 있다. 이를 **내적**(inner product) 또는 **점곱**(dot product)이라고 한다. 여기에서 자명한 요구 사항은 두 배열의 원소 수가 같아야 한다는 것이다.

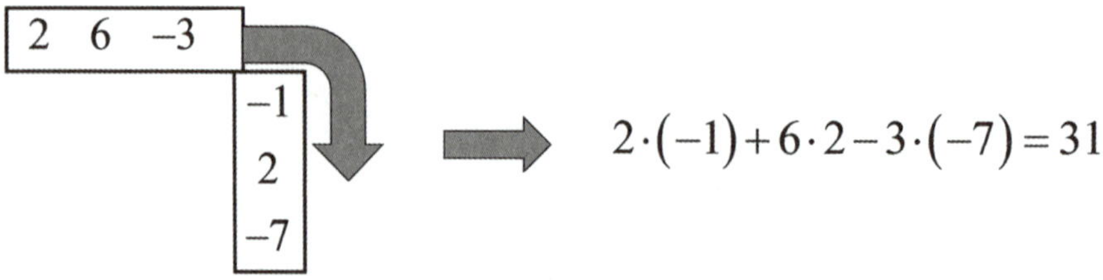

그림 6.10 스칼라 결과를 얻기 위한 행 벡터×열 벡터.

파이썬에서 두 배열의 내적 또는 점곱을 어떻게 수행하는 방법을 알아본다. 아래 코드는 dot 메소드를 사용하는 방법을 보여주고 있다.

```
import numpy as np

a = np.array([0.5, 1.7, -6.2, 4.3])
b = np.array([-0.7, 3.3, 5.1, -7.2])
c = a.dot(b)
print(c)

-57.32
```

다음으로 **행렬 곱셈**을 수행하는 방법을 알아본다. [그림 6.11]은 그 과정을 보여주고 있다.

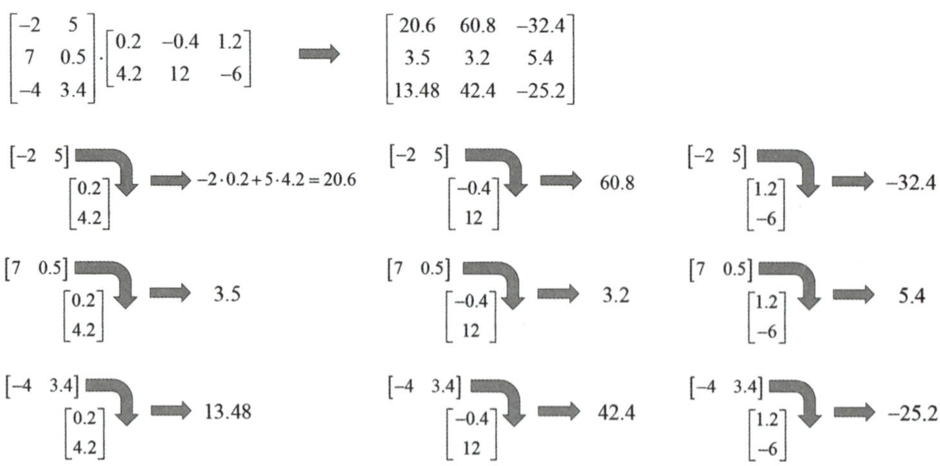

그림 6.11 행렬 곱셈의 예시 그림.

그림에서 첫 번째 행렬의 각 행과 두 번째 행렬의 각 열이 내적을 수행하는 것을 볼 수 있다. 예를 들어 첫 번째 행렬의 세 번째 행과 두 번째 행렬의 두 번째 열의 곱은 결과 행렬에서 대응하는 (즉, 3행 2열에 해당하는) 원소를 만든다. 결과적으로 3×2 행렬이 2×3 행렬에 곱해져서 3×3 행렬을 생성하는 것을 볼 수 있다. 원소 c_{ij}를 생성하는 내적 과정을 자세히 설명하는 [그림 6.12]은 행렬 곱셈 $\mathbf{C} = \mathbf{A} \cdot \mathbf{B}$이 진행되는 과정과 요구조건을 보여준다. 즉, 이 그림에서 행렬 **A**와 **B**의 내부 차원 n이 일치해야 함을 알 수 있으며 (서로 "상쇄(canceling out)"하고 외부 차원만 남는다), 외부 차원 m과 p는 곱셈의 결과 행렬 **C**의 차원이 된다.

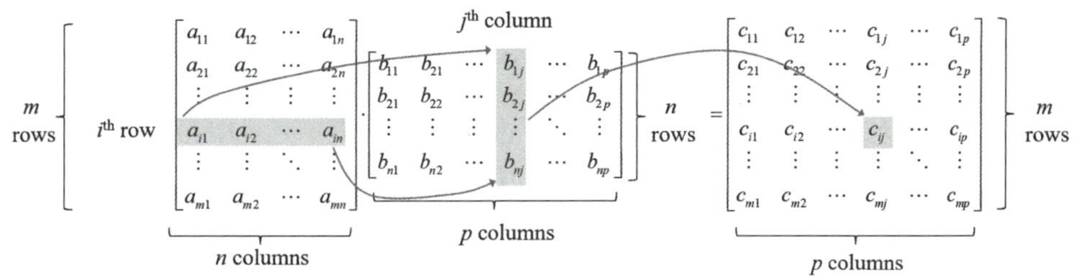

$$c_{ij} = a_{i1}b_{1j} + a_{i2}b_{2j} + \cdots a_{in}b_{nj} = \sum_{k=1}^{n} a_{ik}b_{kj}$$

$$[m \times n] \cdot [n \times p] \Rightarrow [m \times p]$$

그림 6.12 행렬 곱셈 과정 및 차원 요구조건이 보이는 예시.

[그림 6.12]을 이용해서 행렬 곱셈을 구현하기 위한 파이썬 함수를 다음과 같이 만들 수 있다. 여기에서도 0 기반 인덱싱이 사용됨을 주의한다.

```
import numpy as np

def matmult(A,B):
    (m,nA) = A.shape
    (nB,p) = B.shape
    if nA != nB:
        return "matrix inner dimensions are not equal"
    n = nA
    C = np.zeros((m,p))
    for i in range(m):
        for j in range(p):
            for k in range(n):
                C[i,j] = C[i,j] + A[i,k]*B[k,j]
    return C
```

matmult 함수는 인수인 A와 B 행렬의 행과 열의 수를 각각의 shape 속성을 사용하여 판단한다. 이를 통해 내부 차원이 동일한지 확인하고 그렇지 않은 경우 오류 메시지를 반환하고 종료한다. 차원이 동일하면 행렬 곱셈의 결과를 담기 위한 배열 C를 만들고 0으로 초기화 시킨다. 행렬 곱셈은 세 개의 중첩 for 루프를 사용하여 수행된다. 외부 for 루프는 C의 행의 개수에 대응하여 i 인덱스를 0에서 m-1까지 반복한다. 다음 내부 for 루프는 C의 열의 개수에 대응하여 j 인덱스를 0에서 p-1까지 반복한다. 가장 안쪽 루프는 A의 i 행과 B의 j 열의 내적을 계산하여 C의 i, j 원소를 산출한다. 아래는 [그림 6.11]에 보인 예를 사용하여 matmult 함수를 테스트한다.

```
A = np.array([[-2, 5],[7, 0.5],[-4, 3.4]])
B = np.array([[0.2, -0.4, 1.2],[4.2, 12, -6]])
C = matmult(A,B)
print(C)

[[ 20.6   60.8  -32.4 ]
 [ 3.5     3.2    5.4 ]
 [ 13.48  42.4  -25.2 ]]
```

다른 방법으로, 행렬 곱셈을 위한 dot 메소드를 사용할 수 있다.

```
D = A.dot(B)
print(D)

[[ 20.6   60.8  -32.4 ]
 [3.5      3.2    5.4 ]
 [ 13.48  42.4  -25.2 ]]
```

dot 메소드가 간결한 방식으로 행렬 곱셈을 계산해주므로, matmult 함수를 꼭 자체 개발할 필요는 없었다. 그러나 matmult 함수는 이 연산이 어떻게 일어나는지를 보여 주고 있다.

6.4.2 전치

또 하나 흔히 사용되는 벡터/행렬 관련 연산은 **전치**(transpose)이다. 배열이 전치되면, 아래 예시된 바와 같이, 배열의 행은 열이 되고 열은 행이 된다.

$$\begin{bmatrix} -2 & 5 \\ 7 & 0.5 \\ -4 & 3.4 \end{bmatrix}^{T} = \begin{bmatrix} -2 & 7 & -4 \\ 5 & 0.5 & 3.4 \end{bmatrix} \tag{6.5}$$

위 식에서 전치 연산은 위 첨자 T로 표기되었다. 파이썬은 전치 연산을 구현하기 위한 transpose 메소드를 제공한다. 아래에 그 사용 예를 보인다.

```
import numpy as np

A = np.array([[-2, 5],[7, 0.5],[-4, 3.4]])
B = A.transpose()
print(A)
print(B)

[[-2.   5. ]
 [ 7.   0.5]
 [-4.   3.4]]
[[-2.   7.  -4. ]
 [ 5.   0.5  3.4]]
```

6.4.3 역행렬

이 장에서 고려하는 마지막 행렬 연산은 **행렬의 역**(matrix inverse)이다. 역행렬은 정방 행렬(square matrix, 행과 열의 수가 동일)에만 적용된다. 우리는 스칼라 계산에서 역(inverse)의 개념에 익숙하다. 다음은 그 예이다.

$$a \cdot \frac{1}{a} = 1 \qquad \sin(\theta) \cdot \sin^{-1}(\theta) = 1 \qquad \ln(\exp(1)) = 1$$

나눗셈이든 함수를 통해서든 어떤 수에 역을 적용한 결과는 숫자 1이 된다. 행렬은 역행렬을 곱하면 숫자 1이 아니고 대각선 원소가 모두 1인 행렬을 만든다. 이것은 **항등 행렬**(identity matrix)이라고 불린다.

$$\mathbf{A} \cdot \mathbf{A}^{-1} = \mathbf{I} \tag{6.6}$$

예를 들면 아래와 같다.

$$\begin{bmatrix} -2 & 5 \\ 7 & 0.5 \end{bmatrix} \cdot \begin{bmatrix} ai_{11} & ai_{12} \\ ai_{21} & ai_{22} \end{bmatrix} = \begin{bmatrix} 1 & 0 \\ 0 & 1 \end{bmatrix} \tag{6.7}$$

여기서 ai_{ij}의 값은 역행렬의 원소들을 나타낸다. 이 원소들은 다음 결과에서 보듯이 행렬 곱셈을 통해 4개의 연립 선형 방정식을 도출하여 풀 수 있다.

$$
\begin{aligned}
-2ai_{11} + 5ai_{21} &= 1 \\
-2ai_{12} + 5ai_{22} &= 0 \\
7a_{11} + 0.5ai_{21} &= 0 \\
7ai_{12} + 0.5ai_{22} &= 1
\end{aligned}
\qquad
\begin{bmatrix} -2 & 5 \\ 7 & 0.5 \end{bmatrix}^{-1} = \begin{bmatrix} -\frac{1}{72} & \frac{5}{36} \\ \frac{7}{36} & \frac{1}{18} \end{bmatrix} \tag{6.8}
$$

다음과 같이 파이썬 스크립트에서 행렬 곱셈을 사용하여 이 역행렬을 테스트할 수 있다.

```
import numpy as np

A = np.array([[-2, 5], [7, 0.5]])
AI = np.array([[-1/72, 5/36], [7/36, 1/18]])

print(A.dot(AI))

[[1.00000000e+00 0.00000000e+00]
 [1.38777878e-17 1.00000000e+00]]
```

연산 결과는 왼쪽 하단 원소에 작은 반올림 오차가 있는 항등 행렬이 됨을 알 수 있다.

위의 예는 역행렬에 대한 설명을 잘하고 있지만, 수치적인 방법으로 역행렬을 계산한 것은 아니다. 이 책의 8장에서 그에 대한 설명을 한다. 그 전에 NumPy의 `linalg` 하위 모듈에 있는 `inv` 함수를 사용하여 역함수를 얻는 방법을 아래에 보인다.

```
from numpy import linalg

Ainv = linalg.inv(A)
print(Ainv)
print(Ainv.dot(A))

[[-0.01388889   0.13888889]
 [ 0.19444444   0.05555556]]

[[1.00000000e+00  1.38777878e-17]
 [0.00000000e+00  1.00000000e+00]]
```

위에서 `Ainv`가 역행렬인지를 확인하기 위해 행렬 곱셈 `Ainv·A`를 한 결과를 뒤에 보이고 있다. 또한, 위의 마지막 두 예로부터 $\mathbf{A}^{-1} \cdot \mathbf{A}$가 $\mathbf{A} \cdot \mathbf{A}^{-1}$와 같은 결과를 제공한다는 것을 볼 수 있다. 다시 말해서, 행렬과 역행렬의 곱셈에서 둘의 순서는 **교환적**(commutative)이다. 하지만 일반적으로 행렬의 곱셈은 교환적이지 않다, 즉 일반적으로 $\mathbf{A} \cdot \mathbf{B} \neq \mathbf{B} \cdot \mathbf{A}$이다. 더구나 정방 행렬(square matrix)이 아니라면 행렬 곱셈의 요구조건을 만족하지 않으므로 연산 자체가 불가능하다.

지금까지 dot 메소드로 배열들의 벡터 내적과 행렬 곱셈을 수행하는 것을 보았지만, NumPy linalg 모듈은 이외에도 다른 선형 대수 관련 연산들을 수행할 수 있는 많은 함수들을 가지고 있다. 예를 들어, matmul와 vdot 같은 함수들이 있다. 더 많은 정보는 NumPy 매뉴얼(https://numpy.org/doc/stable/)[4]에서 얻을 수 있다.

예제 6.2 벡터/행렬 연산을 이용한 연립 선형 방정식 풀이

아래에 본 절의 첫 번째 예를 다시 보인다.

$$-2x_1 + 5x_2 = 43$$

$$7x_1 + 0.5x_2 = -9$$

이 연립방정식은 벡터/행렬 표기법으로 다음과 같이 표현할 수 있다.

$$\begin{bmatrix} -2 & 5 \\ 7 & 0.5 \end{bmatrix} \cdot \begin{bmatrix} x_1 \\ x_2 \end{bmatrix} = \begin{bmatrix} 43 \\ -9 \end{bmatrix}$$

또는 다음과 같이 간결하게 표현할 수 있다.

$$\mathbf{Ax} = \mathbf{b} \tag{6.9}$$

여기서,

$$\mathbf{A} = \begin{bmatrix} -2 & 5 \\ 7 & 0.5 \end{bmatrix}, \quad \mathbf{x} = \begin{bmatrix} x_1 \\ x_2 \end{bmatrix}, \quad \mathbf{b} = \begin{bmatrix} 43 \\ -9 \end{bmatrix}$$

이와 같이 일반적인 연립 선형 방정식은 마지막 형태인 $\mathbf{Ax} = \mathbf{b}$로 표현될 수 있다. 이 벡터/행렬 방정식의 양변에 $\mathbf{A}$ 행렬의 역행렬을 곱하면 어떤 일이 일어나는지 생각해 보자.

$$\mathbf{A}^{-1} \cdot \mathbf{A} \cdot \mathbf{x} = \mathbf{A}^{-1} \cdot \mathbf{b} \tag{6.10}$$

첫 번째 곱 $\mathbf{A}^{-1} \cdot \mathbf{A}$는 항등 행렬 $\mathbf{I}$와 같고, $\mathbf{I} \cdot \mathbf{x}$는 $\mathbf{x}$와 같으므로 방정식의 해는 다음과 같이 나타낼 수 있다.

$$\mathbf{x} = \mathbf{A}^{-1} \cdot \mathbf{b} \tag{6.11}$$

이 장에서 배운 연산들을 이 방정식을 푸는 데 사용할 수 있다. 다음은 이 문제를 풀기 위한 파이썬 스크립트이다.

4 6.1절에서 Numpy 배열의 matrix 하위 클래스를 언급했다. 이 배열을 사용하면 * 연산자를 사용하여 행렬 곱셈을 수행할 수 있다.

```
import numpy as np

A = np.array([[-2, 5],[7, 0.5]])
b = np.array([[43],[-9]])

Ainv = np.linalg.inv(A)
x = Ainv.dot(b)
print(x)

[[-1.84722222]
 [ 7.86111111]]
```

위는 선형 대수 방정식을 푸는 간단한 접근 방식이지만, 8장에서 이것이 가장 효율적인 방식은 아니라는 것을 알게 될 것이다. `linalg` 모듈에는 더 나은 방법(알고리즘)을 사용하는 `solve`라는 또 다른 함수도 있다.

연습문제

6.1 파이썬 스크립트를 작성하여 아래에 표시된 2차원 배열을 만들라. 그 다음 명령문을 추가하여 표시된 부분의 배열을 추출하라. **힌트**: 배열 인덱싱에 콜론을 사용한다. `print` 문을 사용하여 결과를 보인다.

1	2	3	4	5
2	3	4	5	6
3	4	5	6	7
4	5	6	7	8

6.2 `for` 루프를 사용하여 1부터 9까지 숫자 중 홀수만 포함하는 1차원 배열을 만드는 파이썬 스크립트를 작성하라. `print`문을 사용하여 결과를 보이라.

6.3 `vstack` 또는 `hstack` 명령을 사용하여 [문제 6.1]의 배열에 다음을 추가하라.

(a) 배열 아래에 다음 행을 추가하라.

−1 −2 −3 −4 −5

(b) 배열 오른쪽에 다음 열을 추가하라.

6

7

8

9

파이썬 코드를 만들고 결과를 보이라.

6.4 파이썬 코드를 작성하여 0에서 5 사이에서 100개의 값을 가진 x 배열을 만든 다음, 이 배열을 사용하여 다음 함수를 적절히 묘사하는 플롯을 만들라.

$$e^{-x/4}(2-x)-1$$

6.5 숫자 7로 채워진 7×7 배열을 만들 수 있는 간결한 파이썬 code를 작성하라. `print` 문을 사용하여 배열을 표시하라.

6.6 아래의 행 배열을 열 배열로 변형하는 파이썬 코드를 작성하라.

$$-1 \quad -2 \quad -3 \quad -4 \quad -5$$

`reshape` 함수를 이용해서 해보고 `transpose` 메소드를 사용한 결과와 비교하라.

6.7 주어진 배열의 모든 원소들을 각각 제곱하여 더한 값의 제곱근을 계산하는 `fnorm` 이라는 이름의 파이썬 함수를 만들라. 이 함수는 1차원은 물론 2차원 배열에 대해서도 동작할 수 있어야 한다. 두 경우에 대해 모두 테스트한다. NumPy의 `linalg` 모듈의 `norm` 함수를 사용한 결과와 비교한다. 이것은 **프로베니우스 노름**(Frobenius norm)이라고 불린다.

6.8 **벡터 곱셈** $\mathbf{x}^T\mathbf{x}$는 $\mathbf{x}$를 자기 자신과 내적시킨 것이다. 보다 일반적인 모습은 아래의 **2차식 형태**(quadratic form)이다.

$$\mathbf{x}^T \cdot \mathbf{Q} \cdot \mathbf{x}$$

여기서 Q는 대칭, 정방 행렬이다. 따라서 Q의 전치 행렬은 Q와 동일하며, 대각선 반대편에 있는 원소는 서로 동일히다.

$$\begin{bmatrix} q_{11} & q_{21} & \cdots & q_{n1} \\ q_{21} & q_{22} & \cdots & q_{n2} \\ \vdots & \vdots & \ddots & \vdots \\ q_{n1} & q_{n2} & \cdots & q_{nn} \end{bmatrix}$$

`x`와 `Q`를 인수로 취하고 2차식 형태의 곱셈을 계산하는 `quadform`라는 이름의 파이썬 함수를 작성하라. 이 함수는 먼저 `x`의 차원이 `Q`의 행 및 열의 개수와 일치하는지 확인해야 한다. 또한 `Q`가 정방 행렬이고 대칭 행렬이라는 것도 확인해야 한다. 테스트한 결과를 보여준다.

6.9 파이썬 스크립트를 작성하여 다음 행렬의 역행렬을 계산하라.

$$\begin{bmatrix} 1.13 & 3.83 & 1.16 & 3.40 \\ 0.53 & 1.79 & 2.53 & 1.54 \\ 3.41 & 4.93 & 8.76 & 1.31 \\ 1.24 & 4.99 & 10.67 & 0.02 \end{bmatrix}$$

계산된 역행렬을 원래 행렬을 곱하여 근사(approximate) 항등 행렬이 만들어지는지 확인하는 시험도 스크립트에 포함되어야 한다.

6.10 NumPy의 `linalg` 모듈의 `inv` 함수와 `dot` 메소드를 사용하는 파이썬 스크립트를 작성하여 아래의 연립 선형 방정식을 풀라. 풀이 결과를 이 방정식을 사용하여 테스트하라.

$$8x_1 + 2x_2 + 3x_3 = 30$$

$$x_1 - 9x_2 + 2x_3 = 1$$

$$2x_1 + 3x_2 + 6x_3 = 31$$

6.11 정방 배열(square matrix)을 입력하면 그 배열의 대각선 원소의 합을 반환하는 `trace`라는 이름의 파이썬 함수를 작성하고 테스트하라. 함수는 입력된 인수가 정사각형 형태인지 확인해야 한다.

6.12 프로베니우스 놈(Frobenius norm)의 대안으로 `absnorm`이라는 이름의 파이썬 함수를 작성하고 테스트하라. 이 놈은 배열의 모든 원소의 절대값의 합을 계산한다.

제 7 장

단일 대수 방정식 풀기

7장의 목표

- 단일 방정식을 풀기 위한 이분(bisecting)법과 가위치(false position)법 등 구간(bracketing)법을 배운다
- 파이썬(Python) 함수를 개발하여 구간법을 구현한다.
- 뉴튼-랩슨(Newton-Raphson)법과 할선(secant)법을 포함하여 단일 방정식을 풀기 위한 개방(open)법의 배경을 이해한다
- 개방법을 구현하기 위해 파이썬 함수를 개발한다.
- 혼합법(hybrid), 구간법/개방법, 브렌트(Brent)법과 SciPy 최적화 모듈에 내장된 brentq 함수를 사용하는 방법에 대해 알아본다.
- 일부 방정식이 연속적인 대입 또는 $x = g(x)$와 같은 순환 형식에서 어떻게 자연스럽게 발생하는지 확인하고 고정점 반복법의 수렴을 제어하는 특성을 이해한다.
- $x = g(x)$와 같은 순환형 방정식의 해를 구하기 위해 고정점 반복법을 파이썬으로 프로그래밍을 한다.
- 고정점 반복법의 향상된 기능인 웨그스타인(Wegstein)법과, 이를 파이썬 함수로 구현하는 방법을 배운다.

수치 문제를 풀 때 엔지니어와 과학자는 할당문 형태의 파이썬 수식으로 구현된 일련의 공식을 자주 계산해야 한다. 그러나 순차 계산 만으로 모든 것이 해결되지는 않는 경우가 많다. 방정식의 수치 해를 구하는 것은 엔지니어와 과학자의 일상적인 일이며, 파이썬으로 이러한 방정식을 풀 수 있도록 잘 준비해야 한다.

해를 구해야 하는 잘 알려진 여러 방정식 종류가 있다. 이 장에서는 단일, 비선형 대수와 초월 방정식을 살펴 본다. **대수 방정식**은 상수, 변수와 더하기, 빼기, 곱하기, 나누기와 거듭제곱의 기본 대수 연산으로 구성된다. 예를 들어 다음과 같은 간단한 다항식이 있다.

$$f(x) = 6x^5 - 3x^3 + 5x + 7 \tag{7.1}$$

초월 방정식은 지수와 삼각 함수와 같은 항을 포함하는 대수학을 "초월"하는 방정식이다. 예를 들어,

$$f(x) = e^{-0.5x} \sin(3x - 1) \tag{7.2}$$

다음 장에서는 파이썬을 사용하여 선형과 비선형 대수 연립방정식과 변화율을 나타내는 방정식인 미분 방정식을 푸는 방법을 배운다. 이 장과 다음 두 장에서는 수치해석법에 대한 기초를 학습한다. 이후 공부를 계속 해가면서 수치해석법에 대한 하나 이상의 과정을 수강할 수도 있지만 여기서 우리의 목적은 현재와 향후 연구에 도움이 되도록 응용하는 방법을 소개하는 것이다.

7.1 하나의 미지수를 가진 단일 비선형 방정식의 성질

일반적인 응용에서는 등호의 양쪽에 항이 있는 방정식이 있다. 다음은 그러한 예이다:

$$\sin(x+2)\cosh(x) = -2 \tag{7.3}$$

방정식을 풀려면 방정식의 좌변이 −2가 되도록 만드는 x 값을 찾아야 한다. 관습적으로 이와 같은 방정식을 풀 때 모든 항을 방정식의 한쪽으로 이동한다. 그러면 다음과 같이 될 것이다.

$$\sin(x+2)\cosh(x) + 2 = 0 \tag{7.4}$$

따라서 **근**은 좌변의 함수를 0으로 만드는 x의 값이다. 보다 일반적으로 나타내면, 근은 다음을 만족한다.

$$f(x) = 0 \tag{7.5}$$

[그림 7.1]에서와 같이 상황을 시각화하는 효과적인 방법은 x 값 범위에 대해 좌변의 $f(x)$를 x에 대한 그래프로 나타내고 동작을 조사하는 것이다. 그래프를 읽으면 약 $x = 1.8$에서 $f(x) = 0$임을 알 수 있다. 이것은 좋은 첫 번째 근사값이지만 방정식의 해 또는 근에 대한 더 정확한 답이 필요할 수 있으므로 다시 그 답을 찾기 위해 시각화 방법으로 돌아가 보자.

다음으로 x에 대한 $f(x)$의 곡선을 0에서 3까지의 x 범위에서 그리는 대신 [그림 7.2]와 같이 −3에서 3까지의 x 범위에서 곡선을 표시한다.

다른 함수를 그래프로 나타내어 [그림 7.3]을 생성한다고 상상해 보자. 이 그래프를 검토하면 이 함수에 근이 없다는 결론에 도달한다. 또는 더 정확하게는 실근이 없다. 여기에 그려진 방정식은 다음과 같다.

$$x^2 - 6x + 13 = 0 \tag{7.6}$$

근의 공식으로 위 2차 방정식의 근을 구해보면 켤레 복소수 쌍 3 ± 2j이 나온다. 이 그래프에서 얻을 수 있는 교훈은 직면한 상황을 더 잘 이해하기 위해 풀려는 방정식의 동작을 그래프로 연구하는 것이 가치가 있다는 것이다.

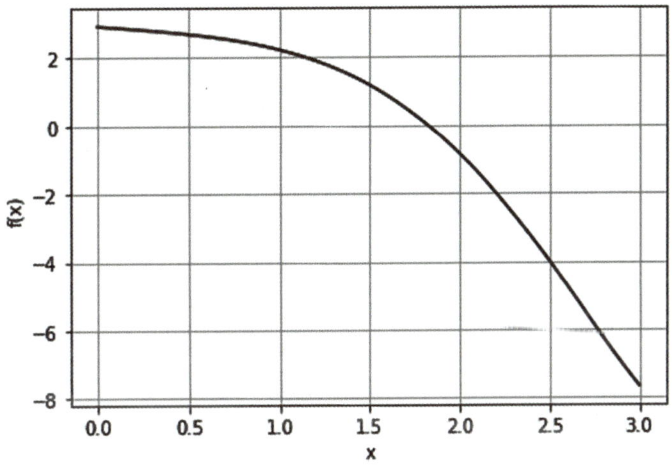

그림 7.1 $f(x)$ 플롯의 예.

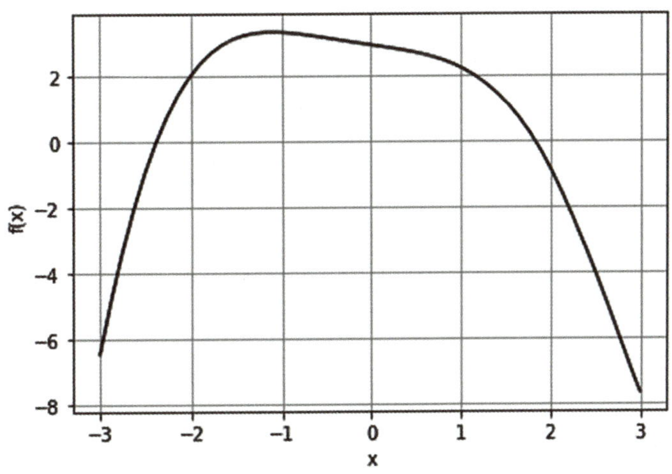

그림 7.2 확대된 x 범위에 대한 식 (7.1)의 플롯.

이제 식 (7.1)의 방정식과 [그림 7.1]로 돌아가서 더 정확한 근을 구할 수 있는 시행착오(trial-and error) 방법을 살펴보자. [표 7.1]은 x 값의 시퀀스와 그에 대응하는 $f(x)$ 결과를 보여준다.

그래프의 초기값 $x = 1.8$에서 시작해서 4번의 추가적인 추정을 사용하여 4개의 유효 숫자로 이루어진 $x = 1.823$이라는 좋은 추정값을 얻을 수 있다.

방정식을 한 번만 풀고 계속 진행한다면 그래프와 시행 착오 방법이 필요한 전부일 수 있다. 이는 간단한 접근 방식이며 한번 만 해를 구하기 위해서는 더 복잡한 기법을 포함할 필요가 없다. 그러나 어쩌면 더 큰 계산 체계의 일부로 이 방정식을 수천 번 풀어야 하거나 매우 정확한 해가 필요할 수도 있다.

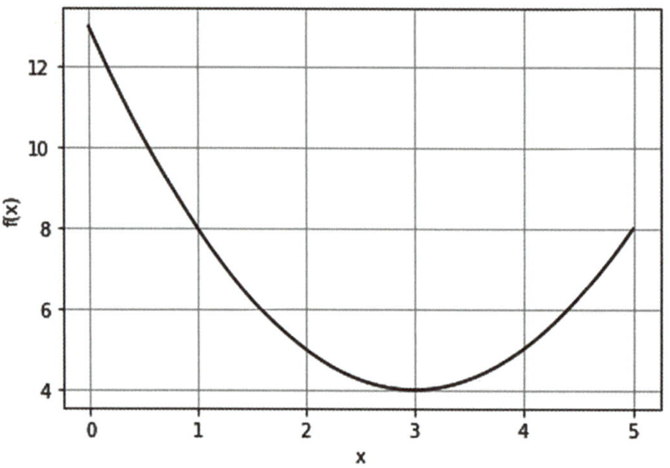

그림 7.3 실근이 없는 함수의 플롯.

표 7.1 시행착오 방법에 의한 값의 순서.

x	$f(x)$
1.8	0.09867
1.82	0.01257
1.84	−0.07539
1.825	−0.00924
1.823	−0.00050

따라서 파이썬으로 프로그래밍할 수 있는 수치적 방법을 살펴봐야 하며 다음 절에서 이 부분을 다룰 것이다.

7.2 구간법 – 이분법

구간법을 사용하는 수치 방법은 실제 근의 양쪽 어디엔가 있을 것으로 추정되는 근에 대해 두 개의 초기 추정값 x_1과 x_2(추측이라고도 하지만 일반적으로 "합리적 추측")가 필요하다. 즉, 근을 "구간"으로 묶는다. [그림 7.1]을 참조하면 초기 추정값으로 0과 3 또는 더 좁게는 1.5와 2를 선택할 수 있다.

초기 추정값이 근을 포함하는지 여부를 어떻게 알 수 있을까? 일반적으로 $f(x_1)$과 $f(x_2)$의 부호는 반대이지만 주의할 필요가 있다. [그림 7.2]를 참조하면 초기 추정값으로 −3과 3을 선택한 경우 둘 다 $f(x)$에 대해 음의 부호를 생성하는데, 이렇게 된 것은 이러한 추정값 사이에 두 개의 근이 있기 때문임을 알 수 있다. 따라서 구간법을 적용할 때 구간 내에 단 하나의 근만 있고 해당 범위에서 $f(x)$가 불연속성과 같은 이상한 특성이 없는 매끄러운 함수인지 확인해야 한다. 엔지니어와 과학자가 해결하는 대부분의 실제 문제는 이와 같겠지만 예외가 있다.

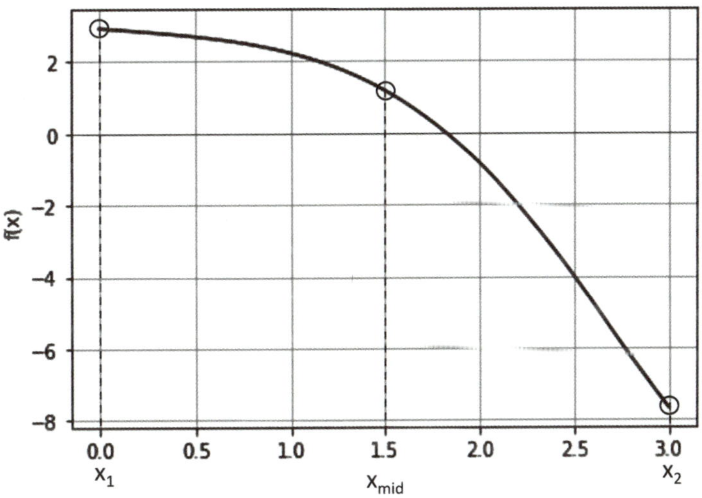

그림 7.4 이분법의 첫 번째 반복 설명.

[그림 7.4]의 그래프를 보면서 가장 간단한 구간법을 소개한다. 초기 추정값으로 $x=0$과 3.0을 선택하면 $f(x_1)>0$이고 $f(x_2)<0$이므로 곱은 $f(x_1)\cdot f(x_2)<0$이 된다.

이분법은 이름에서 알 수 있듯이 그림의 그래프에서 x_{mid}라고 하는 x_1과 x_2 사이의 중간점을 근의 다음 추정값으로 선택한다. 이분법의 다음 단계는 이등분된 두 구간 중에서 어느 구간이 해를 포함하는지 구하는 것이다. 플롯에서 쉽게 알 수 있지만 해석적으로 어떻게 알 수 있을까? 여전히 $f(x)$의 부호 변화를 찾고 있으므로 $f(x_1)$와 $f(x_2)$의 부호를 $f(x_{\text{mid}})$의 부호와 비교할 수 있다. 동일한 부호가 나오면 상황에 맞추어 x_{mid}를 x_1 또는 x_2로 바꾼다. 이렇게 바뀐 구간에 대해 이분법을 다시 수행한다. 위의 경우에서 x_{mid}는 x_1으로 대체되고 다음 이분법 수행은 [그림 7.5]와 같이 이루어진다.

[그림 7.5]에서 중간점은 $x = 2.25$이고 근이 x_1과 x_{mid} 사이에 있음을 알 수 있다. 따라서 이분법을 세 번째 반복하면 x_{mid}는 x_2가 된다.

원래 구간의 간격은 3이다. 두 번째 구간 간격은 1.5이고 세 번째 구간 간격은 0.75이다. 근을 포함하는 간격은 반복할 때마다 절반으로 줄어든다. 이분법이 n회 반복 수행되는 경우 근을 포함하는 최종 불확실성 간격은 다음과 같이 지정된다.

$$\frac{\text{초기 간격}}{2^n}$$

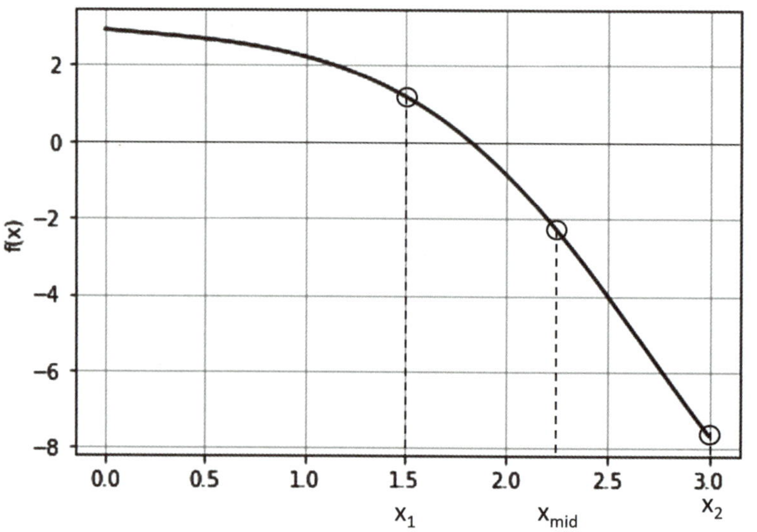

그림 7.5 이분법의 두 번째 반복.

두 가지 예: 10회 반복의 경우 최종 간격은 원본을 1,024로 나눈 값이 된다. 20번 반복하면 $2^{20} = 1{,}048{,}576$ 또는 약 백만으로 나뉜다. 실제로, 원래 구간의 백만분의 일 정도로 근을 아는 것만으로도 일반적으로 충분하며, 가장 좋은 점은 근이 보장된다는 것이다!

다음 단계는 이분법을 파이썬의 함수로 코딩하는 것이다. 해당 코드는 [그림 7.6]에 나와 있다.

`bisect` 함수는 범용으로 설계되었다. 첫 번째 인수는 주어지는 x 값에 대해 $f(x)$ 값을 제공하는 파이썬 함수의 이름이다.

```
def bisect(func,x1,x2,maxit=20):
    """
    함수의 근을 추정하기 위해 이분법을 사용함
    이 방법은 기본값 20으로 설정된 maxit 만큼 반복함
    입력:
```

```
        func = 함수의 명칭
        x1 = 구간 하한값
        x2 = 구간 상한값
    출력:
        xmid = 추정 근
        or
        해가 구간 내에 없으면 오류 메시지
    """
    if func(x1)*func(x2)>0:
        return 'initial estimates do not bracket solution'
    for i in range(maxit): # maxit 만큼 반복 실행
        xmid = (x1+x2)/2 # 중간점 계산
        if func(xmid)*func(x1)>0: # f(xmid)과 f(x1)이 동일한 부호인가?
            x1 = xmid # 그렇다면, x1를 xmid로 대체
        else:
            x2 = xmid # 그렇지 않다면, x2를 xmid로 대체
    return xmid # 최근의 xmid 값을 해로 반환
```

그림 7.6 파이썬 이분법 함수.

두 번째와 세 번째 인수는 x의 구간 값이고 마지막 키워드 인수인 maxit는 최대 반복 횟수로 값을 지정하지 않은 경우 기본값은 20이다. bisect 코드는 먼저 $f(x_1)$과 $f(x_2)$의 부호가 반대인지 확인한다. 그렇지 않은 경우 오류 메시지가 반환된다. 그런 다음 이 함수는 for 루프를 사용하여 이분법을 maxit 횟수 만큼 반복한다. 각 반복에 대해 함수는 f(xmid) 값을 계산하고 f(x1)과 동일한 부호인지 확인한다. 확인하는 방법은 이 둘의 곱을 취한 값이 양인지 조사하면 된다. 곱의 부호가 양이라면 xmid가 다음 x1이 되고, 음이라면 xmid가 다음 x2가 될 것이다. 마지막으로 xmid의 마지막 값이 근의 추정값으로 반환된다.

bisect 함수에는 실행 가능한 명령문이 9개뿐이라는 점에 주목한다. 코드는 간결하고 이해하기 쉽다. 단순성과 간결함은 파이썬 코드의 좋은 기능이다. 이 bisect 함수를 적용한 파이썬 스크립트를 사용하여 이전 절의 방정식 근을 풀 수 있다.

```
import numpy as np

def f(x):
    return np.sin(x+2)*np.cosh(x)+2.

x1 = 0. ; x2 = 3.
xsoln = bisect(f,x1,x2)
print('solution is {0:6.4f}'.format(xsoln))
```

그리고 화면 출력은 다음과 같다.

```
solution is 1.8229
```

이것은 시행착오를 통한 근, 1.823에 가깝지만 원래 간격 3.0의 100 만분의 1 또는 $3/2^{20} \cong 3 \times 10^{-6}$의 정밀도로 정확하다는 것을 알 수 있다.

예제 7.1 부피가 주어진 구형 탱크에서 액체의 깊이 찾기

산업용 액체는 종종 지상 또는 지하의 구형 탱크에 저장된다. [그림 7.7]은 탱크 내부 반지름 R, 탱크 중앙의 액체 깊이 h와 액체 부피 V와 관련된 주요 필수 변수를 보여준다. 이러한 양과 관련된 공식은 다음과 같다.

$$V = \pi h^2 \left(\frac{3R - h}{3} \right) \tag{7.7}$$

내부 반지름이 5미터인 탱크의 총 부피는 다음과 같다.

$$V_{\text{total}} = \frac{4}{3} \pi R^3 \cong 523.6\,\text{m}^3 \tag{7.8}$$

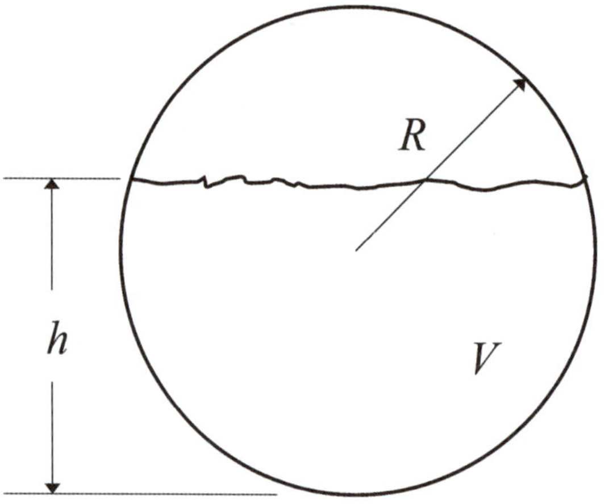

그림 7.7 액체가 담긴 구형 탱크.

액체 부피 100, 200, 300, 400 그리고 500 입방 미터(m^3)에 해당하는 깊이는 얼마인가?

이 작업은 각 액체 부피에 대해 탱크 액체 공식을 h의 방정식으로 5번 풀어야 한다. 매번 `bisect` 함수를 사용할 수 있다. 수식은 다음과 같이 재정렬할 수 있다.

$$f(h) = h^3 - 3Rh^2 + \frac{3V}{\pi} = 0 \tag{7.9}$$

이것은 h의 3차 다항식이므로 잠재적으로 3개의 실근이 있다. 우리의 초기 추정치를 선택할 때, h에 대한 하나의 현실적인 근만이 구간에 포함되어야 하는 것을 확인해야 한다.

이를 조사하는 효과적인 방법은 주어진 부피 중 하나인 200 m^3에 대해 $f(h)$의 모든 근을 찾는 파이썬 스크립트를 사용하는 것이다.

```
import numpy as np
V = 200 # m3
R = 5 # m
coef = np.array([1., -3.*R, 0., 3.*V/np.pi])
r = np.roots(coef)
print(r)
```

출력된 근들은 다음과 같다.

```
[14.02970369  4.20648373  -3.23618742]
```

첫 번째 근은 10 m보다 크므로 탱크 위에 있고 세 번째 근은 음수이므로 분명히 탱크 아래에 있음을 알 수 있다. 따라서 초기 추정치 h_1과 h_2를 빈 탱크($h_1 = 0$)와 가득 찬 탱크($h_2 = 2R$)로 선택하면 단 하나의 유효한 깊이를 찾을 수 있다.

아래에서 5가지 액체 부피에 해당하는 액체 깊이를 구하기 위해 for 루프가 있는 파이썬 스크립트를 구성한다.

```
import numpy as np

def f(h):
    return h**3 - 3*R*h**2 + 3*V/np.pi

R = 5. # m
h1 = 0. # m
h2 = 2.*R # m

Vtest = [100., 200., 300., 400., 500.] # m3

for V in Vtest:
    hsoln = bisect(f,h1,h2)
    print('V = {0:4.0f} m3, h = {1:5.3f} m'.format(V,hsoln))
```

화면에 출력되는 결과는 다음과 같다.

```
V = 100 m3, h = 2.797 m
V = 200 m3, h = 4.206 m
V = 300 m3, h = 5.488 m
V = 400 m3, h = 6.843 m
V = 500 m3, h = 8.718 m
```

스크립트 코드에서 주목할 만한 특징은 다음과 같다.

- 함수 `f(h)`는 함수에서 정의되지 않은 R과 V를 참조하지만 일반 스크립트에서 할당된 값이므로 해당 범위를 통해 함수 내에서 사용할 수 있다.
- `Vtest` 값은 간단한 리스트(list)로 정의된다. 이렇게 하면 `for` 문이 목록의 원소를 순환할 수 있다.
- `print` 문에서 두 가지 출력서식 지정자를 확인한다. 첫 번째 변수는 `0:`으로 지정되고 두 번째 변수는 `1:`로 지정된다.

작은 탱크, 특히 지하에 있는 탱크는 종종 계량봉으로 액체 깊이를 측정한다. 여기에 속하는 것으로 주유소의 탱크가 있는데 주유소 탱크는 일반적으로 원통형이며 원통 양 끝은 반구형이나 접시형 구조로 막혀있다. 운영자는 깊이를 기록한 다음, 차트를 보고 부피를 읽는다. 위의 계산을 훨씬 더 적은 부피 간격으로 나누어 세밀하게 수행하면 부피단위로 보정된 측정값을 알려주는 계량봉을 생산하는 데 필요한 정보를 얻을 수 있다.[1] 이 장의 끝 부분에 있는 연습문제에서 이를 적용해본다.

7.3 구간법 - 가위치법

이분법과 같은 쉽고 간단한 수치해법을 배웠으므로 지금부터는 수정되거나 향상된 버전을 고려해보기로 하자. 즉, 기본 방법에서 한 단계 더 나아가는 것이다. 이 절의 주제(일반적인 수치해법도 포함)인 **가위치법**(False position method)이라고 하는 이분법을 개선한 방법부터 시작한다. 이 방법은 [그림 7.8]의 다이어그램에 설명되어 있다.

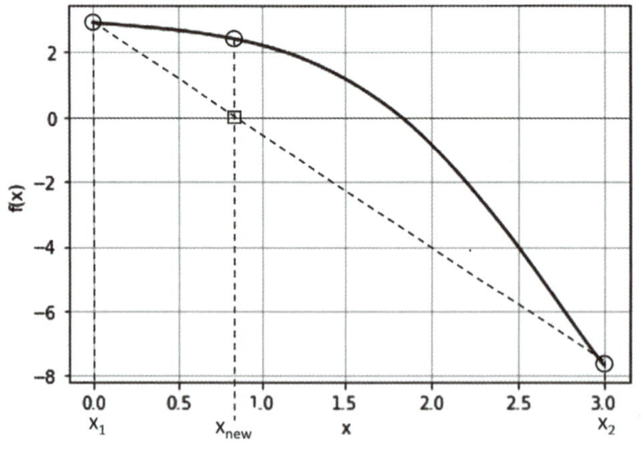

그림 7.8 가위치법.

1 또한 다항식을 {V, h} 데이터에 피팅하여 계량봉을 보정하는 데 사용할 수 있다. 다항식을 데이터를 다항식으로 피팅하는 것은 10장에서 살펴본다.

초기 추정값 사이의 중간점을 사용하는 대신 가위치법(몇몇 참고문헌에서는 *regula falsi*[2]라고도 함)은 추정값 사이를 직선으로 연결하고 다음 추정값 x_{new}를 얻는다. 여기서 직선은 $f(x) = 0$을 교차한다. x_{new} 값을 얻었으면 이분법에 사용된 것과 동일한 논리가 이 방법의 다음 반복을 위해 x_{new}가 새로운 x_1이 될지 x_2가 될지 여부를 결정하는 데 적용된다. [그림 7.8]의 그래프에서는 분명히 x_{new}가 다음 x_1이 될 것이다.

이때 필요한 것은 x_{new}를 계산하는 공식이다. 두 개의 닮은 삼각형에서는 변의 비율이 같다는 성질을 이용하여 다음 식을 얻을 수 있다.

$$\frac{f(x_1)-f(x_2)}{x_2-x_1} = \frac{f(x_1)-0}{x_{new}-x_1} \tag{7.10}$$

그리고 이를 해석적으로 x_{new}에 대해 푼다.

$$x_{new} = \frac{x_1 f(x_2) - x_2 f(x_1)}{f(x_2)-f(x_1)} \tag{7.11}$$

위의 그래프에서 첫 번째 x_{new} 값이 첫 번째 x_{mid}보다 근에서 더 멀리 떨어져 있음을 알 수 있다. 이는 항상 그런 것은 아니다. $f(x)$ 곡선이 더 선형이면(즉, 덜 곡선이면) 가위치법이 첫 번째 반복에서 근에 매우 가까워질 것이라고 상상할 수 있다.

가위치법을 수용하기 위해 `bisect` 함수를 수정하는 것은 쉽다. [그림 7.9]에서 `falpos` 함수 코드의 결과를 참조하라. `bisect`의 중간점 공식은 가위치법 공식(식 (7.11))으로 대체되었으며 모든 `xmid` 표기는 용어와 일치하도록 `xnew`로 변경되었다. 다음 식 (7.12)의 방정식을 풀면서 `falpos` 함수를 평가해 보자.

$$\sin(x+2)\cosh(x)+2=0 \tag{7.12}$$

```
def falpos(func,x1,x2,maxit=20):
    """
    함수의 근을 추정하기 위해 가위치법을 사용함
    이 방법은 기본값 20으로 설정된 maxit 만큼 반복함
    입력:
        func = 함수의 명칭
        x1 = 구간 하한값
        x2 = 구간 상한값
    출력:
        xnew = 추정 근
        or
        해가 구간 내에 없으면 오류 메시지
```

2 라틴어를 사용하는 것을 보면 가위치법이 매우 오래된 것임을 알 수 있다. 사실 고대 바빌론의 설형 문자판과 고대 이집트의 파피루스에서 이를 단순화한 표현을 찾을 수 있다.

```
    """
    if func(x1)*func(x2)>0:
        return 'initial estimates do not bracket solution'
    for i in range(maxit): # maxit 만큼 반복 실행
        xnew = (x1*func(x2)-x2*func(x1))/(func(x2)-func(x1)) # 새로운 x를 계산
        if func(xnew)*func(x1)>0: # f(xnew)와 f(x1)가 동일한 부호인가?
            x1 = xnew # 그렇다면, x1을 xnew로 대체
        else:
            x2 = xnew # 그렇지 않다면, x2를 xnew로 대체
    return xnew # 최근의 xnew 값을 해로 반환
```

그림 7.9 파이썬 가위치법 함수.

초기 추정치가 $x_1 = 0$ 과 $x_2 = 3$일 때 스크립트와 결과는 다음과 같다.

```
import numpy as np

def f(x):
    return np.sin(x+2)*np.cosh(x)+2.

x1 = 0.
x2 = 3.

xsoln = falpos(f,x1,x2)
print('x = {0:6.4f}'.format(xsoln))

x = 1.8229
```

가위치법도 이분법과 마찬가지로 근을 찾는 것처럼 보이지만 의문이 남는다. 이분법의 장점 중 하나는 수행된 반복 횟수(기본값 20)를 알면 해의 정밀도가 보장된다는 것이다(원래 간격의 2^{20}분의 일에서 한 부분). 가위치법의 경우에는 그렇지 않다. 이 말은 가위치법에서는 다른 방식으로 정밀도 또는 적어도 수렴을 구해야 한다는 것을 뜻한다. 이는 이전 반복에서의 $\mathrm{x_{new}}$ 값과 현재 $\mathrm{x_{new}}$ 값을 비교 검사하여 수행된다. 이 두 연속된 값들 사이의 변화가 무시할 수 있을 만큼 작으면 가위치법이 근을 제공하기에 충분한 정도로 수렴되었다고 결론을 내릴 수 있다. 이 두 값을 비교할 때 일반적으로 변화의 크기를 현재 값에 대한 비율 또는 백분율로 측정한다. 여기서 다음과 같이 백분율 상대 오차를 정의한다.

$$\varepsilon_a = \left| \frac{\text{현재 } \mathrm{x_{new}} - \text{이전 } \mathrm{x_{new}}}{\text{현재 } \mathrm{x_{new}}} \right| \times 100\% \tag{7.13}$$

백분율 상대 오차 ε_a가 특정 허용오차 ε_s 아래로 줄어들면 가위치법이 수렴된 것으로 간주되고 근의 탐색이 종료되며 현재 근의 추정값이 반환된다. 아래 첨자 "a"는 ε_a가 "근사값(approximate)" 오차임을 나타내는 반면, 아래 첨자 "s"는 ε_s가 "정지(stop)" 오차임을 나타낸다.

허용 오차/수렴 방식를 사용하면 또 다른 문제가 발생한다. 일반적으로 이러한 수렴이 최대 반복 횟수 내에서 발생하기를 원한다. 반복 최대 횟수 값에 도달하면 가위치법은 현재 추정값 반환과 함께 최대 횟수 값에 도달했다는 신호를 보내야 한다. 여기서는 이를 수행하는 두 가지 다른 알고리즘 구조를 소개한다. 첫 번째는 최대 반복 횟수를 실행하는 **for** 루프를 사용한다. 루프 내에서 수렴을 테스트하고 허용 오차가 충족되면 종료(또는 반환)한다. 두 번째는 두 개의 종료가 있는 **while** 루프를 사용한다. 이 루프는 수렴이 달성되는 경우에 종료되거나 최대 반복 횟수에 도달하면 종료된다.

```
def falpos1(func,x1,x2,Ea=1.e-7,maxit=30):
    """
    함수의 근을 추정하기 위해 가위치법을 사용함
    이 방법은 기본값 30으로 설정된 maxit 만큼 반복함
    작은 상대오차가 기본값 1.e-7로 설정된 Ea보다 작으면 수렴한 것으로 판단
    입력:
        func = 함수의 명칭
        x1 = 구간 하한값
        x2 = 구간 상한값
    출력:
        xnew = 추정 근
        iter = 반복한 횟수
        or
        해가 구간 내에 없으면 오류 메시지
    """
    if func(x1)*func(x2)>0:
        return 'initial estimates do not bracket solution',0
    xnewprev = (x1+x2)/2 # xnew를 x1와 x2의 중간점으로 초기 지정
    for i in range(maxit): # maxit 만큼 반복 실행
        xnew = (x1*func(x2)-x2*func(x1))/(func(x2)-func(x1)) # 새로운 x를 계산
        if abs((xnew-xnewprev)/xnew) < Ea: # 수렴되었는지 조사
            iter = i+1
            return xnew,iter # 수렴하였다면 xnew 값과 반복횟수를 반환
        if func(xnew)*func(x1)>0: # f(xnew)와 f(x1)이 동일한 부호인가?
            x1 = xnew # 그렇다면, x1를 xnew로 대체
        else:
            x2 = xnew # 그렇지 않다면, x2를 xnew로 대체
        xnewprev = xnew
    iter = i+1
    return xnew,iter # maxit 반복횟수에 도달하였다면 여기서 반환
```

그림 7.10 for 루프 구조를 가진 상대 오차 수렴을 사용하는 파이썬 가위치법 함수 falspos1.

첫 번째 알고리즘 구조의 경우 [그림 7.10]과 같이 **falpos** 함수를 **falpos1**로 수정한다. 비율(여기서는 백분율이 아님) 허용 오차 **Ea**가 기본값 1×10^{-7}로 함수 인수에 추가되었으며 최대 반복 **maxit**의 기본값이 여기서는 30이다. 물론 최대 반복값에 도달하기 전에 방법이 수렴되기를 바란다. 다음으로 이 함수는 일반적으로 근 추정값과 수행된 반복 횟수인 두 값을 반환한다(**i**는 0에서 시작하므로 수행된 반복 횟수는 **i+1**이다). 초기 추정값 구간 내에 근이 없다면($f(x_1)$과 $f(x_2)$가 동일한 부호가 아님) 오류 메시지와 반복횟수 0이 반환된다.

상대 오차 계산을 시작하려면 xnewprev라고 하는 xnew의 초기값이 필요한데 x1과 x2 사이의 중간점으로 설정된다. for 루프에서 새로운 점의 상대 오차가 계산되고 허용 오차보다 작은 경우 근의 추정값과 수행된 반복 횟수가 반환된다 – 이는 정상적인 반환이다. 반대의 경우에는 xnew가 새로운 x1이 될지 x2가 될지 결정하는 데 이전과 동일한 논리가 사용된다. 그 후에 추가되는 것은 xnew 값이 다음 반복을 위해 xnewprev에 저장된다는 것이다. 최대 반복 한계에 도달하여 for 루프가 완료되면 xnew의 현재 값과 반복 횟수가 반환된다. 반환된 반복횟수를 설정된 반복 최대값과 비교하여 반복 한계에 도달했는지 여부를 확인할 수 있다.

이 새로운 가위치법 함수인 falpos1을 식 (7.12) 방정식의 해를 구하는 데 적용하기 위한 스크립트와 실행결과는 다음과 같다.

```
import numpy as np

def f(x):
    return np.sin(x+2)*np.cosh(x)+2.

x1 = 0.
x2 = 3.

xsoln,iter = falpos1(f,x1,x2)
print('x = {0:6.4f}'.format(xsoln))
print('number of iterations taken = {0:3d}'.format(iter))

x = 1.8229
number of iterations taken =17
```

5개의 유효 숫자까지 동일한 근을 얻었고 17번의 반복이 필요했음을 알 수 있다.

두 번째 알고리즘 구조를 구현하기 위해 falspos1 함수를 새로운 falspos2 함수로 수정하고 for 루프를 while 루프로 바꾼다. 이는 [그림 7.11]에 나와 있다. 공간을 절약하기 위해 함수의 맨 앞에 넣는 설명용 주석(docstring)을 생략했다. 일반적인 반복 루프를 생성하는 while True: 문이 있음을 알 수 있다. 4장에서 논의한 것처럼 이 루프는 while 문에서 종료되지 않고 루프 내 if 테스트의 결과에 따라 종료 여부가 결정된다. 이 함수에는 두 가지의 if 테스트가 있다. 하나는 수렴 여부를 검사하고 다른 하나는 반복 한계를 초과하는 지 여부를 검사한다. 여기서는 break 문으로 while 루프를 종료하는 대신 return 문을 사용하여 함수를 종료한다.

```
def falpos2(func,x1,x2,Ea=1.e-7,maxit=30):
    if func(x1)*func(x2)>0:
        return 'initial estimates do not bracket solution',0
    xnewprev = (x1+x2)/2 # xnew를 x1와 x2의 중간점으로 초기 지정
    iter = 0
    while True: # maxit 만큼 반복 실행
        iter = iter + 1
        xnew = (x1*func(x2)-x2*func(x1))/(func(x2)-func(x1)) # 새로운 x를 계산
        if abs((xnew-xnewprev)/xnew) < Ea: # 수렴하였는지 조사
            return xnew,iter  # 수렴하였다면 xnew 값과 반복횟수를 반환
        if iter > maxit:  # 최대 반복횟수를 넘었는지 조사
            return 'maximum iterations exceeded',iter
        if func(xnew)*func(x1)>0:  # f(xnew)과 f(x1)이 동일 부호인가?
            x1 = xnew   # 그렇다면, x1를 xnew로 대체
        else:
            x2 = xnew   # 그렇지 않다면, x2를 xnew로 대체
        xnewprev = xnew
```

그림 7.11 while 루프 구조를 가진 상대 오차 수렴을 사용하는 파이썬 가위치법 함수 falspos2.

falspos2 함수를 실행해보면 falspos1 함수와 동일한 근이 생성된다. 또한 다음과 같이 최대 반복 횟수를 더 작은 값으로 설정하여 근이 수렴되지 않은 채 반복 한계를 초과하는 것을 확인할 수 있다.

```
xsoln, iter = falpos2(f, x1,x2,maxit=10)
print(xsoln)
print(iter)
```

실행 결과는 다음과 같다.

```
maximum iterations exceeded
11
```

수렴 여부를 검사하고 반복 한계를 가지는 반복법을 만나는 경우, for 루프 또는 while 루프 구조를 사용하여 이를 구현할 수 있다. 이후 장에서 둘 다 설명할 것이다.

이분법과 가위치법이라는 두 가지 구간법을 살펴보았는데, 어떤 것이 사용하기에 더 좋은지에 대한 질문이 제기된다. 이에 대한 답변은 쉽지 않다. 비선형 대수 방정식을 한 번만 푸는 경우 이분법은 가위치법보다 더 많은 반복이 필요할 수 있지만 원하는 정밀도로 답을 얻을 수 있다. 경우에 따라서는 계산과정에서 방정식을 수천 번 풀어야 하는 일도 있다. 그런 경우 방법의 효율성이 중요해진다. 이에 대해서는 다음 절에서 설명한다.

7.4 개방법 – 뉴튼-랩슨법

이전 두 절에서 소개한 구간법에는 장점도 있고 단점도 있을 수 있다. 두 초기 추정값이 방정식의 단일 근을 포함하는 경우 일반적으로 이분법 또는 가위치법이 근을 확실하게 찾는 점은 좋다. 그러나 각 방법이 진행되는 방식에 따라 일반적으로 실행은 되겠지만 효율적이지 않을 수도 있다. 몇 가지 분석을 통해 구간법이 반복이 이루어질 때마다 상대 오차가 선형적으로 줄어드는 것을 입증할 수 있다. 따라서 보다 빠르게 수렴하는 방법에 대해 관심을 가질 수 있다. 또한 구간법에는 두 개의 초기 추정값이 필요하였다. 방정식의 근을 항상 포함하려면 간격을 넓게 설정해야 할 수도 있는데, 근을 여러 번 찾도록 반복할 때는 실행 속도가 느려진다.

개방법은 이에 대한 대안을 제공한다. 이 방법은 또한 체계적인 시행착오 반복을 포함하지만 하나의 시작 값 또는 두 개의 시작 값이 필요하다. 이때 이 두 시작값이 반드시 근을 포함할 필요는 없다. 따라서 계산이 진행됨에 따라 때때로 실제 근에서 벗어나거나 멀어지기도 한다([그림 7.12c]). 그러나 개방법이 수렴할 때([그림 7.12b])는 일반적으로 구간법보다 훨씬 더 빠르게 수렴한다.

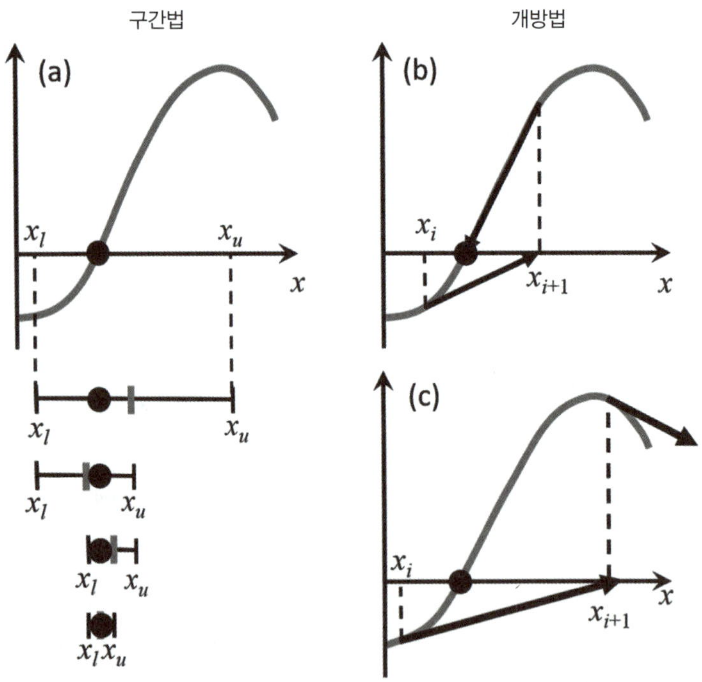

그림 7.12 근의 위치에 대한 (a) 구간법과 (b)와 (c) 개방법 사이의 근본적인 차이점을 그래픽으로 묘사한다 (Chapra & Clough 2022에서 수정됨). 이분법인 (a)에서 근은 x_l와 x_u에 의해 규정된 간격 내에서 제한된다. 대조적으로, (b)와 (c)에 묘사된 개방법인 뉴튼-랩슨법의 경우 반복 방식으로 x_i에서 x_{i+1}으로 투영하는 공식이 사용된다. 따라서 이 방법은 다음 중 하나로 나타난다. (b) 빠르게 수렴하거나 (c) 함수의 모양과 초기 추측 값에 따라 발산한다.

이러한 개방법 중 가장 인기 있고 강력한(작동하는 경우) 방법 중에 **뉴튼-랩슨**(Newton-Raphson)[3]**법**이 있다. 이 방법은 하나의 초기 추정값만 필요하며 해당 값이 근 부근에 있는 경우 가장 좋다. 이는 추정근이 한 번에 다음으로 조금씩 변경되는 다중 솔루션 시나리오에 적합할 수 있다. 그 이유는 이전 반복의 추정 근을 다음 반복의 초기 추정값으로 사용할 수 있기 때문이다. 또한 수렴이 선형보다 나은 점을 인정하게 될 것이다. 예를 들어 반복 횟수에 따라 오차를 선형적으로 줄이는 대신 반복 횟수의 제곱으로 줄이는 것이 유리하다.

뉴튼-랩슨법의 기본 개념은 [그림 7.13]에 설명되어 있다. 초기 추정값 x_1은 $f(x_1)$ 값을 계산하는 데 사용된다. 점 $\{x_1,\ f(x_1)\}$에서 접선이 $f(x)=0$ 선과의 교차점에 투영되어 근의 다음 추정값 x_2를 결정한다. 이와 같은 방법이 반복된다. 이전 절의 `falpos1` 함수([그림 7.10])에서와 같이 x_2에 대한 x_1의 상대 오차가 수렴 기준을 충족하면 반복과정이 중지된다.

접선의 특성을 사용하여 다음과 같이 쓸 수 있다.

$$\frac{0-f(x_1)}{x_2-x_1}=f'(x_1) \tag{7.14}$$

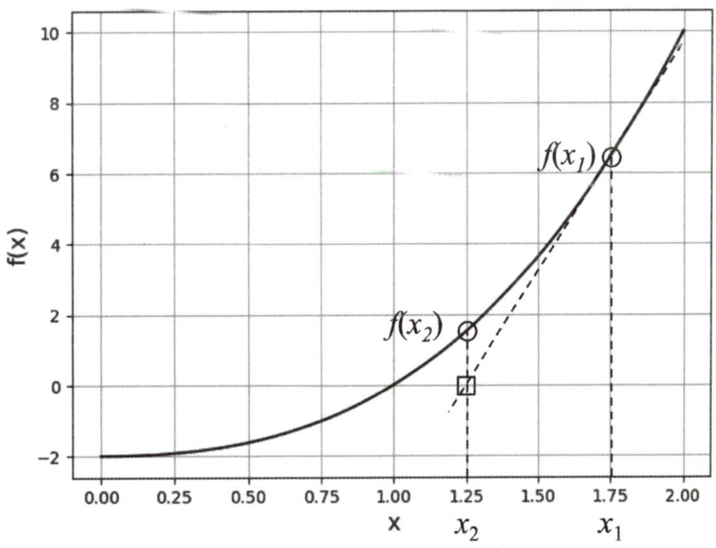

그림 7.13 뉴튼-랩슨법.

3 우리 모두는 Isaac Newton이 누구인지 알고 있지만 Raphson은 누구인가? Joseph Raphson은 1648년부터 1715년까지 살았던 영국의 Newton과 동시대 사람이다. 그는 1690년에 Newton-Raphson 방법이 포함된 문서를 출판했다. 종종 이것은 Newton의 방법이라고 불리지만 Raphson의 기여를 인정하고 싶은 것은 우리만이 아니다.

이를 해석적으로 x_2에 대해 풀면

$$x_2 = x_1 - \frac{f(x_1)}{f'(x_1)} \tag{7.15a}$$

일반적인 반복 형식으로 나타내면 다음과 같다.

$$x_{i+1} = x_i - \frac{f(x_i)}{f'(x_i)} \tag{7.15b}$$

이것이 핵심적인 **뉴튼-랩슨 공식**이다. 방법을 수행하려면 $f(x)$의 도함수가 필요하다는 것을 알 수 있다. 도함수를 해석적으로 유도하기 어렵거나 불가능한 경우에 대해서는 다음 절에서 다루도록 하겠다. [그림 7.10]의 `falpos1` 함수를 기반으로 [그림 7.14]의 뉴튼-랩슨법에 대한 파이썬 함수를 아래에 나타내었다. `for` 루프에는 수렴 여부를 검사하는 `if` 테스트가 하나만 있음을 알 수 있다. `for` 루프가 `maxit`를 초과하여 정상적으로 종료되면 최대 반복 조건이 생성된다. 이 때문에 반환된 반복 값을 평가하여 최대 반복에 도달했는지 확인해야 한다. 함수 내에는 8개의 실행 가능한 문장이 들어있으므로 이 코드가 얼마나 간단한지 확인할 수 있다.

$$f(x) = \sin(x+2)\cosh(x) + 2 = 0 \tag{7.16}$$

```
def newtraph(f,fp,x1,Ea=1.e-7,maxit=30):
    """
    함수의 근을 추정하기 위해 뉴튼-랩슨법을 사용함
    이 방법은 기본값 30으로 설정된 maxit 만큼 반복함
    작은 상대오차가 기본값 1.e-7로 설정된 Ea보다 작으면 수렴한 것으로 판단
    입력:
        f = 함수의 명칭
        fp = 도함수의 명칭(공급하여 주어야 함)
        x1 = 초기 추정값
    출력:
        x2 = 추정 근
        iter = 반복한 횟수
        or
        해가 구간 내에 없으면 오류 메시지
    """
    for i in range(maxit): # maxit 만큼 반복 실행
        x2 = x1 - f(x1)/fp(x1) # 새로운 x를 계산
        if abs((x2-x1)/x2) < Ea: # 수렴하였는지 조사
            iter = i+1
            return x2,iter # 수렴하였다면, xnew 값과 반복횟수를 반환
        x1 = x2 # 수렴하지 않았다면, x1를 x2로 대체
    iter = i+1
    return x2,iter # maxit 반복횟수에 도달하였다면 여기서 반환
```

그림 7.14 파이썬 뉴튼-랩슨 함수.

이전 예에서 다룬 식 (7.16)의 방정식으로 함수를 테스트할 수 있는데 여기서는 $f'(x)$를 유도하고 이를 평가하는 별도의 함수를 구해야 하는 부담이 있다. 이 경우는 미적분에 대한 지식을 적용하여 도함수를 구하는 것이 그리 어렵지는 않다.

$$f'(x) = \cos(x+2)\cosh(x) + \sin(x+2)\sin(x) \tag{7.17}$$

아래 스크립트는 초기 추정값 $x_1 = 2.5$로 설정하여 해를 찾는 코드로, 결과도 함께 표시되어 있다.

```
import numpy as np

def f(x):
    return np.sin(x+2)*np.cosh(x)+2.

def fp(x):
    return np.cosh(x)*np.cos(x+2)+np.sinh(x)*np.sin(x+2)

x1 = 2.5

xsoln,iter = newtraph(f,fp,x1)
print('x = {0:6.4f}'.format(xsoln))
print('number of iterations taken = {0:3d}'.format(iter))

x = 1.8229
number of iterations taken =5
```

이전 예의 해와 5개의 유효 숫자까지 동일한 해를 구하는 네 5번의 반복만 필요했음을 알 수 있다. 가위치법에서는 17번의 반복이 필요했던 것을 기억할 것이다.

아래에서 다른 초기 추정치 $x_1 = 0.5$에 대한 해를 구한 결과는 다음과 같다.

```
x = 4.2246
number of iterations taken =7
```

뉴튼-랩슨법은 분명히 우리가 탐색해 온 x 범위를 벗어난 또 다른 해를 찾았다. 함수를 더 넓은 범위로 나타낸 플롯이 [그림 7.15]에 나와 있다.

함수가 $x = 4.2246$에 또 다른 해를 갖고 있고 이것이 뉴튼-랩슨법이 찾은 해라는 것을 바로 알 수 있다. 그뿐 아니라 우리의 초기 추정값은 1.8에 위치한 해의 왼쪽에 있었고 뉴튼-랩슨법은 그 해를 바로 건너뛰고 가장 오른쪽에 있는 근을 찾았다.

그래픽 분석은 때때로 어떤 일이 발생했는지 파악하는 데 도움이 될 수 있음을 기억하면서 뉴튼-랩슨법이 어떻게 진행하면서 근을 구했는지를 보여주는 함수를 다시 플롯 해본다. 초기 추측에서 기울기는 매우 평평하다. 즉, $f'(0.5)$는 다음과 같이 작은 값이다.

$$f'(0.5) = \cos(0.5+2)\cosh(0.5) + \sin(0.5+2)\sin(0.5) = -0.59153 \tag{7.18}$$

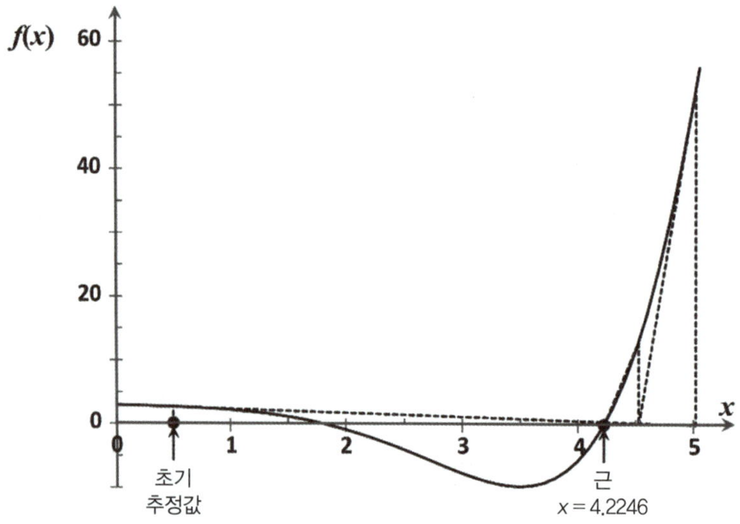

그림 7.15 뉴튼-랩슨법에 따른 함수의 확장 플롯.

따라서 첫 번째 반복에서는 초기 추정값에서 오른쪽으로 한참을 가서 약 $x = 5$에서 가로좌표 축과 만났다. 그 후 뉴튼-랩슨법은 $x = 4.2246$에서 근에 빠르게 수렴하게 만들었다.

이 특정 예의 경우, 관심 영역에서 멀어지게 하는 경향이 나타난 것은 기울기가 0에 가까웠기 때문이다. 그러나 이것 이외에도 이 예는 뉴튼-랩슨법과 일반적인 개방법이 가지고 있는 더욱 일반적인 문제점을 보여준다. 이 방법이 방정식의 허용 가능한 근으로 수렴한다는 보장은 없다. 위의 예에서는 예상과 다른 해를 찾았다. 실제로 이 방법은 발산할 수 있으며 해를 아예 찾지 못할 수도 있다. 이것이 파이썬 코드([그림 7.14])가 최대 반복 횟수를 지정하는 이유이다. 또한 반드시 작동하는 것을 보장하지는 않지만 초기 추정값이 원하는 해에 근접한다는 면에서는 확실히 유리할 것이다.

예제 7.2 구형 탱크 내 액체의 깊이/부피 관계 보정

[예제 7.1] 문제를 계속하여 살펴보자. 반지름이 5 m인 예제 탱크의 관련 액체 깊이에 대해 균일한 증분으로 액체 부피의 보정 테이블을 생성해보자. 표에는 0에서 520 m^3까지 10 m^3 간격으로 부피를 표시한다. 표시한 각 부피 옆에는 해당되는 깊이를 적는다. 이 표를 깊이 측정 기기를 보정하는 데 사용하면 기기로 측정한 결과를 곧바로 부피 값으로 보고할 수 있다.

이렇게 하기 위해서는 다음 방정식을 52회 연속으로 풀어야 한다.

$$f(h) = h^3 - 3Rh^2 + \frac{3V}{\pi} = 0 \tag{7.19}$$

```
import numpy as np
import pylab

def f(h):
    return h**3 - 3*R*h**2 + 3*V/np.pi

def fp(h):
    return 3*h**2 - 6*R*h

R = 5. # m
h1 = 0.5 # 초기 가정해를 지정

Vcal = np.arange(10.,530.,10.) # 부피 값의 배열
n = len(Vcal)
hcal = np.zeros((n)) # 깊이 해를 위한 0의 배열을 생성

print('Volume Depth\n m3 m') # 표 헤더

for i in range(n): # 모든 깊이에 대한 풀이를 위한 for 루프
    V = Vcal[i] # f(h)에 사용되는 현재 부피
    hcal[i],iter = newtraph(f,fp,h1) # 현재 깊이에 대한 풀이
    h1 = hcal[i] # 다음 풀이를 위해 현재 깊이를 초기 가정값으로 지정
    print(' {0:4.1f} {1:6.3f}'.format(Vcal[i],hcal[i])) # 계산 결과를 한줄에 출력

# 계산표의 플롯을 생성
pylab.plot(Vcal,hcal,c='k')
pylab.grid()
pylab.xlabel('Liquid Volume - m3')
pylab.ylabel('Liquid Depth - m')
pylab.title('Calibration Plot for Spherical Tank of Radius 5 meters')
```

그림 7.16 구형 탱크에 대해 보정표를 만들고 플롯을 하게 하는 파이썬 스크립트.

뉴튼-랩슨법은 효율적이고 $f'(h)$를 쉽게 사용할 수 있으며 이전 부피 증분의 해를 시작 추정값으로 사용할 수 있기 때문에 이 응용 문제를 푸는 데 매력적이다. 도함수 방정식은 방정식을 미분하여 다음과 같이 구할 수 있다.

$$f'(h) = 3h^2 - 6Rh \tag{7.20}$$

newtraph 함수를 사용하여 이 작업을 수행하는 파이썬 스크립트를 [그림 7.16]에 표시하였다. f(h)와 fp(h)에 대한 함수 정의는 위의 방정식에서 직접 가져온다. 탱크 반지름을 지정하고 깊이에 대한 합리적인 초기 추정값을 h1에 할당한다. NumPy arange 함수는 뉴튼-랩슨 해를 구해야 하는 부피를 저장하는 배열인 Vcal을 생성하는 데 사용된다. 그런 다음 부피 배열에 해당하는 깊이 해가 저장되는 배열인 hcal을 0으로 채워 생성한다.

적절한 서식으로 열 머리글을 표시한 후 `Vcal` 배열의 부피에 해당하는 모든 깊이를 풀도록 `for` 루프가 설정된다. 매번 V 변수에 `Vcal` 배열의 현재 값이 할당되어 `f(h)` 함수에서 사용할 수 있다. 현재 깊이 `hcal[i]`를 풀기 위해 `newtraph` 함수를 호출한 후 해당 값은 다음 해의 초기 추정값으로 `h1`에 할당된다. 이것은 다음 해가 현재 해에 가깝고 뉴튼-랩슨법이 적은 횟수의 반복으로 수렴해야 하기 때문에 해의 핵심 요소이다. 루프의 마지막 명령문은 현재 부피와 깊이 해에 대한 테이블 행을 표시한다. 스크립트의 마지막 몇 개의 명령문은 결과 플롯을 생성한다. [그림 7.17]을 참조하라.

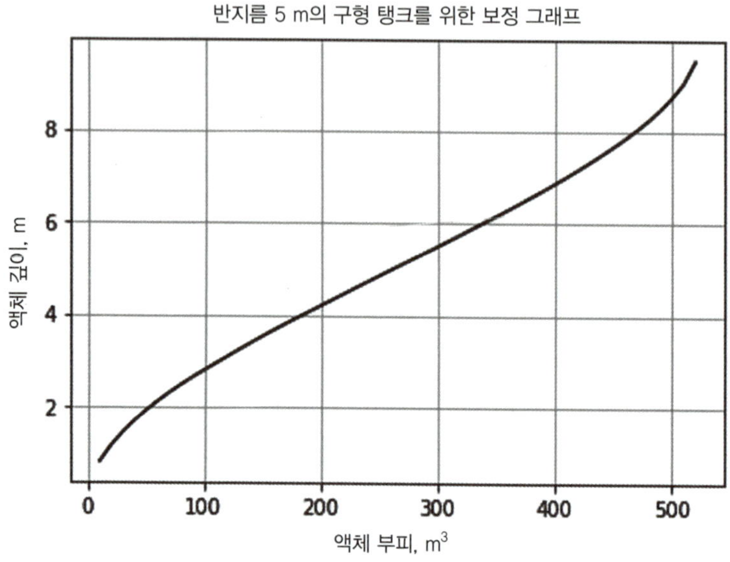

그림 7.17 구형 탱크에 대한 보정 곡선.

7.5 개방법 – 수정 할선법

이전 절에서 뉴튼-랩슨법을 소개하면서 풀고 있는 방정식의 도함수 $f'(x)$에 대한 해석적 표현을 얻는 데 어려움이 있을 수 있음을 지적했다. 이러한 예가 많이 있지만 문제를 일으키는 일반적인 상황은 $f(x)$가 하나의 단일 공식보다 더 복잡한 계산일 수 있다는 것이다. 다른 방정식의 해를 구하거나 테이블에서 데이터를 읽어야 할 수도 있다. 또한 사실, Wolfram Alpha[4]와 같은 기호 수학 소프트웨어를 사용하여 이러한 문제를 자주 극복할 수 있지만 많은 사람들은 도함수를 해석적으로 상세하게 유도하는 것을 피하고 싶어 한다.

4 www.wolframalpha.com

어쨌든 이러한 소프트웨어는 본인이 유도한 도함수를 확인하는데 유용하다. 이 절의 목적은 $f'(x)$를 도출하고 싶지 않거나 해석적 도함수를 구하는 것이 가능하지 않을 때 사용할 대체 방법을 제공하는 것이다.

간단한 방법은 국부적인 유한차분를 사용하여 $f'(x)$에 대한 근사값을 제공하는 것이다.

$$f'(x) \cong \frac{f\left(x_1(1+\delta)\right)-f(x_1)}{\delta \cdot x_1} \tag{7.21}$$

여기에서는 x_1에 작은 비율 δ를 곱해 x_1에 작은 편차 δx_1을 만들고 이 값으로 $f(x)$의 변화를 나눈다. 비율 δ 값으로는 일반적으로 매우 작은 값을 사용한다(예: 10^{-6}). 이것을 뉴튼-랩슨 공식에 대입하면 다음과 같다.

$$x_2 = x_1 - \frac{f(x_1)\delta x_1}{f\left(x_1(1+\delta)\right)-f(x_1)} = x_1 \cdot \left(1 - \frac{f(x_1)\delta}{f\left(x_1(1+\delta)\right)-f(x_1)}\right) \tag{7.22a}$$

일반적인 반복 형식으로 나타내면 다음과 같다.

$$x_{i+1} = x_i \cdot \left(1 - \frac{f(x_i)\delta}{f\left(x_i(1+\delta)\right)-f(x_i)}\right) \tag{7.22b}$$

이것을 **수정 할선법**(modified secant method)이라고 한다. 도함수를 근사화하기 위해 두 개의 이전 해의 추정값을 사용하는 할선법이 있는데 이렇게 얻어진 도함수 추정값은 위에 표시된 작은 비율을 사용하는 방법, 다시 말해 섭동법(perturbation method)만큼 정확하지 않다. 여기서는 수정 할선법에 집중한다.

이 방법을 구현하기 위해 [그림 7.14]의 `newtraph` 함수를 수정할 수 있다. 이것이 [그림 7.18]에 나와 있다. `fp` 인수가 제거되었으며 `delta` 인수가 기본값 `1.e-6`으로 추가되었다. 또한, 함수의 이름이 `modsec`로 바뀌어 있고 새로운 솔루션 추정값 x_2를 계산하는 공식이 변경되었다. 다음 스크립트로 이를 테스트할 수 있다.

```
import numpy as np

def f(x):
    return np.sin(x+2)*np.cosh(x)+2.

x1 = 2.5

xsoln,iter = modsec(f,x1)
print('x = {0:6.4f}'.format(xsoln))
print('number of iterations taken = {0:3d}'.format(iter))
```

결과는 다음과 같다.

```
x = 1.8229
number of iterations taken =5
```

```
def modsec(f,x1,delta=1.e-6,Ea=1.e-7,maxit=30):
    """
    함수의 근을 추정하기 위해 수정 할선법을 사용함
    이 방법은 기본값 30으로 설정된 maxit 만큼 반복함
    작은 상대오차가 기본값 1.e-7로 설정된 Ea보다 작으면 수렴한 것으로 판단
    기본값이 1.e-6 으로 설정된 delta가 도함수를 근사하기 위해 사용됨
    입력:
        f = 함수의 명칭
        x1 = 초기 추정값
    출력:
        x2 = 추정 근
        iter = 반복한 횟수
    """
    for i in range(maxit): # maxit 만큼 반복 실행
        x2 = x1*(1-f(x1)*delta/(f(x1*(1+delta))-f(x1))) # 새로운 x를 계산
        if abs((x2-x1)/x2) < Ea: # 수렴하였는지 조사
            iter = i+1
            return x2,iter # 수렴하였다면, xnew 값과 반복횟수를 반환
        x1 = x2 # 수렴하지 않았다면, x1를 x2로 대체
    iter = i+1
    return x2,iter # maxit 반복횟수에 도달하였다면 여기서 반환
```

그림 7.18 수정 할선법을 위한 파이썬 함수.

이것은 newtraph 함수를 사용하여 얻은 것과 동일한 결과이다.

지금까지 간단한 예제 문제를 풀면서 뉴튼-랩슨법뿐만 아니라 수정 할선법이 잘 수행되는 것을 볼 수 있었다. 그렇다면 이들을 항상 사용하지는 않는 이유가 무엇일까? 우리는 $f'(x)$를 유도할 필요성을 delta 계수의 사용으로 대체했다. 이 계수는 “조정” 매개변수로 간주될 수 있다. 너무 작은 값을 선택하면 파이썬의 계산은 $f(x)$에서 측정 가능한 변화를 산출하지 못할 수 있으며 수정 할선법은 실패한다. delta를 너무 크게 선택하면 도함수에 대한 근사가 너무 거칠어서(대충이어서) 방법이 불안정하고 수렴하지 않을 수 있다. 따라서 수정 할선법을 사용할 때 잘 작동하는 delta 값을 찾아야 할 수도 있다. 함수에서 기본값인 1.e-6이 대부분의 경우 잘 작동하지만 일부 문제에 대해서는 조정이 필요할 수도 있다.

7.6 순환법 – 고정점 반복법

엔지니어와 과학자가 수치적 해가 필요한 문제에 직면할 때, 문제를 해석하는 과정에서 한 개 또는 여러 개의 방정식을 얻게 된다. 일반적으로 이러한 방정식은 자연스러운 형식, 즉 유도를 통해 나온 형태 그대로 다루는 것이 바람직하다. 다시 말해 방정식을 해석적으로 조작하여 다른 형식으로 변형하지 않도록 한다.

다음 예를 고려해보자. 다음은 이상 기체 법칙을 나타내는 방정식이다.

$$P = \frac{RT}{\hat{V}} \tag{7.23}$$

여기서 P = 압력, $\hat{V}$ = 특정 부피, R = 기체 법칙 상수, T = 절대 온도이다. 일반적인 단위는 다음과 같다.

P[=]킬로파스칼(kPa) $\hat{V}$[=]기체의 몰당 부피(L/mol) T[=]절대온도(K)

기체상수 R은 약 8.3145 L·kPa/(mol·K)이다.

참고: 해결하려는 문제에 사용되는 단위에 맞춰 올바른 R 값을 사용하도록 항상 주의해야 한다. 다른 단위에 대한 값은 인터넷에서 편리하게 알 수 있다. 예를 들어 위키피디아(Wikipedia)에서 "기체 상수"라는 단어로 찾아 볼 수 있다.

극단적인 조건의 경우, 특히 고압에서는 이상 기체 법칙이 부정확해지고 수정이 필요하다. 고전적인 수정 기체 법칙 중 하나는 **반 데르 발스 방정식**(van der Waals equation)이다.

$$P - \frac{RT}{\hat{V} - b} \quad \frac{a}{\hat{V}^2} \tag{7.24}$$

여기서 a와 b는 연구 중인 기체에 따라 값이 달라지는 매개변수이다.

이제 특정 기체에 대해 P와 T가 주어지는 문제를 풀어 $\hat{V}$를 구해본다. 이를 위해 위의 상태 방정식을 재정렬하면 다음을 얻는다.

$$\hat{V} = \frac{RT}{P + \frac{a}{\hat{V}^2}} + b \tag{7.25}$$

윗식에서는 즉시 문제가 발견된다. $\hat{V}$ 값을 계산하기 위해 방정식의 오른쪽에 동일한 값이 필요하다. 한 가지 접근 방식은 처음 언급한 대로 반 데르 발스 방정식을 재정렬하는 대신 모든 항을 등호의 한쪽으로 이동하고 다음 형식으로 문제를 표현하는 것이다.

$$f\left(\hat{V}\right) = P - \frac{RT}{\hat{V} - b} + \frac{a}{\hat{V}^2} = 0 \tag{7.26}$$

그리고 이전 절의 방법 중 하나를 적용하여 $\hat{V}$를 해결한다.

[그림 7.19]에서 제안하는 다른 접근 방식은 방정식의 두 번째 형식 (식 7.25)을 사용하고 다음과 같이 연속 대입법을 수행하는 것이다.

1. $\hat{V}$에 대한 초기 추정값을 제공한다.
2. 수식을 사용하여 $\hat{V}$의 새 값을 계산한다.
3. 새 값이 초기 추정값과 같거나 매우 근접한지 확인한다.
4. 근접하지 않은 경우 새 값으로 초기 추정값을 대체하고 2번 단계로 돌아간다.
5. 근접한 경우 새 값을 유효한 해의 추정값으로 인정한다.

이러한 방법은 [그림 7.19]에서 점선으로 표시된 루프 때문에 **순환형**(circular)이라고 한다. 여기서 $\hat{V}$는 원래 방정식에서 재배열된 방정식을 사용하여 $\hat{V}$의 함수로 다시 계산된다.

$P = 950$ kPa, $T = 300$ K, $a = 365.4$ L^2·kPa/mol^2, $b = 0.04280$ L/mol로 주어지는 일련의 매개변수 값을 사용하여 파이썬에서 이 방법을 시도해보자. 여기서 a와 b의 값은 이산화탄소(CO_2)에 대한 값이다.

$$P = 950\text{kPa},\ T = 300\text{K},\ a = 365.4\text{L}^2\cdot\text{kPa/mol}^2,\ \text{b} = 0.04280\text{L/mol}$$

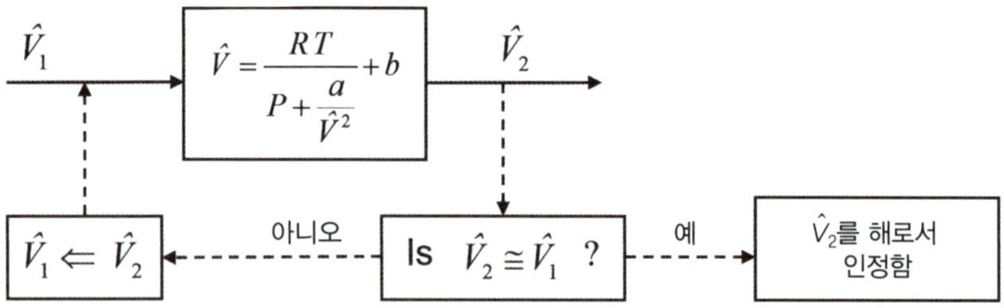

그림 7.19 순환 계산 방법 도해.

```
R = 8.3145 # kPa*L/(mol*K)

a = 365.4 # L2*kPa/mol2
b = 0.04280 # L/mol

P = 950 # kPa
T = 300 # K

V1 = 2.0 # L/mol

V2 = R*T/(P+a/V1**2)+b

print(V1,V2)
```

그리고 화면에는 다음과 같이 출력된다.

```
2 2.438104172468431
```

만약 V1에 2.4381을 지정하여 순환법을 반복한다면, 결과는 다음과 같다.

```
2.4381 2.5088634490981945
```

이 방법을 계속 적용하면 다음 표를 얻는다.

2.0000	2.4381
2.4381	2.5089
2.5089	2.5172
2.5172	2.5182
2.5182	2.5183

이 과정은 수렴하고 있음이 분명해 보인다. V2가 사실상 V1과 같을 때 방정식이 충족되고 유효한 해의 추정값을 갖게 된다.

이를 설명하는 또 다른 방법은 그림 7.20에 표시된 V2 대 V1의 플롯을 사용하는 것이다. 실선은 왼쪽에서 오른쪽으로 값의 진행을 나타내고 점선은 V2=V1인 45°선이다. 이 방법을 통해 추정값이 파선에 있는 해로 직접 수렴하는 것을 볼 수 있다.

수렴 속도를 표시하기 위해 한 반복에서 다음 반복까지 해의 추정값의 절대 변화를 플롯할 수 있다. [그림 7.21]에 이것이 나타나 있으며 y축에 로그 눈금을 사용한다. 곡선의 선형 특성은 지수 수렴을 나타낸다.

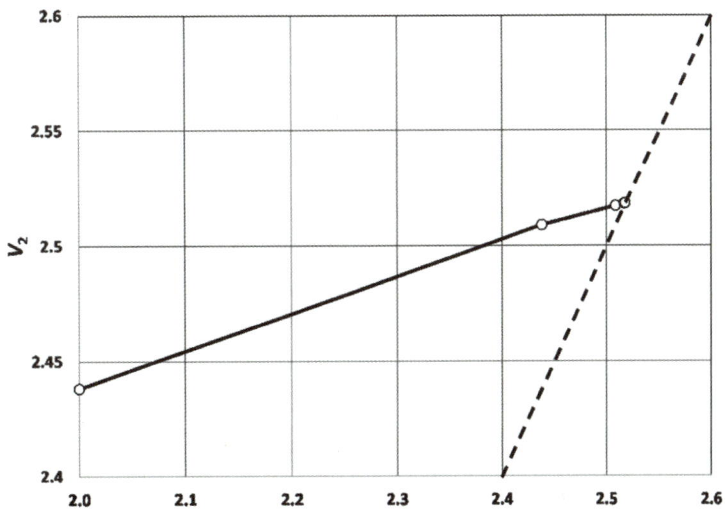

그림 7.20 연속 대입법에 의한 해로 접근.

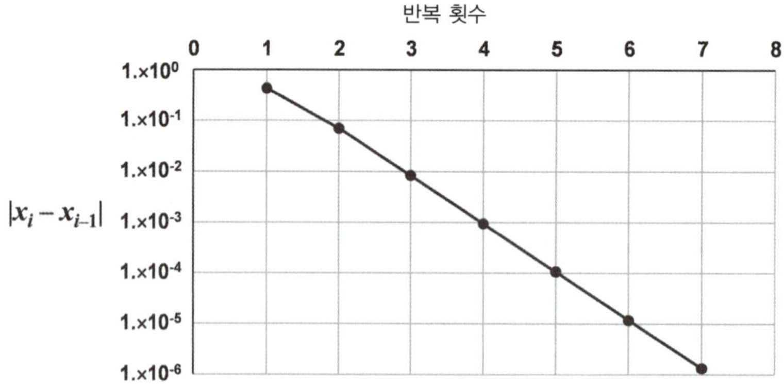

그림 7.21 연속 대입법의 수렴.

이제 예제를 통해 방법을 소개했으므로 몇 가지 일반적인 개념을 논의하도록 하자. 이 방법은 공식적으로 **고정점 반복법**(fixed-point iteration method) 또는 **연속 대입법**(successive subsitution)이라고 한다. 해결하려는 방정식을 $x = g(x)$로 표현하면 상황을 이해할 수 있다. 즉, 방정식의 우변을 계산하려면 x에 대한 해가 필요하다. 분명히 이 방법은 앞선 예에서 작동했다. 작동하지 않는 경우가 있을까?

이를 조사하기 위해 반 데르 발스 방정식을 조작하여 제곱 항을 가진 $\hat{V}$에 대해 해석적으로 풀어보자.

$$\hat{V} = \sqrt{\frac{a}{\dfrac{RT}{\hat{V} - b} - P}} \tag{7.27}$$

`V1 = 2.0`부터 시작하여 절차를 반복한다.

2.0000	1.0612
1.0612	0.4937
0.4937	0.2824
0.2824	0.1965
0.1965	0.1546

분명히 이 프로세스는 이전에 구했던 유효한 해에서 멀어지게 한다. 이 경우 방법이 작동하지 않는 것 같다.

이는 고정점 반복법의 주요 단점을 드러낸다. 이 방법이 안정적이고 수렴될 것이라는 확신이 없다. 해의 진행과 함께 $\hat{V}$에 대해 우변을 플롯하면 문제를 볼 수 있다. 이는 [그림 7.22]에 나와 있다. 해는 실선과 파선의 교차점에 있다. 방정식 (7.25)에 해당하는 상단 플롯은 수렴하는 반면 방정식 (7.27)에 해당하는 하단 플롯은 발산한다. 이러한 플롯을 종종 "거미줄" 플롯이라고 한다. 자세한 내용은 Chapra and Clough(2022)를 참조하기 바란다.

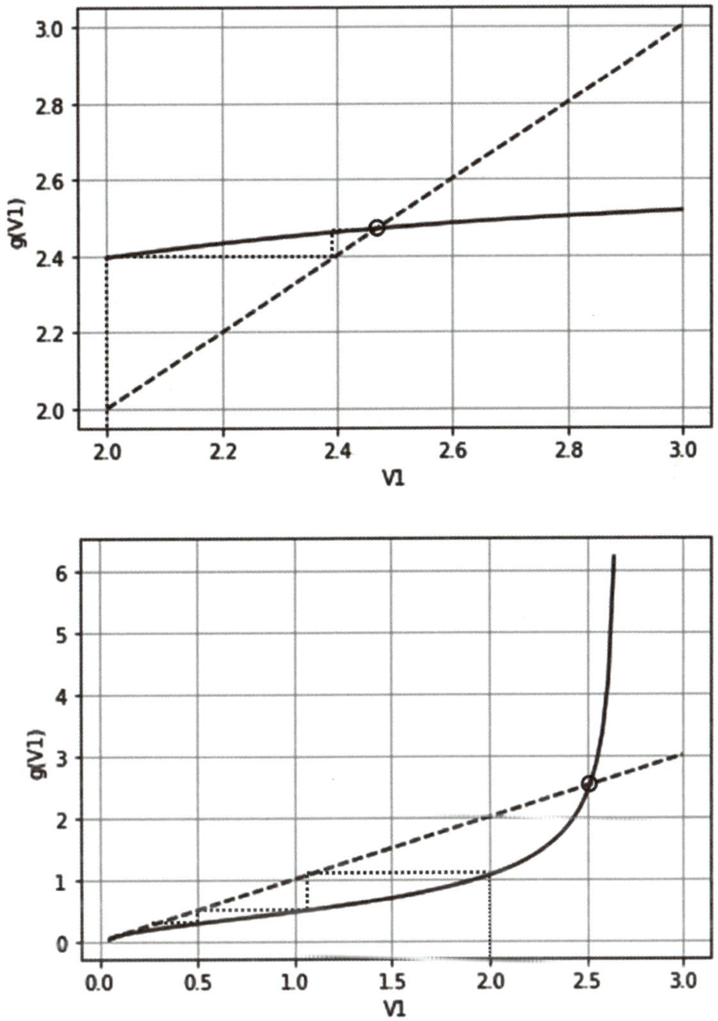

그림 7.22 고정점 반복법의 두 가지 공식에 대한 거미줄 플롯 비교. 상단 플롯은 수렴하는 반면 하단 플롯은 발산한다.

상단 그래프에서 발견할 수 있는 것은 시작 추정값이 2.0일 때 연속 추정값이 점선과 교차하는 해를 향해 직접 이동한다는 것이다. 하단 그래프를 보면 다시 2.0에서 시작하여 연속 추정값이 왼쪽으로 이동하고 b보다 작은 값에 접근하여 음의 제곱근을 생성하면서 방법이 실패한다.

두 그래프의 차이에 대해 이미 알아차렸을 것이다. 안정적인 해의 경우 해 근처에서 $g(x)$의 기울기가 1보다 작다(점선의 기울기는 1). 오른쪽의 수렴하지 않는 경우에는 그 반대이다. 안정적인 해를 위한 조건은 일반적으로 다음과 같이 표현할 수 있다(Chapra and Canale 2019).

$$|g'(x_{\text{soln}})| < 1 \tag{7.28}$$

실제로 이렇게 수렴하지 않는 경우에 직면하였을 때 이를 우회하는 방법은 다른 x를 풀고 새로운 $x = g(x)$ 방정식을 만들어내는 것이다. 이 방법은 일반적으로 작동하는 데 문제가 없다.

[그림 7.23]에는 파이썬의 고정점 반복법을 위한 함수인 fixpt가 나와 있다. 이는 이전 기능과 유사하다. 그러나 새로운 추정값은 단순히 현재 추정값에 대해 계산한 함수 g이다. 수렴은 상대 오차가 기본값 1.e-7로 Ea 기준을 충족할 때 달성된다.

```
def fixpt(g,x1,Ea=1.e-7,maxit=30):
    """
    x = g(x)의 근을 추정하기 위해 고정점 반복법을 사용함
    이 방법은 기본값 30으로 설정된 maxit 만큼 반복함
    작은 상대오차가 기본값 1.e-7로 설정된 Ea보다 작으면 수렴한 것으로 판단
    입력:
        g = x = g(x)에 대한 함수의 명칭
        x1 = 초기 추정값
    출력:
        x2 = 추정 근
        iter = 반복한 횟수
    """
    for i in range(maxit): # maxit 만큼 반복 실행
        x2 = g(x1) # 새로운 x를 계산
        if abs((x2-x1)/x2) < Ea: # 수렴하였는지 조사
            iter = i+1
            return x2,iter # 수렴하였다면, xnew 값과 반복횟수를 반환
        x1 = x2 # 수렴하지 않았다면, x1를 x2로 대체
    iter = i+1
    return x2,iter # maxit 반복횟수에 도달하였다면 여기서 반환
```

그림 7.23 고정점 반복법을 위한 파이썬 함수.

이 함수를 반 데르 발스 문제에 첫 번째 안정적인 공식으로 적용하면 파이썬 스크립트는 다음과 같다.

```
def V2(V1):
    return R*T/(P+a/V1**2)+b

R = 8.3145 # kPa*L/(mol*K)

a = 365.4 # L2*kPa/mol2
b = 0.04280 # L/mol

P = 950 # kPa
T = 300 # K

V1 = 2.0 # L/mol

Vsoln,iter = fixpt(V2,V1)
```

```
print('V = {0:6.4f}'.format(Vsoln))
print('number of iterations taken = {0:3d}'.format(iter))
```

출력된 결과는 다음과 같다.

```
V = 2.5183
number of iterations taken =8
```

7.7 순환법 – 웨그스타인법

7.1절에서 이분법을 공부한 후, 7.2절에서 선형 보간에 기반한 향상된 방법인 가위치법을 고려했다. 이제 비슷한 방식으로 고정점 반복법을 확장하겠다.

[그림 7.24]는 개념을 설명한다. **웨그스타인**(Wegstein)**법**은 하나의 초기 추정값 대신 두 개가 필요하지만 이분법과 가위치법과 달리 두 추정값 x_1과 x_2는 해를 포함하는 구간일 필요가 없다.

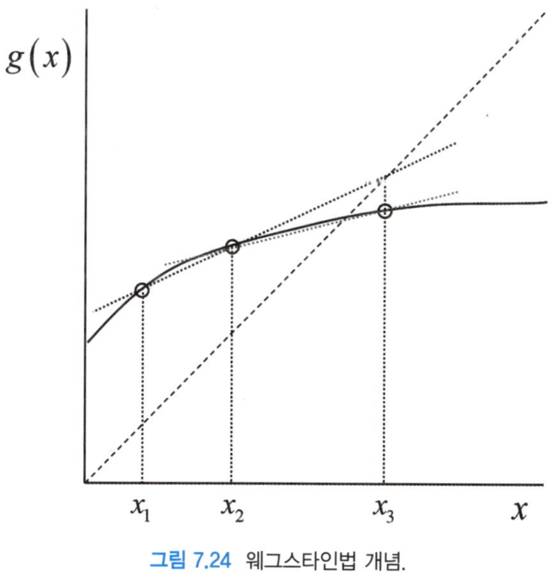

그림 7.24 웨그스타인법 개념.

이전 절에서 언급했듯이 $x = g(x)$ 공식의 경우 해는 $g(x)$ 곡선이 45° 선을 교차하는 점이다. 웨그스타인법은 점 $\{x_1, g(x_1)\}$과 $\{x_2, g(x_2)\}$를 통과하는 직선을 45° 대각선에 투영한다. 다음 추정값 x_3을 설정한다. 이때 x_2는 새로운 x_1이 되고 x_3은 새로운 x_2가 된다. 그런 다음 상대 오차 기준에 대해 측정을 해가면서 x_3과 x_2가 충분히 가까워질 때까지 이 방법을 반복한다.

x_3에 대한 업데이트 공식을 유도하기 위해 그림에 표시된 직선 관계를 수식으로 작성한다.

$$\frac{g(x_2)-g(x_1)}{x_2-x_1}=\frac{x_3-g(x_2)}{x_3-x_2} \tag{7.29}$$

이 방정식을 다시 정렬하여 x_3을 푼다.

$$x_3=\frac{x_1\cdot g(x_2)-x_2\cdot g(x_1)}{x_1-x_2+g(x_2)-g(x_1)} \tag{7.30}$$

그런 다음 파이썬 함수 fixpt(그림 7.23)를 수정하여 [그림 7.25]와 같이 웨그스타인 함수를 작성한다.

```
def wegstein(g,x1,x2,Ea=1.e-7,maxit=30):
    """
    x = g(x) 의 근을 추정하기 위해 웨그스타인법을 사용함
    이 방법은 기본값 30으로 설정된 maxit 만큼 반복함
    작은 상대오차가 기본값 1.e-7로 설정된 Ea보다 작으면 수렴한 것으로 판단
    입력:
        g = x = g(x)에 대한 함수의 명칭
        x1, x2 = 초기 추정값, 반드시 구간 내에 근이 있을 필요는 없음
    출력:
        x3 = 추정 근
        iter = 반복한 횟수
    """
    for i in range(maxit): # maxit 만큼 반복 실행
        x3 = (x1*g(x2)-x2*g(x1))/(x1-x2+g(x2)-g(x1)) # 새로운 x를 계산
        if abs((x3-x2)/x3) < Ea: # 수렴하였는지 조사
            iter = i+1
            return x3,iter # 수렴하였다면, xnew 값과 반복횟수 반환
        x1 = x2 # 수렴하지 않았다면, x1를 x2로 대체
        x2 = x3 # 그리고 x2를 x3로 대체
    iter = i+1
    return x3,iter # maxit 반복횟수에 도달하였다면 여기서 반환
```

그림 7.25 웨그스타인법을 구현하기 위한 파이썬 함수.

먼저, 안정적이고 수렴하는 형태의 반 데르 발스 방정식(식 (7.25))으로 wegstein 함수를 테스트할 수 있다. 다음은 파이썬 스크립트와 결과이다.

```
def g(V):
return R*T/(P+a/V**2)+b

R = 8.3145 # kPa*L/(mol*K)

a = 365.4 # L2*kPa/mol2
```

```
b = 0.04280 # L/mol

P = 950 # kPa
T = 300 # K

V1 = 2.0 # L/mol
V2 = 2.5

Vsoln,iter = wegstein(g,V1,V2)
print('V = {0:6.4f}'.format(Vsoln))
print('number of iterations taken = {0:3d}'.format(iter))

V = 2.5183
number of iterations taken =4
```

함수가 해로 빠르게 수렴하는 것을 알 수 있다. 공정을 기하기 위해 고정점 반복법에서 발산하는 형태의 반 데어 발스 방정식(식 (7.27))으로 wegstein 함수를 테스트해야 한다. 여기에 맞춰 수정된 스크립트와 결과는 다음과 같다.

```
import numpy as np

def g(V):
return np.sqrt(a/(R*T/(V-b)-P))

R = 8.3145 # kPa*L/(mol*K)

a = 365.4 # L2*kPa/mol2
b = 0.04280 # L/mol

P = 950 # kPa
T = 300 # K

V1 = 2.0 # L/mol
V2 = 2.5

Vsoln,iter = wegstein(g,V1,V2)
print('V = {0:6.4f}'.format(Vsoln))
print('number of iterations taken = {0:3d}'.format(iter))

V = 2.5183
number of iterations taken =7
```

여기서 흥미로운 점은 웨그스타인법이 고정점 반복법을 사용하여 실패한 $x = g(x)$ 방정식 형태에 대해 안정적인 해를 생성했다는 것이다. 그다지 중요하지 않은 단점은 두 개의 초기 추정값이 필요하다는 것이다. 이것은 아마도 대부분의 응용 프로그램에서 고정점 반복법보다 웨그스타인법을 선택해야 함을 시사한다.

웨그스타인법도 문제가 될 수 있을까? 대답은 '그렇다'이다. 마지막 예에서 초기 추정값 1.0 과 2.0을 사용하는 경우 스크립트의 출력은 다음과 같다.

```
V =nan
number of iterations taken =30
  C:\Users\cloughd\Documents\IntroPythonText\Chapter7\
wegstein2.py:27: RuntimeWarning: invalid value encountered
in sqrt
  return np.sqrt(a/(R*T/(V-b)-P))
```

분명히 이 함수는 제곱근 함수의 인수가 음수가 되도록 만드는 V 값을 만났다. 따라서 여전히 신중하게 진행해야 하며 교훈으로서 $x = g(x)$의 수렴형을 사용하는 것이 항상 바람직하다는 교훈을 얻을 수 있다.

7.8 혼합형 접근 – 브렌트법(BRENT'S METHOD)

단일 비선형 방정식을 풀기 위해 이 장에서 지금까지 제시된 방법을 검토하면서 각 기법의 장단점을 살펴보았다. Richard Brent[5]가 도입한 혼합법은 장점을 활용하고 단점을 완화하려고 시도한다. 개발된 전략은 근에 대한 빠른(2차) 수렴이 가능한 경우에는 뉴튼-랩슨법 또는 수정 할선법과 같은 개방법을 사용하고, 이러한 방법이 구간값 바깥에서 이리저리 헤매는 경우에는 개방법으로 다시 전환하여 가속 수렴을 계속할 수 있을 때까지 덜 효율적인 이분법과 같은 구간법에 의존하는 것이다.

여기에서는 브렌트법을 사용하는 함수를 유도하고 코딩하지는 않을 것이다(이에 대해서는 Chapra & Clough 2022 참조). 대신 SciPy `optimize` 모듈에 내장된 `brentq` 함수를 활용할 것이다. `brentq` 함수를 사용하는 구문은 간단하다.

```
xsoln = brentq(func, x1,x2)
```

여기서 `func`는 $f(x)$를 계산하는 함수의 이름이고 x1, x2는 해를 구간으로 묶어야 하는 초기 추정값이다. 이 밖에 사용할 수 있는 옵션 인수는 다음과 같다.

- `maxiter`: 허용되는 최대 반복 횟수, 그렇지 않으면 오류 메시지
- `xtol`: 절대 오차 허용 한도, 기본값 = `2.e-12`

5 Richard Peirce Brent는 오스트레일리아의 수학자이자 컴퓨터 과학자이다.

- rtol: 상대 허용 오차 한도, 기본값 = 8.8e-16
- args: args=(tuple)로 지정되는 func에 필요한 추가 인수
- full_output: True인 경우 해 xsoln와 해에 대한 추가 세부 정보를 모두 반환한다.
- 기본값으로서 False일 때는 xsoln만 반환한다.

이전에 살펴본 다음 방정식의 근을 brentq 함수 적용하여 구해본다.

$$f(x) = \sin(x+2)\cosh(x) + 2 = 0 \tag{7.4}$$

초기 추정값이 $x1 = 1.0$과 $x2 = 3.0$인 경우 다음과 같이 파이썬 스크립트를 작성하면 Spyder 콘솔에 해가 표시된다.

```
import numpy as np
from scipy.optimize import brentq

def f(x):
    return np.sin(x+2)*np.cosh(x)+2.

x1 = 1.0
x2 = 3.0

xsoln = brentq(f,x1,x2)

print('solution is {0:6.4f}'.format(xsoln))

solution is 1.8229
```

만약 full_output = True를 코드에 추가하면 표시되는 결과는 다음과 같다.

```
import numpy as np
from scipy.optimize import brentq

def f(x):
    return np.sin(x+2)*np.cosh(x)+2.

x1 = 1.0
x2 = 3.0

xsoln,results = brentq(f,x1,x2,full_output=True)

print('solution is {0:6.4f}'.format(xsoln))
print(results)

solution is 1.8229
```

```
      converged: True
           flag: 'converged'
 function_calls: 10
     iterations: 9
           root: 1.8228849971054475
```

확실히 알고리즘의 성능에 대한 더 많은 정보를 얻게 된다. 처음에 이 full_output 옵션을 사용하여 일단 brentq 함수가 잘 수행되고 있는지 확인하고 확신이 들면 이 옵션을 제거한다.

예제 7.3 브렌트법으로 반 데르 발스 방정식을 풀어 부피 구하기

이 예에서는 반 데르 발스 방정식을 $f(x)=0$ 문제로 만들고 brentq 함수를 사용하여 이를 풀어서 특정 부피 $\hat{V}$를 구한다. 이때 args 옵션을 활용하여 압력, P, 온도, T와 a, b 매개변수를 함수에 추가 인수로 제공할 것이다. 반 데르 발스 방정식을 $f(x)=0$ 형식으로 작성하면 다음과 같다.

$$f\left(\hat{V},P,T,a,b\right)=P-\frac{R\cdot T}{\hat{V}-b}+\frac{a}{\hat{V}^2}=0 \tag{7.31}$$

파이썬 함수는 다음과 같다.

```
def f(V, P, T, a, b):
    return P - R*T/(V-b) + a/V**2
```

나머지 스크립트는 다음과 같다.

```
from scipy.optimize import brentq

R = 8.3145 # kPa*L/(mol*K)

a = 365.4 # L2*kPa/mol2
b = 0.04280 # L/mol

P = 950 # kPa
T = 300 # K

V1 = 1.0
V2 = 4.0

Vsoln,res = \
```

```
brentq(f,V1,V2,full_output=True,args=(P,T,a,b))
print('specific volume is {0:6.4f} L/mol'.format(Vsoln))
print(res)
```

그러면 화면에 나타난 결과는 다음과 같다.

```
specific volume is 2.5183 L/mol
      converged: True
           flag: 'converged'
function_calls: 10
     iterations: 9
           root: 2.5182923306354965
```

추가 인수(P, T, a, b)는 **brentq** 함수를 통해 해당 인수를 정의에 포함하고 있는 **f** 함수로 전달된다. 기체 법칙 상수는 사용된 단위 세트의 표준 값이므로 전달되는 인수에 포함되지 않는다. 이 값은 기본 스크립트에 정의되어 있으므로 **f** 함수에서 사용할 수 있다.

이번에는 기본값보다 엄격하지 않은 허용오차 값으로 시험해본다. **brentq** 문은 다음과 같다.

```
Vsoln,res = brentq(f,V1,V2,full_output=True,args=(P,T,a,b) \
                        ,xtol=1.e-5,rtol=1.e-5)

with the results displaying now as

specific volume is 2.5183 L/mol
      converged: True
           flag: 'converged'
function_calls: 8
     iterations: 7
           root: 2.5182924505143265
```

이전에 비해 허용 오차를 더 완화하였기 때문에 이전의 9번이 아닌 7번의 반복만 필요하였다.

대부분 작업에 **brentq** 기능을 사용하는 것이 당연하다고 생각할 것이다. 그러나 이 장에서 제시한 더 간단한 방법/함수 중 하나를 선호하는 경우가 있다. 이러한 경우에 장점은 이들 함수들이 **brentq** 함수와 같이 내부를 볼 수 없는 "블랙 박스"가 아니어서 작동방법을 정확히 이해할 수 있다는 데 있다. 또한 자연스럽게 $x = g(x)$ 형식으로 나타나는 문제의 경우 고정점 반복법 또는 웨그스타인법을 사용하는 것이 좋다.

7.9 다항식 근 구하기

[예제 7.1]에서는 구형 탱크의 액체 부피와 깊이 사이의 관계를 분석하고 관계를 결정했다.

$$f(h) = h^3 - 3Rh^2 + \frac{3V}{\pi} = 0 \tag{7.9}$$

R과 V 값이 주어지면 위 식은 h의 3차 다항식이 되고, 파이썬 스크립트를 사용하여 이 다항식을 풀어 세 개의 근을 구할 수 있다. 다음 파이썬 코드를 실행하면

```
import numpy as np
V = 200 # m3
R = 5 # m
coef = np.array([1., -3.*R, 0., 3.*V/np.pi])
r = np.roots(coef)
print(r)
```

결과는 다음과 같다.

```
[14.02970369  4.20648373  -3.23618742]
```

다항식은 공학과 과학의 문제 해결에서 자주 발생하기 때문에 다항식과 그 해를 다루는 데 시간을 할애할 가치가 있다. n차 다항식의 일반 형식은 다음과 같다.

$$a_n \cdot x^n + a_{n-1} \cdot x^{n-1} + \cdots + a_1 \cdot x + a_0 = 0 \tag{7.32}$$

이 방정식은 n개의 근을 갖는다. 이 근들은 실수이거나 복소수일 것이다. 복소수 근이 있는 경우 복소수 켤레 쌍으로 나타나야 한다. 즉,

$$\alpha + \beta j \text{ 와 } \alpha - \beta j$$

그 이유는 다항식의 계수 a_i가 실수라고 가정하기 때문이다. 다항식은 인수의 곱으로 나타낼 수 있기 때문에, 즉

$$(x - r_1) \cdot (x - r_2) \cdots (x - r_n) = 0 \tag{7.33}$$

여기서 r_i는 근이다. 인수들을 곱하면 반드시 실수 계수가 나와야 한다. 다음과 같이 켤레 복소수 쌍을 곱하면

$$\left(x - (\alpha + \beta j)\right)\left(x - (\alpha - \beta j)\right) = x^2 - 2\alpha x + \left(\alpha^2 + \beta^2\right) \tag{7.34}$$

가 된다. 따라서 켤레 복소수 쌍을 근으로 하는 인수들을 곱하면 실수 계수가 나온다. 복소

수 근이 켤레 복소수 근이 아니면 복소수 계수가 나온다.

이 장의 이전 절에서 비선형 대수 방정식 $f(x)=0$의 근을 찾는 방법을 소개했다. 이러한 방법은 확실히 다항식에 적용될 수 있지만 하나의 근만 결정한다. 나머지 근을 찾는 방법은 무엇일까?

예를 들어 살펴보자.

$$x^4-8x^3-3x^2+62x+56=0 \tag{7.35}$$

근을 결정하기 위해 초기 추정값을 x1 = 1로 설정하고 수정된 할선법을 적용해 보자.

```
def f(x):
    return x**4 - 8*x**3 - 3*x**2 + 62*x + 56

x1 = 1.

xsoln,iter = modsec(f,x1)
print('x = {0:6.4f}'.format(xsoln))
print('number of iterations taken = {0:3d}'.format(iter))
```

결과는 다음과 같다.

```
x = -2.0000
number of iterations taken =3
```

이제 하나의 근을 알았다. 다음 단계는 해당 근 −2와 관련된 인수 $(x+2)$로 원래 다항식을 나누는 것이다. [그림 7.26]에 긴 나눗셈 과정을 수록하였다. 이를 수행하는 프로그램을 개발하려면 이를 알고리즘으로 변환해야 한다.

근으로 나누었으므로 나머지는 0이 될 것이다. 이제 몫으로 구한 다항식(첫 번째 근이 제거된 원래 다항식)의 근을 찾을 수 있다.

```
def f(x):
    return x**3 - 10*x**2 + 17*x + 28

x1 = 5.

xsoln,iter = modsec(f,x1)
print('x = {0:6.4f}'.format(xsoln))
print('number of iterations taken = {0:3d}'.format(iter))

x = 4.0000
number of iterations taken =5
```

$$
\begin{array}{r}
x^3 - 10x^2 + 17x + 28 \\
x+2\overline{\big)\, x^4 - 8x^3 - 3x^2 + 62x + 56} \\
(-)\,x^4 + 2x^3 \qquad\qquad\qquad \\
\hline
-10x^3 - 3x^2 + 62x + 56 \\
(-)\,-10x^3 - 20x^2 \qquad\qquad \\
\hline
17x^2 + 62x + 56 \\
(-)\,17x^2 + 34x \qquad \\
\hline
28x + 56 \\
(-)\,28x + 56 \\
\hline
0
\end{array}
$$

그림 7.26 몫 다항식을 결정하기 위한 긴 나눗셈.

이제 다음 근 $x=4$와 그것의 인수 $(x-4)$를 찾았으므로 한 번 더 긴 나눗셈을 진행하면 다음의 몫 다항식을 얻을 수 있다.

$$x^2 - 6x - 7 \tag{7.36}$$

이 2차 다항식에 대해 이차 방정식의 근 공식을 사용하여 근을 구하면 $x=7$과 $x=-1$을 얻는다.

이 방법이 힘들게 보이고 느껴지지만, 이 방법을 효율적으로 코딩하는 것이 가능하며, 복소수 근을 구하는 것 역시 가능하다. 근을 빼내고 나머지 다항식에서 근을 찾는 과정을 **디플레이션**(deflation)이라고 한다. 이는 다항식의 근을 결정하는 고전적인 방법인 **Muller 방법**(Chapra and Canale 2019)의 기초이다.

선형 대수학과 다항식 계수를 포함하는 행렬에서 고유값이라고 하는 인수를 구하는 방법에 기초하여 다항식 근을 찾아내는 또 다른 인기 있는 방법이 있다. 이 방법은 학생들의 이해 수준을 벗어나기 때문에 여기에서는 자세한 내용을 논의하지 않기로 한다. 이것은 Muller의 방법보다 더 효율적이기 때문에 현재 가장 널리 선택되는 방법이라는 점에 주목할 필요가 있다.

파이썬의 NumPy 모듈은 다항식 계산에 유용한 여러 함수를 제공한다. 앞서 언급한 고유값 방법을 사용하는 함수 중 하나인 `roots`를 이미 살펴보았다. 여기서는 다항식 예에 이 함수를 적용한다.

```
import numpy as np

coeff = [1., -8., -3., 62., 56.]
r = np.roots(coeff)
```

```
print('roots are\n',r)

roots are
 [ 7. 4. -2. -1.]
```

여기에서 다항식의 계수는 리스트로 제공하고 있는데 이때 x의 거듭제곱 차수가 가장 높은 것의 계수부터 차수가 가장 낮은 상수로 가는 순서를 따른다. 계수는 튜플 또는 NumPy 배열로 정의할 수도 있다.

NumPy 모듈에는 **roots** 함수를 보완하는 두 가지 동반 함수가 있다. 첫 번째 **poly**는 기본적으로 **roots**의 역(inverse) 기능을 수행한다. **poly** 함수는 다항식의 근으로부터 다항식을 만들어 내는데 다항식 계수를 결과로 제공한다. 이를 예제에 적용해보자.

```
coeff1 = np.poly([7., 4., -2., -1.])
print('coefficients are\n',coeff1)

coefficients are
 [ 1. -8. -3. 62. 56.]
```

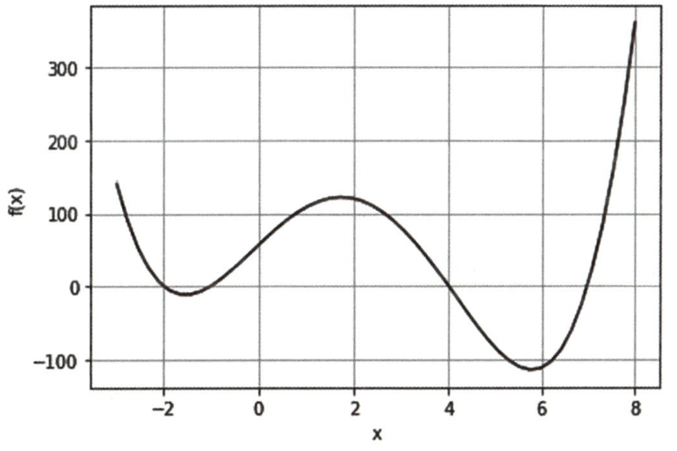

그림 7.27 0을 지나는 근들을 보여주는 다항식 플롯.

두 번째는 특정한 x 값에 대해 계수가 주어진 다항식을 계산하는 **polyval**이다. 이 함수를 사용하여 $x = -5$에서 $x = 10$까지의 다항식 플롯을 생성해보자.

```
import pylab
xplot = np.linspace(-3., 8.)
yplot = np.polyval(coeff, xplot)
pylab.plot(xplot, yplot, c='k')
pylab.grid()
```

```
pylab.xlabel('x')
pylab.ylabel('f(x)')
```

결과 플롯은 그림 7.27에 나와 있으며 여기서 4개의 실근을 볼 수 있다.

7.10 사례 연구: 공중에서 발사체 궤적

발사체의 궤적에 대한 연구는 스포츠에서 미사일, 무기 병기에 이르기까지 광범위하다. 궤적의 수평 거리는 일반적으로 수평, 좌우 위치 또는 편류와 함께 하나의 중요한 목표이다. 수평 위치를 고려하지 않은 일반적인 궤적이 [그림 7.28]에 나와 있다. 공기 저항을 무시하면 이러한 궤적은 다음 방정식으로 물리학에 근거하여 설명할 수 있다.

$$y = \tan(\theta)x - \frac{g}{2v_0^2\cos^2(\theta)}x^2 + y_0 \tag{7.25}$$

여기서 y = 고도, x = 수평 변위 또는 범위, θ = 발사 각도, g = 중력 가속도, v_0 = 발사 속도, y_0 = 초기 고도이다. 물론 공기 저항과 바람과 같은 다른 요소도 중요하지만 이들은 수학적 설명을 복잡하게 만들므로 이 장에서 다루는 범위를 넘어선다. 나중 장에서 이에 대해 다시 설명하겠다.

이 연구의 목적은 주어진 v_0와 y_0 값에 대해 원하는 도달 거리($y=0$일 때 x 값)를 만들어내는 발사 각도 θ가 무엇인지 구하는 것이다. 이 목표를 달성하려면 다음을 방정식을 풀어야 한다.

$$f(\theta) = \tan(\theta)x - \frac{g}{2v_0^2\cos^2(\theta)}x^2 + y_0 = 0 \tag{7.36}$$

원하는 수평변위(범위)가 주어지고, 물리적 한계로 인해 설정된 발사 속도와 고도 차이를 설정하는 지형 조건이 주어지면 발사 각도가 나머지 조정 가능한 매개변수이기 때문에 이는 의미 있는 상황이다. [그림 7.28]에서 볼 수 있듯이 초기 고도는 최종 고도인 0을 기준으로 측정된다.

이 문제를 해결하기 위해 파이썬 스크립트를 설계할 때 범위 r, 발사 속도 v_0, 초기 고도 y_0 값을 입력하면 발사 각도를 반환하는 함수를 만든 것이 바람직하다.

```
def launch_angle(r, v0,y0):
.
.
return theta
```

물론 이러한 양들은 일관된 단위를 사용해야 한다. g는 9.807 m/s^2로 주어지므로 속도의 시간 단위는 초이어야 한다. 그 다음에 거리 단위가 같아야 하는데, 예를 들어 미터, 킬로미터 혹은 마일을 사용한다

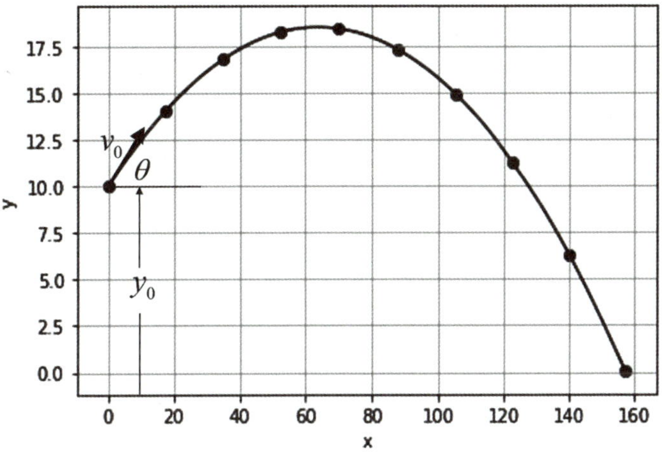

그림 7.28 공기 저항을 무시할 때의 발사체 궤적.

이 함수 내에서 앞서 배웠던 해결 방법 중 하나를 호출하려고 한다. 알다시피, 각도에 대해 하나 또는 두 개의 초기 추정값이 필요하다. 이분법, 가위치법과 브렌트법의 경우 초기 추정값 쌍으로 나타나는 구간에 해가 포함되어야 한다. 그림을 보면 0°와 90°의 구간법 추정값이 항상 해를 포함하는 것처럼 보이지만, 방정식을 푸는 데는 문제가 있다. 탄젠트 함수는 $\theta \rightarrow 90°$로 갈 때 무한대에 접근한다. 이 문제를 해결하려면 90° 미만, 아마도 80°인 발사 각도에 대한 합리적인 최대값을 가정해야 한다. 뉴튼-랩슨법 또는 수정할선법의 경우 하나의 초기 추정값만 필요하다. 45°와 같은 중간 범위 값 또는 일반적으로 조사하는 상황의 각도 값, 예를 들어 15°를 사용할 수 있다. 구간법 추정이나 단일 초기값 추정의 경우 제대로 작동하는지 확인하기 위해 테스트를 수행해야 한다.

다음은 [그림 7.18]의 modsec 함수를 사용하는 테스트용 스크립트이다.

```
import numpy as np

def y(th0):
    return np.tan(th0)*x - g/2/v0**2/np.cos(th0)**2*x**2 + y0

g = 9.807 # m/s2
th0d = 45. # degrees
th0 = np.radians(th0d)

y0 = 10. # m
```

```
v0 = 50. # m/s
x = 160.

theta,iter = modsec(y,th0)
thetad = np.degrees(theta)
print('launch angle = {0:5.1f} degrees'.format(thetad))
print('iterations required =',iter)
```

화면에 나타난 결과는 다음과 같다.

```
launch angle =15.4 degrees
iterations required = 5
```

이 발사 각도는 합리적으로 보인다. 만약 문제의 발사 각도가 일반적으로 20° 미만인 경우 초기 추정값은 10°가 적절할 수 있다.

또는 SciPy `optimize` 모듈의 `brentq` 함수와 같은 구간법을 시도할 수 있다. 이 경우 스크립트는 다음과 같다.

```
import numpy as np
from scipy.optimize import brentq

def y(th0):
    return np.tan(th0)*x - g/2/v0**2/np.cos(th0)**2*x**2 + y0

g = 9.807 # m/s2
th1d = 0. # degrees
th1 = np.radians(th1d)
th2d = 25. # degrees
th2 = np.radians(th2d)

y0 = 10. # m
v0 = 50. # m/s
x = 160.

theta = brentq(y,th1,th2)
thetad = np.degrees(theta)
print('launch angle = {0:5.1f} degrees'.format(thetad))
```

다음과 같이 성공적인 결과가 나타났다.

```
launch angle = 15.4 degrees
```

구간법 초기 추정값은 0°와 25°임을 알 수 있다.

발사각을 구하는 다른 방법이 있다. 임의로 **brentq** 함수를 선택하여 진행할 수 있다. 이제 발사각을 풀기위한 스크립트를 **launch_angle** 함수 안에 집어 넣고 아래와 같이 테스트해본다. **brentq** 함수를 호출할 때 **args=(r,v0,y0)** 인수를 사용하여 **launch_angle** 인수를 **y** 함수에 전달하고 있음을 알 수 있다.

```
import numpy as np
from scipy.optimize import brentq

def y(th0,r,v0,y0):
    return np.tan(th0)*r - g/2/v0**2/np.cos(th0)**2*r**2 + y0

def launch_angle(r,v0,y0):
    th1d = 0. # degrees
    th1 = np.radians(th1d)
    th2d = 25. # degrees
    th2 = np.radians(th2d)
    return brentq(y,th1,th2,args=(r,v0,y0))

g = 9.807 # m/s2

y0 = 10. # m
v0 = 50. # m/s
r = 160.

theta = launch_angle(r,v0,y0)
thetad = np.degrees(theta)
print('launch angle = {0:5.1f} degrees'.format(thetad))
```

풀이 결과는 성공적이다.

```
launch angle = 15.4 degrees
```

```
import numpy as np
from scipy.optimize import brentq
import pylab

def y(th0,r,v0,y0):
    return np.tan(th0)*r - g/2/v0**2/np.cos(th0)**2*r**2 + y0

def launch_angle(r,v0,y0):
    th1d = 0. # degrees
    th1 = np.radians(th1d)
    th2d = 25. # degrees
    th2 = np.radians(th2d)
    return brentq(y,th1,th2,args=(r,v0,y0)) # 발사 각도를 위한 풀이
```

```
g = 9.807 # m/s2

y0 = 10. # 초기 고도 - m
v0 = 50. # 초기 속도 - m/s
r = np.linspace(100.,200.,25) # 거리의 배열
n = len(r)
thetad = np.zeros((n)) # 각도 배열을 0으로 초기화
for i in range(n):
    thetad[i] = np.degrees(launch_angle(r[i],v0,y0)) # 각도를 위한 풀이
#create plot
pylab.plot(r,thetad,c='k')
pylab.grid()
pylab.xlabel('range - meters')
pylab.ylabel('launch angle - degrees')
pylab.title('range vs. angle for v0 = 50 m/s, y0 = 10 m')
```

그림 7.29 도달 거리에 대한 발사각의 사례 연구를 위한 파이썬 스크립트.

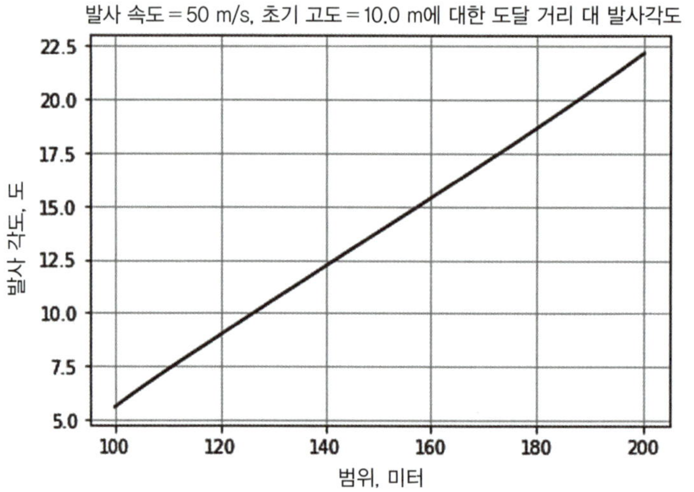

그림 7.30 필요한 거리를 위해 요구되는 발사각의 플롯.

도달 거리 대 필요한 발사 각도에 대한 사례 연구를 이제 수행할 수 있다. 스크립트는 [그림 7.29]에 나와 있다.

생성된 플롯은 [그림 7.30]에 나와 있다. 그래프를 살펴보면 먼저 관계가 완전 선형이 아니라 대략 선형이라는 것이다. 물론 이것은 특정한 발사 속도와 초기 고도 값에 대한 결과이다. 이들 매개변수 중 하나를 변경하고 그것이 발사각에 미치는 영향을 조사하는 사례 연구를 추가로 수행해야 할 필요가 있을 것이다.

이 사례 연구는 더 큰 프로젝트를 위한 구성요소로서 함수를 개발하고 테스트하는 방법을 보여준다. 우리는 args 기법을 사용하여 함수를 통해 종속 함수로 인수를 전달하는 것이 얼마나 편리한지 살펴보았다. 본격적으로 진행하기 전에 다른 해결 방법을 고려하

고 테스트하는 것도 필요했다. 초기 추정값의 신중한 선택이 필요하다. 임의의 값을 선택하여 해결 방법을 곤경에 빠뜨리는 상황은 어렵지 않게 볼 수 있다. 연구 중인 상황에 맞게 조정해야 한다. 일반적인 조언을 해보면 연구하려는 주제가 복잡할수록 성공을 위해 해결 방안을 단계별로 계획하고 구축하는 데 더 많은 주의가 필요하다.

연습 문제

7.1 이분법을 사용하여 $x=0$과 $x=2$ 사이에서 다음 방정식의 근을 찾아라.

$$f(x)=e^{-\frac{x}{4}}(2-x)-1=0$$

7.2 [문제 1]의 방정식에서 x를 풀기 위해 고정점 반복법 체계를 고안하고 수행하라.

7.3 다음을 근을 찾는 방법을 이용하여 해결하라. **힌트**: (문제 7.3의 식), $x=\sqrt[3]{5}$이면 양쪽을 세제곱하고 진행해본다.

$$\sqrt[3]{5}$$

7.4 $0\le x\le 4$의 범위에 대해 플롯을 하고, 가위치법을 사용하여 플롯에서 관찰되는 근을 결정하라.

$$f(x)=x^2|\sin(x)|-4$$

7.5 $2\le x\le 6$의 범위에 대해 다음 방정식을 플롯하고,

$$f(x)=x^3-12.42x^2+50.444x-66.552$$

(a) 다항식의 세 근을 모두 결정하기 위해 x에 대해 잘 선택된 초기 추정값과 함께 뉴튼-랩슨법을 세 번 적용하라.

(b) NumPy `roots` 함수를 사용하여 다항식의 모든 근을 결정하고 이를 (a)의 결과와 비교하라.

7.6 $x=0$와 $x=\pi/2$ 사이에서 다음 방정식의 근을 뉴튼-랩슨법을 사용하여 찾아라.

$$f(x)=\tan(x)-2x=0$$

7.7 액체를 저장하는 지하 탱크의 일반적인 모양은 [그림 p7.7]에서 보듯이 양쪽 끝이 반구형인 수평으로 놓인 원통 구조이다. 액체의 부피 V와 액체 깊이 h의 관계는 두 부분을 고려해야 한다. 개념적으로 양쪽 끝에 있는 두 개의 반구를 한데 모으면 반지름이 R인 구를 형성할 수 있다. 그러면 해당 부분의 부피는 다음과 같다.

$$V_{\text{sph}} = \pi h^2 \left(\frac{3R - h}{3} \right)$$

원통형 부분의 부피는 다음의 복잡한 공식으로 제공된다.

$$V_{\text{cyl}} = \left(R^2 \cos^{-1}\left(\frac{R-h}{R} \right) - (R-h)\sqrt{2Rh - h^2} \right) L$$

그러면 전체 액체의 부피는 다음과 같다.

$$V = V_{\text{sph}} + V_{\text{cyl}}$$

$L = 5\text{m}$이고 $R = 0.75\text{m}$인 탱크의 경우 주어진 부피 V에 대해 깊이 h를 찾는 파이썬 스크립트를 작성하라. 그런 다음 스크립트를 확장하여 균일한 부피 증분으로 각 리터 단위의 부피 값에 해당하는 깊이를 제공하는 보정 테이블을 작성하라. 마지막으로 깊이(미터) 대 부피(리터)의 플롯을 생성하라.

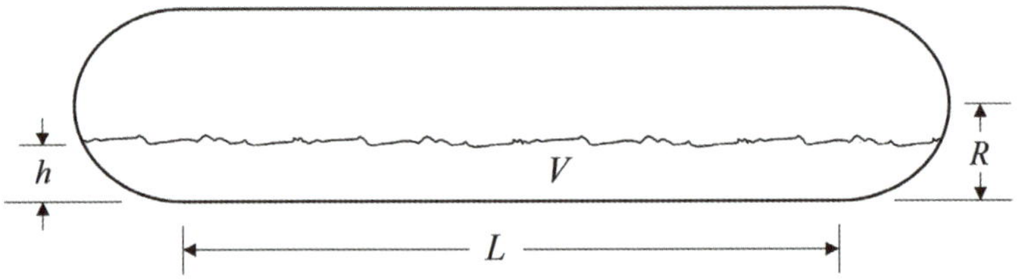

그림 P7.7 반구형 끝을 가진 수평탱크.

7.8 [예제 3.1]에서 지구상의 두 지점 사이의 대권 거리(great circle distance)를 계산하는 공식을 다음과 같이 얻었다.

$$d = 2\sin^{-1}\left(\sqrt{\left(\sin\left(\frac{lt_1 - lt_2}{2} \right) \right)^2 + \cos(lt_1)\cos(lt_2)\left(\sin\left(\frac{\ln_1 - \ln_2}{2} \right) \right)^2} \right) r$$

여기서 $\{lt_1, ln_1\}$는 위도와 경도로 첫 번째 지점의 위치이다. 적도에서 자오선을 선택하면 위치는 $\{0,0\}$이다. 105°W의 경도에 대해 자오선/적도에서 10,000 km 떨어진 위도 S를 결정하라. 이 위치가 지구상 어디에 있는지 대략 설명하라.

7.9 이상적이지 않은 조건에서 기체의 거동을 설명하는 반 데르 발스 방정식보다 더 최근 대안인 상태 방정식은 Soave, Redlich, Kwong(SRK)의 방정식이다. SRK 방정식은

$$P = \frac{RT}{\hat{V} - b} - \frac{\alpha a}{\hat{V}\left(\hat{V} + b\right)}$$

여기서, 예제 단위를 포함하여, P = 압력(kPa), R = 기체 법칙 상수, 8.3145 L·kPa/(mol·K), T = 온도(K), $\hat{V}$ = 비부피(L/mol)이다. 추가 매개변수 b(L/mol), a(L/mol)^{2}와 α(무차원)는 고려 중인 기체에 따라 다르다. 프로판, C_3H_8의 경우 값은 다음과 같다.

$$a=9.3775(\text{L/mol})^2,\ b=0.06262\text{L/mol, and } \alpha=0.903$$

423 K의 온도와 7,000 kPa의 압력에 대해 SRK 상태 방정식을 사용하여 특정 부피를 결정하라. 이것을 순환 계산으로 설정하고 웨그스타인법을 사용하라. 결과를 이상 기체 법칙에 의해 결정된 비부피와 비교하라.

$$P=\frac{RT}{\hat{V}}$$

7.10 기체를 대상으로 한 열 계산 작업에서 중요한 속성은 열용량이다. 일반적으로 열용량은 기체의 온도를 1도 올리는 데 필요한 에너지를 제공한다. 열용량은 온도에 따라 달라지며 다항식으로 정확하게 모델링할 수 있다. 한 가지 예는 수증기의 열용량이다.

$$C_P = 33.46 + 0.006880\,T + 0.7604\times10^{-5}\,T^2 - 3.593\times10^{-9}\,T^3$$

여기서 C_P는 열용량(J/(mol·°C))이고 T는 온도(°C)이다. 이 공식은 0~1,500°C의 넓은 온도 범위에서 유효하다.

(a) 전체 유효 온도 범위에 대한 열용량 대 온도의 도표를 작성하라.

(b) 열용량이 40 J/(mol·°C)인 온도를 계산하고 표시하기 위해 뉴튼-랩슨법을 사용하여 파이썬 스크립트를 만들라.

7.11 로켓의 상승 속도는 다음 공식으로 계산할 수 있다.

$$v = u\ln\left(\frac{m_0}{m_0 - qt}\right) - gt$$

여기서 v는 상향 속도, u = 로켓에 대한 연료의 하향 출구 속도, m_0는 $t=0$에서 로켓의 질량, q = 연료 소비율, g = 중력 가속도, 9.81 m/s^{2}이다. u = 1,800 m/s, m_0 = 160,000 kg, q = 2,600 kg/s인 경우 v = 750 m/s가 되는 시간을 계산하라. 이 문제를 `brentq` 함수를 사용하여 해결하라.

7.12 당신은 7년 동안 10%의 계약금을 지불하고 잔액을 대출받아 $79,990에 Tesla Model S 차량을 구매할 계획이다. $1,000의 월 납입 예산을 책정했다. 따라서 이제 필요한 이자율(또는 찾을 수 있는 경우 더 낮은 이자율)로 대출 상품을 찾아야 한

다. 이를 지배하는 공식은 다음과 같다.

$$A = P\frac{i(1+i)^n}{(1+i)^n - 1}$$

여기서 A = 월 납입금, P = 대출 금액, i = 백분율이 아닌 분수로 표시되는 월 이자율이다.

참고: 대출 이자율은 일반적으로 연간 기준으로 "APR"로 표시된다. 월 이자율 i를 얻으려면 APR을 12로 나눈다. 실제 연간 이자율은 인용된 APR보다 크며, $(1+i)^{12} - 1(\times 100$, %의 경우)이다. 예를 들어, 연이율 6%에 월별 납입 시 실제 연이율은 6.17%이다.

목표를 달성하기 위해 필요한 APR을 결정하라.

7.13 [그림 P7.13]에 개략적으로 묘사된 것처럼 첫 번째와 두 번째로 무거운 두 개 물체에 대해 세 번째로 무거운 물체에 작용하는 알짜 힘이 0인 지점이 5개 있다. 즉, 물체의 중력과 원심력이 균형을 이룬다. 이러한 특성을 갖는 지점은 원하는 궤도를 유지하기 위해 최소한의 궤도 수정을 필요로 하는 위성을 위한 훌륭한 위치가 된다. 우리 태양계의 경우 이러한 물체의 구성은 태양과 태양의 행성 중 하나 또는 행성과 위성 중 하나의 경우이다. 이러한 지점을 일반적으로 **라그랑주**(Lagrange) **지점**[6]이라고 한다. 지구-태양 L_2 근처에서 작동하도록 설계된 주목할 만한 우주선은 가이아 우주 천문대와 제임스 웹 우주 망원경이다. L_2에 대한 힘 균형 방정식은 다음과 같이 쓸 수 있다

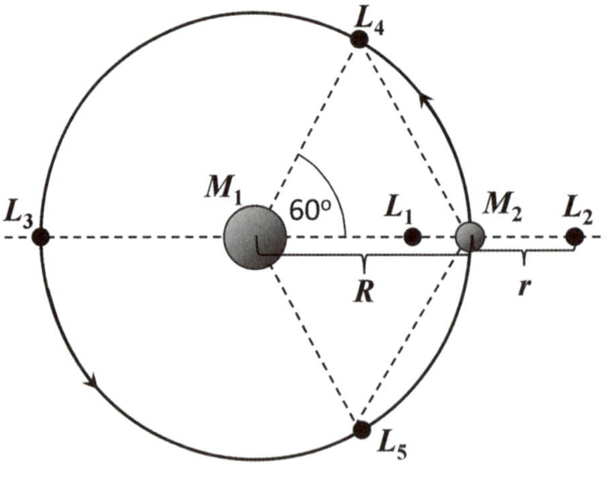

그림 P7.13 두 거대한 질량체에 대한 라그랑주 지점.

6 Joseph-Louis Lagrange(본명: Giuseppe Luigi Lagrangia)(1736~1813)는 이탈리아의 수학자이자 천문학자였으며 나중에 프랑스인으로 귀화했다. 그는 분석, 정수론, 고전역학과 천체역학 분야에 상당한 공헌을 했다. Euclid, Euler, Gauss, Newton 과 몇몇 다른 사람들과 함께 그는 수학의 거인 중 한 명이다.

$$\frac{M_1}{(R+r)^2}+\frac{M_2}{r^2}=\left(\frac{M_1 R}{M_1+M_2}+r\right)\frac{M_1+M_2}{R^3}$$

여기서 r은 두 개의 무거운 물체 중 작은 물체에서 L_2 지점까지의 거리이고, M_1과 M_2는 각각 큰 물체와 작은 물체의 질량이며, R은 두 물체 사이의 거리이다. 태양, 지구와 달에 대한 매개변수는 아래 표에 요약해서 정리하였다. (a) 지구 주위와 (b) 달 주위를 공전하는 L_2 위성에 대해 r을 결정하라.

천체계	태양-지구	지구-달	단위
M_1	1.991×10^{30}	5.98×10^{24}	kg
M_2	5.98×10^{24}	7.35×10^{22}	kg
R	149,600,000	384,401	km

작은 물체의 질량이 큰 물체의 질량보다 훨씬 작은 경우 r의 좋은 초기 추정값은 다음과 같이 계산할 수 있다.

$$r \approx R\sqrt[3]{\frac{M_2}{3M_1}}$$

7.14 [그림 P7.14]에 4절 링크기구가 설명되어 있다. 이러한 링크기구는 기계 엔지니어가 다양한 방식으로 기계적 움직임을 전달하도록 설계했다.

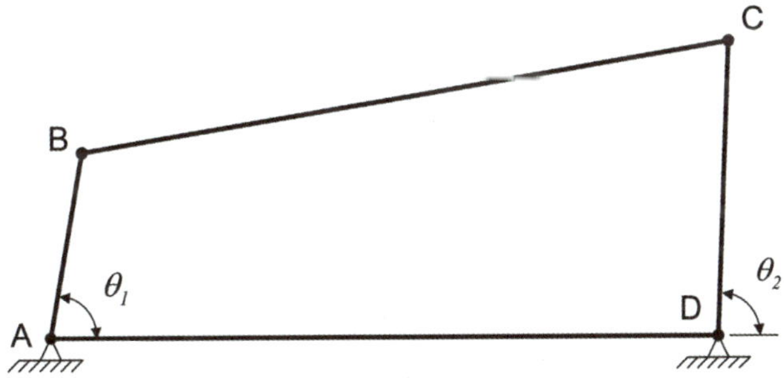

그림 P7.14 4절 링크기구.

멤버 AD는 지지대에 고정되어 움직이지 않는다. 멤버 AB는 점 A를 중심으로 회전하여 멤버 BC와 CD의 왕복 운동을 발생시킨다. 모든 동작은 책의 지면과 같은 평면 안에서 이루어진다. 따라서 각도 θ_1의 변화에 대응하여 각도 θ_2도 변화한다. 이 동작은 다음 방정식에 의해 제한된다.

$$\overline{AD}=\overline{AB}\cos\theta_1-\overline{CD}\cos\theta_2+\sqrt{\overline{BC}^2-\left(\overline{CD}\sin\theta_2-\overline{AB}\sin\theta_1\right)^2}$$

$\overline{AB} = 1.5$m, $\overline{BC} = 6$m, $\overline{CD} = 3.5$m, $\overline{AD} = 5$m라고 가정한다.

각도 θ_1의 값(예: 45°)이 주어졌을 때 각도 θ_2를 결정하라. 가위치법을 사용하라.

θ_1 값의 범위에 대해 θ_2 값의 데이터 테이블을 만들라. 이 관계를 나타내도록 플롯하라.

7.15 물이 경사진 수로를 따라 흐를 때 수심 h_1, 유속 v_1인 물이 갑자기 느린 속도 v_2로 수심 h_2까지 뛰어오르는 수력점프 현상이 발생할 수 있다. 이것은 [그림 P7.15]에 묘사되어 있다.

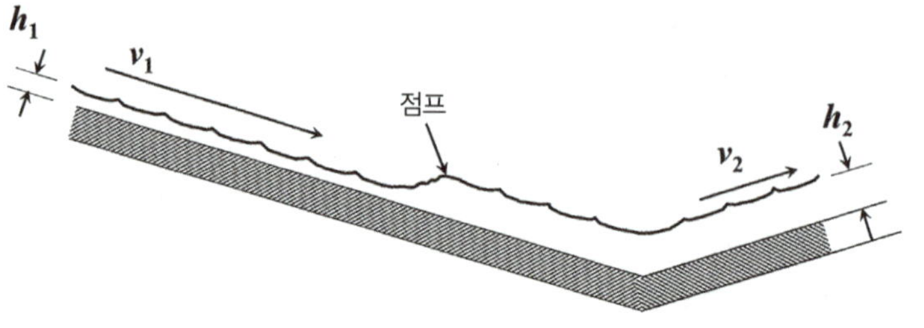

그림 P7.15 수력 점프 현상

수력 점프를 설명하는 방정식은 다음과 같다.

$$h_2 = \frac{h_1}{2}\left[\sqrt{1 + \frac{8v_1^2}{gh_1}} - 1\right]$$

그러한 점프는 다음과 같은 경우에만 가능하다.

$$v_1 > \sqrt{gh_1}$$

v_1과 h_2의 값을 알고 있는 경우 h_1과 점프 가능 여부를 결정하는 파이썬 스크립트를 만들라. 일반적인 속도(v_1)는 1~2 m/s이고 점프 후 깊이는 2~3 cm이다.

제 8 장

대수 연립방정식 풀기

8장의 목표

- n개의 미지수를 가진 n개의 선형 연립방정식을 푸는 방법을 검토한다.
- 2×2 선형 대수 연립방정식을 그래픽으로 푸는 방법을 알아보고 이것이 특이(singular) 시스템인지 아니면 불량조건(ill-conditioned) 시스템인지에 대한 통찰력을 제공하는 방법을 이해한다.
- 정방 행렬의 행렬식을 이해하고 그것이 특이 시스템과 불량조건 시스템을 감지하는 데 어떻게 사용될 수 있는지 이해한다.
- 선형 연립방정식을 풀기 위해 크래이머(Cramer) 규칙이 행렬식을 사용하는 방법을 이해한다.
- 가우스 소거법을 구현하는 방법과 벡터/행렬 관점에서 선형 대수 연립방정식의 해를 얻는 방법을 배운다.
- 가우스 소거법의 한계와 부분 피벗팅으로 이를 극복할 수 있는 방법을 이해한다.
- NumPy `linalg` 모듈로 선형 연립방정식을 풀 수 있다.
- 연속 대입법을 확장하여 작은 크기의 비선형 연립방정식을 푸는 방법을 배운다.
- 비선형 대수 연립방정식의 경우 편도함수의 자코비안(Jacobian) 행렬 도입을 포함하여 뉴튼-랩슨법을 확장할 수 있는 방법을 알아본다.
- SciPy `optimize` 모듈의 `root` 함수를 사용하여 비선형 대수 연립방정식을 풀 수 있다.

선형 대수 연립방정식은 모든 공학과 과학 분야의 문제에서 반복적으로 발생한다. 일반적인 예로는 토목 공학의 구조, 전기 공학의 회로, 화학 공학의 물질 균형, 기계 공학의 열 균형 그리고 화학의 분석 측정이 있다. 결과적으로 선형 대수 연립방정식의 특성과 그

해를 이해하는 것이 중요하다. 이 장에서는 오늘날 가장 널리 사용되는 기법인 선형 연립 방정식의 해를 구하는 고전적인 방법인 가우스 소거법에 초점을 맞춘다.

선형 시스템 외에도 비선형 대수 연립방정식은 물리적, 화학적 그리고 생물학적 현상을 모델링할 때 자주 발생한다. 이러한 연립방정식의 해를 구하는 것은 선형 연립방정식보다 훨씬 더 어렵다. 여기서는 단일 비선형 대수 방정식에서 다중 비선형 대수 방정식으로 확장된 뉴튼-랩슨법을 소개한다.

$$\begin{aligned} a_{11}x_1 + a_{12}x_2 + \cdots a_{1n}x_n &= b_1 \\ a_{21}x_1 + a_{22}x_2 + \cdots a_{2n}x_n &= b_2 \\ \vdots \qquad \vdots & \\ a_{n1}x_1 + a_{n2}x_2 + \cdots a_{nn}x_n &= b_n \end{aligned} \Rightarrow \begin{bmatrix} a_{11} & a_{12} & \cdots & a_{1n} \\ a_{21} & a_{22} & \cdots & a_{2n} \\ \vdots & \vdots & \ddots & \vdots \\ a_{n1} & a_{n2} & \cdots & a_{nn} \end{bmatrix} \cdot \begin{bmatrix} x_1 \\ x_2 \\ \vdots \\ x_n \end{bmatrix} = \begin{bmatrix} b_1 \\ b_2 \\ \vdots \\ b_n \end{bmatrix}$$

$$\mathbf{Ax} = \mathbf{b}$$

그림 8.1 선형 대수 방정식의 벡터 행렬 표현.

마지막으로 파이썬의 NumPy `linalg` 모듈과 SciPy `optimize` 모듈에서 사용할 수 있는 도구를 사용하여 선형과 비선형 대수 연립방정식을 해결하는 방법을 아는 것이 중요하다.

8.1 선형 대수 연립방정식

6장에서 선형 대수 연립방정식을 벡터/행렬로 표현하는 방법을 소개했다. [그림 8.1]에 이를 나타내었다. 여기에서는 수식을 나타낼 때 1부터 시작하는 첨자를 사용한다. 따라서 0부터 시작하는 배열 구조를 가진 파이썬으로 전환할 때는 주의를 기울여야 한다. 연립방정식을 해결하는 방법을 설명하기 전에 공학과 과학 문제를 푸는 과정에서 왜 그렇게 연립방정식이 흔하게 발생하는지 이해하는 것이 유용하다.

예제 8.1 선형 방정식과 공학/과학 문제 해결

[그림 8.2]는 생분해성 용존 물질을 배출하는 공장으로 이 물질은 최종적으로 강으로 배출된다. 이 처리장은 오염 물질이 강으로 배출되기 전에 농도가 감소되도록 완전히 혼합하는 3개의 반응기로 구성된다. 반응기들은 한 반응기에서 다른 반응기로 오염 물질을 이동시키는 흐름(Q)과 오염 물질을 무해한 형태로 전환시키는 생화학 반응(k)에 의해 연결된다.

반응기가 하나뿐인 경우, 농도를 결정하기 위해 질량 보존에 기반한 평형식을 다음과 같이 쓸 수 있다.

$$\begin{aligned} Q_{\text{in}}c_{\text{in}} - Q_{\text{out}}c_i - KV_ic_i &= 0 \\ (\text{유입}) - (\text{유출}) - (\text{생분해}) &= 0 \end{aligned} \tag{8.1}$$

여기서 V_i = 부피(m^3), c_i = 오염물질 농도(mg/m^3), t = 시간(d), Q_{in}과 Q_{out} = 각각 유입량과 유출량(m^3/d), c_{in} = 유입되는 오염물질 농도(mg/m^3), k = 생분해를 나타내는 1차 속도 상수(/d).

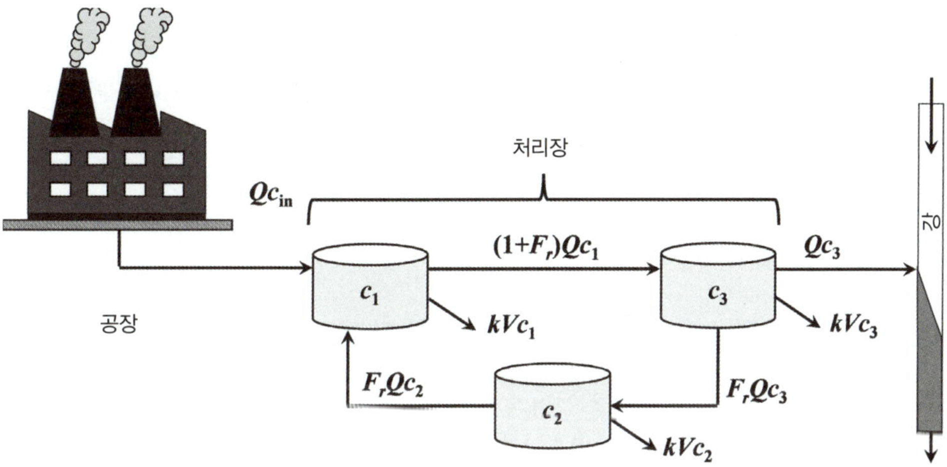

그림 8.2 독성이 있지만 생분해가 가능한 용해된 오염 물질의 폐기물 흐름을 생성하는 공장. 인접한 하천으로 배출되는 오염물질 농도를 줄이기 위해 3개의 반응기로 구성된 처리장을 건설했다. 흐름과 반응 경로는 화살표로 표시된다.

방정식 (8.1)은 미지의 c에 대해 대수적으로 풀 수 있는 선형 대수 방정식이다. 이것은 하나의 반응기에 대한 단일 방정식의 경우이지만 [그림 8.2]의 시스템의 경우 각 반응기는 흐름에 의해 서로 연결된다. 따라서 각 반응기의 농도를 독립적으로 결정할 수 없다. 상호 의존성 때문에 3개의 반응기를 개별 요소가 아닌 시스템으로 모델링해야 한다. [그림 8.2]에 따라 각 반응기에 대한 물질 수지 방정식을 작성하면 다음과 같다.

$$Qc_{\text{in}} + F_rQc_3 - (1+F_r)Qc_1 - kVc_1 = 0 \tag{8.2}$$

$$(1+F_r)Qc_1 - (1+F_r)Qc_2 - kVc_2 = 0 \tag{8.3}$$

$$(1+F_r)Qc_2 - (1+F_r)Qc_3 - kVc_3 = 0 \tag{8.4}$$

여기서 F_r = 반응기 3에서 반응기 2로 재순환된 후 다시 반응기 1로 재순환되는 유입량 비율이다. 방정식의 각 항을 정리하여 연립 방정식을 [그림 8.1]의 일반적인 벡터-행렬 형식으로 표현할 수 있다.

$$\begin{bmatrix} (1+F_r)Q+kV & 0 & -F_rQ \\ -(1+F_r)Q & (1+F_r)Q+kV & 0 \\ 0 & -(1+F_r)Q & ((1+F_r)Q+kV) \end{bmatrix} \begin{pmatrix} c_1 \\ c_2 \\ c_3 \end{pmatrix} = \begin{pmatrix} Qc_{\text{in}} \\ 0 \\ 0 \end{pmatrix} \tag{8.5}$$

따라서 3개의 연결된 반응기의 정상 상태 모델은 자연스럽게 3개의 미지수가 있는 3개의 선형 대수 연립방정식을 생성한다.

각각의 원소 a_{ij}는 반응기 i가 반응기 j에 의해 어떻게 직접적인 영향을 받는가를 나타내는 매개변수를 나타낸다. 예를 들어, a_{21}은 반응기 1에서 반응기 2로의 흐름을 정량화하는 매개변수를 포함한다. 0은 반응기 j에서 i로의 직접적인 연결이 없음을 나타낸다. 따라서 $a_{12}=0$은 반응기 2에서 반응기 1로의 직접적인 흐름이 없음을 나타낸다. 대각선의 항 a_{ii}는 i번째 반응기에서 오염 물질을 제거하는 유출량과 반응 항을 나타낸다. 마지막으로 오른쪽 벡터 b_i의 원소에는 i번째 반응기에 대한 직접적인 외부 입력이 포함된다.

8.2 작은 크기의 선형 대수 연립방정식 풀기

컴퓨터 방법으로 진행하기 전에 작은($n \le 3$) 크기의 연립 방정식을 푸는 데 적합하고 컴퓨터가 필요하지 않은 몇 가지 방법을 설명한다. 이것은 그래픽 방법, 크래이머(Cramer) 규칙과 미지수 소거법이다. 크래이머 규칙을 설명하면서 문제점을 가지고 있는 선형 연립방정식을 탐지하기 위한 방법을 제공하는 행렬식도 소개한다.

8.2.1 그래픽 방법

한 축은 x_1에 해당하고 다른 축은 x_2에 해당하는 직교 좌표에 플롯하여 두 방정식에 대한 그래픽 해를 얻을 수 있다([그림 8.3]). 선형 대수 연립방정식을 다루기 때문에 각 방정식은 직선으로 표시된다. 다음 연립방정식을 사용하여 이를 쉽게 설명해보기로 한다.

$$\begin{aligned} 1.5x_1 + 2x_2 &= 6 \\ -0.5x_1 + 2x_2 &= 2 \end{aligned} \tag{8.6}$$

이 방정식들을 x_2에 대해 풀면 다음과 같다.

$$\begin{aligned} x_2 &= 3 - 0.75x_1 \\ x_2 &= 1 + 0.25x_1 \end{aligned} \tag{8.7}$$

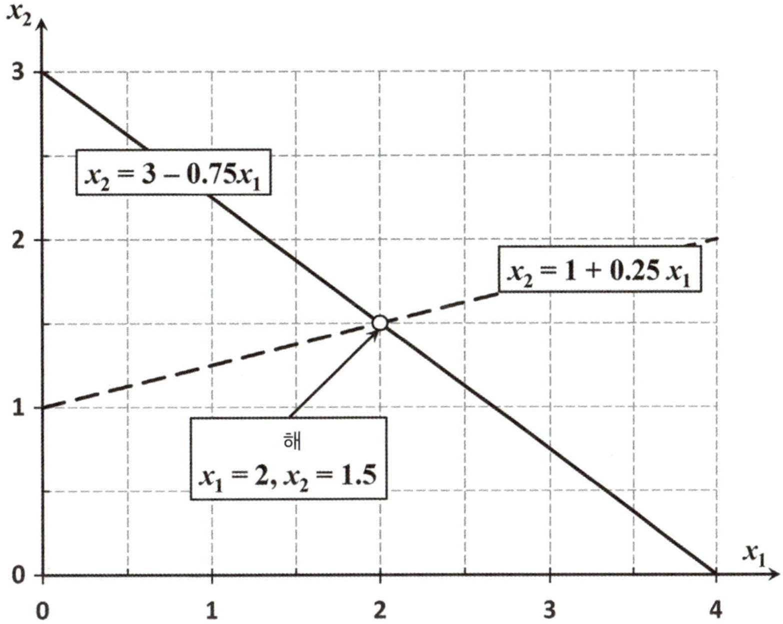

그림 8.3 두 개의 선형 대수 연립방정식의 그래픽 해이다. 선의 교차점은 해를 나타낸다.

[그림 8.3]에 표시된 것처럼 식 (8.7)의 두 개의 직선이 교차하는 점이 연립방정식의 해, $x_1 = 2$와 $x_2 = 1.5$이다. 이 값들이 맞는지 원래 방정식에 대입하여 확인할 수 있다.

$$\begin{aligned} 1.5(2) + 2(1.5) &= 6 \\ -0.5(2) + 2(1.5) &= 2 \end{aligned} \tag{8.8}$$

세 개의 방정식으로 이루어진 연립방정식의 경우 각 방정식은 3차원 좌표계에서 평면으로 표시된다. 세 평면이 교차하는 지점이 해가 된다. 3개의 방정식을 넘어서면 그래픽 방법이 불가능해지며 결과적으로 연립 방정식을 푸는 데 실질적인 가치가 거의 없다. 그러나 두 개 또는 세 개의 방정식에 대한 해의 속성을 시각화하는 데 유용하다. 예를 들어, [그림 8.4]는 선형 연립방정식을 풀 때 문제를 일으킬 수 있는 세 가지 사례를 보여준다. [그림 8.4a]는 두 방정식이 평행선을 나타내는 경우를 보여준다. 이러한 상황에서는 선이 교차하지 않기 때문에 해가 없다. [그림 8.4b]는 두 선이 일치하는 경우를 보여준다. 이러한 상황에 대한 해는 무궁무진하다. 두 연립방정식의 유형 모두 **특이**(singular) 시스템이라고 한다. 또한 특이에 매우 가까운 시스템([그림 8.4c])도 문제를 일으킬 수 있다. 이러한 **시스템은 불량조건을 가졌다고 한다**(ill-conditioned system). 그래픽으로 나타내면 이것은 선이 교차하는 정확한 지점을 식별하기 어렵다는 사실에 해당한다. 불량조건 상태에서는 선형 연립방정식의 수치해를 구하는 동안 문제가 발생할 수도 있다. 이는 반올림 오류에 매우 민감하기 때문이다.

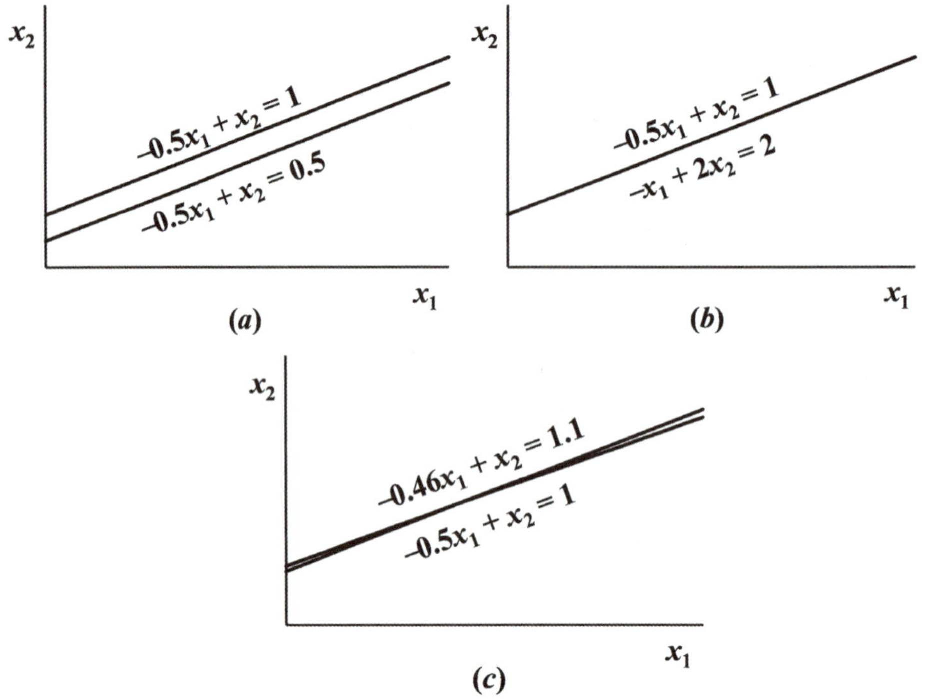

그림 8.4 특이 시스템과 불량조건의 그래픽 설명: (a) 해가 없음, (b) 무한한 해, (c) 기울기가 너무 가까워 교차점을 시각적으로 감지하기 어려운 불량조건 시스템.

이 절에서 알 수 있는 점은 모든 선형 연립방정식이 고유한 해를 갖는 것은 아니라는 것이다. 방정식들은 **독립적**이어야 한다. 즉, 어떤 방정식도 다른 방정식에 의해 복제될 수 없으며(아마도 이 점은 명백할 것이다!) 어떤 방정식도 집합에 있는 다른 방정식의 선형 결합에 의해 얻어질 수 없다(이 점은 그렇게 명백하지 않을 수 있다).

8.2.2 행렬식과 크래이머 규칙

이전에 수강한 수학 과목에서 선형 연립방정식을 풀기 위해 크래이머 규칙을 사용해보았을 수 있다. 이 방법은 정방 행렬의 **행렬식** 계산을 포함한다. 이 방법은 일반적으로 작은 크기의 연립방정식($n \leq 3$)을 이용하여 설명한다. 행렬식을 수동으로 계산하는 것은 더 큰 크기의 연립방정식에 대해 다루기 어렵기 때문이다.

8.2.2.1 행렬식

행렬식은 2×2 행렬에 대해 설명하는 것이 일반적이다.

$$\begin{bmatrix} a_{11} & a_{12} \\ a_{21} & a_{22} \end{bmatrix}$$

연립방정식을 나타내는 이 행렬의 **행렬식** D는 계수로부터 다음과 같이 계산된다.

$$D = \begin{vmatrix} a_{11} & a_{12} \\ a_{21} & a_{22} \end{vmatrix} = a_{11}a_{22} - a_{12}a_{21} \tag{8.9}$$

행렬식 D와 계수행렬 A는 같은 원소로 구성되어 있지만 완전히 다른 수학 개념이다. 그렇기 때문에 행렬은 내부원소를 괄호로 묶고 행렬식은 내부원소를 직선을 사용하여 묶어서 시각적으로 구분한다. 또한 행렬은 구조화된 숫자 모음인 반면 행렬식은 단일 숫자이다.

3×3 행렬의 경우, 행렬식은 다음과 같다.

$$D = \begin{vmatrix} a_{11} & a_{12} & a_{13} \\ a_{21} & a_{22} & a_{23} \\ a_{31} & a_{32} & a_{33} \end{vmatrix} \tag{8.10}$$

이 행렬식은 다음과 같이 계산할 수 있다.

$$D = a_{11}\begin{vmatrix} a_{22} & a_{23} \\ a_{32} & a_{33} \end{vmatrix} - a_{12}\begin{vmatrix} a_{21} & a_{23} \\ a_{31} & a_{33} \end{vmatrix} + a_{13}\begin{vmatrix} a_{21} & a_{22} \\ a_{31} & a_{32} \end{vmatrix} \tag{8.11}$$

여기서 2×2 행렬식을 **소행렬식**(minor)이라고 한다. 이와 같이 작은 행렬의 행렬식을 계산하기 위한 빠른 방법을 [그림 8.5]에 나타내었다. 그림의 패턴을 잘 살펴보기 바란다. 실선 화살표는 +부호를 갖는 값이 되고 점선 화살표는 −부호를 갖는 값이 된다.

각 소행렬식은 곱셈 인수의 행과 열을 제거한 후 남은 부분행렬이라는 것을 알 수 있다. 첫 번째 소행렬식의 경우, 계수는 a_{11}이고 소행렬식은 3×3 행렬의 행과 열 1이 제거된 것이다. 두 번째 소행렬식의 음수 부호는 어떻게 나오는 것일까? 부호에 관한 규칙은 계수의 인덱스의 합이 홀수이면 부호가 음수라는 것이다. 계수 a_{ij}에 대해 수학적으로 다음과 같이 설명할 수 있다.

$$(-1)^{i+j}$$

a_{11}, a_{12} 그리고 a_{13}의 세 가지 계수는 임의로 선택할 수 있다는 점에 유의해야 한다. 소행렬식 방법은 세 개의 어떤 행렬 원소를 선택하여도 적용할 수 있다. 또한 소행렬식 방법은 2×2 행렬에도 적용되는데, 이 경우에는 각각의 소행렬식이 개별 원소가 된다.

예제 8.2 **행렬식**

[그림 8.3]과 [그림 8.4]에 표시된 연립방정식의 행렬식을 계산한다.

[그림 8.3]에 대해서:

$$D = \begin{vmatrix} 1.5 & 2 \\ -0.5 & 2 \end{vmatrix} = 1.5(2) - 2(-0.5) = 3$$

[그림 8.4a]에 대해서:

$$D = \begin{vmatrix} -0.5 & 1 \\ -0.5 & 1 \end{vmatrix} = -0.5(1) - 1(-0.5) = 0$$

[그림 8.4b]에 대해서:

$$D = \begin{vmatrix} -0.5 & 1 \\ -1 & 2 \end{vmatrix} = -0.5(2) - 1(-1) = 0$$

[그림 8.4c]에 대해서:

$$D = \begin{vmatrix} -0.5 & 1 \\ -0.46 & 1 \end{vmatrix} = -0.5(1) - 1(-46) = -0.04$$

특이(singular) 시스템의 행렬식은 0이 된다. 또한 위의 결과는 거의 특이 상태인 연립방정식([그림 8.4c])이 0에 가까운 행렬식을 가짐을 시사한다. 이러한 개념은 불량조건과 반올림 오류에 대해 뒤에서 다룰 때 더 자세히 논의될 것이다.

이 예에서 알 수 있는 점은 그래픽 접근 방식이 시각적 표시를 제공한 것처럼 행렬식은 선형 연립방정식이 특이($D = 0$)인지 불량조건인지(D가 0에 가까운지) 여부를 감지하는 수단을 제공한다는 것이다. 그러나 그래픽 방식에 비해 (1) 단일 숫자로 구성되고 (2) 2×2 연립방정식에 국한되지 않는다는 장점이 있다. 따라서 이 장의 뒷부분에서 설명하는 것처럼 특이 시스템과 특이에 가까운(또는 불량조건) 선형 연립방정식을 감지하는 데 유용하다.

8.2.2.2 크래이머 규칙

크래이머 규칙에 따르면 선형 대수 연립방정식의 각 미지수는 분모 D를 갖는 두 행렬식을 분자와 분모로 하는 분수로 표현될 수 있다. 이때 분자는 해당 미지수의 계수 열을 상수 $b_1, b_2, \ldots, b_n$로 교체한 행렬의 행렬식이다. 예를 들어 x_1은 다음과 같이 계산된다.

$$x_1 = \frac{\begin{vmatrix} b_1 & a_{12} & a_{13} \\ b_2 & a_{22} & a_{23} \\ b_3 & a_{32} & a_{33} \end{vmatrix}}{D} \tag{8.12}$$

예제 8.3 크래이머 규칙

다음 식을 크래이머 규칙을 사용하여 해를 구한다.

$$\begin{aligned} 0.3x_1 + 0.52x_2 + \quad x_3 &= -0.01 \\ 0.5x_1 + \quad x_2 + 1.9x_3 &= \ \ 0.67 \\ 0.1x_1 + \ \ 0.3x_2 + \ \ 0.5x_3 &= -0.44 \end{aligned} \tag{8.13}$$

행렬식은 식 (8.7)을 사용한다.

$$D = 0.3\begin{vmatrix} 1 & 1.9 \\ 0.3 & 0.5 \end{vmatrix} - 0.52\begin{vmatrix} 0.5 & 1.9 \\ 0.1 & 0.5 \end{vmatrix} + 0.3\begin{vmatrix} 0.5 & 1 \\ 0.1 & 0.3 \end{vmatrix} = -0.0022$$

또는 [그림 8.5]에 나와 있는 간단한 방법을 사용할 수 있다.

$$\begin{aligned} D &= 0.3\cdot 1\cdot 0.5 + 0.52\cdot 1.9\cdot 0.1 + 0.5\cdot 0.3\cdot 1 \\ &\quad - 1\cdot 1\cdot 0.1 - 0.52\cdot 0.5\cdot 0.5 - 1.9\cdot 0.3\cdot 0.3 \cong -0.0022 \end{aligned}$$

식 (8.8)을 적용하면 해는 다음과 같다.

$$x_1 = \frac{\begin{vmatrix} -0.01 & 0.52 & 1 \\ 0.67 & 1 & 1.9 \\ -0.44 & 0.3 & 0.5 \end{vmatrix}}{-0.0022} = \frac{0.03278}{-0.0022} \cong -14.9$$

$$x_2 = \frac{\begin{vmatrix} 0.3 & -0.01 & 1 \\ 0.5 & 0.67 & 1.9 \\ 0.1 & -0.44 & 0.5 \end{vmatrix}}{-0.0022} = \frac{0.0646}{-0.0022} \cong -29.5$$

$$x_3 = \frac{\begin{vmatrix} 0.3 & 0.52 & -0.01 \\ 0.5 & 1 & 0.67 \\ 0.1 & 0.3 & -0.44 \end{vmatrix}}{-0.0022} = \frac{-0.04356}{-0.0022} \cong 19.8$$

3개 이상의 방정식에 대해서 크래이머 규칙을 사용하는 것은 비실용적이다. 방정식의 수가 증가함에 따라 행렬식을 손으로(또는 컴퓨터로) 푸는 데 시간이 많이 걸리기 때문이다. 따라서 크레이머 규칙보다 효율적인 대안이 사용된다. 이러한 대안 중 일부는 이전에 이용했던 것으로 컴퓨터를 사용하지 않고 해를 구하는 기법인 미지수 소거를 기반으로 한다.

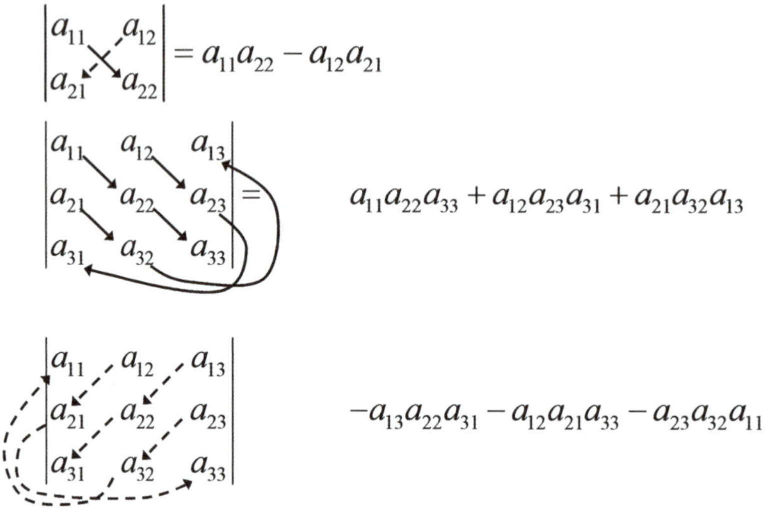

그림 8.5 작은 선형 대수 방정식 시스템의 행렬식에 대한 단축 패턴.

8.2.3 미지수 소거법

아마도 기초 대수학 과목에서 배웠을 **미지수 소거법**은 다음과 같이 두 개의 미지수가 있는 두 개의 방정식으로 설명할 수 있다.

$$\begin{aligned} a_{11}x_1 + a_{12}x_2 &= b_1 \\ a_{21}x_1 + a_{22}x_2 &= b_2 \end{aligned} \tag{8.14}$$

해를 구하는 방법은 방정식에 상수를 곱하여 두 방정식을 더하거나 뺄 때 미지수 중 하나가 제거되도록 하는 것이다. 이렇게 하면 나머지 미지수에 대해 풀 수 있는 단일 방정식이 나온다. 그런 다음 이 단일 방정식을 풀어서 구한 미지수 값을 원래 방정식 중 하나에 대입하여 다른 미지수를 계산할 수 있다.

예를 들어 첫 번째 방정식에 a_{21}을 곱하고 두 번째 방정식에 a_{11}을 곱하면 다음과 같다.

$$\begin{aligned} a_{21}a_{11}x_1 + a_{21}a_{12}x_2 &= a_{21}b_1 \\ a_{11}a_{21}x_1 + a_{11}a_{22}x_2 &= a_{11}b_2 \end{aligned} \tag{8.15}$$

따라서 두 방정식을 빼면 방정식에서 x_1 항이 제거되어 다음과 같아진다.

$$a_{11}a_{22}x_2 - a_{12}a_{21}x_2 = a_{11}b_2 - a_{21}b_1 \tag{8.16}$$

이 식을 풀면 다음과 같다.

$$x_2 = \frac{a_{11}b_2 - a_{21}b_1}{a_{11}a_{22} - a_{12}a_{21}} \tag{8.17}$$

이 식을 원래의 두 방정식 중 하나에 대입하면 x_1을 결과는 다음과 같이 구할 수 있다.

$$x_1 = \frac{a_{22}b_1 - a_{12}b_2}{a_{11}a_{22} - a_{12}a_{21}} \tag{8.18}$$

다음에서 보듯이 크래이머 규칙을 사용하면 곧바로 해를 구할 수 있다.

$$x_1 = \frac{\begin{vmatrix} b_1 & a_{12} \\ b_2 & a_{22} \end{vmatrix}}{\begin{vmatrix} a_{11} & a_{12} \\ a_{21} & a_{22} \end{vmatrix}} = \frac{a_{22}b_1 - a_{12}b_2}{a_{11}a_{22} - a_{12}a_{21}} \tag{8.19}$$

$$x_2 = \frac{\begin{vmatrix} a_{11} & b_1 \\ a_{21} & b_2 \end{vmatrix}}{\begin{vmatrix} a_{11} & a_{12} \\ a_{21} & a_{22} \end{vmatrix}} = \frac{a_{11}b_2 - a_{21}b_1}{a_{11}a_{22} - a_{12}a_{21}} \tag{8.20}$$

예제 8.4 미지수 소거법

이전에 그래픽 방식으로 풀었던 연립방정식을 풀기 위해 미지수 소거법을 사용한다([그림 8.3]).

$$\begin{aligned} 1.5x_1 + 2x_2 &= 6 \\ -0.5x_1 + 2x_2 &= 2 \end{aligned} \tag{8.21}$$

물론 위와 같은 접근 방식을 사용할 수 있다. 하지만 이 예제에서는 다른 방법을 시도해 보자. 먼저 첫 번째 방정식을 x_2에 대해 푼다.

$$x_2 = \frac{6 - 1.5x_1}{2} = 3 - 0.75x_1 \tag{8.22}$$

이 결과를 두 번째 방정식에 대입한다.

$$-0.5x_1 + 2(3 - 0.75x_1) = 2 \tag{8.23}$$

항들을 정리하면 다음과 같다.

$$-2x_1 + 4 = 0 \tag{8.24}$$

이를 풀면 $x_1 = 2$가 된다. 그런 다음 이 결과를 원래 방정식 중 하나에 대입하여 다른 미지수를 풀 수 있다. 예를 들어 $x_1 = 2$를 두 번째 방정식에 대입하면

$$-0.5(2) + 2x_2 = 2 \tag{8.25}$$

이를 풀면 다음과 같이 나온다.

$$x_2 = \frac{2 + 0.5(2)}{2} = 1.5 \tag{8.26}$$

이렇게 구한 $x_1 = 2$와 $x_2 = 1.5$는 그래픽 해와 일치한다([그림 8.3]).

이제 다음과 같은 질문이 있을 수 있다. 앞의 설명과 예제에서 두 가지 다른 전략으로 미지수 소거를 구현한 이유는 무엇인가? 두 개의 방정식으로 이루어진 가장 단순한 연립방정식의 경우에도 사람마다 해를 구하는 데 서로 다른 방법을 사용할 수 있다는 점을 강조하기 위함이다. 두 개 또는 세 개의 방정식의 경우 이는 대단한 것이 아니다. 그러나 대규모의 연립방정식을 풀기 위해 미지수 소거를 컴퓨터로 구현되는 경우는 어떨까? 이러한 응용 프로그램의 경우 다음과 같은 질문이 발생한다. 대규모 선형 대수 연립방정식을 풀기 위한 최상의 범용 미지수 소거 알고리즘은 무엇인가? 다음 절에서 설명하는 것처럼 이러한 기법은 파이썬과 같은 언어로 공식으로 만들고 쉽게 프로그래밍할 수 있다.

8.3 가우스 소거법[1]

가우스 소거법은 선형 대수 연립방정식을 풀기 위한 표준 컴퓨터 방법이다.

$$\mathbf{A}\,\mathbf{x} = \mathbf{b} \tag{8.27}$$

가장 간단한 방식은 전진 소거와 후진 대입으로 구성된 2단계 연산과정으로 구현된다([그림 8.6]).

1 이 방법은 Carl Friedrich Gauss(1777~1855)의 이름을 따서 명명되었다. 가우스는 수학의 거인 중 하나로 간주된다. 그는 또한 천문학과 물리학, 특히 자기학에 상당한 공헌을 했다.

동일하고 유효한 해를 얻기 위해서는 연산과정에서 선형 연립방정식의 항등성을 유지해야 한다. 이렇게 되려면 연산과정에서 이루어지는 모든 조작이 **기본 행 연산**의 요구 조건을 충족해야 한다. 조작 방법에는 다음 세 가지가 있다.

- 방정식들(또는 행들)의 위치를 서로 바꾼다.
- 어느 한 방정식(또는 행)에 상수를 곱한다.
- 어느 한 방정식(또는 행)을 방정식들의 선형 결합으로 대체한다.

$$\begin{bmatrix} a_{11} & a_{12} & a_{13} \\ a_{21} & a_{22} & a_{23} \\ a_{31} & a_{32} & a_{33} \end{bmatrix} \cdot \begin{bmatrix} x_1 \\ x_2 \\ x_3 \end{bmatrix} = \begin{bmatrix} b_1 \\ b_2 \\ b_3 \end{bmatrix}$$

전진 소거

$$\begin{bmatrix} 1 & a'_{12} & a'_{13} \\ 0 & 1 & a'_{23} \\ 0 & 0 & 1 \end{bmatrix} \cdot \begin{bmatrix} x_1 \\ x_2 \\ x_3 \end{bmatrix} = \begin{bmatrix} b'_1 \\ b'_2 \\ b'_3 \end{bmatrix}$$

후진 대입

$$x_3 = b'_3$$
$$x_2 = b'_2 - a'_{23}x_3$$
$$x_1 = b'_1 - a'_{12}x_2 - a'_{13}x_3$$

그림 8.6 전진 소거와 후진 대입 단계로 구성된 가우스 소거법의 설명. 소거 작업 후에 나타나는 프라임 표시는 원소가 원래 값에서 변경되었음을 나타낸다.

전진 소거 단계에서 두 번째와 세 번째 조작 방법은 계수 행렬을 **상삼각 행렬**(upper triangular matrix) 형태로 변환하는 데 사용된다. 나중에 가우스 소거법을 개선하기 위해 세 개 중 첫 번째 방법을 사용할 것이다. 동일한 유효 해를 갖도록 원래 연립방정식의 항등성을 유지하기 위해 이러한 모든 연산이 **A** 행렬과 **b** 벡터 모두에 적용된다.

전진 소거 단계가 구현된 후 마지막 방정식은 단일 미지수를 가지게 되며 해는 **후진 대입**으로 얻을 수 있다. 이 알고리즘은 파이썬에서 단 몇 개의 명령문으로 코딩할 수 있는 비교적 간단하고 우아한 방법이다.

먼저 가우스 소거법을 단계별로 설명한다. 그 다음, 더욱 간결한 버전을 개발한다. 마지막으로, 원래 방법에서 발생할 수 있는 문제점들을 피하기 위해 부분 피벗 방법을 포함하는 것을 고려한다. 특이 계수 행렬(singular coefficient matrix)과 특이 시스템에 가까운 계수 행렬을 다루는 의미도 언급한다.

8.3.1 순수 가우스 소거법

이 절에는 가우스 소거법을 구성하는 전진 소거와 후진 대입에 대한 체계적인 방법이 포함되어 있다. 먼저 간단한 3×3 연립방정식에 대해 단계별 방식으로 가우스 소거법을 구현한다. 그런 다음 이 방법을 n개의 미지수가 있는 n개의 연립방정식으로 일반화한다.

이러한 기술은 이상적으로는 컴퓨터 구현에 적합하지만 실제로 신뢰할 수 있는 알고리즘을 얻으려면 일부 수정이 필요하다. 특히 컴퓨터 프로그램은 0으로 나누는 것을 피해야 한다. 이 문제를 피할 수 없기 때문에 다음 예제에서 설명하는 방법을 순수 가우스 소거법이라고 한다. 다음 절에서는 신뢰할 수 있고 효과적인 컴퓨터 프로그램에 필요한 피벗과 행렬식 연산과 같은 기능을 추가한다.

예제 8.5 순수 가우스 소거법

순수 가우스 소거법으로 다음 연립방정식을 풀어 보자.

$$\begin{bmatrix} 3 & -2 & 7 \\ -2 & 4 & -3 \\ -1 & 9 & 4 \end{bmatrix} \cdot \begin{bmatrix} x_1 \\ x_2 \\ x_3 \end{bmatrix} = \begin{bmatrix} 15 \\ 12 \\ 27 \end{bmatrix} \tag{8.28}$$

소거법(또는 알고리즘)에서 **전진 소거 단계**를 먼저 소개한다. **피벗 원소**(pivot element)[2]라고 하는 (1,1) 대각선 위치에 1을 만드는 것으로 시작한다. (1,1) 위치의 원소를 1로 만들기 위해 첫 번째 행(우변의 상수 포함)을 행의 피벗 원소로 나누는 기본 연산을 수행한다. 이 경우 피벗 원소는 $a_{11} = 3$이다.

$$\begin{bmatrix} 1 & -\frac{2}{3} & \frac{7}{3} \\ -2 & 4 & -3 \\ -1 & 9 & 4 \end{bmatrix} \cdot \begin{bmatrix} x_1 \\ x_2 \\ x_3 \end{bmatrix} = \begin{bmatrix} 5 \\ 12 \\ 27 \end{bmatrix} \tag{8.29}$$

이 연산을 **정규화**(normalization)라고 한다.

다음으로 정규화된 첫 번째 행에 −2배를 한 다음, 이것을 두 번째 행에서 뺀 결과를 두 번째 행에 배치한다. −2배를 한 것은 (2,1) 위치의 원소가 −2이기 때문이다. 이렇게 하면 뺄셈을 수행할 때 a_{21} 원소는 0으로 바뀐다.

2 벡터 또는 행렬의 개별 계수를 원소라고 한다.

$$\begin{bmatrix} -2 & 4 & -3 & 12 \end{bmatrix} - \begin{bmatrix} -2 & \frac{4}{3} & -\frac{14}{3} & -10 \end{bmatrix}$$

$$= \begin{bmatrix} 0 & \frac{8}{3} & \frac{5}{3} & 22 \end{bmatrix}$$

이제 연립방정식은 다음과 같아진다.

$$\begin{bmatrix} 1 & -\frac{2}{3} & \frac{7}{3} \\ 0 & \frac{8}{3} & \frac{5}{3} \\ -1 & 9 & 4 \end{bmatrix} \cdot \begin{bmatrix} x_1 \\ x_2 \\ x_3 \end{bmatrix} = \begin{bmatrix} 5 \\ 22 \\ 27 \end{bmatrix}$$

세 번째 행에서 첫 번째 행에 −1을 곱한 것을 빼주면 다음을 얻는다. 이 결과를 세 번째 행에 배치한다.

$$\begin{bmatrix} -1 & 9 & 4 & 27 \end{bmatrix} - \begin{bmatrix} -1 & \frac{2}{3} & -\frac{7}{3} & -5 \end{bmatrix}$$

$$= \begin{bmatrix} 0 & \frac{25}{3} & \frac{19}{3} & 32 \end{bmatrix}$$

a_{31}은 이미 −1이고 a_{11}에 더해지면 0 이 되기 때문에 "첫 번째 행을 세 번째 행에 더함"이라고 이 과정을 말할 수도 있다. 그리나 여기에서는 컴퓨터 구현을 위해 설계된 일반 알고리즘을 확립하려고 하므로 a_{21}을 소거하는 데 사용한 것과 동일한 작업을 반복하기로 한다. 이제 연립방정식은 다음과 같다.

$$\begin{bmatrix} 1 & -\frac{2}{3} & \frac{7}{3} \\ 0 & \frac{8}{3} & \frac{5}{3} \\ 0 & \frac{25}{3} & \frac{19}{3} \end{bmatrix} \cdot \begin{bmatrix} x_1 \\ x_2 \\ x_3 \end{bmatrix} = \begin{bmatrix} 5 \\ 22 \\ 32 \end{bmatrix}$$

우리는 (1,1) 피벗 원소를 정규화하고 그 아래의 원소를 0으로 축소해가며 상삼각 계수 행렬을 만드는 중이다.

전진 소거의 다음 단계에서는 두 번째 행으로 이동한다. 두 번째 행을 8/3로 나누어 (2,2) 피벗 원소를 정규화한다.

$$\begin{bmatrix} 1 & -\frac{2}{3} & \frac{7}{3} \\ 0 & 1 & \frac{5}{8} \\ 0 & \frac{25}{3} & \frac{19}{3} \end{bmatrix} \cdot \begin{bmatrix} x_1 \\ x_2 \\ x_3 \end{bmatrix} = \begin{bmatrix} 5 \\ \frac{33}{4} \\ 32 \end{bmatrix}$$

그런 다음 (2,2) 피벗 원소 아래를 0으로 만드는 축소 단계가 이어진다. 세 번째 행에서 두 번째 행에 25/3을 곱한 것을 빼고 그 결과를 세 번째 행에 배치한다.

$$\begin{bmatrix} 0 & \frac{25}{3} & \frac{19}{3} & & 32 \end{bmatrix} - \begin{bmatrix} 0 & \frac{25}{3} & \frac{125}{24} & & \frac{825}{12} \end{bmatrix}$$
$$= \begin{bmatrix} 0 & 0 & \frac{9}{8} & & -\frac{147}{4} \end{bmatrix}$$

이제 연립방정식은 다음과 같아진다.

$$\begin{bmatrix} 1 & -\frac{2}{3} & \frac{7}{3} \\ 0 & 1 & \frac{5}{8} \\ 0 & 0 & \frac{9}{8} \end{bmatrix} \cdot \begin{bmatrix} x_1 \\ x_2 \\ x_3 \end{bmatrix} = \begin{bmatrix} 5 \\ \frac{33}{4} \\ -\frac{147}{4} \end{bmatrix}$$

전진 소거의 마지막 단계는 세 번째 행을 9/8로 나누어 (3,3) 피벗 원소를 정규화하는 것이다.

$$\begin{bmatrix} 1 & -\frac{2}{3} & \frac{7}{3} \\ 0 & 1 & \frac{5}{8} \\ 0 & 0 & 1 \end{bmatrix} \cdot \begin{bmatrix} x_1 \\ x_2 \\ x_3 \end{bmatrix} = \begin{bmatrix} 5 \\ \frac{33}{4} \\ -\frac{98}{3} \end{bmatrix}$$

계수 행렬을 상삼각 형태로 변환하기 위해 수행한 전진 소거 단계의 목적을 달성했다. 다음으로 $x_3 = -98/3$인 것을 알았으므로 **후진 대입** 단계를 시작한다. 또한 두 번째 행에는 x_2와 x_3만 관련되어 있음을 알 수 있다.

$$x_2 + \frac{5}{8}x_3 = \frac{33}{4}$$

이미 x_3을 알고 있으므로 그 값을 "역대입"하여 x_2에 대해 대수적으로 풀 수 있다.

$$x_2 = (33/4) - (5/8)(-98/3) = 86/3$$

행 작업을 통해 이 과정을 수행하는 또 다른 방법은 두 번째 행에서 세 번째 행에 5/8을 곱한 것을 빼서 (3,3) 피벗 원소 위의 두 번째 행을 0으로 만들고 그 결과를 두 번째 행에 배치하는 것이다.

$$\begin{bmatrix} 0 & 1 & \frac{5}{8} & \frac{33}{4} \end{bmatrix} - \begin{bmatrix} 0 & 0 & \frac{5}{8} & \frac{2205}{108} \end{bmatrix} = \begin{bmatrix} 0 & 1 & 0 & \frac{86}{3} \end{bmatrix}$$

$$\begin{bmatrix} 1 & -\frac{2}{3} & \frac{7}{3} \\ 0 & 1 & 0 \\ 0 & 0 & 1 \end{bmatrix} \cdot \begin{bmatrix} x_1 \\ x_2 \\ x_3 \end{bmatrix} = \begin{vmatrix} 5 \\ \frac{86}{3} \\ -\frac{98}{3} \end{vmatrix}$$

이제 $x_2 = 86/3$이라는 것을 안다. x_2와 x_3 값을 알았으므로 x_1에 대한 해를 얻기 위해 이를 첫 번째 행에 대입할 수 있다. 그러나 다음과 같은 행 연산으로 동일한 목표를 다시 달성할 수도 있다: 세 번째 행을 사용하여 (1,3) 위치의 원소를 0으로 만든 다음, 두 번째 행을 사용하여 (1,2) 위치의 원소를 0으로 만든다. 이를 위해 먼저 세 번째 행에 7/3을 곱하고 첫 번째 행에서 뺀다.

$$\begin{bmatrix} 1 & -\frac{2}{3} & \frac{7}{3} & 5 \end{bmatrix} - \begin{bmatrix} 0 & 0 & \frac{7}{3} & -\frac{6174}{81} \end{bmatrix}$$
$$= \begin{bmatrix} 1 & -\frac{2}{3} & 0 & \frac{731}{9} \end{bmatrix}$$

그런 다음 두 번째 행에 $-2/3$을 곱하고 가장 최근의 첫 번째 행에서 뺀다.

$$\begin{bmatrix} 1 & -\frac{2}{3} & 0 & \frac{731}{9} \end{bmatrix} - \begin{bmatrix} 0 & -\frac{2}{3} & 0 & -\frac{1548}{81} \end{bmatrix}$$
$$= \begin{bmatrix} 1 & 0 & 0 & \frac{301}{3} \end{bmatrix}$$

지금까지 원래 연립방정식과 동일한 등가 연립방정식을 만들어가며 최종적으로 계수 행렬을 항등 행렬로 만들었다. 여기서 오른쪽 벡터의 값이 해가 된다.

$$\begin{bmatrix} 1 & 0 & 0 \\ 0 & 1 & 0 \\ 0 & 0 & 1 \end{bmatrix} \cdot \begin{bmatrix} x_1 \\ x_2 \\ x_3 \end{bmatrix} = \begin{bmatrix} \frac{301}{3} \\ \frac{86}{3} \\ -\frac{98}{3} \end{bmatrix} \cong \begin{bmatrix} 100.33 \\ 28.667 \\ -32.667 \end{bmatrix} \tag{8.30}$$

이 예제에서는 해를 유리수(분수) 형식으로 정확하게 나타내기 위해 다소 힘들게 분수계산을 수행했다. 해는 5자리 유효숫자를 사용하여 소수를 포함하는 근사값으로도 표시하였다. 아래 계산식에서 보듯이 이 근사값을 대입하여 **b** 벡터를 산출하는지 여부를 확인할 수 있다. 5개의 유효 숫자를 사용하므로 약간의 반올림 오차가 생긴 것을 볼 수 있다. 이런 점 때문에 분수 형식을 사용하였고 이를 사용하면 해가 정확한지 확인할 수 있다.

$$3(100.33) - 2(28.667) + 7(-32.667) \cong 14.996 \cong 15$$
$$-2(100.33) + 4(28.667) - 3(-32.667) \cong 12.003 \cong 12$$
$$-(100.33) + 9(28.667) + 4(-32.667) \cong 27.002 \cong 27$$

물론 64비트 컴퓨터의 파이썬으로 이렇게 조건이 좋은 연립방정식을 풀면 약 15자리 정밀도로 결과를 얻을 수 있다. 다음 절에서는 이것을 어떻게 수행하는지 보여준다.

8.3.2 가우스 소거법 컴퓨터 알고리즘

이제 가우스 소거법을 단계별 수행하는 예제와 함께 작동하는 방식을 살펴보았으므로 이를 일반적인 $n \times n$ 연립방정식에 적용할 수 있는 컴퓨터 알고리즘으로 변환해본다. 이것을 두 단계로 할 것이다. 먼저 앞서 소개한 방법을 그대로 따라한다. 이어서 방법을 보다 효율적으로 만들기 위해 연산들을 결합하는 방법을 살펴보겠다.

8.3.2.1 순수 가우스 소거법 알고리즘

다음은 파이썬에서 코딩을 해야하는 알고리즘에 대한 일반적인 설명이다.

1. 전진 소거 단계
    - 1.1 피벗 원소 (1, 1)에서 (n, n)까지 단계적으로 내려간다.
        - 1.1.1 우변의 상수를 포함하여 현재 피벗 원소가 위치한 행을 피봇 원소의 값으로 나누어 정규화한다.
        - 1.2.1 현재 피벗 원소 아래의 행으로 내려간다.
            - 1.2.1.1 피벗 행에 아래쪽 행의 원소를 곱하고 이를 아래 행에서 빼서 아래쪽 피벗 원소를 0으로 만든다. 마지막 피벗 원소(n, n)에 대해서는 그 아래에 원소가 없으므로 이 작업을 건너뛴다.
2. 후진 대입 단계
    - 2.1 피벗 원소 $(n-1, n-1)$에서 피벗 원소 (2, 2)을 거쳐 위로 올라간다.

2.1.1 피벗 행에 위 행의 원소를 곱하고 이를 피벗 행의 위 행에서 빼서 피벗 원소 위의 원소를 0으로 만든다.

이 방식의 가우스 소거법을 구현하는 파이썬 함수를 [그림 8.7]에 나타내었다. 배열의 경우에는 0부터 시작하는 인덱싱을 처리해야 하기 때문에 코딩이 까다롭다. 첫 번째 for 루프는 0에서 n-1까지의 정수 리스트를 생성하는 range(n)을 사용한다. 이렇게 하면 전진 소거 단계가 진행됨에 따라 피벗 원소에 대해 0부터 시작하는 첨자의 올바른 범위를 제공한다. 각 피벗 수준에서, i+1에서 n-1까지의 j 인덱스를 가지는 다음 for 루프는 피벗 원소로 나누어 행 i를 정규화하기 위해 이들 열에 대한 범위를 지정한다. 유의할 점은 1로 만들기 위해 A[i,i]를 그 자신으로 나누지 않는다는 것인데 이는 뻔한 계산이기 때문이다. A의 피벗 원소는 다시 사용되지 않는다. A의 i번째 행을 정규화한 후 b의 i번째 원소를 A[i,i]로 나누어 선형 연립방정식 관계를 유지한다.

피벗 행 i와 b의 해당 원소를 정규화한 이후에는 피벗 행 아래의 행을 나타내는 i+1에서 n-1까지의 값을 취하는 인덱스 k가 있는 for 루프가 있다. 피벗 행이 이미 n-1인 경우, 시작 인덱스가 n-1보다 크기 때문에 이 for 루프는 자동으로 건너뛴다. 이 루프는 행 i+1에서 n-1까지 피벗 원소 아래의 각 원소를 0으로 축소한다. 열 i+1에서 n-1까지 j 범위를 지정하는 들여 쓰기한 for 루프는 축소 행의 원소에서, 축소 행의 원소에 피벗 행의 해당 j 열 원소를 곱한 값을 뺀나. 더 이상 알고리즘에서 해당 원소를 사용하지 않기 때문에 0(열 i+1에서 시작)으로 만들기 위한 빼기를 수행하지 않는다. 그런 다음 선형 연립방정식의 관계를 변함없이 유지하기 위해 b 벡터 원소에 대해 적절한 뺄셈을 수행한다. 이로써 알고리즘의 전진 소거 단계가 완료된다.

그런 다음 알고리즘의 후진 대입 단계를 구현한다. 여기에는 행 n-1에서 1까지 내림차순으로 피벗 인덱스 범위를 지정하는 인덱스 i가 있는 for 루프가 있다. 각 피벗 i에 대해서 인덱스 j가 있는 for 루프가 있다. 피벗 위 원소의 0과 해당 b 벡터 계산을 수행한다. 피벗 위 원소가 0인 것은 당연하고 나중에 필요하지 않기 때문에 실제로 계산하지 않는다. 알고리즘에서 이 단계가 완료되면 b 벡터는 연립방정식의 해를 보유한다.

gausselim 함수는 실행 가능한 명령문 개수가 12개로 매우 간결하다. 앞서 살펴본 예로 테스트하기 위해 코드를 추가하면 손으로 해를 구하는 방법의 결과와 같아진다.

```
def gausselim(A,b):
    n = len(b)
    # 전진 소거 과정 시작
    for i in range(n): # 행번호 0부터 n-1까지 차례로 내려감
        # 행번호 i를 정규화
        for j in range(i+1,n): # 열번호 i+1부터 n-1까지 차례로 내려감
            A[i,j]=A[i,j]/A[i,i]
        b[i]=b[i]/A[i,i]
```

```
        # (i,i)의 피벗 원소 밑의 원소를 0으로 줄임
        for k in range(i+1,n): # 행번호 i+1부터 n-1까지 차례로 내려감
        # 주의: 만약 i = n-1 에서는 이 단계를 건너뜀
            for j in range(i+1,n):
                A[k,j]=A[k,j]-A[k,i]*A[i,j]
            b[k]=b[k]-A[k,i]*b[i]
    # 후진 대입 과정 시작
    for i in range(n-1,0,-1): # 행번호 n-1부터 1번까지 차례로 후진
        for j in range(i-1,-1,-1): # 행번호 i-1부터 0까지 역대입
            b[j]=b[j]-A[j,i]*b[i]
    return b
```

그림 8.7 순수 가우스 소거법을 구현하는 파이썬 함수 gausselim.

```
import numpy as np

A = np.array([[3., -2., 7.],[-2., 4., -3.],[-1., 9., 4.]])
b = np.array([15., 12., 27.])

x = gausselim(A,b)
print(x)

    [100.33333333 28.66666667 -32.66666667]
```

gausselim 함수와 같은 알고리즘을 처음으로 완성하고 테스트한 다음에는 어떻게 하면 더 효율적으로 만들 수 있는지 알아보는 것이 좋다. [그림 8.7]의 코드를 검토하면, 전진 소거 단계에서 먼저 피벗 행 i를 피벗 값 A[i,i]로 나눈 다음, 행 k의 축소 단계에서 피벗 행에 피벗 아래 행 k의 원소 A[k,i]를 곱한 후 행 k에서 뺀다. 이 두 인수를 A[k,i]/A[i,i] 하나로 결합하면 정규화 단계 없이 축소 단계를 수행할 수 있다. 이렇게 하면 계산 횟수가 줄어든다. 그런 다음, 후진 대입 단계를 진행하는 동안에는 피벗 행이 정규화되지 않았음을 기억해야 한다. 따라서 변경된 A[i,i] 값을 고려해주어야 한다.

8.3.2.2 행렬식 평가 추가

이 절에서는 정방 행렬의 **행렬식** 문제와 가우스 소거법과의 관계를 소개한다. 앞에서 살펴본 선형 연립방정식 예를 다시 써보면 다음과 같다.

$$\begin{bmatrix} 3 & -2 & 7 \\ -2 & 4 & -3 \\ -1 & 9 & 4 \end{bmatrix} \cdot \begin{bmatrix} x_1 \\ x_2 \\ x_3 \end{bmatrix} = \begin{bmatrix} 15 \\ 12 \\ 27 \end{bmatrix}$$

계수 행렬의 행렬식을 계산하기 위해 [그림 8.5]에 제시된 방법을 사용해보자.

$$\det(\mathbf{A}) = \begin{vmatrix} 3 & -2 & 7 \\ -2 & 4 & -3 \\ -1 & 9 & 4 \end{vmatrix} = 3\cdot4\cdot4 + (-2)\cdot(-3)\cdot(-1) + (-2)\cdot9\cdot7$$

$$-\left(7\cdot4\cdot(-1) + (-2)\cdot(-2)\cdot4 + (-3)\cdot9\cdot3\right) = -84 - (-93) = 9$$

가우스 소거법을 손으로 실행하는 방법으로 돌아가보자. 세 행을 정규화하는 데 사용된 피벗 값들은 3, 8/3과 9/8이다. 이 세 값의 곱을 계산하면 결과는 행렬식과 일치하는 9가 된다. 예를 들어 정규화 계수들을 한데 모아 곱을 계산하면 가우스 소거 알고리즘의 전진 소거 단계를 통해 정방 행렬의 행렬식을 계산할 수 있음을 알 수 있다. 여기서는 파이썬 함수에 이 방법을 사용해보자.

[그림 8.8]은 이러한 변경 사항을 포함하기 위해 수정된 gausselim1 함수이다.

이 함수를 테스트하는 스크립트와 결과는 다음과 같다.

```
import numpy as np

A = np.array([[3., -2., 7.], [-2., 4., -3.], [-1., 9., 4.]])
b = np.array([15., 12., 27.])

x, D = gausselim1(A, b)
print(x)
print(D)

[100.33333333 28.66666667-32.66666667]
9.000000000000014
```

8.3.2.3 부분 피벗팅

이 장의 앞부분에서 언급했듯이 gausselim1 함수는 **순수 가우스 소거법**을 구현한다. 이 방법에는 중요한 결함이 있다. 다음 연립방정식은 풀지 못할 것이다.

$$\begin{bmatrix} 0 & -2 & 7 \\ -2 & 4 & -3 \\ -1 & 9 & 4 \end{bmatrix} \cdot \begin{bmatrix} x_1 \\ x_2 \\ x_3 \end{bmatrix} = \begin{bmatrix} 15 \\ 12 \\ 27 \end{bmatrix} \tag{8.31}$$

```
def gausselim1(A,b):
    n = len(b)
    # 전진 소거 과정 시작
    for i in range(n): # 행번호 0부터 n-1까지 차례로 내려감
        # (i,i)의 피벗 원소 밑의 원소를 0으로 줄임
        for k in range(i+1,n): # 행번호 i+1부터 n-1까지 차례로 내려감
            factor = A[k,i]/A[i,i]
            # 주의: 만약 i = n-1에서는 이 단계를 건너뜀
            for j in range(i+1,n):
                A[k,j] = A[k,j] - factor*A[i,j]
            b[k] = b[k] - factor*b[i]
    # 후진 대입 과정 시작
    D = 1
    for i in range(n-1,-1,-1): # 행번호 n-1부터 1번까지 차례로 후진
        D = D * A[i,i]
        b[i] = b[i]/A[i,i]
        for j in range(i-1,-1,-1): # 행번호 i-1부터 0까지 역대입
            b[j] = b[j] - A[j,i]*b[i]
    return b,D
```

그림 8.8 gausselim1 함수를 개선한 가우스 소거법 함수.

이 방법의 첫 번째 단계에서는 factor 비율을 계산하는데 이것을 수행하면 바로 "0으로 나누기" 오류가 발생한다. 그러나 방정식에는 해가 있으므로 이 문제를 해결할 방법이 필요하다. 실질적으로 처음 두 행을 바꾸는 것만으로도 0 피벗 원소를 피할 수 있음을 알 수 있는데, 바로 이 방법을 사용하면 된다. 기존 방법에 **피벗팅**(pivoting)이라고 하는 중요한 개선 사항을 도입한다. 전략은 각 피벗 수준에서 피벗 행을 해당 열에서 가장 큰 절대값을 가진 그 아래에 있는 행과 서로 바꾸는 것이다. 피벗 원소가 이미 가장 큰 경우는 행 교환이 발생하지 않는다.

피벗 전략은 현재 A와 b 배열과 현재 피벗 인덱스의 인수를 사용하는 자체 함수를 만들어서 모듈 방식으로 구현할 수 있다. 이 함수는 적절한 행 교환을 수행하고 나서 A와 b 배열을 반환한다. 수정된 gausselimpivot 함수와 pivotswap 함수에 대한 파이썬 코드는 [그림 8.9]에 나와 있다. 순수 가우스 소거법인 gausselim1 함수를 수정하는 것은 간단하다. 정규화 직전에 pivotswap 함수를 호출하여 필요한 경우 A와 b 배열을 재정렬한다.

pivotswap 함수는 먼저 현재 피벗 원소 Amax의 절대값으로 최대값을 설정하고 현재 피벗 인덱스 위치를 가리키는 인덱스 imax를 설정한다. 그런 다음 현재 피벗 행 아래의 행에서 ipivot+1에서 n-1까지 for 루프가 수행되면서 필요한 경우에 최대 절대값과 위치 imax가 변경된다. 마지막으로 imax를 이용하여 A와 b의 ipivot과 imax 행을 for 루프로 교체한다. 최대값이 현재 피벗 위치인 경우 행 교환이 이루어지지 않는다.

첫 번째 피벗 위치에서 값이 0인 앞의 연립방정식으로 Gausselimpivot 함수를 테스트할 수 있다.

```python
import numpy as np

def pivotswap(A,b,ipivot):
    n = len(b)
    Amax = abs(A[ipivot,ipivot]) # 피벗 위치의 값을 최대값으로 지정
    imax = ipivot
    for i in range(ipivot+1,n): # 이하의 행에서 더 큰 값을 찾음
        if abs(A[i,ipivot]) > Amax:
            Amax = abs(A[i,ipivot]) # 찾은 큰 값으로 최대값을 갱신
            imax = i
    if imax != ipivot: # 필요하면 A와 b의 행을 교환
        for j in range(ipivot,n):
            Atemp = A[ipivot,j]
            A[ipivot,j] = A[imax,j]
            A[imax,j] = Atemp
        btemp = b[ipivot]
        b[ipivot] = b[imax]
        b[imax] = btemp
    return A,b

def gausselimpivot(A,b):
    n = len(b)
    # 전진 소거 과정 시작
    for i in range(n): # 행번호 0부터 n-1까지 차례로 내려감
        # (i,i)의 피벗 원소 밑의 원소를 0으로 줄임
        A,b = pivotswap(A,b,i)
        for k in range(i+1,n): # 행번호 i+1부터 n-1까지 차례로 내려감
            factor = A[k,i]/A[i,i]
            # note: this will be skipped when i = n-1
            for j in range(i+1,n):
                A[k,j] = A[k,j] - factor*A[i,j]
            b[k] = b[k] - factor*b[i]
    # 후진 대입 과정 시작
    D = 1
    for i in range(n-1,-1,-1): # 행번호 n-1부터 1번까지 차례로 후진
        D = D * A[i,i]
        b[i] = b[i]/A[i,i]
        for j in range(i-1,-1,-1): # 행번호 i-1부터 0까지 역대입
            b[j] = b[j] - A[j,i]*b[i]
    return b,D
```

그림 8.9 pivotswap 함수가 추가된 가우스 소거법 함수.

```python
import numpy as np

A = np.array([[0., -2., 7.], [-2., 4., -3.], [-1., 9., 4.]])
b = np.array([15., 12., 27.])

x, D = gausselimpivot(A, b)
print('Solution is\n', x)
print('Determinant = ', D)
```

```
Solution is
 [-7.525 1.075 2.45 ]
Determinant = -120.0
```

개선된 전략으로 수정된 연립방정식을 성공적으로 해결하였다.

8.3.2.4 특이 시스템과 불량 조건 시스템의 탐지

순수 가우스 소거 알고리즘에 피벗 교환 전략을 추가하면 피벗 행의 정규화가 수행될 때 0으로 나누지 않도록 보호된다. 그러나 한 가지 문제가 남아 있다. 선형 연립방정식에 해가 없으면 어떻게 될까? 즉, n개의 독립적인 선형 방정식이 없다는 것은 $n \times n$ 크기의 **A** 행렬이 특이 시스템이라는 것을 알려준다. 이 경우에 알고리즘을 적용하면 피벗 원소가 0이고 그 아래의 모든 원소도 0인 상태에 도달한다. 그런 다음에는 피벗 행을 정규화 할 수 없으며 소거법이 실패한다.

이를 방지하기 위해 Gausselimpivot 함수에 이와 같은 오류가 발생하였을 때 오류 발생 출구를 만들어 줄 필요가 있다. 또한 교환할 수 없는 0 피벗을 만나는 대신에, 반올림 오류를 제외한 상황에서 Amax 값이 너무 작을 때는 연립방정식이 특이에 가깝거나 특이 시스템이 될 가능성이 있다. 이를 **불량 조건**(ill-conditioning)이라고 한다. 피벗 교환이 발생한 후 피벗 원소가 0인지를 알아보는 대신 매우 작은 값, 예를 들어 10^{-15}과 비교함으로써 이를 방지할 수 있다. 이 코드를 gausselimpivot 함수에 추가한 것을 [그림 8.10]에 나타내었다.

gausselimpivot1 함수에 특이 시스템인 다음 연립방정식을 입력해본다.

$$\begin{bmatrix} 1 & 2 & 3 \\ 4 & 5 & 6 \\ 7 & 8 & 9 \end{bmatrix} \cdot \begin{bmatrix} x_1 \\ x_2 \\ x_3 \end{bmatrix} = \begin{bmatrix} 15 \\ 12 \\ 27 \end{bmatrix} \tag{8.32}$$

```
def gausselimpivot1(A,b,tol=1.e-15):
    n = len(b)
    # 전진 소거 과정 시작
    for i in range(n): # 행번호 0부터 n-1까지 차례로 내려감
        # (i,i)의 피벗 원소 밑의 원소를 0으로 줄임
        A,b = pivotswap(A,b,i)
        if abs(A[i,i]) < tol:
            return 'system of equations singular or ill-conditioned'
        for k in range(i+1,n): # 행번호 i+1부터 n-1까지 차례로 내려감
            factor = A[k,i]/A[i,i]
            # note: this will be skipped when i = n-1
            for j in range(i+1,n):
                A[k,j] = A[k,j] - factor*A[i,j]
```

```
            b[k] = b[k] - factor*b[i]
    # 후진 대입 과정 시작
    D = 1
    for i in range(n-1,-1,-1): # 행번호 n-1부터 1번까지 차례로 후진
        D = D * A[i,i]
        b[i] = b[i]/A[i,i]
        for j in range(i-1,-1,-1): # 행번호 i-1부터 0까지 역대입
            b[j] = b[j] - A[j,i]*b[i]
    return b,D
```

그림 8.10 피벗 전략을 사용하고 특이와 불량 조건 연립방정식에 대한 보호 기능을 가진 가우스 소거법.

다음은 함수를 사용하는 코드와 결과이다.

```
import numpy as np

A = np.array([[1., 2., 3.], [4., 5., 6.], [7., 8., 9.]])
b = np.array([15., 12., 27.])

result = gausselimpivot1(A, b)
if type(result) == str:
    print(result)
else:
    (x, D) = result
    print('Solution is\n', x)
    print('Determinant = ', D)
```

결과는 다음과 같다.

```
system of equations singular or ill-conditioned
```

gausselimpivot1 함수는 오류 메시지 또는 두 개의 변수를 반환한다. 따라서 스크립트는 결과를 파이썬의 type 함수와 str 상수를 사용하여 문자열인지 여부를 평가하고 해당 정보를 출력한다.

이 예제에서 사용한 계수 배열 **A**를 **순환 행렬**(circular matrix)이라고 한다. 원소의 패턴을 확인하라. 원소만 봐서는 확실히 알 수 없지만 $n \times n$ 차원의 순환 행렬은 특이 시스템이다.

예제 8.6 건설 재료: 선형 연립방정식으로 나타나는 혼합물 문제

건설 현장에는 되메우기 기초 공사를 위해 지정된 입자 구성 비율에 맞춰 혼합되는 세 개의 과립 재료 더미가 있다. 사용할 고형 혼합물은 4,800 m^3의 모래, 5,800 m^3의 미세 자갈 그리고 5,700 m^3의 거친 자갈이다. 각 더미의 구성 비율은 아래 표에 나와 있다. 건설

프로젝트에 지정된 비율대로 조성된 혼합물을 제공하기 위해 각 더미에서 사용할 양을 결정하라.

더미	백분율 구성 비율		
	모래	미세 자갈	거친 자갈
A	55	30	15
B	25	45	30
C	25	20	55

이 문제를 해결하기 위해 각 더미에서 사용될 각 재료의 양이 미지수로 표현된 방정식을 작성한다.

$$
\begin{aligned}
0.55x_A + 0.25x_B + 0.25x_C &= 4800 \\
0.30x_A + 0.45x_B + 0.20x_C &= 5800 \\
0.15x_A + 0.30x_B + 0.55x_C &= 5700
\end{aligned}
\tag{8.33}
$$

이 연립방정식을 벡터/행렬 형식으로 나타내면 다음과 같다.

$$
\begin{bmatrix} 0.55 & 0.25 & 0.25 \\ 0.30 & 0.45 & 0.20 \\ 0.15 & 0.30 & 0.55 \end{bmatrix} \cdot \begin{bmatrix} x_A \\ x_B \\ x_C \end{bmatrix} = \begin{bmatrix} 4800 \\ 5800 \\ 5700 \end{bmatrix}
\tag{8.34}
$$

이 문제를 해결하기 위해 앞에서 살펴본 gausselimpivot1 함수를 사용하는 다음과 같이 스크립트를 수정할 수 있다.

```
A = np.array([[0.55,0.25,0.25],[0.30,0.45,0.20],[0.15,0.30,0.55]])
b = np.array([4800.,5800.,5700.])

x, D = gausselimpivot1(A, b)
print('Amount from Pile A: {0:6.1f} m3'.format(x[0]))
print('Amount from Pile B: {0:6.1f} m3'.format(x[1]))
print('Amount from Pile C: {0:6.1f} m3'.format(x[2]))
```

화면에 나타난 해는 다음과 같다.

```
Amount from Pile A: 2416.7 m3
Amount from Pile B: 9193.3 m3
Amount from Pile C: 4690.0 m3
```

물론 이제 세 더미의 재고량에 대해 이 해가 적절한지 확인하는 것이 중요하다. 혼합물 요구 조건을 충족하기에 충분한 재료가 각각의 더미에 있을까? 이 질문을 해결하려면 더 많은 정보가 필요하다.

8.4 Numpy linalg 모듈을 이용하여 연립방정식의 해 구하기

가우스 소거법으로 선형 연립방정식을 푸는 기본 사항을 배웠으므로 이제 NumPy `linalg` 모듈의 내장 함수를 사용하여 동일한 작업을 수행할 수 있다. 수치 해석에 내장 함수를 자주 사용하지만 이렇게 사용하는 과정에서 지금까지 가우스 소거법에 대해 배우면서 알게 된 기본 지식을 제대로 갖추고 있는 것이 항상 중요하다.

6장에서 선형 대수 방정식의 해는 다음과 같이 표현되었다.

$$\mathbf{x} = \mathbf{A}^{-1} \cdot \mathbf{b} \tag{8.35}$$

`linalg` 모듈에는 정방행렬의 역행렬을 계산하는 함수 `inv`가 있으므로 `dot` 곱 또는 `matmul` 함수와 함께 이 함수를 사용하여 해를 계산할 수 있다. 다음은 이를 수행하는 파이썬 코드 스크립트이다. 두 방법이 동일한 결과를 산출하는 것을 관찰할 수 있다.

```
import numpy as np

A = np.array([[3., -2., 7.], [-2., 4., -3.], [-1., 9., 4.]])
b = np.array([15., 12., 27.])

Ainv = np.linalg.inv(A)
x = Ainv.dot(b)
print(x)
x = np.matmul(Ainv, b)
print(x)
```

결과는 다음과 같다.

```
[100.33333333 28.66666667-32.66666667]
[100.33333333 28.66666667-32.66666667]
```

역행렬을 사용하여 연립방정식을 푸는 데 필요한 개별 계산의 횟수는 가우스 소거법과 같은 방법보다 훨씬 많다. `linalg` 모듈은 `solve` 함수를 제공하고 있다. 이 함수는 LAPACK[3]이라는 소프트웨어 패키지에서 채택하고 있는 더욱 정교하고 효율적인 알고리즘을 구현한다. LAPACK에 들어있는 루틴들은 Fortran 90 프로그램으로 작성되어 있다. 다음은 `solve` 함수를 사용하여 앞서 살펴본 연립방정식의 해를 구하는 스크립트와 결과이다.

---

3 LAPACK은 선형 대수와 고유값의 수치 해석을 위한 MINPACK과 EISPACK 라이브러리의 후속 제품이다. Fortran 90 언어를 기반으로 하며 1992년에 출시되었다.

```
x = np.linalg.solve(A, b)
print(x)

[100.33333333 28.66666667-32.66666667]
```

linalg 모듈에는 여러 가지 함수가 있으며 대부분은 이 책의 범위를 벗어난다. 그중에서 설명할 것은 정방 행렬의 행렬식을 계산하는 det 함수이다.

```
import numpy as np

A = np.array([[3., -2., 7.], [-2., 4., -3.], [-1., 9., 4.]])
DA = np.linalg.det(A)
print(DA)

9.000000000000005
```

행렬식 계산과정에서 작은 반올림 오차가 발생했음을 알 수 있다.

8.5 비선형 대수 연립방정식 풀기

8.3절과 8.4절에서는 선형 대수 연립방정식을 푸는 방법을 소개했다. 이들의 특징은 반복 없이 한 번 계산으로 방정식을 푼다는 것이다. 현대 컴퓨터 기술을 고려할 때 해는 신속하게 구해진다. 연립방정식이 **좋은 조건인 경우**(8.3절에서 설명한 특이 시스템이나 불량조건 시스템이 아닌 경우) 그 방법들은 상대적으로 쉽게 수백 개의 연립방정식을 풀 수 있다. 지금부터 살펴볼 비선형 대수 연립방정식의 경우에는 이러한 상황이 완전히 바뀐다. 첫째, 해의 초기 추정을 요구하는 반복적인 방법이 필요하다. 둘째, 방정식이 몇 개 이상인 경우 해를 구하는 것이 불가능할 수도 있다. 첫째 경우는 단일 방정식에 대해 7장에서 맞닥뜨린 특성이고 둘째 경우는 작업의 어려움을 악화시킨다.

두 개의 미지수가 있는 두 개의 비선형 방정식으로 이루어진 간단한 비선형 연립방정식을 예로 들어 살펴보자. 나중에 이것을 n개의 미지수가 있는 n개의 방정식으로 일반화할 것이다.

$$
\begin{aligned}
x_1^2 + x_2^2 - 4 &= 0 \\
x_1 x_2 - 1 &= 0
\end{aligned}
\tag{8.36}
$$

이 예에서는 다행히도 $x_2 - x_1$ 평면에 두 방정식을 나타내는 곡선을 그릴 수 있다. 이는 [그림 8.11]에 나와 있다. 선이 교차하는 위치로 보아 표시된 방정식에 대한 네 가지 가능한 해가 있다는 것을 한 눈에 파악할 수 있다. 따라서 비선형 연립방정식의 첫 번째 특성인 다중 해가 있다는 것을 알았다. 방정식이 물리적 또는 화학적 현상을 모델링하는 경우 미지수의 영역을 제한하여 하나의 실용적인 해만 찾을 수 있다. 그러나 여기서 살펴보고 있는 예는 중요한 질문을 제기한다. x_1과 x_2에 대해 주어진 초기 추측 값으로, 네 가지 해 중 어떤 것을 얻을 수 있을까? 이 예에서는 음수 해는 실용적이지 않다고 가정하고 오른쪽 위 사분면에 위치한 두 해에 초점을 맞출 것이다.

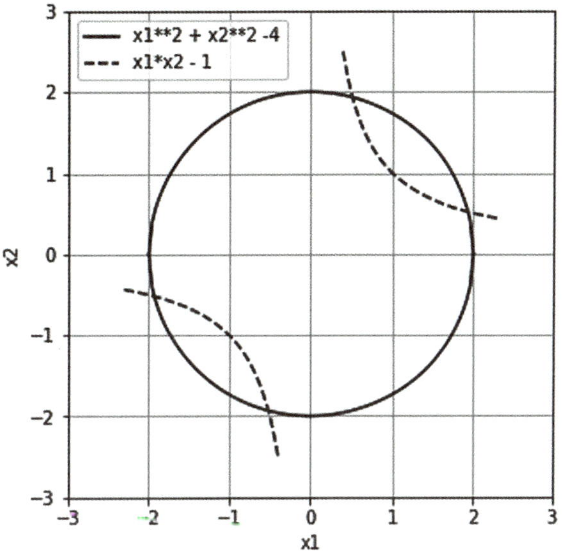

그림 8.11 $x_1 - x_2$ 평면에 두 비선형 함수의 플롯.

비선형 대수 연립방정식의 해를 푸는 방법은 여러 가지가 있다. 그중 다수는 여기서 소개하려는 것보다 더 복잡하고 정교하다. 지금부터 연속 대입법(또는 고정점 반복법)의 확장에 대해 살펴본다.

8.5.1 연속 대입법을 통한 비선형 대수 연립방정식 풀기

하나의 비선형 대수 방정식 $x = g(x)$의 해를 구하기 위해 7장에서 소개한 연속 대입법을 기억해보자. 이는 [그림 8.12]에 설명되어 있다.

위에서 소개한 두 방정식을 사용하여 첫 번째 방정식은 x_1에 대해, 두 번째 방정식은 x_2에 대해 해석적으로 풀면 다음과 같다.

$$\begin{aligned} x_1 &= \pm\sqrt{4 - x_2^2} = g_1(x_2) \\ x_2 &= 1/x_1 = g_2(x_1) \end{aligned} \tag{8.37}$$

이러한 수식 형태에서는 x_2에 대한 추정값에서 시작하여 순차적으로 수식을 계산하여 x_1과 x_2 값을 차례로 구한다. 이렇게 얻은 x_2를 새로운 x_2로 하여 계산을 반복할 수 있으며 많은 반복이 이루어지면 해로 수렴될 것이다.

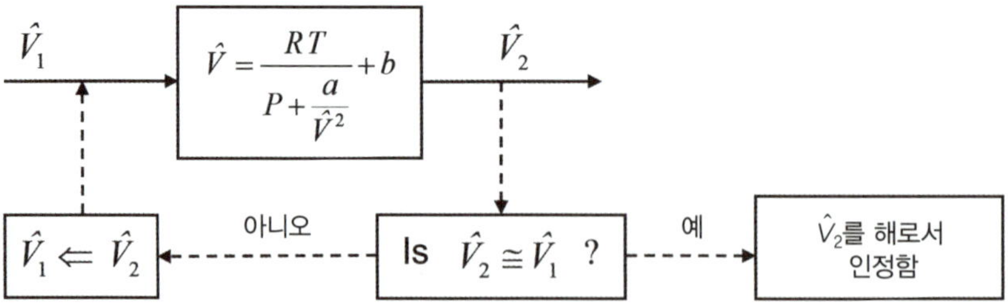

그림 8.12 단일 비선형 방정식에 대한 연속 대입법.

이 방식의 진행과정 [표 8.1]에 설명되어 있다. 두 방정식 중 첫 번째 수식에서는 + 기호가 사용된다. 5자리 유효 숫자로 표시된 해는 5번의 반복으로 얻어진다.

이 방식은 수렴하였지만 단일 방정식에 대해 적용한 연속 대입법과 마찬가지로 이 방식의 과정도 발산할 가능성이 있다. 이를 조사하는 한 가지 방법은 허용 가능한 x_2 값의 범위에 대해 새로운 $x_2 = g_2(x_1)$ 대 이전 x_2의 그래프를 플롯하는 것이다. 이는 [그림 8.13]에 나와 있다. 해는 해당 선이 45° 기울어진 점선과 교차하는 위치에 있다. 45° 점선에 비해 실선으로 표시된 곡선이 매우 평평함을 알 수 있다. 7장에서 배웠듯이 이런 형태가 되면 수렴이 매우 빠르다.

그러나 이 방식에도 문제가 발생할 수 있다. 2보다 큰 초기값 x_2를 선택하면 제곱근은 복소수를 산출하는 음수가 된다. 초기 x_2를 2로 선택하더라도 두 번째 수식에서 0으로 나누는 일이 발생한다. 또한 [그림 8.11]에서 방정식에는 네 가지 해가 있음을 알 수 있다. 이 대입법은 이러한 해들 중 하나만 "발견"했다. 식 (8.36)을 식 (8.37)에서 $g(x)$를 구할 때와는 반대로 x_2와 x_1에 대해 차례로 정리하면 x_1과 x_2의 해가 값은 같지만 서로 바뀐다. 제곱근에서 − 부호를 사용하고 적절한 초기 추정값을 사용하면 [그림 8.11]에서 다른 사분면에 있는 해를 구할 수 있다.

$$x_2 = \pm\sqrt{4 - x_1^2} = g_1(x_1)$$
$$x_1 = 1/x_2 = g_2(x_2) \tag{8.38}$$

표 8.1 연속 대입법 진행.

반복 횟수	x_2	$x_1 = g_1(x_2)$	$x_2 = g_2(x_1)$
1	0.5	1.93649	0.51640
2	0.51640	1.93218	0.51755
3	0.51755	1.93188	0.51763
4	0.51763	1.93185	0.51764
5	0.51764	1.93185	0.51764

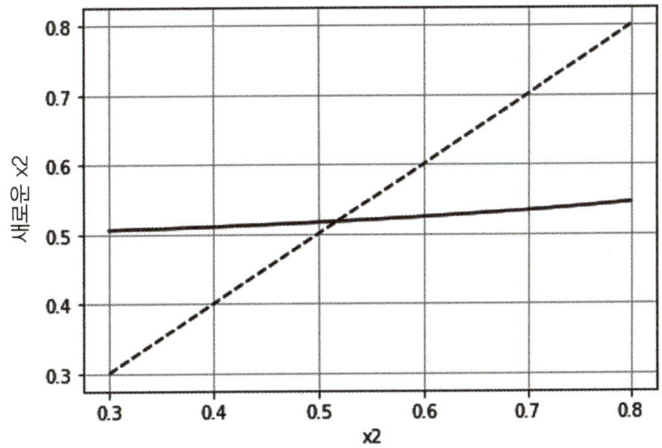

그림 8.13 x_2에 대한 $x_2 = g_2(x_1)$의 새로운 플롯.

파이썬으로 연속 대입법을 구현하려면 7장의 fixpt 함수를 직접 사용하고 g 함수 인수를 $g_2(g_1(x_2))$로 수식화한다. 코드는 [그림 8.14]에 나와 있으며 화면에 표시되는 결과는 다음과 같다.

```
x1 = 1.9319
x2 = 0.5176
number of iterations taken =6
```

이 값은 [표 8.1]에 나타난 해와 같음을 알 수 있다.

```
import numpy as np

def fixpt(g,x1,ea=1.e-7,maxit=30):
    for i in range(maxit): # maxit만큼 반복 실행
        x2 = g(x1) # 새로운 x를 계산
        if abs((x2-x1)/x2) < ea: # 수렴하였는지 조사
            iter = i+1
            return x2,iter # 수렴하였다면, xnew 값과 반복횟수 반환
        x1 = x2 # 수렴하지 않았다면, x1를 x2로 대체
    iter = i+1
    return x2,iter # maxit 반복횟수에 도달하였다면 여기서 반환

def g1(x2):
    return np.sqrt(4.-x2**2)

def g2(x2):
    return 1/g1(x2)

x2 = 0.5
x2soln,iter = fixpt(g2,x2)
print('x1 = {0:6.4f}'.format(g1(x2soln)))
print('x2 = {0:6.4f}'.format(x2soln))
print('number of iterations taken = {0:3d}'.format(iter))
```

그림 8.14 두 개의 비선형 방정식을 풀기 위한 fixpt 함수의 적용.

특히 자연스럽게 발산하는 상황인 경우 고정점 반복법 대신 **웨그스타인 법**(7.6절 참조)을 사용할 수 있다. 더욱 방정식 개수가 많은 비선형 연립방정식을 만나면 연속 대입법이 번거로워지므로 다른 방법을 찾아야 한다. 일반적인 대안은 7장의 뉴튼-랩슨법을 확장하는 것이다.

8.5.2 비선형 연립방정식을 위한 뉴튼-랩슨법

7.3절에서 단일 방정식 $f(x)=0$에 대한 **뉴튼-랩슨** 공식이 다음과 같다는 것을 기억해보자.

$$x^{i+1} = x^i - \frac{f\left(x^i\right)}{f'\left(x^i\right)} \tag{8.39}$$

여기서 $f'(x)$는 x에 대한 $f(x)$의 도함수이다. 이 수식은 i번째 추정값에서 x의 $(i+1)$번째 추정값을 구하는 방법을 설명한다.

이 방법을 연립방정식의 해로 확장하는 방법을 알아보기 위해 [그림 8.11]의 예를 다시 살펴보자.

$$\begin{aligned} x_1^2 + x_2^2 - 4 &= 0 \\ x_1 x_2 - 1 &= 0 \end{aligned} \tag{8.40}$$

이 방정식들을 더욱 일반적인 형태로 나타내면 다음과 같다.

$$\begin{aligned} f_1\left(x_1, x_2\right) &= 0 \\ f_2\left(x_1, x_2\right) &= 0 \end{aligned} \tag{8.41}$$

벡터 양을 다음과 같이 정의하면

$$\begin{bmatrix} x_1 \\ x_2 \end{bmatrix} = \mathbf{x} \qquad \begin{bmatrix} f_1 \\ f_2 \end{bmatrix} = \mathbf{f}$$, 여기서 후자는 두 방정식을 나타낸다.

비선형 방정식들을 다음 형식으로 표현할 수 있다.

$$\mathbf{f}(\mathbf{x}) = \mathbf{0} \tag{8.42}$$

따라서 뉴튼-랩슨 공식은 다음과 같이 다시 쓸 수 있다.

$$\mathbf{x}^{i+1} = \mathbf{x}^i - \frac{\mathbf{f}\left(\mathbf{x}^i\right)}{\mathbf{f}'\left(\mathbf{x}^i\right)} \tag{8.43}$$

그러나 수식의 $\mathbf{f}'(\mathbf{x}^i)$ 항에는 두 가지 문제가 있다. 첫 번째 문제는 '벡터 변수 $\mathbf{x}$에 대한 벡터 함수 $\mathbf{f}$의 미분(도함수)은 무슨 의미일까?'이다. 그 다음 두 번째 문제는 '이를 벡터 함수

f로 나누는 방법은 무엇일까?'이다. 이 두 문제는 단순하게 해결되지 않는다. 그러므로 이를 재해석해야 한다.

첫 번째 문제의 해결책은 여기서 다루는 예에서는 두 개의 함수와 두 개의 변수가 있으므로 벡터 함수 **f**의 도함수를 4개의 편도함수로 나타내는 것이다.

$$\begin{bmatrix} \dfrac{\partial f_1}{\partial x_1} & \dfrac{\partial f_1}{\partial x_2} \\ \dfrac{\partial f_2}{\partial x_1} & \dfrac{\partial f_2}{\partial x_2} \end{bmatrix} = \begin{bmatrix} \dfrac{\partial}{\partial x_1}\left(x_1^2+x_2^2-4\right) & \dfrac{\partial}{\partial x_2}\left(x_1^2+x_2^2-4\right) \\ \dfrac{\partial}{\partial x_1}(x_1x_2-1) & \dfrac{\partial}{\partial x_2}(x_1x_2-1) \end{bmatrix} = \begin{bmatrix} 2x_1 & 2x_2 \\ x_2 & x_1 \end{bmatrix} \tag{8.44}$$

첫 번째 행은 두 변수에 대한 첫 번째 함수의 두 개의 편도함수이고 두 번째 행은 두 변수에 대한 두 번째 함수의 두 개의 편도함수이다.

편도함수(partial derivatives)에 익숙하지 않은 경우 다음을 주목하라.

$$\frac{\partial}{\partial x_1}(\bullet)$$

위 표현은 x_1에 대한 편도함수로 이때 x_2는 상수처럼 취급된다. x_2에 대한 편도함수도 마찬가지로 다음과 같이 쓸 수 있다.

$$\frac{\partial}{\partial x_2}(\bullet).$$

이 방법을 사용하여 예로든 두 방정식에 대해 편도함수를 유도하는 방법을 나타낸 것이 식 (8.44)이다. 편도함수로 이루어진 이 행렬을 **자코비안 행렬**(Jacobian matrix), **J**[4]라고 한다.

이제 $\mathbf{f}'(\mathbf{x})$를 행렬 형태로 표현했지만 행렬로 나누는 두 번째 문제는 여전히 말이 되지 않는다. 이 문제에 대한 해결방법은 행렬로 나누는 대신에 행렬의 역행렬 $\mathbf{J}^{-1}$을 곱하는 것이다. 이것을 수행하면 비선형 연립방정식에 대한 뉴튼-랩슨법의 공식을 얻는다.

$$\mathbf{x}^{i+1} = \mathbf{x}^i - \mathbf{J}^{-1}\left(\mathbf{x}^i\right)\cdot\mathbf{f}\left(\mathbf{x}^i\right) \tag{8.45}$$

예로 든 연립방정식에 대해 이 방법을 직접 적용하면 다음을 얻는다.

---

4 이 행렬의 이름은 수학의 여러 영역에서 근본적인 공헌을 한 독일 수학자 Carl Gustav Jacob Jacobi(1804~1851) 덕분이다. 1832년에 그는 Königsberg에 있는 독일 대학에 임명된 최초의 유대인 수학자였다. Königsberg의 다른 주목할 만한 졸업생과 교수진은 Immanuel Kant, David Hilbert, Gustav Kirchhoff과 Hermann von Helmholtz이다.

$$\begin{bmatrix} x_1^{i+1} \\ x_2^{i+1} \end{bmatrix} = \begin{bmatrix} x_1^i \\ x_2^i \end{bmatrix} - \begin{bmatrix} 2x_1^i & 2x_2^i \\ x_2^i & x_1^i \end{bmatrix}^{-1} \cdot \begin{bmatrix} x_1^{2i} + x_2^{2i} - 4 \\ x_1^i x_2^1 - 1 \end{bmatrix} \tag{8.46}$$

이 수식으로부터 i번째 반복에서 $i+1$번째 반복으로 이동하려면 i번째 반복에서의 x 값에 대해 계산된 자코비안 행렬의 역행렬을 계산해야 함을 알 수 있다.

예로 든 연립방정식에 대해 시작 추정값을 {0.5, 1.4}로 하여 이 수식을 설명할 수 있다. 이를 [그림 8.15]에 나타내었다. 4번의 반복 후에 이 방법은 해 {0.5176, 1.9319}로 수렴하는데, 이 해가 [그림 8.10]의 오른쪽 상단에 있는 교차점임을 알 수 있다. 서로 바뀐 초기 추정값 ({1.4, 0.5})으로 시작하면 이 방법은 이전 해의 오른쪽 아래에 있는 교차점인 {1.9319, 0.5176} 해로 수렴한다. 약간의 사전 고려를 통해 초기 추정값을 선택하면 이 방법은 왼쪽 하단의 삼사분면의 해로도 수렴된다.

$$\mathbf{x}^0 = \begin{bmatrix} 0.5 \\ 1.4 \end{bmatrix} \quad \mathbf{f}(\mathbf{x}^0) = \begin{bmatrix} -1.79 \\ -0.3 \end{bmatrix} \quad \mathbf{J}(\mathbf{x}^0) - \begin{bmatrix} 1.0 & 2.8 \\ 1.4 & 0.5 \end{bmatrix} \quad \mathbf{J}^{-1}(\mathbf{x}^0) \cong \begin{bmatrix} -0.1462 & 0.8187 \\ 0.4094 & -0.2924 \end{bmatrix} \quad \mathbf{x}^1 = \begin{bmatrix} 0.4839 \\ 2.045 \end{bmatrix}$$

$$\mathbf{x}^1 = \begin{bmatrix} 0.4839 \\ 2.045 \end{bmatrix} \quad \mathbf{f}(\mathbf{x}^1) \cong \begin{bmatrix} 0.4163 \\ -0.0104 \end{bmatrix} \quad \mathbf{J}(\mathbf{x}^1) \cong \begin{bmatrix} 0.9678 & 4.090 \\ 2.045 & 0.4839 \end{bmatrix} \quad \mathbf{J}^{-1}(\mathbf{x}^1) \cong \begin{bmatrix} -0.06129 & 0.5180 \\ 0.02590 & -0.1226 \end{bmatrix} \quad \mathbf{x}^2 \cong \begin{bmatrix} 0.5148 \\ 1.9359 \end{bmatrix}$$

그림 8.15 뉴튼-랩슨법의 두번째 반복.

이제 뉴튼-랩슨법을 두 개의 비선형 방정식으로 확장하는 방법을 살펴보았으므로 다음과 같이 더욱 일반적인 경우로서 n개의 미지수가 있는 n개의 연립방정식을 고려해보자.

$$\begin{aligned} f_1(x_1, x_2, \ldots, x_n) &= 0 \\ f_2(x_1, x_2, \ldots, x_n) &= 0 \\ &\vdots \\ f_n(x_1, x_2, \ldots, x_n) &= 0 \end{aligned} \quad \Rightarrow \quad \mathbf{f}(\mathbf{x}) = \mathbf{0} \tag{8.47}$$

이전과 마찬가지로 n개의 함수를 n개의 미지수 $\mathbf{x}$로 구성된 함수 벡터 $\mathbf{f}$로 표현하는 것이 편리하다는 것을 알 수 있다. 자코비안 행렬을 다음과 같이 일반적인 형태로 나타낼 수 있다.

$$\begin{bmatrix} \dfrac{\partial f_1}{\partial x_1} & \dfrac{\partial f_1}{\partial x_2} & \cdots & \dfrac{\partial f_1}{\partial x_n} \\ \dfrac{\partial f_2}{\partial x_1} & \dfrac{\partial f_2}{\partial x_2} & \cdots & \dfrac{\partial f_2}{\partial x_n} \\ \vdots & \vdots & \ddots & \vdots \\ \dfrac{\partial f_n}{\partial x_1} & \dfrac{\partial f_n}{\partial x_1} & \cdots & \dfrac{\partial f_n}{\partial x_n} \end{bmatrix} = \mathbf{J}(\mathbf{x}) \tag{8.48}$$

동일한 일반 공식을 사용하여 연립방정식의 해를 찾을 수 있다.

이것은 몇 가지 중요한 점을 제기한다. 첫째, 단일 방정식 뉴튼-랩슨법과 마찬가지로 얻은 해는 초기 추정값에 민감하다. 둘째, 방법이 수렴되지 않는 경우가 많다.

우리가 고려하려고 하는 뉴튼-랩슨법에는 두 가지 변형이 있다. 첫째, 방법이 발산되어 실패했을 때 방법의 공식을 수정하면 상황을 해결할 수 있다. 이 문제는 다음 항에 의한 조정이 너무 커서 불안정과 발산을 야기하기 때문에 발생할 수 있다.

$$\mathbf{J}^{-1}\left(\mathbf{x}^i\right)\cdot\mathbf{f}\left(\mathbf{x}^i\right)$$

수정 방법은 다음 공식에 0과 1 사이의 상수인 "감속(decelator)"계수[5], d를 포함하는 것이다.

$$\mathbf{x}^{i+1}=\mathbf{x}^i-d\cdot\mathbf{J}^{-1}\left(\mathbf{x}^i\right)\cdot\mathbf{f}\left(\mathbf{x}^i\right) \tag{8.49}$$

d 값은 일반적으로 시행착오를 통해 조정한다. 이 수정 방법은 종종 원래 공식이 불안정하고 실패하는 경우에 성공적이기도 하다.

다음으로, 자코비안 행렬의 편도함수를 해석적으로 유도하기 어렵거나 불가능한 경우가 있다. 여기서의 전략은 7.4절에서 설명한 수정 할선법과 같다. 이 경우 자코비안 행렬의 원소를 수치 근사로 대체한다. 자코비안 행렬의 각 원소에 대해 미분 변수의 작은 변동을 기반으로 근사값을 도입한다. 예를 들어, 두 개의 방정식을 사용하면 자코비안 행렬의 첫 번째 원소에 대한 근사값은 다음과 같다.

$$\frac{\partial f_1}{\partial x_1}\cong\frac{f_1\left(x_1\cdot(1+\delta),x_2\right)-f_1\left(x_1,x_2\right)}{x_1\cdot\delta}=\frac{\left(\left(x_1\cdot(1+\delta)\right)^2+x_2^2-4\right)-\left(x_1^2+x_2^2-4\right)}{x_1\cdot\delta} \tag{8.50}$$

여기서 δ는 작은 숫자(예: 1×10^{-6})이다. 앞서 사용한 초기 추정값인 {0.5, 1.4}를 사용하여 이 근사값을 적용하면 결과는 다음과 같다.

$$\frac{\partial f_1}{\partial x_1}\cong\frac{\left(\left(0.5\cdot\left(1+10^{-6}\right)\right)^2+1.4^2-4\right)-\left(0.5^2+1.4^2-4\right)}{0.5\cdot10^{-6}}\cong1.0000005$$

근사된 값은 부분 도함수의 실제 값에 매우 가깝다: $2x_1=2\cdot0.5=1.0$. 자코비안 행렬의 다른 원소에 대해서도 유사한 근사값을 사용할 수 있다. 물론 이 경우 도함수를 쉽게 도출할 수 있기 때문에 근사를 사용할 필요는 없다.

다변수 뉴튼-랩슨법을 구현하는 파이썬 함수 `multinewt`는 [그림 8.16]에 나와 있다. 다음 파이썬 스크립트는 이 함수를 사용하여 예로 든 연립방정식을 해결한다.

---

5 감속 이완 계수라고도 한다.

```
import numpy as np

def f(x):
    fn = np.zeros(2)
    fn[0] = x[0]**2 + x[1]**2 - 4
    fn[1] = x[0]*x[1] -1
    return fn

def J(x):
    Jac = np.zeros((2,2))
    Jac[0,0] = 2*x[0]
    Jac[0,1] = 2*x[1]
    Jac[1,0] = x[1]
    Jac[1,1] = x[0]
    return Jac

x0 = np.array([0.5, 1.4])
xsoln,niter = multinewt(f,J,x0)
print(xsoln)
print(niter)
```

화면에 나타난 결과는 다음과 같다.

```
[0.51763809 1.93185165]
4
```

multinewt 함수의 코드는 간결해서 12개의 명령문으로 구성되어 있다. 이 함수는 사용자로부터 두 함수 f와 J를 입력받아서 주어진 x 세트에 대해 방정식 잔차, f와 자코비안 행렬 J를 계산하여 반환한다. 이 함수의 인수로는 초기 추정값 x0와 상대 오차 ea, 허용되는 최대 반복 횟수 maxiter, 감속 계수 decel과 같은 키워드 인수가 있다. 감속 계수에는 감속이 없음을 의미하는 기본값 1이 할당된다.

```
def multinewt(f,J,x0,ea=1.e-7,maxiter=30,decel=1.0):
    xold = x0
    for iter in range(maxiter):
        Jinv = np.linalg.inv(J(xold))
        xnew = xold - decel*Jinv.dot(f(xold))
        xdev = xnew - xold
        xerr = xdev.dot(xdev)
        if xerr < ea:
            break
        xold = xnew
    return xnew,iter+1
```

그림 8.16 비선형 연립방정식을 푸는 파이썬 함수 multinewt.

오차 기준은 x의 현재 반복과 이전 반복 간 차의 제곱의 합과 비교된다. 이것은 `xdev` 배열의 자기 자신과의 내적(dot product)으로 계산할 수 있다. 함수가 호출될 때 키워드 인수를 다시 지정할 수 있다. 그렇지 않으면 기본값이 사용된다. 이 함수는 최신 해의 추정값과 수행된 반복 횟수를 반환한다. 후자가 `maxiter`와 같으면 방법이 수렴하지 않았음을 의미한다.

예제 8.7 보일러 용기 내부에서 물과 증기의 평형

생성된 증기와 나머지 액체가 서로 평형을 이루는 보일러 용기를 고려하자. 이것을 [그림 8.17]에 나타내었다. 보일러의 평형 조건을 지배하는 증기상(vapor phase)에 대한 두 가지 방정식이 있다. 이들은 상태 방정식, 여기서는 이상 기체 법칙과 주어진 온도에서 물의 증기압에 대한 앙투안 방정식(Antoine equation)이다.

$$PV = \frac{m_V}{MW} RT \quad \text{그리고} \quad \log_{10}(P) = A - \frac{B}{C+T} \tag{8.51}$$

여기서 P: 용기 내 압력, kPa

V: 증기 공간의 부피, m^3

m_V: 증기의 질량, kg

MW : 물의 분자량, 18.02 kg/kmol

R: 기체 법칙 상수, 8.314m3 · kPa/(kmol·K)

T: 온도, K

A, B, C: 물에 대한 앙투안(Antoine) 매개변수: $A = 8.21$ $B = 2354.7$ $C = 7.56$

주어진 m_V와 V 값에서 평형 온도 T와 압력 P를 결정하려고 한다. 이 상황은 두 개의 미지수를 가진 두 개의 방정식으로 설명된다.

$$\begin{aligned} f_1(P,V) &= PV - \frac{m_V}{MW} RT = 0 \\ f_2(P,V) &= \log_{10}(P) - A + \frac{B}{C+T} = 0 \end{aligned} \tag{8.52}$$

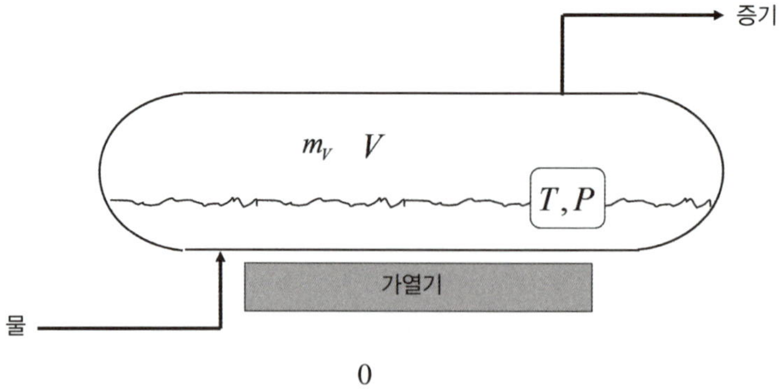

그림 8.17 물과 증기가 평형을 이루고 있는 보일러 용기.

뉴튼-랩슨법을 사용하려면 편도함수의 자코비안 행렬을 유도해야 한다. 이것들은 다음과 같다.

$$\mathbf{J} = \begin{bmatrix} \dfrac{\partial f_1}{\partial P} = V & \dfrac{\partial f_1}{\partial T} = -\dfrac{m_V}{MW} R \\ \dfrac{\partial f_2}{\partial P} = \dfrac{1}{P \cdot \ln(10)} & \dfrac{\partial f_2}{\partial T} = -\dfrac{B}{(C+T)^2} \end{bmatrix} \tag{8.53}$$

다음으로 m_V와 V에 대한 값과 P와 T에 대한 초기 추정값이 필요하다.

$m_V = 3.755$ kg $\quad V = 3.142$ m^3 $\quad P^0 = 200$ kPa $\quad T^0 = 380$ K

이 정보는 multinewt 함수를 이용하여 방정식을 풀기 위한 파이썬 스크립트를 설정하는 데 필요한 정보를 제공한다. 스크립트는 다음과 같다.

```
R = 8.314 # m3-kPa/[kmol-K]
MW = 18.02 # kg/kmol
A = 8.21; B = 2354.7; C = 7.56

mV = 3.755 # kg
V = 3.142 # m3

P0 = 200. # kPa
T0 = 380. # K

def f(x):
    P = x[0]; T = x[1]
    fn = np.zeros(2)
    fn[0] = P*V - mV/MW*R*T
    fn[1] = np.log10(P) - A + B/(C+T)
    return fn
```

```
def J(x):
    P = x[0]; T = x[1]
    Jac = np.zeros((2,2)) Jac[0,0] = V
    Jac[0,1] = -mV/MW*R
    Jac[1,0] = 1/P/np.log(10)
    Jac[1,1] = -B/(C+T)**2
    return Jac

x0 = np.array([P0, T0])
xsoln,niter = multinewt(f,J,x0)
print('Pressure = {0:6.1f} kPa, Temperature = {1:6.1f} K' \
      .format(xsoln[0],xsoln[1]))
print('Number of iterations: ',niter)
```

화면에 나타난 결과는 다음과 같다.

```
Pressure = 216.9 kPa, Temperature = 393.3 K
Number of iterations: 17
```

8.6 비선형 방정식을 풀기 위한 SCIPY optimize 모듈의 root 함수 사용

SciPy optimize 하위 모듈인 root에는 비선형 연립방정식을 풀기 위한 더욱 정교한 접근 방식을 제공하는 내장 함수가 있다. 사용자는 method 인수를 사용하여 7가지 다른 방법 중에서 선택할 수 있다. 기본값은 MINPACK이라는 루틴 라이브러리에서 채택된 수정된 Powell 하이브리드 방법이다(Moré, Garbow와 Hillstrom, 1980). 여기서는 이 방법에 대해 자세히 다루지 않는다. root 함수를 사용하는 가장 간단한 구문은 다음과 같다.

```
xsoln = root(f, x0)
```

여기서 f는 주어진 x 값의 집합에 대한 방정식 함수를 계산하는 함수이고 x0은 x에 대한 초기 추정값들이다.

args(...) 인수를 사용하여 f 함수에 추가 인수를 전달할 수도 있다. root 함수는 자코비안에 대한 함수를 제공하는 것도 가능하지만 반드시 제공할 필요는 없다.

아래의 파이썬 스크립트는 root 함수를 사용하여 [그림 8.11]에 설명된 연립방정식을 해결한다.

```
import numpy as np
from scipy.optimize import root

def f(x):
    fn = np.zeros(2)
    fn[0] = x[0]**2 + x[1]**2 - 4
    fn[1] = x[0]*x[1] -1
    return fn

x0 = np.array([0.5, 1.4])
result = root(f,x0)
print(result)
print('\nSolution is: \n',result.x)
```

root 함수는 다양한 속성을 가진 result 객체를 반환한다. 하나는 해를 제공하는 x이다. 위의 코드에서는 완전한 객체 result와 해가 저장된 result.x를 화면에 별도로 표시하고 있다.

```
   fjac: array([[-0.47905266, -0.87778616],
      [ 0.87778616, -0.47905266]])
    fun: array([4.85922413e-12, 1.98183692e-11])
message: 'The solution converged.' nfev: 11
    qtf: array([2.56353178e-09, 6.57163450e-10])
      r: array([-2.12867493, -1.97061865, 3.23224566])
 status: 1 success: True
      x: array([0.51763809, 1.93185165])
```

해는 다음과 같다.

```
[0.51763809 1.93185165]
```

위의 출력에서 화면에 표시된 fjac 배열을 잘 살펴보기 바란다. 이것은 root 함수가 해에서 생성한 자코비안의 수치 근사값이다. 또한 fun에는 최종 함수 값이 0에 매우 가까운 값으로 표시되어 있다. 반복(또는 f 평가) 횟수 nfev는 11이다. 출력은 방법이 성공했음을 나타낸다. 해는 multinewt 함수로 얻은 것과 일치하지만 4회가 아닌 11회 반복이 필요하였다. 공정하게 말하면 root에 대한 허용 오차는 multinewt에 대한 허용 오차보다 엄격하며 후자에 대해서는 자코비안 행렬을 제공했다.

root 함수는 사용하기 편리하지만 내부 작업에 있어서는 거의 "블랙 박스"와 같다. 파이썬은 오픈 소스 언어이기 때문에 root에 대한 소스 코드를 얻을 수 있지만 600줄이 넘고 대부분의 일반적인 파이썬 사용자가 파악하는 데 너무 많은 시간이 필요할 수 있다.

`multinewt` 함수는 많은 응용 문제에서 잘 작동하며 간편하다는 이점이 있다. 또한 그 방법이 공개되어 사용자가 잘 이해할 수 있다. 종종 자체 개발 함수와 파이썬에 내장된 함수 중에서 선택해야 할 경우가 있다. 둘 다 사용하여 결과를 확인할 수도 있다. 이는 엔지니어와 과학자가 문제 해결과정에서 자주 해야 하는 선택이다.

연습 문제

8.1 다음 연립방정식이 주어졌다.

$$-3x_2 + 7x_3 = 4$$

$$x_1 + 2x_2 - x_3 = 0$$

$$5x_1 - 2x_2 = 3$$

다음을 손으로 계산하라. (b)와 (c)의 경우 방정식에서 해를 확인하라.

(a) 계수 행렬의 행렬식을 계산하라.

(b) 크래이머 규칙을 이용하여 연립방정식을 풀어라.

(c) 피벗팅을 포함하는 가우스 소거법을 사용하여 연립방정식을 풀어라.

8.2 순수 가우스 소거법을 사용하여 다음 연립방정식을 손으로 풀어라. 답이 연립방정식을 만족하는지 확인하라.

$$8x_1 + 2x_2 + 3x_3 = 30$$

$$x_1 - 9x_2 + 2x_3 = 1$$

$$2x_1 + 3x_2 + 6x_3 = 31$$

8.3 벡터/행렬 형식으로 표시된 다음 연립방정식을 피벗팅과 함께 가우스 소거법을 사용하여 손으로 풀어라. 연립방정식에 대입하여 답을 확인하라. 소거법 단계의 정보를 사용하여 행렬식을 계산하라.

$$\begin{bmatrix} 4 & 3 & -1 \\ 7 & -2 & 3 \\ 5 & -18 & 13 \end{bmatrix} \mathbf{x} = \begin{bmatrix} 6 \\ 9 \\ 3 \end{bmatrix}$$

8.4 `gausselimpivot1` 함수를 사용하여 다음 연립방정식을 풀어라. 해를 유효숫자 4자리로 나타내라. 파이썬 코드를 작성하여 방정식에서 해를 테스트하고 반올림 오차에 대해 설명하라.

$$-0.083x_1 - 0.875x_2 + 0.645x_3 + 0.675x_4 = 62.1$$
$$-0.258x_1 - 0.730x_2 + 0.898x_3 - 0.797x_4 = 91.8$$
$$0.262x_1 - 0.467x_2 + 0.251x_3 - 0.127x_4 = 74.9$$
$$0.582x_1 + 0.025x_2 - 0.907x_3 + 0.362x_4 = 130.9$$

8.5 Hilbert **행렬**이라는 특수 행렬은 불량 조건으로 유명하다. 4개의 미지수를 가진 4개의 연립방정식에 사용되는 형식은 다음과 같다.

$$\begin{bmatrix} 1 & 1/2 & 1/3 & 1/4 \\ 1/2 & 1/3 & 1/4 & 1/5 \\ 1/3 & 1/4 & 1/5 & 1/6 \\ 1/4 & 1/5 & 1/6 & 1/7 \end{bmatrix} \mathbf{x} = \begin{bmatrix} 2 \\ 9/7 \\ 1 \\ 3/4 \end{bmatrix}$$

(a) 계수 행렬의 행렬식을 계산하는 파이썬 코드를 작성하라. 무엇을 관찰하였는가?

(b) NumPy `linalg` 모듈의 `inv` 함수를 사용하여 연립방정식을 푸는 파이썬 코드를 작성하라.

(c) NumPy `linalg` 모듈의 `solve` 함수를 사용하여 연립방정식을 풀고 결과를 (b) 부분의 결과와 비교하는 파이썬 코드를 작성하라. 이 연립방정식에 대한 진정한 해법은 무엇이라고 결론을 내릴 수 있는가?

8.6 세 가지 다른 전자 부품의 생산 공정에서 구리, 폴리스티렌 그리고 네오프렌의 세 가지 재료를 사용한다. 각 부품을 생산하는 데 필요한 각 재료의 양은 아래 표에 나와 있다.

부품	부품 당 필요량		
	구리(g)	폴리스티렌(g)	네오프렌(g)
A	15	3	1.2
B	17	4	1.5
C	19	5.5	1.9

3.89 kg의 구리, 0.75 kg의 폴리스티렌, 0.56 kg의 네오프렌을 사용할 수 있다면 부품을 몇 개나 생산할 수 있는가? 파이썬 스크립트를 사용하여 이 문제를 해결하라. 부품 수는 불연속인 수이므로 결과를 가장 가까운 정수로 반올림하라.

8.7 [그림 P8.7]은 교량 지지대 또는 트러스 구조를 보여준다. 트러스를 결정하는 연립방정식은 7개의 노드에서 수평과 수직 힘의 평형이다. 예를 들어 노드 2에서는

$$h_2 + f_4 + \bar{s}f_3 - \bar{s}f_1 = 0$$

$$v_2 + \bar{c}f_1 + \bar{c}f_3 = 0$$

여기서 h_i: 절점 i에 가해지는 수평 하중, 오른쪽 방향을 양수로 한다.

v_i: 노드 i에 가해지는 수직하중, 아래 방향을 양수로 한다.

f_j: 부재 j의 힘, 압축력을 음수, 인장력을 양수로 한다.

$\bar{s}$: sin 30°

$\bar{c}$: cos 30°

위 연립방정식에서 미지수는 부재의 힘이고 주어진 것은 하중이다. 각 트러스 부재의 힘을 결정하는 파이썬 스크립트를 작성하라.

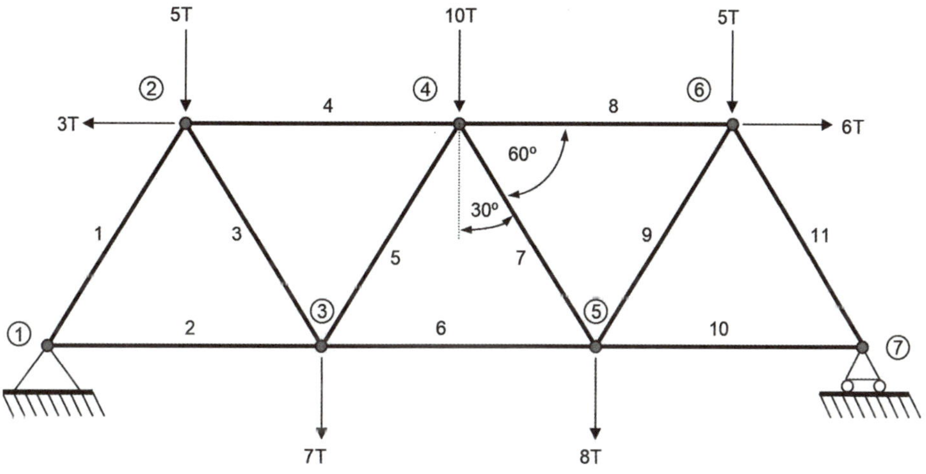

정정, 단순지지, 11개 부재, 평면 트러스 구조

그림 P8.7 교량의 트러스 구조.

8.8 [그림 P8.8]에 제시된 다이어그램은 저항으로 구성된 전기 회로를 나타낸다. 노드 2, 3, 6, 7의 전압을 풀고 회로의 모든 분기 저항에서 전류를 구하는 파이썬 스크립트를 개발해야 한다. 옴 단위의 저항 값은 아래 표에 나와 있다.

R_{12}	60	R_{13}	60	R_{15}	10
R_{56}	50	R_{57}	50	R_{67}	10
R_{23}	10	R_{24}	50	R_{34}	50
R_{36}	75	R_{68}	60	R_{78}	60
R_{48}	20				

이 회로를 푸는 데 필요한 연립방정식을 발생시키는 두 가지 전기 법칙이 있다.

(1) **옴의 법칙**에 따르면 저항을 통과하는 전류는 저항 양단의 전압에 비례하고 저항에 반비례한다. 아래 도표의 경우를 참조한다.

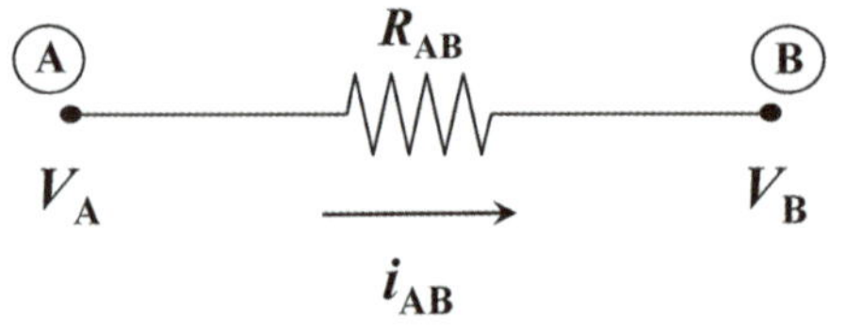

$$\Rightarrow \quad i_{AB} = \frac{V_A - V_B}{R_{AB}}$$

(2) **키르히호프(Kirchhoff)의 법칙**에 따르면 노드의 전류 합은 0이어야 한다. 아래 도표의 경우를 참조한다.

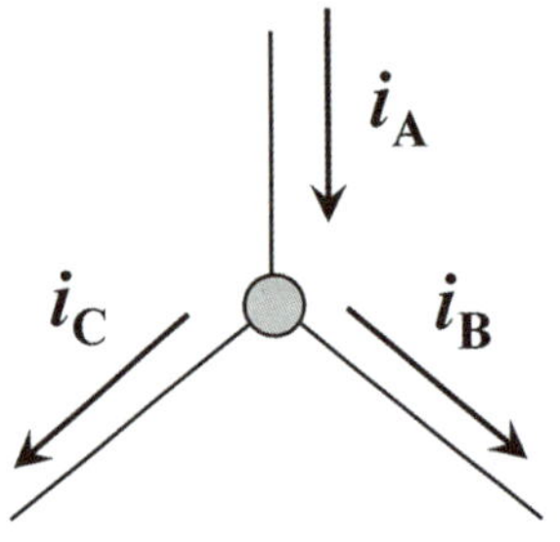

$$\Rightarrow \quad i_A = i_B + i_C$$

노드 2, 3, 6, 7에 대해 노드 방정식(Kirchhoff의 법칙)을 작성하고 각 노드 방정식의 전류에 옴의 법칙을 이용하여 구한 전류를 대입하면 4개 노드의 전압을 미지수로 하는 4개의 선형 연립방정식을 구성할 수 있다. 이 연립방정식을 풀면 각각의 전압을 알 수 있다. 그런 다음 알아낸 전압과 옴의 법칙을 사용하여 회로의 16개 저항에 흐르는 모든 전류를 계산할 수 있다.

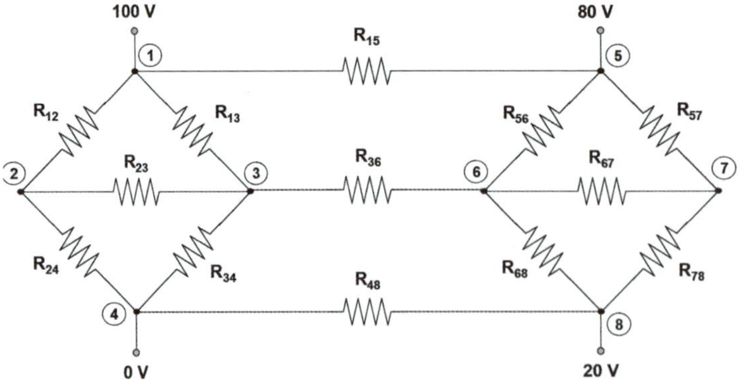

그림 P8.8 저항으로 이루어진 전기 회로.

8.9 다음 비선형 연립방정식에 대하여

$$x_1^2 + 3x_2^2 - 5 = 0$$

$$x_1^2 - x_2 - 1 = 0$$

(a) 해를 얻기 위해 연속 대입법을 사용하라. 초기 추정값 $x_1 = x_2 = 1.5$를 사용하라.

(b) 동일한 초기 추정값으로 다변수 뉴튼-랩슨법을 사용하여 방정식을 풀어라.

파이썬 스크립트를 사용하여 이 문제를 풀어라.

8.10 다음 비선형 연립방정식을 풀어라.

$$x_1^2 - x_1 + x_2 - 0.75 = 0$$

$$x_1^2 - 5x_1x_2 - x_2 = 0$$

(a) 다변수 뉴튼-랩슨법을 사용하라.

(b) SciPy `optimize` 모듈의 `root` 함수를 사용하라.

두 방정식의 위상 플롯(x_2 대 x_1)을 사용하여 적절한 초기 추정값을 결정한다.

8.11 다음 비선형 연립방정식을 풀어 양의 근을 결정하라.

$$x_1^2 - x_2 + 1 = 0$$

$$2\cos(x_1) - x_2 = 0$$

(a) 연속 대입법을 사용하라.

(b) 다변수 뉴튼-랩슨법을 사용하라.

(c) SciPy optimize 모듈의 `root` 함수를 사용하라.

두 방정식의 위상 플롯(x_2 대 x_1)을 사용하여 적절한 초기 추정값을 결정한다.

8.12 다음 화학 반응은 고정된 온도와 압력에서 평형 상태에서 발생한다.

$$2A + B \rightleftarrows C$$

$$A + D \rightleftarrows C$$

각 반응의 평형은 반응물의 농도와 두 평형 상수 K_1과 K_2로 설명된다.

$$K_1 = \frac{c_c}{c_a^2 c_b} \qquad K_2 = \frac{c_c}{c_a c_d}$$

x_1과 x_2가 각각 첫 번째 반응과 두 번째 반응에 의해 생성된 C의 몰수를 나타낸다면, 평형이 이루어지기 전의 구성 성분의 초기 농도를 기준으로 평형 관계를 다시 공식화하라. 예를 들어,

$$c_c = c_{c,0} + x_1 \quad \text{그리고} \quad c_a = c_{a,0} - 2x_1 - x_2$$

다음 매개변수 값에 대해 비선형 대수 연립방정식을 풀어라.

$$K_1 = 4 \times 10^{-4},\ K_2 = 3.7 \times 10^{-2},\ c_{a,0} = 50,\ c_{b,0} = 5,\ c_{c,0} = 0, \text{ and } c_{d,0} = 10.$$

(a) x_1와 x_2를 풀기 위해 다변수 뉴튼-랩슨법을 사용하라.

(b) 파이썬 SciPy `optimize` 모듈의 `root` 함수를 사용하여 연립방정식을 풀고 (a)의 결과와 비교하라.

제 9 장

미분 방정식 풀이

9장의 목표

- 공학자와 과학자들이 마주치는 다양한 형태의 미분 방정식에 익숙해진다.
- 구적법(quadrature, 곡선의 아래 면적을 구하는 방법)을 이용하여 수치 해석적으로 풀 수 있는 미분 방정식을 인지하는 능력을 갖춘다.
- 구적법 문제를 풀기 위한 사다리꼴 법칙 방법과 SciPy의 모듈(module) integrate의 함수 quad를 공부한다.
- 오일러(Euler) 방법을 이용하여 미분 방정식을 푸는 방법을 이해한다.
- 미분 방정식 해의 정확도에 대한 오일러 방법의 한계를 인지한다.
- 호인(Heun)의 방법이 어떻게 해서 오일러 방법에 비해 정확도가 향상되는지 살펴본다.
- 다중 미분 방정식의 해를 찾기 위해 앞서 공부한 방법들을 어떻게 확장해야 하는지 이해한다.
- 2차 미분 방정식을 2개의 1차 미분 방정식으로 변환하고, 변환된 시스템을 해결하는 능력을 갖춘다.
- 1개 혹은 그 이상의 미분 방정식을 풀기 위해 SciPy의 모듈 integrate의 함수 solve_ivp를 어떻게 사용하는지 공부한다.

과학자와 공학자들에게 변화 속도(rate)[1]를 수학적으로 모델링(modeling)하는 능력은 매우 중요하다. 변화 속도를 기술하는 방정식은 주로 시간에 대한 미분 항을 포함하기 때문에 미분 방정식으로 표현된다. 이공계 대학생들은 일반적으로 학부 2학년 때 미분 방정

1 (옮긴이) 시간에 따른 변화의 정도 혹은 변화율

식 수업을 수강하게 되며, 수업에서는 주로 미분 방정식을 수학적[2]으로 풀어 해석해(analytic solution)를 구하는 과정에 초점을 맞춘다. 미분 방정식 수업에서 다루는 미분 방정식의 수학적인 풀이는 물론 중요하지만, (아마도 대부분의) 많은 물리적/화학적 현상을 모델링하여 만들어진 미분 방정식들은 이러한 방법만으로는 풀리지 않으며 수치 해석적인 접근이 필요하다.

이번 장에서 배우게 되겠지만, 변화 속도를 다루는 미분 방정식을 풀기 위해 필요한 근본적인 수치 해석적인 방법들은 미분 방정식의 수학적인 측면을 아직 이해하지 못했다 하더라도 적용해볼 수 있다. 미분 방정식의 수학적인 측면을 배우고 이해하는 것이 궁극적으로 중요해지겠지만, 지금 당장은 우리의 진도를 방해하지 않는다.

먼저, 우리는 미분 방정식이 취할 수 있는 서로 다른 형태들을 인지할 수 있어야 하고, 미분 방정식을 풀기 위한 수치 해석적인 방법들이 이러한 방정식의 형태들에 의해 어떻게 좌우되는지 이해해야 한다. 그러고 나면 구적법(quadrature)이라 불리는 곡선의 아래 면적을 계산하는 방법들을 다룰 것이다. 또한, SciPy의 모듈(module) `integrate`의 함수 `quad`를 이용하여 이러한 문제들을 어떻게 해결해야 하는지 배우게 될 것이다. 만약 어떠한 변수의 변화 속도가 변수 그 자체에 의존하게 되면 또 다른 종류의 해결 방법들이 필요하며, 이러한 해결 방법들의 가장 근간이 되는 오일러(Euler) 방법을 다룰 것이다. 오일러 방법의 한계점을 공부함으로써 이 방법이 개선 가능하다는 것을 이해할 수 있으며, 여기서 더 향상된 호인(Heun)의 방법까지 다룰 것이다.

우리가 제일 먼저 공부하게 될 수치 해석적인 방법들은 1개의 1차 미분 방정식을 풀기 위해 고안되었다. 이러한 방법들을 여러 개의 미분 방정식으로 구성된 연립 미분방정식으로 확장하여 적용할 것이다. 또한, 물리적/화학적 현상의 모델링에서 파생된 미분 방정식들은 보통 2차 혹은 그 이상의 차수를 가진다. 이러한 고차 미분 방정식을 1차 미분 방정식들로만 이루어진 연립 미분방정식으로 분해하는 방법을 2차 미분 방정식을 예로 들어 설명할 것이다. 마지막으로 1개 혹은 그 이상의 미분 방정식을 해결하기 위해 파이썬(Python)의 내장 함수인 `solve_ivp`를 어떻게 이용하는지 배우게 된다.

9.1 미분 방정식에 대한 설명

미분 방정식은 변화 속도를 모델링할 수 있으며, 실제 몇몇 분야에서는 이러한 미분 방정식을 **변화 속도 방정식**(rate equation)이라고 부르기도 한다. 미분 방정식의 간단한 형태는 다음과 같다.

2 (옮긴이) 'analytic'은 '해석적'이란 표현이 더 일반적으로 사용되지만, 여기서는 'numerical'에 해당하는 '수치 해석적'이란 표현과의 혼란을 방지하기 위해 '수학적'이란 표현을 사용하였음

$$\frac{dy}{dt} = f(y,t) \qquad y(0) = y_0 \tag{9.1}$$

여기서 y는 위치, 온도, 압력과 같은 종속 변수에 해당하고, t는 시간과 같은 독립 변수에 해당한다. 여기서는 시간에 해당하는 독립 변수 t를 사용하지만, 위치에 대한 독립 변수 x 등을 대신 사용할 수도 있다. 시간에 대한 문제의 경우, 초기시간 $t = 0$에 해당하는 y의 초기값(initial value)을 필요로 한다. 이렇게 주어진 문제에서, 우리는 최종시간 $t = t_f$까지 증가하는 시간 t에 따른 y 값의 형태로 해결책을 개발하고자 한다.

y의 변화 속도가 시간에만 의존하는 경우, 위 방정식은 다음과 같이 더 간단하게 표현된다.

$$\frac{dy}{dt} = f(t) \qquad y(0) = y_0 \tag{9.2}$$

여기서 y_0는 y의 초기값을 나타낸다. 그러면 이제 다음과 같은 적분 형태의 결과가 우리의 관심사가 된다.

$$\int_{y_0}^{y} dy = y - y_0 = \int_0^{t_f} f(t)\,dt \tag{9.3}$$

이 적분 결과는 $f(t)$ 곡선의 아래 면적을 찾는 것에 해당하며, 이 과정을 **구적법**이라고 한다. 이제 이러한 시나리오에서 파생된 다음과 같은 형태를 살펴보자.

$$\frac{dy}{dt} = y\,f(t) \qquad y(0) = y_0 \tag{9.4}$$

이 식은 **분리 가능**(separable)하다고 말할 수 있으며, 변수를 분리하여 다음과 같이 재정리할 수 있다.

$$\int_{y_0}^{y} \frac{dy}{y} = \ln\left(\frac{y}{y_0}\right) = \int_0^{t_f} f(t)\,dt \tag{9.5}$$

이 식의 오른쪽 항은 여전히 0부터 t_f까지 $f(t)$ 곡선의 아래 면적을 찾는 것과 일치한다.

또 하나의 일반적인 시나리오는 변화 속도가 입력 또는 **강제 변수** w라 불리는 또 다른 변수에 의해서도 영향을 받는 경우이다. 이는 다음과 같이 나타낼 수 있다.

$$\frac{dy}{dt} = f(y,w,t) \qquad y(0) = y_0 \qquad w = g(t) \tag{9.6}$$

식 (9.1)과 (9.6)의 두 가지 미분 방정식의 형태는 **블록 다이어그램**(block diagram)으로 그릴 수 있다. [그림 9.1]을 참조하자. 이 다이어그램은 적분법을 사용하여 미분 방정식을 해결하는 개념을 소개한다. 문제 해결을 "시작"하기 위해서는 y_0이 필요하기 때문에, 이러한 시나리오들을 **초기값 문제**(initial value problem, IVP)라고 한다. 이 장에서는 어떻게 문제 풀이기(solver)가 주어진 시간 t에서 도함수를 가져와 $t+\Delta t$에서 y의 근사값을 계산하는 지를 살펴볼 것이다. 이 과정이 원하는 최종시간 t_f에 도달할 때까지 반복된다.

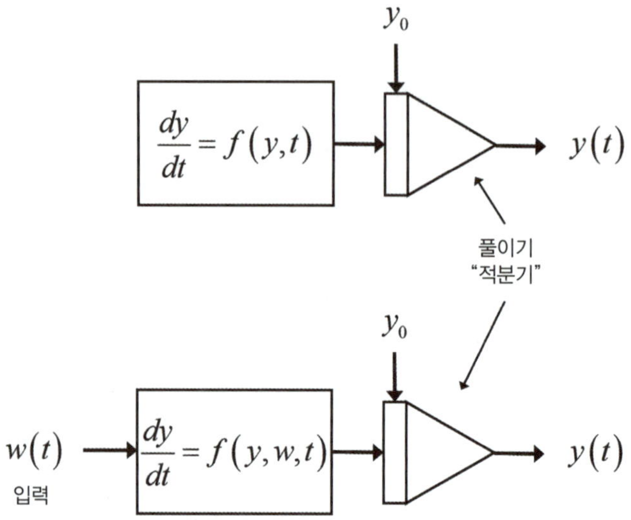

그림 9.1 (위) 입력이 없거나 (아래) 있을 때의 초기값 미분 방정식.[3]

물리/화학 시스템의 수학적 모델을 개발하면서 우리는 **2차 미분**(이계도함수)도 만나게 된다. 대표적인 예로 뉴턴의 제2법칙인 $F=ma$를 들 수 있다. 이 식은 질량 m의 물체가 힘 F의 작용을 받을 때 가속도 a를 설명한다. 일차원 운동의 경우, 가속도는 위치의 2차 미분으로 나타낼 수 있다($a=d^2x/dt^2$). 따라서 뉴턴의 제2법칙은 다음과 같은 미분 방정식으로 표현될 수 있다.

$$m\frac{d^2x}{dt^2}=F \tag{9.7}$$

이 관계식이 용수철의 힘[후크(Hooke)의 법칙]과 마찰에 관한 모델들과 결합하게 되면, [그림 9.2]와 같은 충격 흡수기 시스템에 대한 미분 방정식을 도출할 수 있다. 질량 m의 운동은 (1) 2차 미분항인 질량 자체의 관성, (2) 계수 b를 이용하여 표현되는 속도($v=dx/dt$)에 비례하는 마찰력, (3) 두 용수철의 평형 위치로부터의 변위에 비례하여 작용하는 두 용수철에 의한 힘(**후크의 법칙**)에 의해 결정된다.

---

3 삼각형 "적분기" 기호는 운영 증폭기를 기반으로 한 아날로그 전자기기에서 수십 년 동안 사용되어온 기호이다.

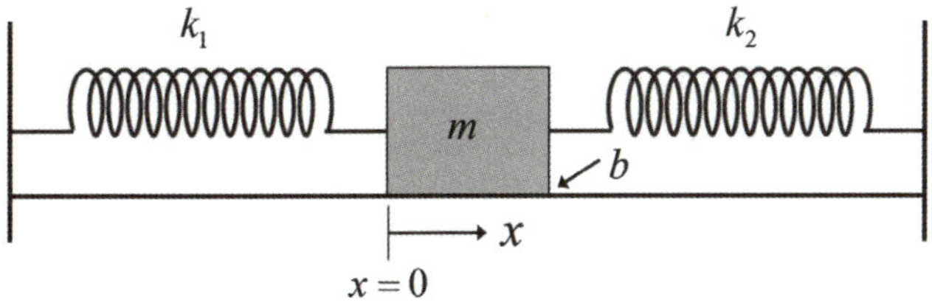

$$m\frac{d^2x}{dt^2} = -b\frac{dx}{dt} - k_1\left(x - x_{1eq}\right) - k_2\left(x - x_{2eq}\right)$$

$$x(0) = x_0 \qquad \frac{dx}{dt}(0) = v_0$$

그림 9.2 2차 미분 방정식으로 모델링된 충격 흡수기 시스템.

이 시스템에 대한 블록 다이어그램 [그림 9.3]은 두 번의 적분이 필요함을 보여준다. 즉, 가속도에서 속도를 얻기 위해 한 번의 적분이 필요하고, 속도에서 위치를 얻기 위해 이를 다시 한번 적분해야 한다. 또한 [그림 9.3]에서 두 개의 초기 조건(v_0과 x_0)이 요구됨과 계산을 위해 필요한 상수형의 매개 변수 값들(parameter values)을 알 수 있다. 이를 **정보 흐름 다이어그램**(information flow diagram)이라고 하며, 미분 방정식 모델을 구성하고 시각화하는 데 도움이 된다. 특히 보다 복잡한 모델의 경우에 유용하다.

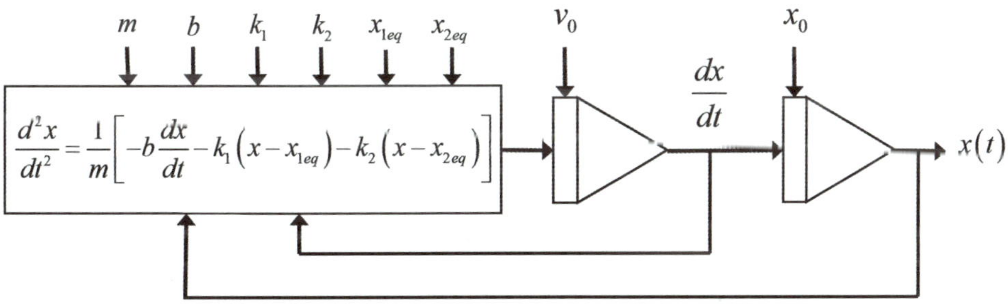

그림 9.3 충격 흡수기에 대한 미분 방정식의 블록 다이어그램.

다이어그램을 공부하면서 발생하는 흔한 오해는 가속도를 구하기 위해 속도와 위치가 필요하다는 것이다. 하지만 실제로는 속도를 구하기 위해서 가속도가 필요하고, 그다음에 위치를 구할 수 있다. 그러나 여기에서는 다른 접근이 필요하다. 여기서 미분 방정식을 해결하는 방식은 시간 t에서 x와 dx/dt의 값을 이용하여 $t + \Delta t$ 시간에서의 해를 근사하는 것이기 때문이다. 다른 방식으로 표현하자면, 정보 흐름이 적분기를 통과하는 한, 시스템은 암시적이지 않다.

여기서 우리는 중간 변수인 속도 (dx/dt)를 이용하여 2차 미분 방정식을 사실상 두 개의 1차 적분으로 분해했음을 알 수 있다. 이에 대해서는 9.3.3절에서 더 자세히 논의할 것이다. 또한, 원래의 방정식에는 2차 미분항이 포함되어 있으므로, 두 개의 초기 조건이 필요하다.

수많은 문제 상황에서 두 개 이상의 미분 방정식으로 이루어진 수학적 모델이 전개되곤 한다. 다음과 같은 두 개의 방정식이 예시이다.

$$\frac{dx_1}{dt} = -2x_1^2 + 2x_1 + x_2 - 1 \quad x_1(0) = 2$$

$$\frac{dx_2}{dt} = -x_1 - 3x_2^2 + 2x_2 + 2 \quad x_2(0) = 0 \qquad 0 \le t \le 2 \tag{9.8}$$

이전과 마찬가지로, 이러한 방정식들은 블록 다이어그램으로 표현할 수 있다. [그림 9.4]를 참조하면, 두 방정식이 서로 의존적임을 쉽게 알 수 있다. 다시 말해, 이들은 결합된(coupled) 상태이며, 둘을 동시에 풀어야 한다.

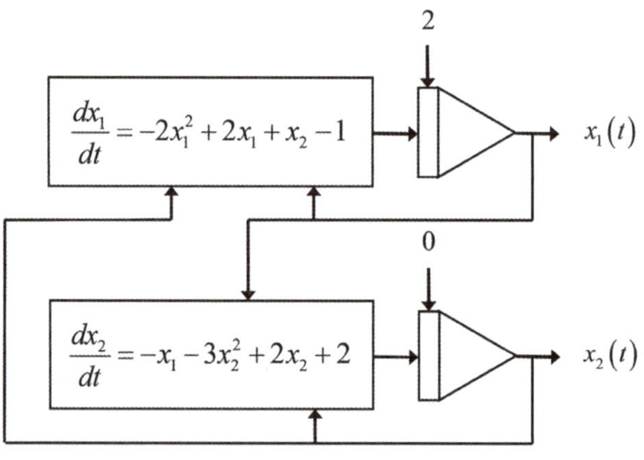

그림 9.4 두 개의 결합된 미분 방정식의 정보 흐름 다이어그램.

하나의 독립 변수만을 포함하는 방정식을 **상미분 방정식**(ordinary differential equations, ODEs)이라고 한다. 비록 여기에서는 다루지 않겠지만, 두 개 이상의 독립 변수를 포함하는 미분 방정식을 **편미분 방정식**(partial differential equations, PDEs)이라 부르는 것도 알아둘 필요가 있다. 공학 또는 과학 교육과정에서 이러한 방정식들을 차츰 만나게 될 것이며, 수치 해석 방법에 대한 과목을 수강하게 되면 이러한 방정식들을 해결하는 방법을 다루게 될 것이다. 이 장의 다음 절에서는 지금까지 논의한 상미분 방정식의 수치해(numerial solution)를 다룬다.

9.2 구적법(quadrature) – 곡선의 아래 면적 구하기

식 (9.2)와 (9.3)에 설명된 상황을 나타내는 두 가지 일반적인 시나리오가 있다. 첫 번째는 $f(t)$가 수학적 표현[4]인 경우이다. 이 경우, $f(t)$의 값은 어떠한 t 값에 대해서도 얻을 수 있다. 두 번째는 n개의 t의 불연속적인 이산값에서 얻어진 실험 데이터로부터 $f(t)$가 표현되는 경우이다. 즉, $\{f(t_i),\ i = 1, \ldots, n\}$이다. [그림 9.5]는 이 두 가지 시나리오의 예를 보여준다. 실험 데이터가 포함된 경우, 데이터는 무작위(random) 오차를 포함할 수 있으며, 이는 (b)의 그래프에서도 확인할 수 있다. 독립 변수의 주어진 값에서만 실험 데이터를 이용할 수 있다는 사실은 구적법 작업을 더 어렵게 만든다. 이 절에서는 두 가지 경우를 모두 고려한다.

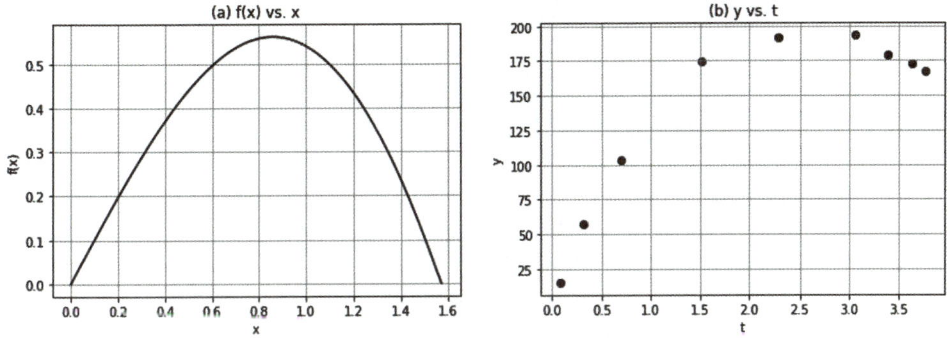

그림 9.5 구적법의 두 가지 시나리오 예시: (a) 연속 함수와 (b) 실험 데이터.

9.2.1 컴퓨터 이전의 방법

역사적으로, 컴퓨터 방법이 도입되기 이전에는 곡선의 아래 면적이나 닫힌 경계 내부의 면적을 계산하는 것은 흔한 활동이었다. 이를 위해 여러 흥미로운 방법들이 사용되었다.

1. **사각형 개수 세기 방법.** 이 방법에서는 먼저 곡선의 아래에 완전히 속하는 사각형의 수를 센다([그림 9.5a]). 그런 다음, 곡선의 아래에 있는 사각형과 최소한 일부만 곡선의 위로 올라온 사각형의 수를 센다. 마지막으로, 두 값의 평균을 구하고 사각형의 크기를 적용하여 면적의 추정치를 얻는다. [그림 9.5a]의 경우, 결과는 $(21 + 34)/2 \times (0.2 \times 0.1) = 0.55$이다.
2. **곡선의 무게 측정 방법.** 이 방법에서는 종이 위에 그려진 [그림 9.5a]의 곡선의 아래 면적을 주의하여 잘라낸다. 그런 다음, 알고 있는 직사각형 면적을 잘라낸다. 두 개를 분석용 저울에 올려서 중량을 측정하고, 직사각형의 중량을 교정기준으로 하여 곡선의

4 (옮긴이) 주로 함수로 표현된다.

아래 면적을 계산한다.[5]

3. **지도 제작자(측지자)의 면적계(planimeter) 방법.** 이 흥미로운 장치는 [그림 9.6]에 있다. 닫힌 곡선을 시계 방향으로 주의 깊게 따라 그리면, 면적계 팔에 있는 다이얼이 면적을 표시한다. 그런 다음, 동일한 절차를 반시계 방향으로 반복한다. 그리고 두 결과의 평균값을 구한다. 면적계는 그 결과를 차원을 포함한 면적(예: cm^2)으로 반환하기 때문에, 여기에도 교정 사각형은 필요하다. 면적계는 1854년부터 사용되었으며, 오늘날에도 여전히 사용되고 있다. 지도의 비정형적 면적을 계산할 때 주로 사용되지만(지리 정보 시스템 및 관련 소프트웨어의 등장으로 점차 퇴보되고 있음), 곡선의 아래 면적을 계산하는 데에도 사용할 수 있다.

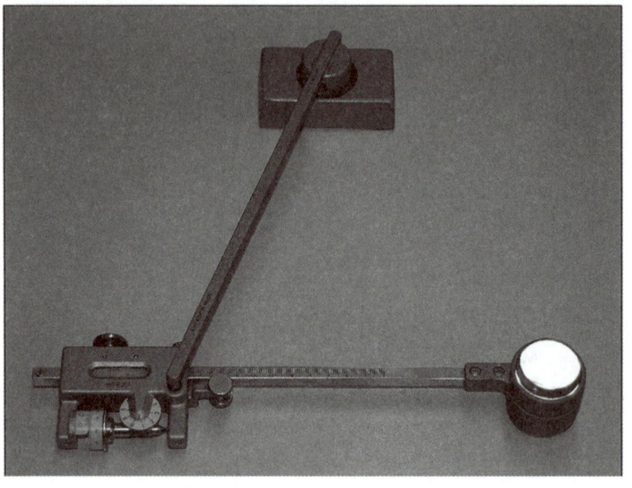

그림 9.6 극지 면적계(polar planimeter).[6] (Polar planimeter 01–Planimeter에서 발췌. https://en.wikipedia.org/wiki/Planimeter. (최근 편집날짜 2022년 6월 18일).)

여기서 소개하는 첫 번째 컴퓨터 기반 방법은 위에서 언급한 "사각형 개수 세기" 방법과 유사하다. [그림 9.7]은 이 방법의 두 가지 형태를 보여준다. 연속적인 $f(t)$의 경우, 이 방법은 함수를 이산화하는 것에 기반한다. 일반적으로 t 영역 전체에 대해 단일 간격 Δt 값을 선택하여 이산화를 수행한다. 그러나 곡률의 범위에 따라 서로 다른 값의 Δt를 선택하는 것도 가능하다. 이 방법은 **사각형 적분**(rectangular integration) 또는 사각형 구적법(rectangular quadrature)이라고 불린다.

---

5 이런 일이 실제로 있었는지 의심스러울 수도 있지만, 저자들은 1960년대에 기체 크로마토그래프(gas chromatograph)로 얻은 피크 아래 면적을 계산하기 위해 이를 진행한 사실을 보증한다!

6 이 책의 저자들 역시 이 장치를 사용했다. 이 장치의 설계와 관련된 기하학적인 특징들은 흥미로우며, 만약 여기에 관심이 있다면 추가 문헌을 읽어볼 것을 추천한다. 또한, 토목 공학 프로그램의 측량 장비 중에서도 면적계(planimeter)를 찾아볼 수 있을 것이다.

그림에 나타난 대로, 두 가지 방법은 곡선이 상승하는지 하강하는지에 따라 면적을 과소평가하거나 과대평가한다. 따라서, 두 가지 추정치를 모두 구하고 평균을 내면 보다 우수한 추정치를 얻을 수 있다.

또한, 간격 Δt를 작게 하면 면적 추정치의 오차가 감소하는 것을 알 수 있다. 여기서 우리는 이미 수학적(analytic) 함수를 알고 있으므로, 이러한 방식으로 간격 Δt를 조정하는 것이 가능하다. 그러나 실험 데이터([그림 9.5b])의 경우, 이런 편리함을 기대할 수 없다.

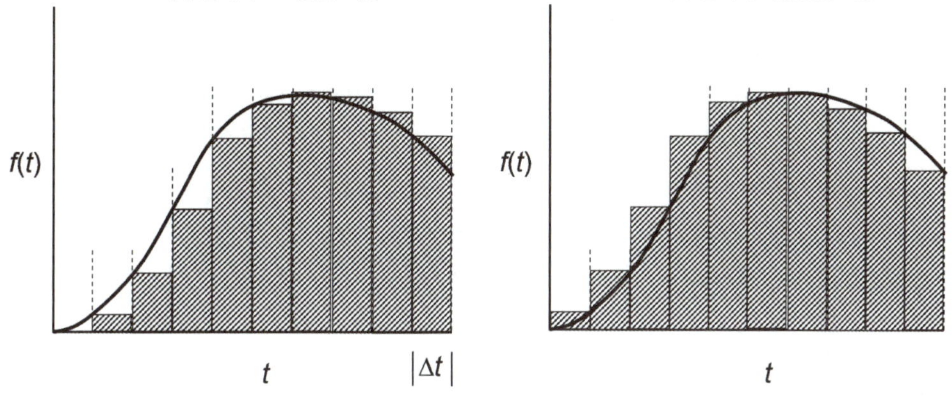

그림 9.7 (a) 초기값을 이용한 사각형 구적법과 (b) 최종값을 이용한 사각형 구적법.

논리에 맞는 방법은 [그림 9.7]에 나타난 두 면적 추정치의 평균을 구하는 것이다. 이는 가장 일반적이자 기본적 구적법인 **사다리꼴 규칙**(trapezoidal rule)으로 이어진다.

9.2.2 연속 함수의 구적법

초기값(initial value) 혹은 최종값(final value)을 선택하고 해당 지점 아래의 직사각형의 면적을 계산하는 대신, 초기값과 최종값을 꼭지점으로 하는 사다리꼴의 면적을 계산하면 더 정확한 추정을 할 수 있다. 이는 [그림 9.8]에서 확인할 수 있다. 그림의 수식에서 볼 수 있듯이, 이는 초기값(initial value)과 최종값(final value)의 평균을 높이로 하는 직사각형의 면적을 계산하는 것과 같다. 사실, 이는 초기값(initial value)과 최종값(final value)을 이용한 사각형 구적법(rectangular quadrature)의 결과를 평균하는 것과 동일하다! 따라서 사다리꼴을 이용하는 방법은 [그림 9.7]에 나와 있는 두 결과를 평균하는 것보다 효율적이다. [그림 9.8]의 수식은 일반적으로 **사다리꼴 규칙**(trapezoidal rule)으로 알려져 있다.

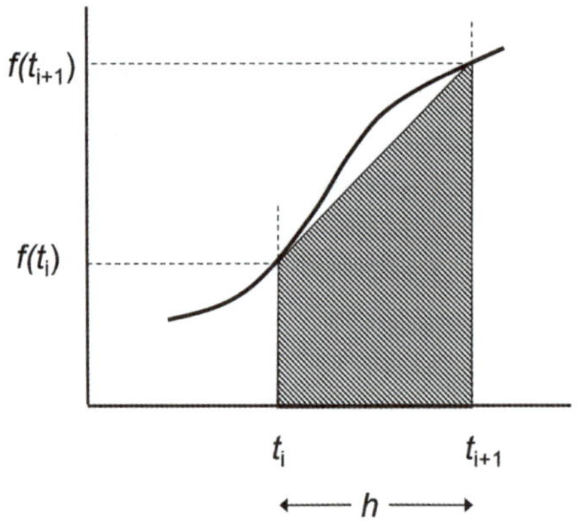

$$\text{면적} = \frac{f(t_{i+1}) + f(t_i)}{2} \cdot h$$

그림 9.8 곡선 위의 두 점에 대한 사다리꼴 면적 계산.

[그림 9.8]의 개념과 수식을 고려하여, $a \le t \le b$ 영역을 n개의 동일한 간격(interval)으로 나누어 해당 방법을 구현하기 위한 간단한 파이썬 함수 **trap1**을 개발할 수 있다. 이 함수는 [그림 9.9]에서 확인할 수 있다. 이제 이 함수를 다음 적분에 적용할 수 있다.

$$y = \int_0^{\pi/2} t\cos(t)\,dt \tag{9.9}$$

```
def trap1(f,a,b,n=100):
    x = a # x를 구간 왼쪽 a로 설정
    h = (b-a)/n # 간격 계산
    sm = 0 # 적분 합을 0으로 설정
    for i in range(n-1): # 면적을 누적하여 합하기 위한 for 순환(loop)
        ar = (f(x)+f(x+h))/2*h # 현재 간격에서의 면적
        sm = sm + ar # 면적의 누적 합
        x = x + h # 다음 간격으로 x를 진행
    return sm # 전체 면적 반환
```

그림 9.9 사다리꼴 규칙 기반의 구적법을 구현한 파이썬 함수 trap1.

이것은 [그림 9.5a]에 있는 곡선의 아래 면적에 해당한다. 이 식에 함수 trap1을 적용한 결과는 다음과 같다.

```
import numpy as np
def f(t) :
  return t*np.cos(t)
y = trap1(f, 0., np.pi/2)
print(y)
0.5705516230802059
```

어떤 의미에서 이는 특별히 좋은 예시는 아니다. 왜냐하면 이 적분은 부분 적분법(integration by parts)을 이용하여 다음과 같은 수학적인 유도를 할 수 있기 때문이다.

$$\int_a^b t\cos(t) = \cos(b) + b\sin(b) - \cos(a) - a\sin(a) \tag{9.10}$$

$a = 0$이고 $b = \pi/2$일 때, 이 값은 0.5707963267948966로 산출된다. 여기서의 장점은 수학적으로 얻은 결과를 사용하여 사다리꼴 규칙(trapezoidal rule)의 결과를 검증하고 평가할 수 있다는 점이다. 사다리꼴 규칙(trapezoidal rule)의 백분율 오차는 0.04%이다. 만약 n을 더 큰 값으로 취하면 오차는 줄어들지만, 계산의 정밀도와 반올림 오차의 한계로 인해 h의 크기를 얼마나 작게 만들 수 있는지에 대해서는 제한이 있다. 이 사안에 대해서는 이 장 끝에 있는 문제 9.14에서 고찰한다.

함수 `trap1`은 매우 간결하게 구성되어 있으며, 단 9개의 문장으로 이루어져 있다. 하지만 이는 사다리꼴 규칙(trapezoidal rule)을 구현하는 가장 효율적인 방법은 아니다. [그림 9.8]의 공식이 반복적으로 사용된다는 점을 고려한다면, 다음과 같이 표현할 수 있다.

$$\begin{aligned} &\frac{f(a)+f(a+h)}{2}h + \frac{f(a+h)+f(a+2h)}{2}h + \cdots \\ &+ \frac{f(b-2h)+f(b-h)}{2}h + \frac{f(b-h)+f(b)}{2}h \end{aligned} \tag{9.11}$$

여기서 h는 간격(interval)의 너비를 나타낸다.

식 (9.11)에는 언급할 만한 두 가지 특징이 있다. 첫째, 각 항은 h로 곱해지고 2로 나눠지는데, 이 요소들을 모아서 단 한 번만 적용하여 계산할 수 있다. 둘째, 모든 f 항은 첫 번째와 마지막 항을 제외하고는 두 번씩 사용된다. 따라서 이 식에서 사다리꼴 규칙(trapezoidal rule)의 반복 적용은 다음과 같이 간단히 표현될 수 있다.

$$\left(f(a) + 2f(a+h) + 2f(a+2h) + \cdots + 2f(b-2h) + 2f(b-h) + f(b)\right)\frac{h}{2} \tag{9.12}$$

아마도 코드와의 일관성을 유지하는 더 나은 표현은 다음과 같을 것이다.

$$\left(f(a) + 2f(a+h) + 2f(a+2h) + \cdots + 2f(a+(n-1)h) + f(b)\right)\frac{h}{2}$$

이제 함수 `trap1`을 보다 효율적으로 수정할 수 있다. 이를 위해 [그림 9.10]에 있는 새로운 함수 `trap`을 참조한다.

```
def trap(f,a,b,n=100):
    x = a # x를 구간 왼쪽 a로 설정
    h = (b-a)/n # 간격 넓이 계산
    sm = f(a) # 누적 합의 첫번째 항
    for i in range(n-1):
        x = x + h # 다음 간격으로 x를 진행
        sm = sm + 2*f(x) # 2 * f(x)의 누적 합
    sm = sm + f(b) # 누적 합의 마지막 항
    ar = sm*h/2 # 적분 공식 계산
    return ar
```

그림 9.10 수정된 사다리꼴 규칙(trapezoidal rule) 함수 trap.

만약 trap1 테스트와 유사한 코드로 이 새로운 함수를 평가한다면, 결과는 다음과 같다.

```
0.5707434665276926
```

그리고 수학적 결과와 비교했을 때의 오차는 0.009%로, 이전 결과보다 약간 더 좋다.

여기에는 중요한 일반적인 교훈이 있다. 우리는 종종 주어진 수치적인 작업을 수행하기 위해 파이썬 스크립트와 함수를 개발한다. 처음에는 기본적인 틀을 갖춘 원형을 먼저 고려해야 하지만, 차츰 효율성, 간결성 및 명확성을 개선하기 위한 방법을 찾아야 한다.

예제 9.1 가우시안(Gaussian) 분포에서의 확률 계산

이번 장의 앞 절에서는 수학적으로도 적분이 가능한 함수를 수치 해석적으로 적분해보았다. 이 때문에 수치 해석적 적분법을 굳이 문제 해결에 고려해봐야 하나라는 당연한 질문이 제기될 수 있다. 하지만, 한 가지 주목할 만한 사실은 함수 $f(t)$가 적분에 대해 수학적인 형태를 갖지 않는 경우[7]가 많다는 것이다. 또 다른 경우로, 적분을 수학적으로 유도하는 것이 매우 어려울 수도 있다. 이런 경우, 구적법은 큰 가치를 가진다.

정규 가우시안 분포(normal Gaussian distribution)의 **확률 밀도 함수**(density function)는 잘 알려진 종 모양(bell-shaped) 곡선을 정의한다. 이 함수는 두 가지의 일반적인 형태를 취한다. 첫 번째 형태는 다음과 같다.

$$f(x) = \frac{1}{\sigma\sqrt{2\pi}} e^{-\frac{1}{2}\left(\frac{x-\mu}{\sigma}\right)^2} \tag{9.13}$$

여기서 x는 확률 변수(random variable)를 나타내며, μ는 x의 평균값, σ는 x의 표준편차를 의미한다. 이러한 변수들에 대해서는 다음 장에서 더 자세히 논의할 것이다.

7 (옮긴이) 즉, 함수 $f(t)$의 적분 결과가 함수로 표현될 수 없는 경우

두 번째 형태는 **표준 정규 밀도**(standard normal density)라 불리며, 다음과 같다.

$$f(z)=\frac{1}{\sqrt{2\pi}}e^{-\frac{1}{2}z^2} \tag{9.14a}$$

여기서 z는 다음과 같이 정의된다.

$$z \triangleq \frac{x-\mu}{\sigma} \tag{9.14b}$$

표준 정규 변수 z는 평균이 0이고 표준편차가 1인 확률 변수를 의미한다. [그림 9.11]은 (1) 표준 밀도 함수의 형태와 (2) z가 두 한계치인 a와 b 사이에 속할 확률과 표준 밀도 함수 간의 관계를 나타낸다. 이는 다음과 같은 식으로 표현될 수 있다.

$$\frac{dP}{dz}=f(z) \qquad P[a \le z \le b]=\int_a^b f(z)dz \tag{9.15}$$

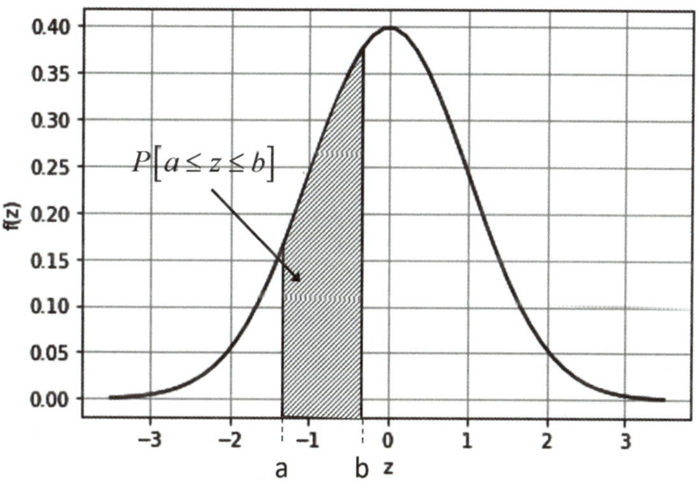

그림 9.11 $a \le z \le b$에 해당하는 확률을 도시한 표준 정규 밀도 함수.

결과적으로, 확률 변수 z가 a와 b 사이에 속할 확률을 계산하려면 적분이 필요하다. 이 경우, 적분에 대한 수학적인 해결책은 없으며, 수치 해석적인 적분이 요구된다.

[그림 9.11]에 표시된 사례에 대한 표준 정규 분포상의 확률을 계산하기 위해 함수 `trap`을 사용할 수 있다. 다음은 파이썬 스크립트와 콘솔 창에 표시된 결과이다.

```
import numpy as np
stdnormdens = lambda z: 1/np.sqrt(2*np.pi)*np.exp(-1/2*z**2)
a = -1.3
b = -0.3
```

```
P = trap(stdnormdens, a, b)
print('probability = {0:6.1f}%'.format(P*100))
probability = 28.5%
```

약간의 수정을 통해, 식 (9.13)의 정규 분포에 대해서도 동일한 계산을 수행할 수 있다. 함수 trap 내에 기본값으로 설정된 100개 구간을 사용하여 정확한 결과를 얻을 수 있다.

과거 일반적인 참고 자료나 통계 교과서에는 구적법으로 계산된 표준 정규 밀도의 적분값이 표(table)로 제공되었다. 오늘날에는 많은 컴퓨터 소프트웨어 패키지, 특히 응용 통계에 특화된 소프트웨어에서 내장 함수를 이용하여 이러한 값을 계산한다. 파이썬은 SciPy의 서브모듈(submodule) stats에 통계 분포에 대한 내장 함수를 가지고 있다.

구적법을 위한 다른 방법들도 있음을 언급하고자 한다. 두 개의 점과 그 사이를 에워싸는 사다리꼴을 사용하는 대신, 세 개의 점과 해당 점들을 지나는 이차 방정식 아래의 면적을 이용할 수도 있다. 이 방법은 심슨의 1/3 규칙(Simpson's 1/3 Rule)이라고 한다. 여기서는 이 방법이나 다른 방법을 소개하는 데 시간을 할애하지 않는다. 수치 해석 방법에 대한 과목을 수강하면 이러한 방법들을 배우게 될 것이다. 하지만, 적절한 간격을 가진 단순 사다리꼴 규칙 방법이 많은 응용 분야에 충분히 사용될 수 있음을 알아두는 것은 중요하다.

9.2.3 SciPy의 모듈 integrate에서 제공하는 함수 quad

파이썬의 모듈 SciPy에는 구적법을 수행하는 함수를 가진 서브모듈 integrate가 포함되어 있는데, 실험 데이터의 구적법을 고려하기에 앞서, 모듈 integrate에서 제공하는 함수 quad를 사용하여 수학적 함수의 적분을 수행한다. 다음은 식 (9.9)에 있는 적분의 파이썬 스크립트와 그 결과이다.

```
import numpy as np
from scipy.integrate import quad
f = lambda t: t*np.cos(t)
a = 0
b = np.pi/2
y, ey = quad(f, a, b)
print(y)
0.5707963267948966
```

여기에서 이 결과는 해석해에서 얻은 결과와 전혀 차이가 나지 않는다. 함수 quad는 진보된 방법을 사용한다. SciPy 사용자 가이드(https://docs.scipy.org/doc/scipy/tutorial/index.html)나 차프라(Chapra)와 클러프(Clough)가 2022년 집필한 수치 해석 교재 등에서 이 함수에 대해 더 읽어볼 수 있다.

9.2.4 이산 데이터에 대한 구적법

앞서 설명한 바와 같이, 구적법에 대한 두 번째 시나리오는 수학적 함수 $f(t)$가 아닌 [그림 9.5b]에서처럼 $\{y_i,\ x_i,\ i=1,\ldots,\ n\}$과 같은 형태의 실험 데이터 집합을 가지고 있는 경우이다. 이러한 데이터는 [그림 9.5b]와 같이 일정한 간격으로 측정되지 않는 경우가 일반적이다. 따라서, [그림 9.8]의 수식을 다음과 같이 수정해야 한다.

$$\text{면적} = \frac{f(t_{i+1}) + f(t_i)}{2}(t_{i+1} - t_i) \tag{9.16}$$

이러한 변경 사항을 반영하여, [그림 9.12]에 나와 있는 대로 함수 **trap**을 수정하여 함수 **trapdata**를 만들 수 있다. 구적법을 통해 [그림 9.5b]에 사용된 데이터의 적분값을 추정하기 위한 파이썬 스크립트를 다음과 같이 작성할 수 있다.

```
import numpy as np
t = np.array([0.09,0.32,0.69,1.51,2.29,3.06,3.39,3.63,3.77])
y = np.array([15.1,57.3,103.3,174.6,191.5,193.2,178.7,172.3,167.5])
A = trapdata(t, y)
print(A)
570.134
```

```
def trapdata(t,y):
    n = len(t)
    sm = 0
    for i in range(n-1):
        ar = (y[i]+y[i+1])/2*(t[i+1]-t[i])
        sm = sm + ar
    return sm
```

그림 9.12 실험 데이터를 이용한 사다리꼴 법칙 방법에 대한 함수.

또한, SciPy의 서브모듈 **integrate**에는 우리가 작성한 함수 **trapdata**와 동일한 작업을 수행하는 함수 **trapz**가 포함되어 있다. 다음은 위에서의 계산 및 결과를 그대로 재현하는 파이썬 스크립트이다.

```
import numpy as np
from scipy.integrate import trapz
t = np.array([0.09,0.32,0.69,1.51,2.29,3.06,3.39,3.63,3.77])
y = np.array([15.1,57.3,103.3,174.6,191.5,193.2,178.7,172.3,167.5])
A = trapz(y, t)
```

```
print(A)
570.134
```

결과가 동일하다는 것을 확인할 수 있다.

데이터의 구적법에 대한 대안적인 접근 방식은 데이터에 적합한 수학적 모델을 추정하거나 피팅(fitting)[8]을 하는 것이다. 이 과정을 이 장에서 다루지는 않지만, 위의 데이터를 피팅하기 위해 다음과 같은 모델이 제안되었다고 가정해 보자.

$$y = 4.351t^3 - 53.88t^2 + 185.6t + 0.559$$

이 곡선을 [그림 9.5b]의 그래프에 추가하면, 그 결과는 [그림 9.13]과 같다.

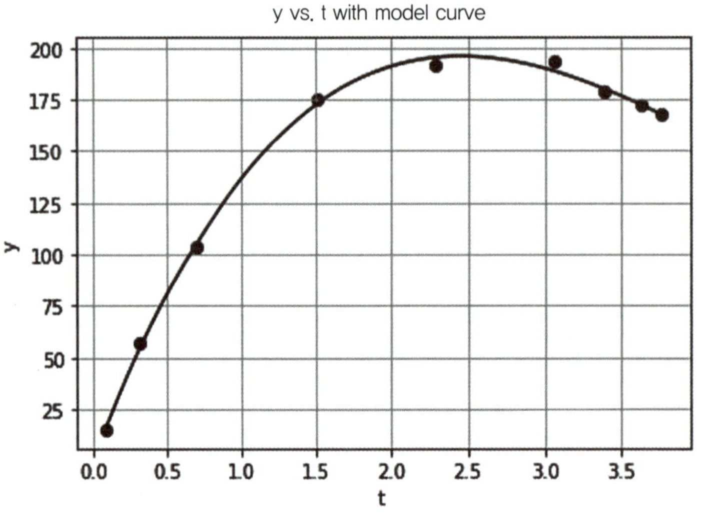

그림 9.13 곡선 모델과 함께 도시된 실험 데이터.

주어진 모델과 데이터가 잘 맞음을 관찰하고, 앞에서 공부한 함수 trap을 이용하여 구적법을 구현할 수 있다. 다음은 파이썬 스크립트와 결과이다.

```
import numpy as np
def f(t):
  return 4.351*t**3-53.88*t**2 + 185.6*t + 0.559
A = trap(f, 0.09,3.77)
print(A)
577.640263867974
```

이 결과는 이전 결과와 거의 유사하며, 1.3% 정도의 차이가 있다.

8 (옮긴이) 데이터를 설명할 수 있는 수학적 모델을 맞추는 작업

이제부터는 구적법에 대한 화제에서 벗어나 분리 가능하지 않은(not separable) 미분 방정식에 대해 살펴보도록 한다.

9.3 초기 조건을 이용한 미분 방정식 풀기

여기서 다시 반복하자면 미분 방정식의 일반적인 형태는 식 (9.1)에서 나타낸 대로 다음과 같다.

$$\frac{dy}{dt} = f(y,t) \qquad y(0) = y_0 \tag{9.1}$$

이러한 형태의 미분 방정식에서는 우변의 $f(y, t)$에도 종속 변수 y에 대한 항을 포함한다. 앞 절의 구적법은 더 이상 적용되지 않는다. 이는 지금까지 개발된 다양한 방법들에 대한 가능성을 열어준다. 비록 많은 방법들이 복잡하지만, 좀 더 간단한 방법으로도 공학 및 과학 분야의 많은 문제를 해결할 수 있다. 여기에서는 이 중 두 가지 방법에 초점을 맞출 것이다.

9.3.1 오일러의 방법[9]

식 (9.1)은 초기값 문제(initial value problem)를 나타낸다. 독립 변수의 초기값(여기에서는 $t=0$에 해당)에서의 조건을 알고 있으며, 종속 변수인 y의 해(solution)를 주어진 독립 변수 값인 t_f까지 구하고자 한다.

첫 번째 방법을 이해하기 위해서는, $t=0$에서 우리가 무엇을 알고 있는지를 고려해 보아야 한다. 이는 [그림 9.14]에서 살펴볼 수 있다. $t=0$에서 우리는 해의 초기 위치(y_0)를 지정할 수 있으며, 미분 방정식을 적용하여 $f(0, y_0)$으로 주어지는 해의 초기 방향을 알 수 있다. 해가 $t=0$일 때의 초기 조건에서 출발하여 멀어져 갈수록, 도함수 값(또한 해의 기울기)이 변화할 것임을 예상할 수 있다. 그러나 작은 간격 Δt만큼만 이동할 경우, $t=0$에서 Δt까지 해의 진행을 직선으로 추정한 것은 실제 해에 가까울 것이다. 이것이 오일러 방법의 기초가 된다. 첫 번째 해결 단계는 다음과 같이 표현된다.

$$y(t_0+\Delta t) \cong y(t_0) + \frac{dy}{dt}(t_0, y_0)\Delta t \tag{9.17}$$

---

9 이 방법은 스위스의 수학자, 물리학자, 천문학자, 지리학자, 논리학자 및 공학자인 레오나르드 오일러(Leonhard Euler, 1707–1783)의 이름을 딴 것이다. 그는 그래프 이론과 위상학을 창시하였으며, 해석적 수론, 복소 해석 및 무한소 미적분학에서 중요한 발견을 했다. 그는 역사상 가장 위대한 수학자 중 하나로 꼽히며 18세기 최고의 수학자로 알려져 있다.

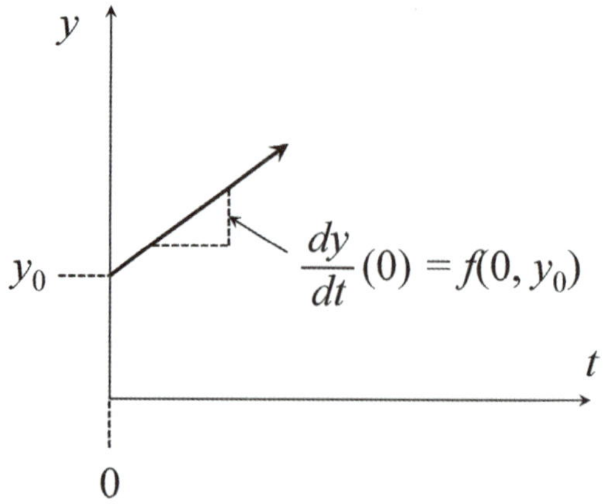

그림 9.14 $t = 0$에서의 해에 대한 정보.

해를 근사하기 위한 첫 번째 단계가 끝나면, 두 번째 단계와 그 이상의 단계로 이 방법을 확장해 나가는 것은 자연스럽다. [그림 9.15]는 이를 보여준다. 우리가 주목해야 할 점은 첫 번째 단계 이후 근사적인 해는 실제 해와 차이를 보이며, 이러한 차이는 두 번째 단계 이후에도 계속된다는 것이다. 단계를 더 작게 진행한다고 상상해보자. 다시 말해, 그림의 각 단계를 10개의 작은 단계로 나누어 진행해보자. 그러면 실제 해가 더 정교하게 계산될 수 있다는 것을 알 수 있다. 이것이 오일러 방법의 핵심이다. 반면, 단계의 크기가 너무 작으면 계산 시간이 많이 소요되고, 반올림 오차가 발생할 수 있다.

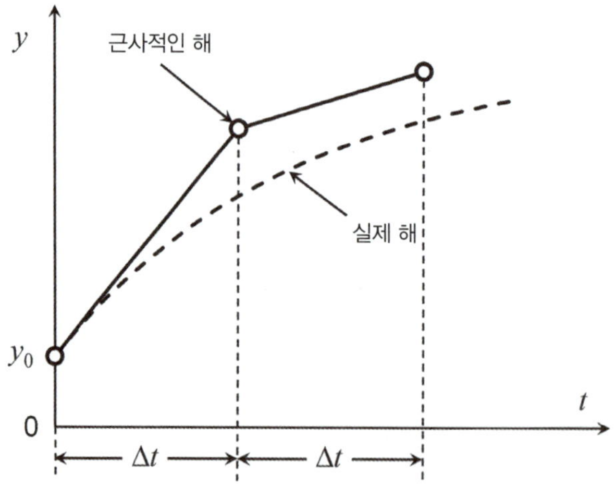

그림 9.15 오일러 방법의 처음 두 단계.

오일러 방법에 대한 파이썬 함수를 개발하기 위해서는, 함수 $f(t, y)$, 초기 조건 y_0, 독립 변수의 초기값 t_0(일반적으로는 0), 독립 변수의 최종값 t_f, 그리고 단계의 크기인 Δt(파이썬 코드에서 h로 명명)가 제공되어야 한다. 또 한 가지 세부적인 사항은 최종값 t_f에 도달하기 위한 마지막 단계의 크기가 꼭 h일 필요는 없다는 것이다. 이 경우에는 최종 단계의 크기를 조정주면 된다. 이렇게 구현된 함수 **euler**는 [그림 9.16]에서 살펴볼 수 있다.

```
def euler(f,y0,t0,tf,h):
    t = [] # t와 y에 대해 빈 열(array)로 시작
    t.append(t0) # 초기 조건 t0를 지정
    y = [] # t와 y의 첫번째 원소
    y.append(y0)
    i = 0
    while True:
        i = i + 1
        t.append(t[i-1]+h) # h 만큼 증가하는 단계 t
        if t[i] > tf: # tf를 초과하는지 확인
            t[i] = tf # 초과하면, t[i]를 tf로 설정
            h = t[i]-t[i-1] # 그리고 h를 조정
        y.append(y[i-1] + f(t[i-1],y[i-1])*h) # 오일러 단계
        if t[i] >= tf: break # 완료되면 while 순환(loop) 종료
    return t,y
```

그림 9.16 하나의 미분 방정식에 대해 오일러 방법을 구현한 함수 euler.

이러한 오일러 방법의 구현에서는, $\{t, y\}$ 형태의 해에 대한 배열(array)을 새로 만드는 대신, 빈 배열(array)을 먼저 생성하고 해가 점진적으로 구축됨에 따라 **append** 방법을 사용하여 배열을 확장하였다.[10] 또한, `for` 루프를 주어진 반복 횟수만큼 사용하는 대신, `while` 루프를 사용하여 계산이 완료될 때 종료되도록 하였다.

함수 euler를 평가하기 위해, 앞서 설명한 사다리꼴 규칙 방법과 마찬가지로 해석해가 있는 미분 방정식을 사용할 것이다. 이 방정식은 다음과 같다.

$$\frac{dy}{dt} = -0.05y + 2 \quad y(0) = 0 \tag{9.18}$$

그리고 해석해는 다음과 같다.

$$y = 40\left(1 - e^{-0.05t}\right) \tag{9.19}$$

아래의 파이썬 스크립트는 함수 **euler**를 사용하여 매개 변수 값 $t_f = 80$ 및 $h = 10$에 대한 근사해를 계산하고 이를 해석해와 비교한다. 그래프가 생성되어 나타나며, [그림 9.17]에서와 같이 두 가지 결과를 모두 보여준다.

```
import numpy as np
import matplotlib.pyplot as plt
def f(t, y):
```

10 여기에서 append 방법은 함수 zeros를 사용하여 주어진 차원의 배열을 새로 생성하는 것에 대한 대안을 설명하기 위해 사용되었다. 어느 접근 방식이든 상관없으며, 이 책에서는 둘 다 설명하였다.

```
  dy = -0.05 * y + 2.
return dy
t0 = 0
tf = 80.
y0 = 0.
h = 10.
t, y = euler(f, y0,t0,tf, h)
def fa(t):
  return 40*(1-np.exp(-0.05*t))
ta = np.linspace(t0,tf)
plt.scatter(t, y, c='k', marker='o', label='Euler Method')
plt.plot(ta, fa(ta), c='k', ls='--', label='True Solution')
plt.grid()
plt.xlabel('t')
plt.ylabel('y')
plt.legend()
```

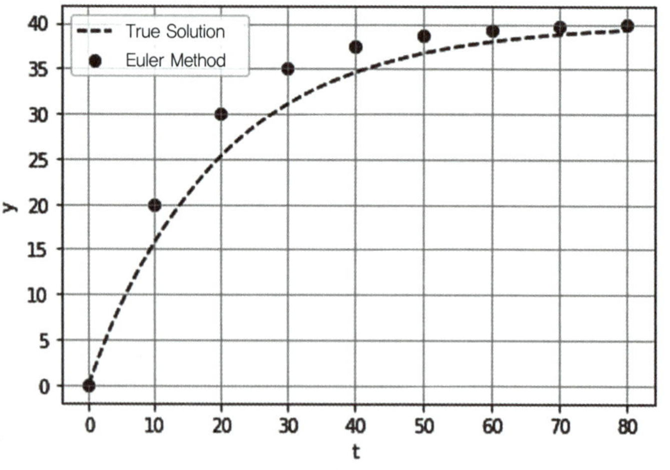

그림 9.17 미분 방정식의 해석해와 비교하여 나타낸 $h = 10$에 대한 오일러 방법의 근사해.

오일러 방법의 근사해는 실제 해석해를 초과하는 것으로 보인다. h 값을 0.1로 변경하면, 그 결과는 [그림 9.18]과 같다. 그래프에서 확인할 수 있듯, 오일러 방법의 근사해와 해석해가 (적어도 시각적으로는) 동일하게 나타난다.

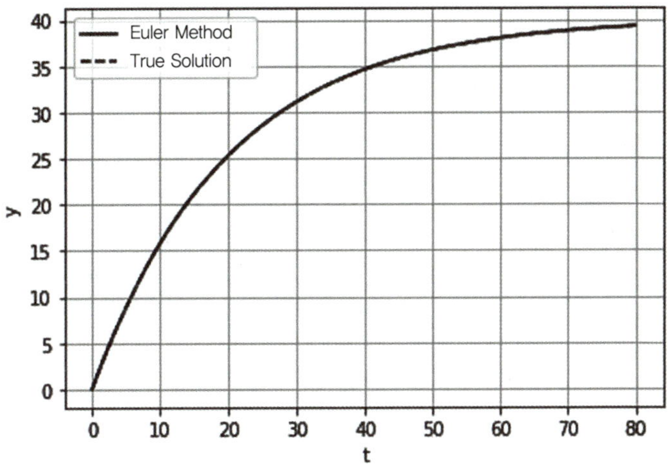

그림 9.18 $h = 0.1$에 대한 오일러 방법은 정확한 해를 도출한다.

해석해가 없는 미분 방정식의 경우, 정확한 해를 도출할 수 있는 계산 단계의 크기(h 값)를 어떻게 결정할 수 있는지에 대한 의문이 제기된다. 일반적인 기법은 해가 유의미하게 변하지 않을 때까지 h 값을 점점 줄여가며 미분 방정식을 여러 번 반복해서 푸는 것이다. 그리고 9.4절에서 논의될 내용처럼, 고급 미분 방정식 풀이기는 계산 단계의 크기를 결정하기 위해 지능적인 적응 기법들을 사용한다.

9.3.2 호인의 방법

예상할 수 있듯이, 오일러 방법의 오차를 해결하기 위한 개선안들이 있으며, 이러한 개선안들은 수치해 연산이 진행될수록 오차가 증가하는 경향을 고려한다. 여기서는 개선된 방법들 중 하나인 **호인 방법**을 소개한다. 추후 이와 관련된 공부를 계속하다 보면, 룬지-쿠타(Runge-Kutta) 방법과 같은 추가적인 방법들도 만나게 될 것이다.

호인 방법은 "오일러 방법에서 발생하는 오차의 근본적인 원인은 한 구간의 시작점에서의 도함수가 전체 구간에 걸쳐 적용된다는 것"이라는 통찰에 근거한다. 호인 방법은 이러한 문제를 [그림 9.19]에서와 같이 접근한다. 먼저 기본적인 오일러 방법을 이용하여 첫 번째 단계 종착점(t_1)에서의 해(y_1^1)를 추정한다. 그다음 t_1에서의 도함수(혹은 기울기)인 $f(t_1, y_1^1)$을 계산한다. 다시 원래 단계의 도함수를 두 기울기 $f(0, y_0)$와 $f(t_1, y_1^1)$의 평균값으로 수정한다. 그리고 이 평균 기울기를 사용하여 y_1^2를 예측한다. 여기서 두 번째 단계는 예측이 수렴할 때까지 반복될 수 있다. 이러한 접근 방식은 일반적으로 예측기-수정기 방법(predictor-corrector method)이라고 한다.

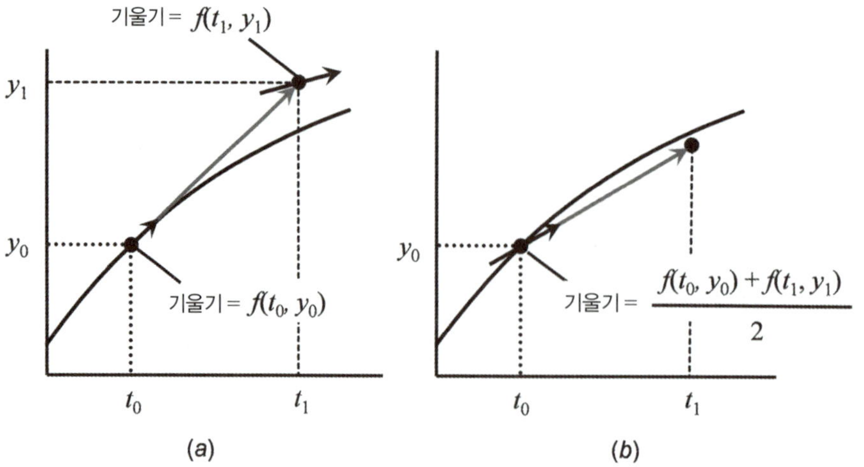

그림 9.19 호인 방법의 기초. 호인 방법의 정확성을 평가해볼 수 있도록 해석해를 검정색 실선으로 나타내었다. (a) 예측기(predictor) 단계. (b) 반복적인 수정기(corrector) 단계.

첫 번째 단계는 다음과 같은 식으로 표현된다.

$$\text{예측기 단계: } y_1^1 = y_0 + f(t_0, y_0)\Delta t$$
$$\bar{f}^1 = \frac{f(t_0, y_0) + f(t_1, y_1^1)}{2} \tag{9.20}$$
$$\text{수정기 단계:: } y_1^2 = y_0 + \bar{f}^1 \Delta t$$

$\left|\frac{y_1^i - y_1^{i-1}}{y_1^i}\right| < \varepsilon_a$의 조건이 충족될 때까지 단계들을 반복한다.

수렴이 이루어진 후에 연산 방법은 다음 단계인 t_1에서 t_2로 이동한다.

호인 방법을 적용하기 위해 함수 **euler**를 수정할 수 있다. [그림 9.20]에 함수 **heun**에 대한 파이썬 코드를 제시하였다. 이 경우에는, 식 (9.20) 도식의 수렴을 위해 **while** 루프를 사용하였다.

```
import numpy as np

def heun(f,y0,t0,tf,h,ea=1.e-7):
    n = int((tf-t0)/h) # 간격의 수 계산
    t = np.zeros(n) # t와 y에 대한 빈 열(array) 생성
    y = np.zeros(n)
    for i in range(n): # 열(array) t 채우기
        t[i] = i*h
    if t[n-1] < tf: # 고려해야할 간격이 남았는지 확인
        t = np.append(t,tf) # 남았다면, t와 y 추가
        y = np.append(y,0)
    for i in range(n):
        h = t[i+1]-t[i] # 이번 간격에서의 h (마지막에 바뀔 수 있음)
        y1 = y[i] + f(t[i],y[i])*h # 예측기 단계
        while True: # 반복 순환(loop) 진입
```

```
            fbar = (f(t[i],y[i])+f(t[i+1],y1))/2 # 평균 기울기
            y2 = y[i] + fbar*h # 수정기 단계
            if abs((y1-y2)/y2) < ea: break # 수렴 확인
            y1 = y2 # 아직 수렴이 안됐으면, 반복
        y[i+1] = y2 # 수렴됐으면, y 값 설정
    return t,y
```

그림 9.20 호인 방법을 구현한 파이썬 코드 함수 heun.

[그림 9.17]의 예제와 동일한 방식으로 호인 방법을 평가해볼 수 있다. 놀라운 결과는 [그림 9.21]에서 확인할 수 있다. 단계의 크기가 $h=10$인 호인 방법의 수치해는 해석해를 근접하게 따라가며, 오일러 방법보다 훨씬 우수한 성능을 보인다. 실제로 호인 방법은 단계 크기가 100배 작은 오일러 방법과 유사한 성능을 발휘한다.

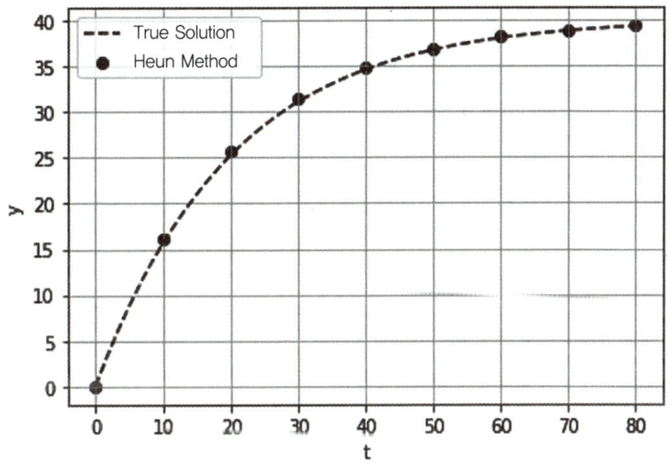

그림 9.21 미분 방정식의 해석해와 비교하여 나타낸 $h=10$에 대한 호인 방법의 근사해.

9.3.3 연립 미분 방정식

다음으로, 동시에 해결해야 하는 여러 개의 미분 방정식에 관한 시나리오를 고찰해보자. 앞서 소개한 식 (9.8)과 [그림 9.4]는 이에 대한 예시이다.

$$\frac{dx_1}{dt} = -2x_1^2 + 2x_1 + x_2 - 1 \quad x_1(0) = 2$$
$$\frac{dx_2}{dt} = -x_1 - 3x_2^2 + 2x_2 + 2 \quad x_2(0) = 0 \tag{9.8}$$

파이썬 함수 **euler**와 **heun**과 같은 이전 오일러와 호인의 방법을 여러 개의 미분 방정식에 적용할 수 있도록 확장할 수 있다. 확장된 오일러 방법에 대한 함수 **eulerm**의 **def** 문은 다음과 같을 것이다.

```
def eulerm(f,y0,t0,tf,h):
```

이는 함수 euler와 동일하게 표현된다. 하지만, 여기서 다른 점은 함수형 인수 f의 경우 두 개 이상의 도함수들로 구성된 배열을 반환(return)하고, 초기 조건인 y0 역시도 종속 변수들(y)에 대한 초기값으로 구성된 배열 형태라는 것이다. 수정된 함수는 [그림 9.22]에서 찾아볼 수 있다. t와 y로 구성된 해의 배열은 함수 zeros를 사용하여 생성되며, 초기값 y0는 배열 y의 첫 번째 행에 할당된다. for 루프는 함수 euler와 동일한 방식으로 해를 도출한다. 모든 방정식의 종속 변수 값들 y를 포함시키기 위해 : 인덱스를 사용하는 것에 주목해야 한다.

```
def eulerm(f,y0,t0,tf,h):
    n = len(y0) # 방정식의 수
    m = int((tf-t0)/h)+1 # 간격의 수
    t = np.zeros(m) # 빈 열(array) t
    y = np.zeros((m,n)) # 빈 2차원 열(array) y
    y[0,:] = y0 # y에 할당된 초기 조건
    for i in range(1,m): # 단계별 해에 대한 순환(loop)
        t[i] = t0 + i*h # 현재 간격 끝에서 t
        if t[i] > tf: # tf를 초과하는지 확인
            t[i] = tf # # 초과하면, t[i]를 tf로 설정
            h = t[i]-t[i-1] # 그리고 h를 조정
        y[i] = y[i-1,:] + f(t[i-1],y[i-1,:])*h # 오일러 단계
    return t,y
```

그림 9.22 여러 개의 방정식을 풀기 위한 오일러 방법: eulerm

다음의 파이썬 스크립트는 미분 방정식 (식 (9.8))을 tf = 2에 대해 풀고 [그림 9.23]에 표시된 그래프를 생성한다. 계산 단계의 크기인 h = 0.01은 상당히 작으며, 매끄럽고 정확한 해를 얻기 위해 200개의 구간을 사용함에 주목한다. 계산 결과의 정확성은 더 작은 h로 방정식을 해결하고 각 해를 비교하여 확인할 수 있다.

```
import numpy as np
import matplotlib.pyplot as plt
def f(t, y):
  dy = np.zeros(2)
  dy[0] = -2*y[0]**2 + 2*y[0] + y[1] -1
  dy[1] = -y[0] -3*y[1]**2 +2*y[1] + 2
  return dy
t0 = 0
tf = 2.
y0 = np.array([2., 0.])
h = 0.01
t, y = eulerm(f, y0,t0,tf, h)
plt.plot(t, y[:, 0], c='k', label='x1')
```

```
plt.plot(t, y[:, 1], c='k', ls='--', label='x2')
plt.grid()
plt.xlabel('t')
plt.ylabel('x1 and x2')
plt.legend()
```

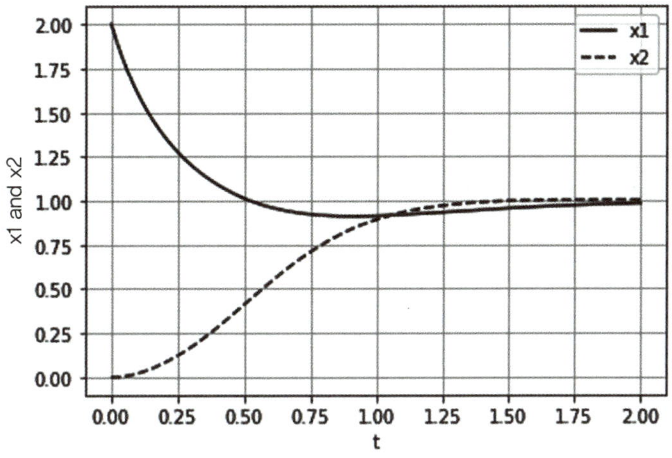

그림 9.23 2개의 결합된 미분 방정식의 해

함수 heun에도 비슷한 수정을 할 수 있다. 일반적으로, 여러 개의 미분 방정식을 처리할 수 있도록 설계된 더욱 진보된 방법에 대한 함수들을 가지고 있는 것이 유리하다.

이제 [그림 9.2]에서 설명한 충격 흡수기 모델을 고려해 보자. 여기에는 2차 미분항을 포함하기 때문에 "2차"라고 말할 수 있는 단일 미분 방정식이 있다. 정보 흐름 다이어그램은 두 개의 "적분기"를 이용하여 (원한다면) 다음과 같은 두 개의 1차 미분 방정식으로 표현될 수 있는 이 미분 방정식을 어떻게 풀어야 하는지 시사한다.

$$
\begin{aligned}
\frac{dv}{dt} &= \frac{1}{m}\left[-b\frac{dx}{dt} - k_1\left(x - x_{1eq}\right) - k_2\left(x - x_{2eq}\right)\right] \\
\frac{dx}{dt} &= v
\end{aligned}
\tag{9.9}
$$

일반적으로, n차 미분항을 포함하는 미분 방정식(즉, n차 미분 방정식)은 n개의 일차 미분 방정식으로 분해할 수 있다. 이제 두 개의 일차 방정식이 있으므로, 함수 eulerm과 같이 확장된 오일러나 호인의 방법을 사용하여 이를 해결할 수 있다. 이를 수행하기 위한 아래의 파이썬 스크립트를 참조한다. 평형값(equilibrium value) x1eq와 x2eq는 0으로 설정되어 있으며, 이는 두 개의 용수철이 $x=0$의 위치에서 평형 상태[11]에 있다는 것을 의미한다. x의 초기값은 1로 설정되어 있으며, 이는 질량이 $t=0$에서 오른쪽으로 1미터(meter) 만큼 밀려나 있음을 의미한다.

```
g = 9.801 # m/s2
m = 10. # kg
b = 5. # N/[m s] 또는 kg/s
k1 = 1. # N/m 또는 kg/s2
k2 = 1.
x1eq = 0.
x2eq = 0.
v0 = 0. # m/s
x0 = 1. # m
def f(t, y):
  v = y[0]
  x = y[1]
  dy = np.zeros(2)
  dy[0] = 1/m * (-b*v - k1*(x-x1eq)) - k2*(x-x2eq)
  dy[1] = v
  return dy
t0 = 0
tf = 20. # 초
y0 = np.array([v0, x0])
h = 0.01 # 초
t, y = eulerm(f, y0,t0,tf, h)
plt.plot(t, y[:, 1], c='k', label='displacement - m')
plt.plot(t, y[:, 0], c='k', ls='--', label='velocity - m/s')
plt.grid()
plt.xlabel('time - s')
plt.ylabel('displacement & velocity')
plt.legend()
```

스크립트에서 생성된 그림은 [그림 9.24]와 같다. 충격 흡수기 시스템이 진동하고, 이 진동은 20초 동안 감쇄되어 사라짐을 알 수 있다. 보다 현실적인 매개 변수 값을 고려하여 성능을 평가하고 원하는 만큼의 성능을 얻기 위해 주어진 충격 흡수기의 설계를 변경할 수 있다. 또한, 충격 흡수기의 진행 방향의 변화를 유발하는 외부 힘을 포함하는 모델이 필요할 수도 있으며, 이러한 힘은 (마치 빨래판 잔물결 모양의 비포장 도로와 같이 고르지 못한 표면 위로 차량을 운전하는 것처럼) 시간에 따라 달라질 수 있다.

11 (옮긴이) 작용 힘이 0인 상태

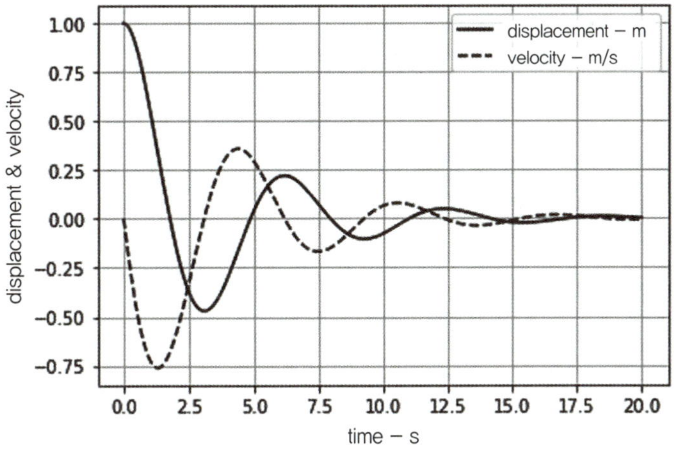

그림 9.24 충격 흡수기 모사(simulation).

예제 9.2 공기 저항을 고려한 발사체의 궤적

7.9절의 연구 사례에서 우리는 다음과 같은 방정식으로 발사체의 궤적을 모델링하였다.

$$y = \tan(\theta)x - \frac{g}{2v_0^2\cos^2(\theta)}x^2 + y_0 \tag{7.25}$$

여기서 y = 고도, x = 수평 변위 혹은 발사 거리(range), θ = 발사 각도, g = 중력 가속도, v_0 = 발사 속도, 그리고 y_0 = 초기 고도를 의미한다. 앞에서 이 모델은 공기 저항과 같은 중요한 특성들을 제외하여 완전한 모델이 아니라고 언급하였다.

만약 공기 저항을 포함한 모델로 수정한다면, 발사 거리 x와 고도 y 그리고 속도 성분인 v_x와 v_y에 대한 총 네 개의 미분 방정식으로 귀결된다. 매개 변수 c_d는 차원을 포함한 마찰 저항 계수(kg/m)를 나타내며, 이 매개변수를 포함하는 항은 운동을 저해하는 마찰 저항력을 모델링한다. 이러한 마찰 저항력은 속도 v의 반대 방향으로 작용하며, 속도의 제곱에 비례한다. 미분 방정식에서 c_d를 포함하는 항들은 각각 마찰 저항력의 x방향 성분과 y방향 성분에 해당한다. [그림 9.25]는 발사체의 초기 발사를 나타낸다.

$$\begin{aligned}
\frac{dx}{dt} &= v_x & x(0) &= x_0 \\
\frac{dy}{dt} &= v_y & y(0) &= y_0 \\
m\frac{dv_x}{dt} &= -c_d\frac{v_x}{2}\sqrt{v_x^2+v_y^2} & v_x(0) &= v_{x0} = v_0\cos(\theta) \\
m\frac{dv_y}{dt} &= -mg - c_d\frac{v_y}{2}\sqrt{v_x^2+v_y^2} & v_y(0) &= v_{y0} = v_0\sin(\theta)
\end{aligned} \tag{9.10}$$

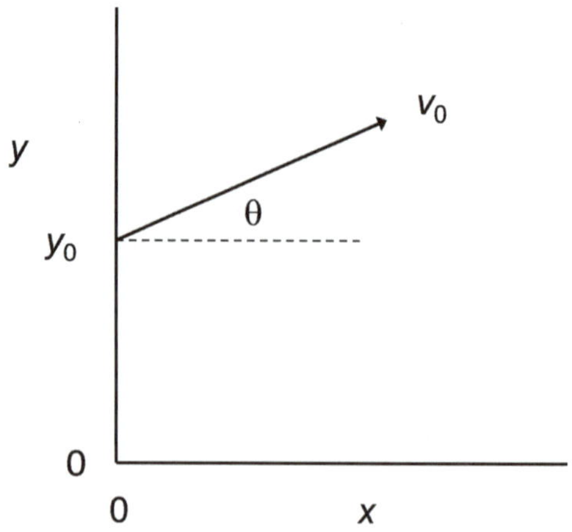

그림 9.25 발사체의 초기 발사조건.

질량 $m = 46$ g인 골프공의 비행 궤적을 연구해보기로 한다. 발사 속도 v_0는 240 km/시간 (또는 67 m/s)이며, 발사 각도 θ는 9°이다.[12] 발사 위치는 지면 $y = 0$에서부터 10 m 높이에 위치한 티 박스이다.

차원을 포함하는 마찰 저항 계수 c_d는 **무차원**(dimensionless)의 마찰 저항 계수 C_d와 다음 식과 같은 관계에 있다.

$$c_d = \rho A C_d \tag{9.10}$$

ρ: 유체의 밀도로, 여기서는 온도 30°C, 상대 습도 60%, 해수면 기압에서의 공기에 대해 약 1.2 kg/m^3,

A: 골프공의 횡 단면적(cross-sectional area)으로, 약 1.43×10^{-3} m^2, 그리고

C_d: 0.3−0.7의 범위에 있는 골프공의 마찰 저항 계수로, 중간 정도 값인 약 0.5.

이러한 값들에 대해, c_d는 약 4.3×10^{-4} kg/m이다.

함수 eulerm, 위의 식들, 그리고 매개 변수 값들을 사용하여 공기 저항을 고려하거나 하지 않은 골프공의 비행을 모사하는 파이썬 스크립트를 작성할 수 있다. 다음은 스크립트이다.

```
g = 9.801 # m/s2
m = 46/1000 # kg
cd = 4.3e-4 # kg/m

def f(t,yy):
    vx = yy[2]
```

12 이는 프로 골퍼가 사용하는 드라이버 클럽에 대한 전형적인 모습이다.

```
    vy = yy[3]
    dy = np.zeros(4)
    dy[0] = vx
    dy[1] = vy
    dy[2] = - cd*vx*np.sqrt(vx**2 + vy**2)/2/m
    dy[3] = - g - cd*vy*np.sqrt(vx**2 + vy**2)/2/m
    return dy

t0 = 0
tf = 2.7 # 초
v0 = 67. # m/s
theta = 9.*np.pi/180. # 라디안(radian)
y0 = 10.
yy0 = np.array([0., y0, v0*np.cos(theta), v0*np.sin(theta)])
h = 0.01
t,y = eulerm(f,yy0,t0,tf,h)

xp = y[:,0]
yp = np.tan(theta)*xp - g/2/v0**2/np.cos(theta)**2*xp**2 + y0

plt.plot(y[:,0],y[:,1],c='k',label='drag')

plt.plot(xp,yp,c='k',ls='--',label='no drag')
plt.grid()
plt.xlabel('range - m')
plt.ylabel('elevation - m')
plt.legend()
```

결과적으로 얻어진 골프공의 궤적은 [그림 9.26]에서 확인할 수 있다. 공기 저항을 고려하는 것은 공의 궤적에 중대한 영향을 미친다.

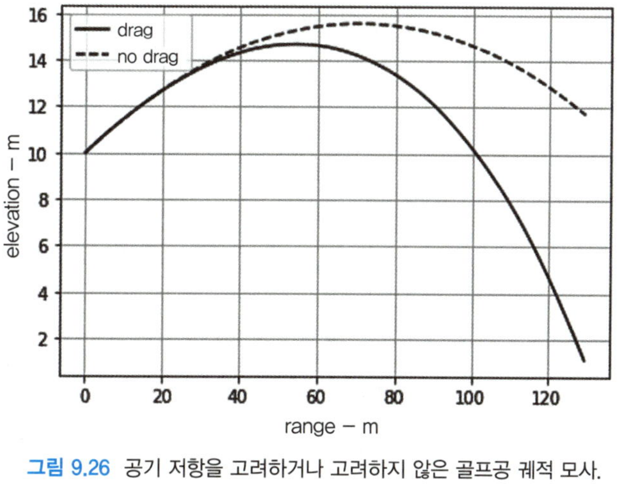

그림 9.26 공기 저항을 고려하거나 고려하지 않은 골프공 궤적 모사.

이 골프공 비행 모델은 여전히 중요한 요소들이 빠져 있다. 아마도 가장 중요한 것은 공의 회전 및 그와 관련된 **마그너스 효과**(Magnus effect)이다.[13] 또한, 모든 골퍼에게 중요한(그리고 종종 비극적인) 것은 공의 측면 움직임(슬라이스, 드로우)이다. 여기서 다룬 모델은 선형 궤적만을 예측한다. 이 모델을 확장하기 위한 기본 원리를 이해하기 위해서는 유체 역학에 대한 더 많은 지식이 필요하며, 많은 학생들은 추후 공학과 과학 공부를 통해 이를 얻게 될 것이다. 더 정교한 모델링 접근법을 살펴보고 싶다면, 벌그룬드(Burglund)와 스트릿(Street)의 논문(2011)을 참조하기를 바란다.

9.4 SCIPY의 모듈 integrate 내 함수 solve_ivp를 이용한 미분 방정식 풀기

구적법에서 살펴본 바와 같이, 파이썬은 SciPy의 서브모듈 `integrate`를 통해 미분 방정식을 해결할 수 있는 함수를 제공한다. 미분 방정식을 풀기 위해 자주 사용되는 함수 중 하나가 `solve_ivp`이다. 이 함수의 문법은 다음과 같다.

```
from scipy.integrate import solve_ivp
result = solve_ivp(f,t_span,y0,t_eval=[•])
```

인수 `f`는 함수 `eulerm`에서와 동일하며, 주어진 `t`값과 `y`값에 대한 도함수 값을 구하는 함수형 인수이다. 인수 `t_span`은 `t`의 초기값과 최종값으로 구성된 배열이다. 인수 `y0`는 종속 변수들의 초기값을 지정해주는 배열이다. 단, 종속 변수가 하나일 경우, `y0`는 단일 변수나 수치로 지정하고, 종속 변수가 두 개 이상일 경우 배열로 지정한다. 인수 `t_eval`은 해를 구하고자 하는(즉, 해가 출력되는) `t`값들로 이루어진 배열을 포함한다. 이 인수를 생략하면 함수 `solve_ivp`가 출력 간격을 결정한다.

함수 `solve_ivp`의 반환 값인 `result`는 여러 속성을 포함한 객체이다. 우리에게 가장 중요한 속성은 다음과 같다.

```
result.t
result.y
```

13 만약 골프에 익숙하다면, 우리의 계산 결과로 약 130 m 혹은 143 야드 정도의 비거리가 나온 것이 의심스러울 수 있다. 실제 비거리는 최소 100 m 정도 더 길어야 한다. 이는 회전을 고려하는 것이 시뮬레이션에 어떠한 영향을 미치는지를 보여준다. 우리의 시뮬레이션은 야구, 축구 또는 배구에서 "회전 없는 공" 혹은 "플롯 서브"와 유사하다. 이러한 공은 상대방에게 상대적으로 느린 속도로 날아가며, 공중에서 예측할 수 없는 움직임, 하강 또는 요동을 보일 수 있다. 야구에서 직구(fast ball)는 회전이 없는 너클볼(knuckle ball)에 비해 50% 더 빠르지만, 직구는 회전을 수반한다.

이는 배열 t_eval에서 지정된 t값에 대한 독립 변수(t)의 값과 종속 변수(y)의 값을 각각 포함하고 있는 속성이다. 단, (t_eval을 따로 지정하지 않고) t0과 tf만 t_span에서 지정해준 경우 t값들은 함수 solve_ivp에 의해 선택된다.

함수 solve_ivp는 총 여섯 가지의 서로 다른 적분법을 제공한다. 이에 대한 자세한 내용은 이 교재의 범위를 벗어나기 때문에 다루지 않는다. 기본값은 RK45이며, 이는 자동으로 계산 단계의 크기를 조정하는 **룬지-쿠타 방법**(Runge-Kutta method)이다. RK45 방법으로 어려움을 겪을 때(즉, 문제가 잘 풀리지 않을 때), 주로 사용되는 대안은 LSODA 방법이다. 이에 대한 자세한 내용은 SciPy 도움말에서 확인할 수 있다. 이러한 적분법은 이름을 인수로 하여 지정할 수 있다. 예를 들어, method = 'RK45' 혹은 method = 'LSODA'와 같이 사용한다.

여기서는 두 가지 예제를 이용하여 solve_ivp의 사용법을 설명한다. 첫 번째 예제는 식 (9.8)과 [그림 9.23]에서 설명한 내용이다. 다음은 우리가 사용할 파이썬 스크립트이다.

```
import numpy as np
from scipy.integrate import solve_ivp
import matplotlib.pyplot as plt

def f(t,y):
    dy = np.zeros(2)
    dy[0] = -2*y[0]**2 + 2*y[0] + y[1] -1
    dy[1] = -y[0] -3*y[1]**2 +2*y[1] + 2
    return dy

tf = 2.
tspan = [0., tf]
teval = np.linspace(0., tf)
y0 = np.array([2., 0.])
result = solve_ivp(f,tspan,y0,t_eval=teval)
tm = result.t
x1 = result.y[0,:]
x2 = result.y[1,:]

plt.plot(tm,x1,c='k',label='x1')
plt.plot(tm,x2,c='k',ls='--',label='x2')
plt.grid()
plt.xlabel('t')
plt.ylabel('x1 and x2')
plt.legend()
```

함수 f는 eulerm에서 사용한 것과 동일하다. 변수 tspan의 경우, 초기값은 0으로 최종값은 tf로 설정된다. 함수 linspace를 이용하여, 해를 구하고자 영역(0−tf)을 50개의 동일 간격으로 나눈 값들을 요청한다. 인수 y0는 이전과 동일하다.

함수 solve_ivp로 얻어진 결과를 독립 변수와 종속 변수에 대한 배열 tm, x1, x2로 각각 추출하고 나서 그래프를 생성한다. 이 그래프는 [그림 9.27]에서 확인할 수 있으며, [그림 9.23]의 그래프와 동일해 보인다.

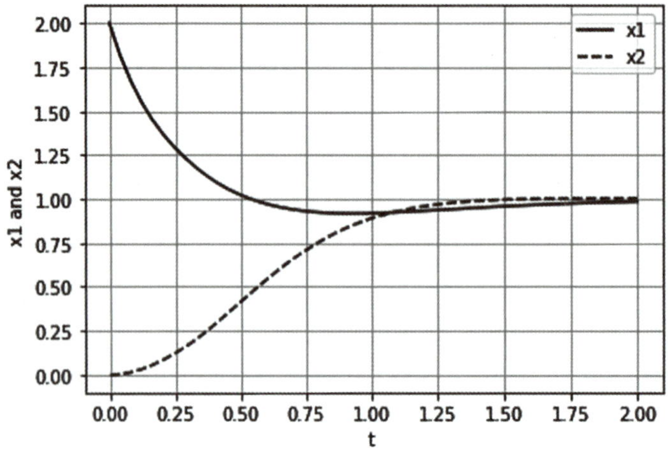

그림 9.27 solve_ivp를 이용하여 계산한 두 개의 연결된 미분 방정식의 해.

두 번째 예제에서는 악명 높은 단일 미분 방정식(Hornbeck, 1975)을 다룬다.

$$\frac{dy}{dt} = 5\left(y - t^2\right) \qquad y(0) = 0.08 \qquad 0 \le t \le 5 \tag{9.12}$$

우리의 수치해를 아래와 같은 동일한 초기 조건에서의 해석해와 비교해볼 수 있다.

$$y = t^2 + 0.4t + 0.08 \tag{9.13}$$

$t = 5$에서 $y = 27.08$임을 주목한다.

아래의 파이썬 스크립트는 solve_ivp를 사용하여 수치 해석적인 풀이를 시도하고, 이를 해석해와 비교한 결과를 그래프로 나타낸다. 그래프는 [그림 9.28]에서 확인할 수 있다. 그래프를 살펴보면 수치 해석적인 해결 방법에 명백한 문제가 있다.

```
import numpy as np
from scipy.integrate import solve_ivp
import matplotlib.pyplot as plt

def f(t,y):
  return 5.*(y-t**2)

tf = 5.
```

```
tspan = [0., tf]
teval = np.linspace(0., tf)
y0 = [0.08]
result = solve_ivp(f,tspan,y0,t_eval=teval)
tm = result.t
ym = result.y[0,:]

ya = tm**2 + 0.4*tm + 0.08

plt.plot(tm,ym,c='k',label='solve_ivp')
plt.plot(tm,ya,c='k',ls='--',label='true solution')
plt.grid()
plt.xlabel('t')
plt.ylabel('y')
plt.legend()
```

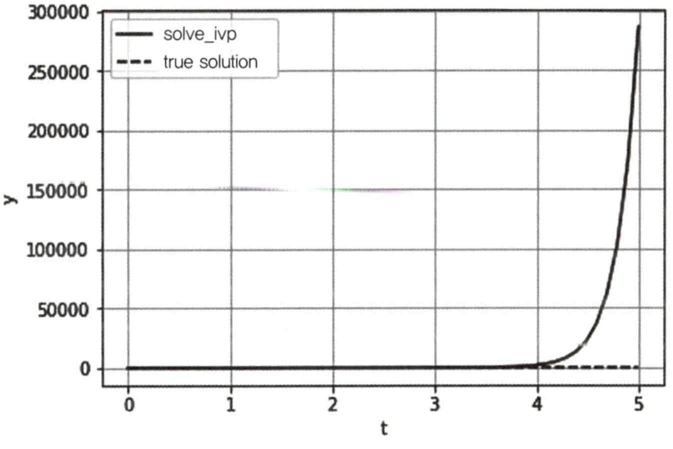

그림 9.28 수치해와 해석해의 비교. 수치해만 폭발적으로 증가한다.

여기에서 무슨 일이 벌어지고 있는 걸까? 이 방정식의 일반적인 해석해[14]는 다음과 같다.

$$y = t^2 + 0.4t + 0.08 + ce^{5t} \tag{9.14}$$

여기에서 상수 c는 초기 조건에 의해 결정된다. y_0가 0.08로 선택되었으므로, $c = 0$이 되어 수학적으로는 폭발적인 지수 항이 사라진다. 그러나, 수치해가 해석해에서 측정 가능할 정도로 멀어지게 되면(예: 반올림 오차로 인한 경우), 그 지수 항이 고개를 들어 수치해를 폭발적으로 증가시킨다. 이를 **기생하는 해**(parasitic solution)라고 한다.

14 (옮긴이) 즉, 초기 조건에 구애받지 않는 일반해

이러한 수치 해석적인 문제를 해결하기 위한 다양한 접근법이 있다. 하나는 다른 풀이기의 방법들을 실험해 보는 것이다. 또 다른 방법은 solve_ivp가 더 엄격한 오차 기준을 맞추도록 요청하는 것이다. 두 가지 오차 기준의 기본 설정값은 다음과 같다:

절대 오차의 허용치, atol = 1.e-6

상대 오차의 허용치, rtol = 1.e-3

만약 solve_ivp 명령어 문장을 수정하여 이를 훨씬 더 엄격하게 만들면 다음과 같다.

```
result = solve_ivp(f,tspan,y0,t_eval=teval \
                   , atol = 1.e-12, rtol = 1.e-12)
```

여기서 생성된 그래프는 [그림 9.29]에서 확인할 수 있다. 이제 두 해를 구별할 수 없다.

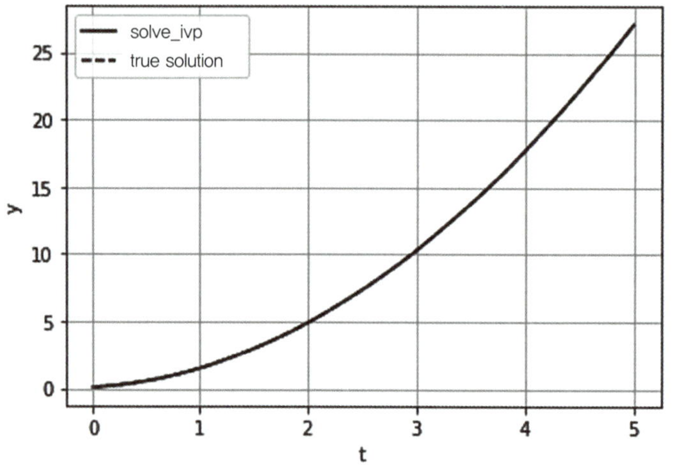

그림 9.29 엄격한 오차 기준을 적용한 solve_ivp와 해석해의 비교.

여기에서 얻을 수 있는 교훈은 수치 해석적으로 미분 방정식을 풀 때 성공하기 위해서는 다른 접근 방식이 필요할 수 있다는 것이다. 또한, 공학과 과학 분야에서의 다양한 현상을 모델링하기 위해서는 미분 방정식, 미분 방정식의 이론과 구조, 그리고 미분 방정식의 응용을 공부하는 것이 궁극적으로 중요해질 것이다. 이 장의 목적은 당신이 이러한 중요한 노력을 시작하는 데 도움을 주는 것에 있다.

연습문제

9.1 다음의 미분 방정식에 적합한 해결 전략을 제시하라.

(a) $\dfrac{dy}{dt}=\dfrac{e^t}{1+e^t}$ $\quad y(0)=0.5 \quad 0\le t\le 1$

(b) $\dfrac{dy}{dx}=xye^{-x^2}$ $\quad y(0)=0 \quad 0\le x\le 1$

(c) $\dfrac{d^2y}{dt^2}=-9y$ $\quad y(0)=1\ \dfrac{dy}{dt}(0)=0 \quad 0\le t\le 4$

(d) $\dfrac{d^2y}{dx^2}+2x\dfrac{dy}{dx}=0$ $\quad y(0)=1 \quad y(10)=0.1$

9.2 문제 9.1의 (c)와 (d)의 미분 방정식에 대한 정보 흐름 다이어그램을 그려라.

9.3 $0\le x\le\pi$의 범위에 대한 다음 함수 $f(t)$의 그래프를 그래프용지에 손으로 그려라.

$$f(t)=\ln\left(5-4\cos(x)\right)$$

간격 $\Delta x=0.2$를 사용하여, 사각형 개수 세기 방법으로 다음의 적분에 대한 낮은 추정치와 높은 추정치를 각각 구하라.

$$\int_0^{\pi} f(x)dx$$

위의 두 결과를 평균하여 최종 추정치를 구하라.

9.4 [문제 9.3]의 적분을 계산하기 위해 사다리꼴 규칙을 사용하라. 파이썬을 사용하여 이번 장에서 배운 함수 `trap`과 내장 함수 `quad`의 계산 결과를 비교하라.

9.5 액체를 저장하는 데 사용되는 용기들은 원형 단면을 가지지만 반지름(또는 지름)과 단면적은 높이에 따라 변하는 경우가 많다. 이는 [그림 P9.5]에 묘사되어 있다. 용기의 부피를 계산하는 실용적인 방법은 높이 h의 함수로 반지름 r을 알고, 이후 적분과 면적 A에 관련된 공식을 사용하는 것이다.

$$V=\int_0^H A(h)dh \quad A(h)=\pi r^2(h)$$

관계식 $r(h)$는 실제 측정하거나 용기 설계에 사용되는 분석 공식으로부터 얻을 수 있다. 다음 식을 따르는 용기를 생각해보자.

$$r(h)=8+0.34h-0.002h^2\ \text{cm} \quad \text{그리고} \quad H=50\ \text{cm}$$

파이썬으로 원하는 방법을 사용하여 이 용기의 부피를 계산하라.

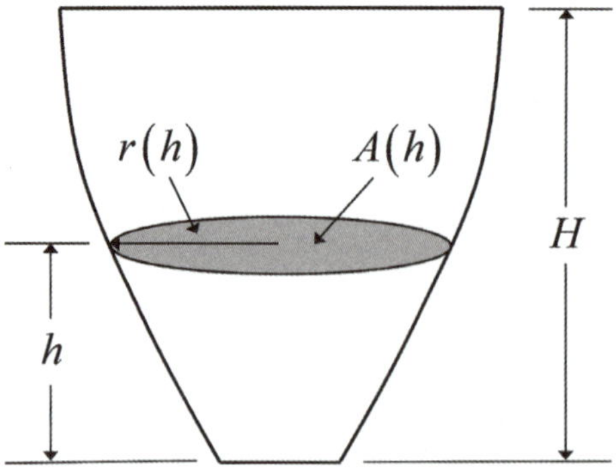

그림 P9.5 원형 단면을 가진 용기.

9.6 공공시설 및 산업에서 중요한 작업 중 하나는 기체, 액체 또는 고체와 같은 물질의 총량화(totalization)이다. 일반적으로 물질의 유량(flow rate)[15]을 측정하지만, 금전적인 요금은 주어진 시간 간격 동안 흘러간 물질의 총 부피에 대해 계산된다. 이 관계는 적분으로 다음과 같이 나타낼 수 있다.

$$V = \int_{t_0}^{t_f} q(t)\,dt$$

여기서 $q(t)$는 리터/분 또는 m^3/초와 같은 단위를 가진 액체에 대한 유량이고, V는 시간 t_0부터 t_f까지의 간격 동안 흐른 부피이다.

유량 데이터는 일반적으로 동일한 시간 간격으로 수집된다. 아래 표에 나와 있는 데이터는 파이프 라인을 통해 한 회사에서 다른 회사로 운반되는 액체 화학물질에 대해 수집된 데이터이다. 파이썬의 내장 함수 `trapz`를 사용하여 이 데이터에 대한 유량의 총량을 구하라.

시간(분)	유량(리터/분)	시간(분)	유량(리터/분)	시간(분)	유량(리터/분)
0	17.0	55	17.4	105	17.4
5	16.6	60	17.2	110	17.4
10	16.3	65	17.4	115	17.5
15	16.1	70	17.4	120	17.4
20	17.1	75	17.0	125	17.6
25	16.9	80	17.3	130	17.4
30	16.8	85	17.2	135	17.3
35	17.4	90	17.4	140	17.0
40	17.1	95	16.8	145	17.8
45	17.0	100	17.1	150	17.5
50	16.7				

15 (옮긴이) 단위 시간당 지나간 유체의 부피

9.7 다음의 미분 방정식에 대한 문제이다.

$$\frac{dy}{dt} = -0.2y^2 \qquad y(0) = 3$$

(a) $\Delta t = 1$일 때, 오일러 방법의 한 단계를 손으로 계산하라.

(b) $\Delta t = 1$일 때, 호인 방법의 한 단계를 예측기-수정기 절차를 5회 반복하여 손으로 계산하라. 이 방법이 수렴하는 것으로 보이는가?

9.8 반 데르 폴(Van der Pol) 방정식이라고 불리는 유명한 2차 미분 방정식은 다음과 같다.

$$\frac{d^2y}{dt^2} = (1 - y^2)\frac{dy}{dt} - y$$

초기 조건 $y(0) = 1$ 및 $dy/dt(0) = 0$에 대해, $0 \le t \le 10$의 영역에서 방정식을 풀기 위해 오일러 방법을 사용하라. 정확한 해를 구하기 위한 적절한 계산 단계의 크기 Δt를 찾고, 계산 결과를 그래프로 나타내라.

9.9 파이썬의 내장 함수 `solve_ivp`를 사용하여 다음의 미분 방정식을 풀어라.

$$\frac{dy}{dt} = -750y - 1100e^{-2t} \qquad y(0) = 5 \qquad 0 \le t \le 5$$

기본 설정인 RK45 방법과 LSODA 방법의 성능을 비교하라. 필요한 경우 오차 허용치를 조정하고, 계산 결과를 그래프로 나타내라.

9.10 [그림 P9.10]은 다섯 개의 부품(배터리 소스, 온/오프 스위치, 코일 또는 인덕터, 저항기, 커패시터)으로 구성된 간단한 전기 회로의 회로도이다.

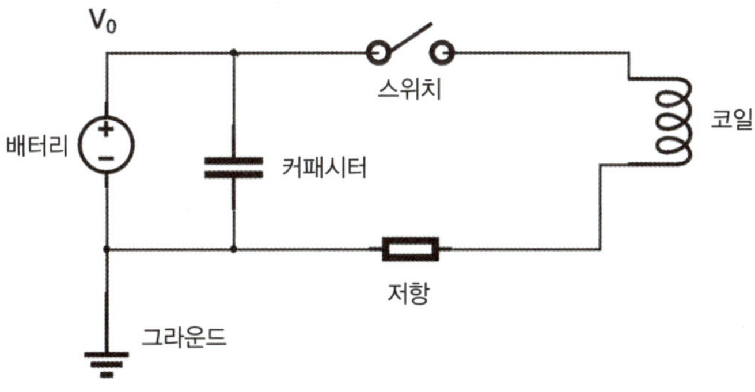

그림 P9.10 전기 회로.

초기에 V_0인 전압은 스위치가 닫힐 때 변한다. 이를 나타내는 미분 방정식은 다음과 같다.

$$LC\frac{d^2V}{dt^2}+RC\frac{dV}{dt}+V=0 \qquad V(0)=V_0 \qquad \frac{dV}{dt}(0)=0$$

시간 $0 \le t \le 0.2$초에서, $V_0 = 100$ 볼트, 그 외 매개 변수 값이 다음과 같을 때, 이 미분 방정식을 풀어라.[16]

$$C = 2 \times 10^{-6} \text{ farads} \quad L = 0.5 \text{ henries} \quad R = 100 \text{ ohms}$$

계산 단계의 크기 $\Delta t = 0.0001$초일 때 함수 eulerm을 사용하여 계산한 수치해와 내장 함수 solve_ivp를 사용하여 계산한 수치해를 비교하라. 비교 결과를 그래프로 나타내라.

9.11 이 장에서는 함수 euler를 여러 개의 미분 방정식을 풀 수 있는 함수 eulerm으로 확장하였다. 이와 비슷한 방식으로, 함수 heun을 여러 개의 미분 방정식을 풀 수 있도록 heunm이라는 이름의 함수로 확장하라. 여기서 확장한 함수 heunm를 이용하여 식 (9.8)의 방정식을 풀고, [그림 9.23]과 비교하여 해를 확인하라.

힌트: 여러 개의 미분 방정식이 있으므로 오차도 여러 개 존재한다. 따라서 수정기 단계의 수렴을 결정하는 기준을 함수 heun과는 다르게 설정해야 한다. 절대 오차의 최대값을 수렴 기준으로 사용하여 이를 처리할 수 있다. 또 다른 방법은 여러 개의 방정식들의 오차 제곱의 합을 사용하는 것이다.

9.12 다음의 2차 미분 방정식에 대해,

$$\frac{d^2y}{dt^2}=\frac{1}{4}\frac{dy}{dt}+y \quad y(0)=5 \qquad y(10)=8 \qquad 0 \le t \le 10$$

dy/dt에 대한 초기 조건은 없지만 y에 대한 최종 조건이 있음을 알 수 있다. 이 문제를 풀기 위해, dy/dt에 대한 초기 조건을 추측해보는 것을 권장한다. 그런 다음, solve_ivp를 사용하여 이 방정식을 풀어라. 계산된 해에서 $y(10)$의 값과 문제에서 주어진 $y(10) = 8$의 조건을 비교하라. 그런 다음, $dy/dt(0)$을 조정하고 시행착오를 반복해 $y(10) = 8$의 조건과 근접한 해를 찾아라. 이는 두 점 경계값 문제(two-point boundary value problem)를 해결하기 위한 수동 전략이다. 더 정교하고 자동화된 기법도 있지만, 여기에서는 그런 기법이 요구되지 않는다.

9.13 구조 공학에서 미분 방정식은 중요하다. [그림 P9.13]은 캔틸레버 빔(한쪽 끝이 고정된 빔)의 고정되지 않은 끝단에 하중(힘)이 가해지고 있는 것을 나타낸다. 빔의 휘어짐에 대한 측면 윤곽은 2차 미분 방정식으로 설명된다.

---

16 저항에 걸린 전압 차이가 1 볼트(V)일 때, 1 암페어(A)의 전류가 흐를 경우 저항은 1 옴(Ω)이다. 헨리(H)는 회로의 인덕턴스를 나타내는 단위로, 초당 1 암페어(A)의 전류 변화로 1 볼트(V)의 전위를 생성하는 회로의 인덕턴스에 해당한다. 1 파라드(F)는 커패시턴스 단위로, 1 쿨롬(C)으로 충전되었을 때 1 볼트(V)의 전위 차를 제공한다.

$$\frac{d^2y}{dx^2} = -\frac{F}{EI}(L-x) \qquad y(0)=0 \qquad \frac{dy}{dx}(0)=0 \qquad 0 \le x \le L$$

여기서 다음과 같은 변수들이 사용된다.

y: 주어진 x값에서 빔의 수직 변위(m)

x: 0부터 L까지 범위의 빔 상에서의 위치(m)

F: 빔의 끝에서 아래 방향으로 가해지는 하중(N)

E: 빔 재료의 탄성 모듈러스(강직도)(Pa)

I: 빔 단면의 관성 모멘트(m^4)

L: 빔의 길이(m)

다음의 매개 변수 값과 조건에서, 원하는 방법을 사용하여 이 미분 방정식을 풀어라.

$$L = 4\ \text{m},\ F = 5{,}000\ \text{N},\ E = 5\times10^{11}\ \text{Pa},\ I = 4\times10^{-4}\ \text{m}^4$$

이 미분 방정식에는 다음의 해석해가 있다는 것이 밝혀졌다.

$$y = -\frac{FL}{2EI}x^2 + \frac{F}{6EI}x^3$$

해석해와 수치해를 그래프로 그리고 비교하라.

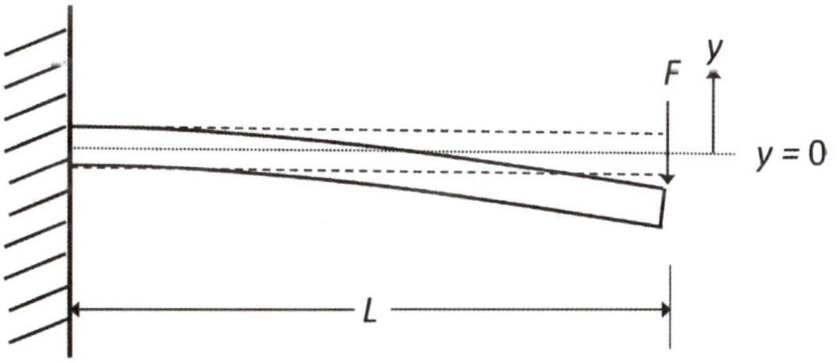

그림 P9.13 (고정되지 않은) 끝단에 하중이 가해지고 있는 캔틸레버 빔의 휘어짐.

9.14 [그림 9.10]의 파이썬 코드의 수정 버전을 사용하여 적분(식 (9.9))의 값을 구하라.

$$y = \int_0^{\pi/2} t\cos(t)\,dt$$

$n = 4$부터 시작하여, 간격의 개수를 20번에 걸쳐 점진적으로 2배씩 증가시켜라. 함수를 호출할 때마다 매번 적분 추정치, 계산 단계의 크기, 오차를 반환하도록 한다. 오차는 다음과 같이 정의된다.

$$오차 = |실제값 - 추정값|$$

여기서 실제값은 식 (9.10)을 이용하여 계산할 수 있다. n에 대한 계산 단계의 크기와 오차를 로그-로그(log-log) 그래프로 각각 나타내라.

제 10 장

데이터 작업

10장의 목표

- 그래픽 표현을 활용하여 데이터의 집합에 대한 초기 관찰을 수행하는 방법을 배운다.
- 일반적인 표본 통계 계산을 통해 데이터의 집합을 특성화하는 능력을 갖춘다.
- 데이터와 모집단 간의 관계를 이해하고, 분포가 모집단을 설명하는 원리를 이해한다.
- 파이썬 Numpy의 모듈(module) random에서 제공하는 난수 생성기를 사용하여 다양한 분포에서 추출된 숫자를 모사(simulation)하는 방법을 배운다.
- 가설 검정(hypothesis testing)을 통해 데이터로부터 결론(통계적으로 올바른 주장)을 도출할 수 있는 능력을 갖춘다.
- 수학적 모델을 데이터에 피팅(fitting) 시키는 원리와 그 적절성을 평가하는 방법을 배운다.

과학자와 공학자들은 실험과 관찰을 통해 얻은 정보에 기반하여 발견하고 결정한다. 실험의 경우는 (특정 목적을 위해) 계획하여 수행한다. 관찰의 대부분은 자연, 실험실 혹은 기존 공정에서 나타나는 현상에 기인한다. 이 모든 것들이 데이터를 생성하며, **응용 통계학**(applied statistics)은 데이터의 검토를 통해 결론에 도달하기 위해 전념하는 분야이다.

통계학의 주제는 매우 광범위하다. 많은 (아마도 대부분의) 과학자와 공학자들은 학부 과정에서 응용 통계 과목을 수강한다. 많은 대학에 통계학 전공에 대한 완전한 학위 과정이 있으며, 독립적인 단과대나 학과로 운영되고 있을 것이다. 그렇다면 여기서 파이썬의 맥락에서 이러한 주제를 소개하기 위해서는 무엇을 해야 할까?

데이터의 처리와 해석에서 흔히 발생하는 문제 중 하나는 통계의 오류이다. 실무자나 연구자가 통계적인 방법을 잘못 적용하여 잘못된 결론에 도달한 사례는 셀 수 없이 많으며, 때로는 심각한 결과를 초래하기도 한다.[1] 이와 연관된 문제 중 하나는 통계 소프트웨어 패키지의 사용이다. 이 패키지는 공학자나 과학자가 응용 통계학에 대한 단단한 배경 지식을 갖추지 못하면 이해하기 어려운 다량의 결과를 만들어 낸다.

여기에서는 데이터 처리에 대한 단단한 기초 지식과 실습 사례들을 소개하고자 한다. 이 과정을 통해 여러분들에게 이 중요한 주제에 대한 교육을 더 이어갈 수 있도록 동기를 부여하고자 한다. 이 과정에서, 여러분들이 충분히 이해하지 못한 통계 결과를 이용하여 결론을 내리는 것 또한 경고하고자 한다. 이는 조사자들이 자주 빠지는 전형적인 함정이다.

이 장은 데이터의 집합을 특징짓기 위해 수행되는 전형적인 시작 단계에서 출발한다. 이 단계에는 데이터 유형과 데이터의 제약 조건을 인지하는 것이 포함된다. 데이터에서 표본 통계를 추출하는 방법을 배우는데 이는 데이터를 설명하는 데 도움이 된다. 데이터에는 무작위적인 오차(random error)가 포함되므로, (1) 이런 무작위적인 오차의 특성과 (2) 어떻게 무작위적인 오차가 데이터가 추출된 모집단의 개념과 연관되는지 이해하는 것이 중요하다. 또한, 서로 다른 모집단들에서 추출된 무작위적인 숫자(random numbers)를 모사(simulation)하는 과정도 소개한다.

이러한 배경을 바탕으로, 이 장은 응용 통계학의 두 가지 중요한 주제로 이어진다. 첫 번째는 **가설 검정**(hypothesis testing)으로, 데이터의 집합을 기반으로 주장을 제기하고 해당 주장과 결정에 대한 불확실성을 평가하는 것과 관련된다. 두 번째는 데이터에 모델을 피팅(fitting)[2]시키는 **회귀**(regression)라는 중요 분야를 소개한다. 수학적 모델은 현상에 대한 이해를 증진하고 예측하는 데 다양한 방법으로 활용될 수 있다.

10.1 데이터 집합의 특성화: 초기 관찰과 표본 통계

데이터는 다양한 형태를 가진다. 첫 번째 구분은 정보가 범주형인지 아닌지이다. 범주형 데이터는 (숫자일 수도 있고 아닐 수도 있으며) 오직 특정 값만을 취할 수 있다. 제품 품질에 대한 정성적(qualitative) 판단이 이에 해당하는 예이다. 결과는 우수, 양호, 평균, 부족, 불만족으로 분류될 것이다. 이산 제품의 품질에 대한 더 간단한 척도는 합격/불합격일 수도 있다. 측정 척도가 확립되면 범주들 사이에 다른 값은 없다. 이 장에서는 연속적인 양[3]의 측정으로 얻어진 수치(숫자 값)를 갖는 데이터에 초점을 둔다.

1 오해(잘못된 이해)에서 비롯된 오류 외에, 어떤 부정확성은 대럴 허프(Darrell Huff)의 유명한 1954년 저서 "새빨간 거짓말, 통계(How to Lie with Statistics, (Norton, New York, ISBN 0-393-31072-8))"에 잘 설명되어 있듯이 일부러 의도된 것이다. 어떠한 경우에라도 해결책은 체계적인 응용 통계학적 배경을 갖추는 것이다. 이 장은 이 여정을 시작하기 위해 기획되었다.

2 (옮긴이) 데이터를 설명할 수 있는 수학적 모델을 맞추는 작업

3 (옮긴이) 가령, 무게나 부피 등이 연속적인 양에 해당하는 예이다.

10.1.1 일반적인 데이터 개념

분해능(resolution)의 개념은 수치로 측정하는 데 있어서 중요한 척도이다. 이는 5분 간격으로 얻어진 기상 관측소의 압력 데이터를 보여주는 [그림 10.1]에서 확인할 수 있다. 주의 깊게 살펴보면, 측정치가 0.01 수은주 인치(inHg) 간격으로 상승하고 하강하는 것을 볼 수 있다. 중간치는 없다. 물론, 실제 상대 압력은 연속적인 양이다. 하지만, 기상 관측소의 압력 측정 창을 통해서는 오직 가장 가까운 0.1 수은주 인치 단위의 변화만 볼 수 있다. 그림을 살펴보면, 측정의 분해능이 충분할 정도로 세밀하여 측정치가 압력 변동의 올바른 윤곽과 추정치를 제공한다고 판단할 수 있다.

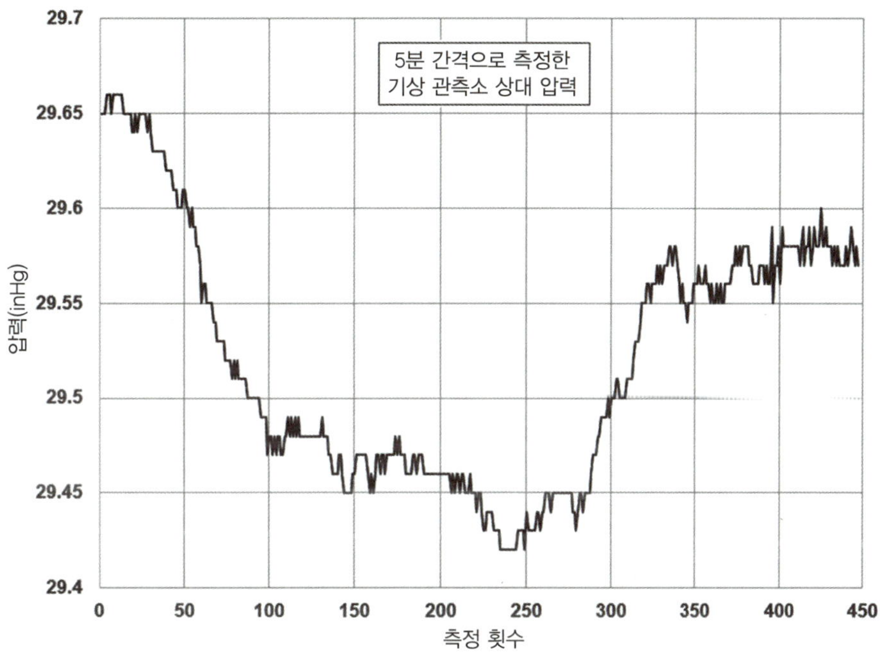

그림 10.1 기상 관측소의 해수면에 대한 대기압 측정치.[4]

다음으로 [그림 10.2]를 살펴보자. 이 데이터는 같은 기상 관측소에서 측정한 상대습도이다. 여기서는 분해능 사안이 문제가 되는데, 이는 1% 단위보다 작은 변화는 나타내지 못하고 있기 때문이다. 만약 이러한 측정치가 세부 정보를 충분히 제공하지 못한다면, 우리는 분해능이 더 높은 (그리고 더 비싼) 습도계에 투자해야 할 것이다. 여기서 볼 수 있듯이, 측정 범위 내에서는 오직 다섯 가지의 값만 존재한다. 이는 이러한 측정치가 연속적

4 여기에서 사용된 단위인 수은주 인치(inHg)는 미터법(SI) 단위인 파스칼(Pa 또는 kPa)과 다르다. 전 세계적으로 다양한 응용 분야에서 일반적으로 사용되는 압력 단위는 십여 개 이상이다. 혹자는 여기에서 미터법 단위는 아니지만 토르(torr)로 알려진 수은주 밀리미터(mmHg) 단위를 사용할 수도 있음을 알고 있을 것이다. 마찬가지로 미터법 단위는 아니지만 미국에서는 psi, 유럽에서는 kg/m2와 같은 단위를 사용하기도 한다. 실험실에서는 흔히 사용하는 bar (100 kPa)도 미터법 단위가 아니다. 여기에서 이 특정 기상 관측소의 측정 단위인 수은주 인치를 사용한 것에 대해 사과하며, 혼란스러운 압력 측정의 세계에 온 것을 환영한다.

인 양인 실제 상대 습도를 잘 나타내지 못하며 이산적이라는 인상을 준다.

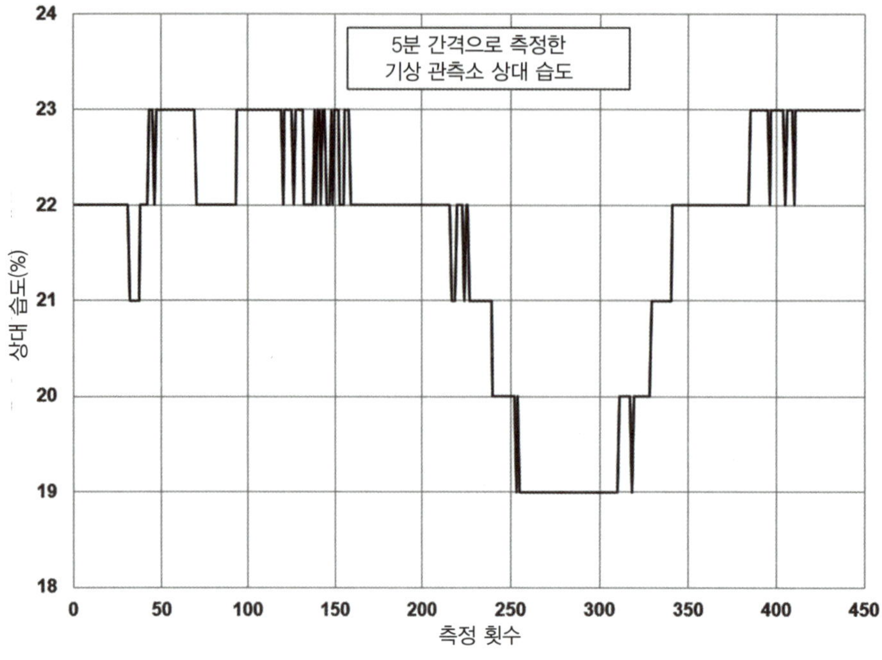

그림 10.2 기상 관측소의 상대 습도 측정치.

다음으로 소개되는 용어는 **정상성**(stationarity)이다. 이는 측정치의 집합이 제시된 순서에 따라 추세를 가지는지(혹은 아닌지)와 관련이 있다. [그림 10.1]과 [그림 10.2]에서 제시된 기상 관측소의 데이터는 시간순이다.[5] 이 데이터는 시간에 따른 추세를 보이기 때문에, 이 데이터는 정상열(stationary series)이 아니라고 결론 내릴 수 있다. 데이터에 정상성이 없다면, 중심 경향(혹은 평균), 산포도(혹은 분산)와 같은 통계적 수치를 예측하기 어렵다.[6]

혼란을 초래하며 빈번하게 잘못 적용하여 사용되는 용어로는 정확도(accuracy)와 정밀도(precision)가 있다. 간단히 말하자면, 정확도는 주어진 측정치들이 실제 값에 얼마나 가까운지를 나타내는 것이고, 정밀도는 측정치들끼리 서로 얼마나 가까운지를 나타낸다. 비록 개념을 간단히 설명했지만, 완전히 이해하기 위해서는 미묘한 차이를 인식해야 한다.

0.01°C의 높은 분해능으로 온도를 디지털로 표시해주는 온도 측정기를 상상해보자. 이 기기의 측정치도 분해능과 같은 정도로 "정확"하다고 가정하고 싶은 유혹이 있을 것이다. 이는 잘못된 것이다. 정확도는 측정 표준과의 비교에 관한 것이다. 여기서 측정 표준은 미국의 국립표준기술연구소(National Institute of Standards and Technology(NIST))

5 (옮긴이) 시간에 따라 순차적으로 얻어진 데이터를 시계열 데이터라고 한다.
6 (옮긴이) 즉, 시계열 데이터는 통계적 수치들이 시간에 따라 변화하지 않을 때 정상성을 갖는다.

와 프랑스의 국제단위계(Système International d'Unités(SI))와 같은 기관에 의해 유지된다. 이차 표준(secondary standard)은 국립표준기술연구소의 일차 표준(primary standard)에 대해 보정된다. 온도 측정기는 일반적으로 정확도 사양(specification)과 함께 제공된다. 위의 예시에서 정확도는 어쩌면 ±0.1℃일 수도 있으며, 이는 분해능의 10배에 달한다. 많은 사람들이 정밀도라는 용어가 데이터를 설명하기에 부적절하다고 여긴다. 왜냐하면 정밀도라는 용어는 분해능을 나타내지만, 정확도와 쉽게 혼동될 수 있기 때문이다. 또한, 반복성과 산포도도 혼동될 수 있는 용어이다. [그림 10.3]에서 이러한 개념을 살펴볼 수 있다.

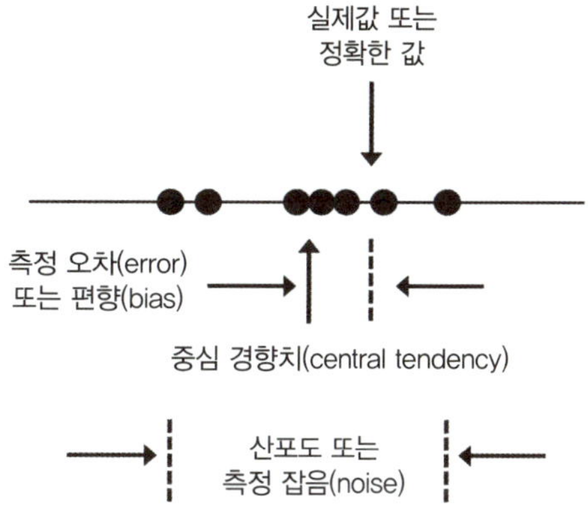

그림 10.3 반복해서 측정된 측정치의 점 도표(dot diagram).

반복성(repeatability)은 같은 양을 반복해서 측정하여 일관된 결과를 얻는 것에 해당한다. **산포도**(dispersion)는 반복성의 반대를 말하며, 데이터 집합의 흩어짐과 관련된다.

상대적으로 작은 데이터 집합에서는, 일반적으로 평균을 계산하여 **중심 경향치**(central tendency)[7]를 추정할 수 있다. 만약 측정 횟수를 매우 큰 수로 증가시키면, 평균은 상수에 근접하겠지만, 여전히 이 수치는 측정 시스템의 부정확성으로 인해 정확한 값과는 차이가 있을 것이다. 따라서 여기에는 두 가지 개념이 존재한다. 첫째로, 표본의 크기가 증가함에 따라, 평균값(혹은 평균 추정값)은 점점 더 확실하게 상수에 근접한다. 둘째로, 그 상수는 여전히 측정 시스템의 부정확성이나 **편향 오차**(bias error)로 인해 제한된다. 이러한 두 가지의 오차 원인은 우리가 취한 측정치에 결합되어 나타난다.

데이터의 **산포도**(dispersion)는 측정 잡음(noise)과 연관된다. 측정하는 양 자체의 특성으로 인해 측정 시 잡음이 생기거나 무작위적인 오차가 생길 수 있으며, 혹은 측정 장비 자체에서 잡음이 발생할 수 있다. 후자는 측정 장비에 신중히 주의를 기울여 최소화할 수 있다. 전자는 우리가 함께 살아야 할 "악의 본성"이다. 데이터가 흩어질수록 중심값을 확

7 (옮긴이) 데이터의 중심을 나타내는 값으로 산술 평균, 중앙값, 최빈값 등을 일반적인 척도로 사용한다.

실하게 추정하기란 더 어렵다. 데이터의 집합으로부터 어떤 주장을 하고자 할 때, 그리고 정확도(또는 그의 부재)와 불확실성을 다루어야만 할 때, 이러한 개념들은 중요한 의미를 갖게 된다.

명확히 말하자면, 데이터의 집합은 산포도가 작을 수는 있지만, 실제값 또는 정확한 값과 비교했을 때 여전히 의미 있는(즉, 무시할 수 없는) 오차를 가질 수 있다. 그리고 반대로, 측정치의 집합이 실제 값 주위에 잘 집중되어 있다고 하더라도, 산포도가 크면 이와 관련된 불확실성 때문에 통계적인 주장을 도출하기 어려울 수 있다. 이를 [그림 10.4]에서 나타낸다.

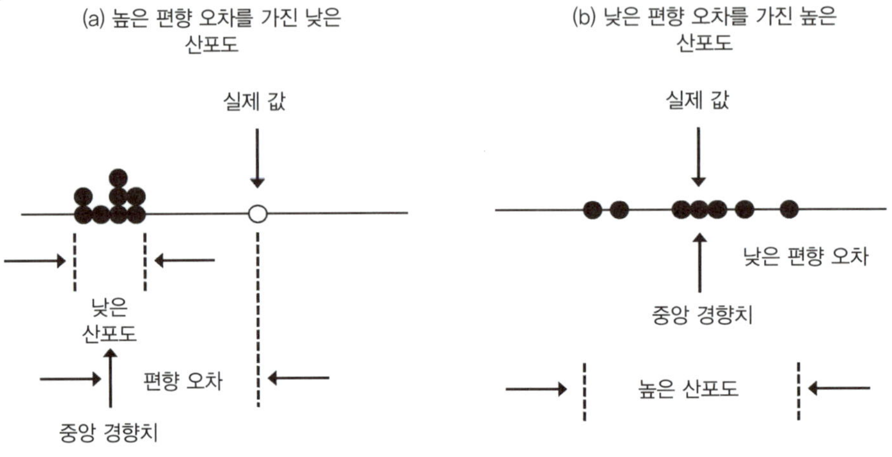

그림 10.4 서로 다른 편향 오차를 가진 낮은 산포도와 높은 산포도의 데이터 집합 비교.

이 논의를 마무리하기 위해, 다시 정상성의 개념으로 돌아간다. 비정상적인(non-stationary) 데이터열(data series)의 경우, 중심값(central value)의 개념은 움직이는 표적(moving target)이다. [그림 10.1]과 [그림 10.2]에서, 주어진 시간 동안의 평균 온도와 상대 습도를 계산할 수 있다. 그러나 그것을 중심 경향치라고 부르는 것은 과장된 주장일 것이다.

10.1.2 표본 통계: 중심 경향치와 산포도

데이터의 집합을 취할 때, 이러한 데이터가 어떠한 **모집단**(population)에서 왔다는 개념을 도입한다. 한 대학의 전체 학생과 같이 모집단 성분이 유한인 경우도 있다. 임의로 100명의 학생을 선택하고 그들의 키를 측정한다면, 이것은 $n = 100$인 **표본**(sample)이 된다. 또 다른 표본을 선택하면, 아까와는 다른 데이터의 집합을 얻을 것이다. 하지만, 두 데이터 집합은 모두 같은 모집단에서 얻어졌다. 유한한 모집단의 경우, 모든 구성 성분을 측정한다는 개념을 실현할 수 있다.

공학과 과학 분야에서 대부분의 데이터 표본에 대한 모집단 성분은 무한하다. [그림 10.1]에서 자연에서 가능한 압력의 무한한 수를 상상할 수 있다. 그 후에, 유한한 성분의 분해능을 가진 실제 측정 시스템은 이를 가능한 측정 압력의 유한한 모집단으로 축소한다. 측정 분해능이 정밀하다면, 측정 모집단은 자연의 모집단에 근접한다.

10.1.2.1 중심 경향치

데이터의 집합을 특징짓는 첫 번째 개념은 **중심 경향치**이다. 이를 가장 일반적으로 측정하는 방법은 표본 $\{x_i,\ i = 1, \ldots, n\}$의 **산술 평균**이다.

$$\bar{x} = \frac{\sum_{i=1}^{n} x_i}{n} \tag{10.1}$$

x에 위에 줄이 있는 표기($\bar{x}$)를 주의한다. 이는 **표본 평균**(sample average or sample mean)이라고도 불린다. 때로는 평균이라고도 불리지만, 이는 적절하지 않다.

일반적으로 평균이라는 용어는 전체 모집단의 중심 경향치를 나타내며, 사용되는 기호는 그리스 문자 "뮤"인 μ이다. [그림 10.5]는 두 개의 데이터 집합과 그들의 **점 도표** 및 이에 해당하는 표본 평균 계산을 보여준다. 이 데이터는 같은 모집단에서 측정되거나 추출되었다. 표본이 서로 다르며, 평균 계산값이 약 3% 차이 나는 것을 알 수 있다.

10.1
11.5
9.6
9.6
10.4
9.4
10.2
9.9
9.1
9.8

$$\bar{x} = \frac{\sum_{i=1}^{n} x_i}{n} = \frac{99.6}{10} = 9.96$$

11.4
10.5
9.3
14.6
8.4
7.9
7.3
9.7
8.6
8.7

$$\bar{x} = \frac{\sum_{i=1}^{n} x_i}{n} = \frac{96.4}{10} = 9.64$$

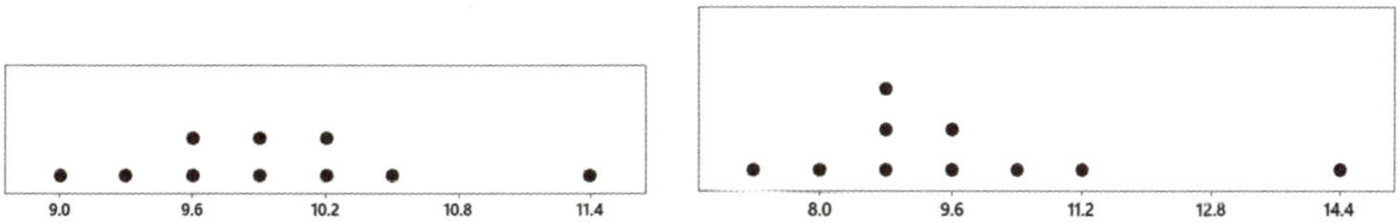

그림 10.5 같은 모집단에서 얻어진 두 개의 데이터 표본에 대한 평균 계산 및 점 도표.

[그림 10.5]의 **점 도표**는 또 다른 문제를 제기한다. 각 데이터 집합에는 나머지 측정치와는 극명하게 다른 한 가지 값이 포함되어 있다. 이러한 값들은 일반적으로 **이상치**

(outlier)라 불린다. 이러한 이상치를 데이터 집합에서 무분별하게 제거하고 싶은 유혹이 있으며, 이는 많은 조사자들이 빠지는 함정이다. 이는 절대로 바람직하지 않다. 이상치를 제거할 수 있는 타당한 이유는 실험이나 데이터의 수집에서 **실수**를 발견했을 경우이다. 그 외의 경우에는 이상치를 제거해서는 안 된다. 결국, 이상치는 측정하고자 하는 현상에 대해 매우 중요한 정보를 제공할 수도 있다. 또한, 제거된 이상치에 대해서는 항상 문서화해놓아야 한다.

이상치가 존재할 때, 특히 작은 데이터 집합에서는 이상치가 평균 계산에 과도하게 영향을 미칠 우려가 있다. 이에 대한 한 가지 해답은 중심 경향치에 대해 대안적인 척도(alternative measure)를 사용하는 것이다. 대안으로 사용되는 가장 일반적인 중심 경향치는 중앙값(median)이며, $\tilde{x}$로 표기한다. 중앙값의 정의는 간단하다. 데이터를 정렬하고 가운데 값을 취한다. 데이터의 개수가 짝수인 경우, 가운데 두 값을 선택하고 그들의 평균을 계산한다. [그림 10.5]의 두 데이터 집합에 대한 중앙값 계산은 [그림 10.6]에서 확인할 수 있다. 중앙값이 평균값보다 (특히 두 번째 데이터 집합에서) 작은 것을 알 수 있다. 이는 두 데이터 집합에서 이상치일 가능성이 있는 높은 값들이 중앙값 계산보다 평균 계산에서 더 큰 영향을 미치기 때문이다. 두 번째 데이터 집합의 높은 값은 첫 번째 데이터 집합보다 더 극단적이다. 뒤에서 이상치 진단하기에 대해 다시 다룰 것이다.

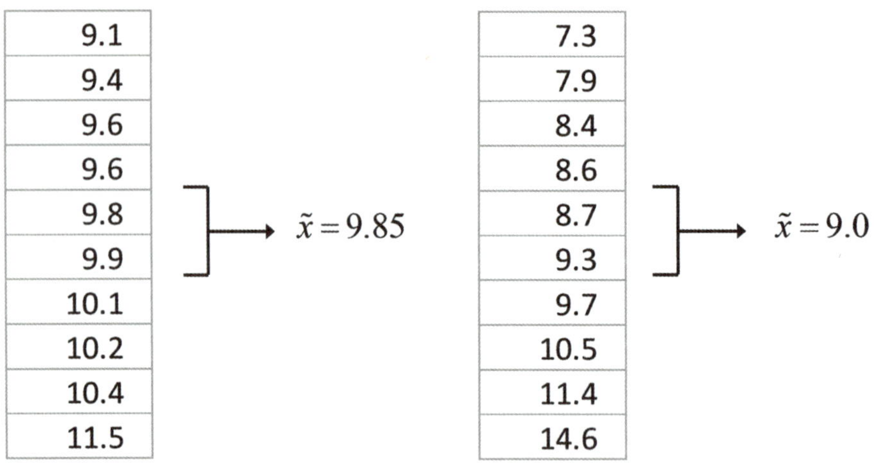

그림 10.6 두 데이터 집합에서의 중간값 계산.

중심 경향치를 측정하는 다른 방법도 있다. 가장 빈번하게 나타나는 값을 나타내는 **최빈값**(mode)과 중앙 결과에서 멀리 떨어진 값들을 점진적으로 감소시키는 **m-추정량**(m-estimator) 등이 있다. 하지만 여기에서는 이에 대해 자세히 다루지는 않을 것이다. 이러한 방법들은 상대적으로 적게 사용되지만, 만약 관심이 있다면 차프라(Chapra)와 클러프(Clough)의 책(2022)이나 몽고메리(Montgomery)와 런거(Runger) (2018), 혹은 메이슨

(Mason), 건스트(Gunst), 헤스(Hess) (1989)가 공동 집필한 것과 같은 좋은 통계학 교재를 참고하기를 바란다.

파이썬을 사용하여 평균값과 중앙값을 계산하는 방법을 알고 있는 것은 유용하다. 두 번째 데이터 집합에 대해 이를 수행하는 스크립트는 다음과 같다.

```
import numpy as np

x = np.array([11.4,10.5,9.3,14.6,8.4,7.9,7.3,9.7,8.6,8.7])

xbar = np.mean(x)
xmed = np.median(x)
print('average = {0:5.2f}'.format(xbar))
print('median = {0:5.2f}'.format(xmed))
```

콘솔에 표시되는 결과는 다음과 같다.

```
average = 9.64
median = 9.00
```

모듈(module) NumPy에서 평균(또는 표본 평균)을 계산하는 함수는 mean이라는 점에 유의하자.

10.1.2.2 퍼짐성(spread) 혹은 산포도(dispersion)

데이터 표본과 그 모집단에 대한 다음 관심사는 퍼짐성(spread) 혹은 **산포도**(dispersion)의 측정이다. 아마도 퍼짐성의 가장 쉬운 측정치는 데이터의 **범위**(range)이다. 이는 간단히 데이터 집합의 최대값과 최소값의 차이다. 그러나 이는 극단값에 지나치게 민감하며, 최소값과 최대값 사이의 내부 데이터를 무시하기 때문에, 특별하게 좋은 측정치는 아니다. 더 나아가, 데이터의 개수가 증가할수록 범위 또한 넓어지는 경우, 이는 안정된 추정치가 될 수 없다.

표본 평균이 실제 중심값 혹은 모집단 평균의 추정치인 것처럼, 산포도에 대해서도 비슷한 측정치를 일반적으로 사용한다. **표본 표준 편차**(sample standard deviation) 또는 그의 제곱인 **표본 분산**(sample variance)이 모집단 표준 편차(population standard deviation) 또는 그 제곱인 모집단 분산(population variance)의 추정치로 사용된다. 표본 표준 편차의 공식은 다음과 같다.

$$s = \sqrt{\frac{\sum_{i=1}^{n}(x_i - \bar{x})^2}{n-1}} \tag{10.2}$$

말로 표현하자면, 각각의 데이터와 표본 평균 사이의 편차를 제곱하여 합산한 뒤, 그 결과를 $n-1$로 나누고, 제곱근을 취하는 방식으로 추정치(표본 표준 편차)가 계산된다. 제곱근을 취하지 않으면 이를 표본 분산(s^2)이라 부른다. 제곱의 영향으로 인해, 큰 편차는 작은 편차보다 결과에 더 크게 가중됨을 알 수 있다. 평균과 마찬가지로, 표본 표준 편차는 모집단의 표준 편차를 추정한 값이며, 모집단의 표준 편차는 그리스 문자 “시그마”인 σ로 표기된다.

자주 나오는 질문 중 하나는 왜 식 (10.2)의 분모에 n이 아닌 $n-1$을 사용하는가이다. 여기서는 이에 대해 두 가지 방법으로 설명한다.

- 데이터 집합의 **자유도**(degree of freedom)는 n이다. 표본 평균을 계산하고 사용할 때, 자유도가 하나 제거되어 $n-1$이 남게 된다. 다른 관점에서 생각해 보자면, 만약 평균과 $n-1$개의 주어진 값을 알고 있다면, n번째 값을 계산할 수 있다.
- 만약 $n-1$ 대신 n을 사용하고, 표본의 크기를 높은 값의 n까지 점진적으로 늘려간다면, 계산 결과는 σ에 접근하지 않고 오프셋(offset) 혹은 **편향 오차**(bias error)가 생긴다.

두 번째 논의를 수학적인 유도를 통해 증명하는 방법이 있지만, 이를 위해 필요한 개념들이 이 책에서 다루는 범위를 벗어나기 때문에 여기에서 다루지 않는다. 다만, $n-1$을 사용해야 하는 표본 표준 편차 계산에 n을 사용하여 발생하는 흔한 오류에 대해서는 다시 한번 주의를 요한다. 반대로, 표본이 전체 모집단 자체일 경우에는 n을 사용해야 한다.

[그림 10.7]은 두 개의 데이터 집합에 대한 표본 표준 편차 계산을 보여준다. 두 결과가 상당히 다른 것에 주목하자. 두 번째 결과는 첫 번째 결과의 세 배 이상이다. 이는 표준 편차 추정에 있어 두 가지 문제를 드러낸다. 첫째로, 크기가 작은 표본에서 신뢰할 만한 추정치를 얻는 것이 평균값에 비해 더 어렵다는 점과, 둘째로, 두 번째 데이터 집합에서와 같이 잠재적 이상치가 추정치에 강한 영향을 미친다는 점이다.

10.1
11.5
9.6
9.6
10.4
9.4
10.2
9.9
9.1
9.8

$\bar{x} = 9.96$

$$\sum_{i=1}^{n}(x_i - \bar{x})^2 \cong 3.98$$

$s \cong 0.665$

11.4
10.5
9.3
14.6
8.4
7.9
7.3
9.7
8.6
8.7

$\bar{x} = 9.64$

$$\sum_{i=1}^{n}(x_i - \bar{x})^2 \cong 40.6$$

$s \cong 2.12$

그림 10.7 표본 표준 편차 계산.

앞에서 평균의 추정치로 중앙값을 살펴본 것처럼, 여기서 관찰된 마지막 사실은 표준 편차를 추정하기 위한 또 다른 방법을 고려해보게끔 한다. 여기에서의 답은 **중앙값 절대 편차**(median absolute deviation) 혹은 MAD이다. MAD를 계산하기 위한 절차는 다음과 같다.

1. 데이터의 중앙값을 찾는다.
2. 데이터와 중앙값 편차의 절대값을 계산한다.
3. 이러한 절대값들의 중앙값을 찾는다.
4. 결과를 0.6745로 나눈다.

[그림 10.8]은 두 개의 데이터 집합에 대한 MAD 계산을 나타낸 것이다. MAD가 표본 표준 편차보다 작다는 것에 주목한다. 이는 MAD가 s 값보다 이상치에 덜 민감하기 때문이다. 또한, 두 개의 MAD 값이 다르다는 것을 볼 수 있다. 이는 작은 표본으로부터 σ의 정확한 추정치를 구하는 것이 어렵다는 점을 강조한다.

$\tilde{x} = 9.85$	$d = \lvert x_i - \tilde{x} \rvert$
10.1	0.25
11.5	1.65
9.6	0.25
9.6	0.25
10.4	0.55
9.4	0.45
10.2	0.35
9.9	0.05
9.1	0.75
9.8	0.05

$\tilde{d} = 0.30$

$MAD \cong 0.44$

$\tilde{x} = 9.85$	$d = \lvert x_i - \tilde{x} \rvert$
11.4	2.4
10.5	1.5
9.3	0.3
14.6	5.6
8.4	0.6
7.9	1.1
7.3	1.7
9.7	0.7
8.6	0.4
8.7	0.3

$\tilde{d} = 0.90$

$MAD \cong 1.33$

그림 10.8 중앙값 절대 편차(MAD) 계산.

0.6745 인자의 사용에 대한 자연스러운 질문이 생긴다. 이 값은 이론에서 유도되며, 표본의 크기가 커질수록 MAD가 σ에 접근하기 위해서 필수적이다.

이제 파이썬으로 이러한 산포도 추정치들을 계산하는 방법을 살펴본다. 아래의 스크립트를 참조한다.

```
import numpy as np

x = np.array([10.1,11.5,9.6,9.6,10.4,9.4,10.2,9.9,9.1,9.8])

s = np.std(x,ddof=1)

def MAD(x):
```

```
    xmed = np.median(x)
    xdev = abs(x-xmed)
    dmed = np.median(xdev)
    return dmed/0.6745

MADx = MAD(x)

print('sample standard deviation = {0:5.3f}'.format(s))
print('median absolute deviation (MAD) = {0:5.3f}'.
format(MADx))
```

결과는 다음과 같다.

```
sample standard deviation = 0.665
median absolute deviation (MAD) = 0.445
```

이는 [그림 10.7] 및 [그림 10.8]과 같은 결과를 보여준다. 함수 std에서 선택형(optional) 인수 ddof = 1의 옵션을 사용한 것을 알 수 있다. 이것은 분모 $n-1$을 이용하는 표본 표준 편차 계산에 필요한 옵션이다. 기본값인 ddof = 0은 모집단 표준 편차에 적합한 분모 n을 사용한다. 또한, SciPy의 서브모듈(submodule) stats에는 위 스크립트의 함수 MAD 계산을 수행하는 함수 median_abs_deviation이 있다. 또 다른 선택형 인수 scale='normal'이 사용되었으며, 이것은 상수 0.6745의 정확한 값을 포함한다.

```
from scipy.stats import median_abs_deviation
MADx2 = median_abs_deviation(x, scale='normal')
```

마지막으로, 표본 크기가 매우 작은 $n \leq 5$인 경우, 다음과 같이 범위를 사용하여 표준 편차의 적절한 추정치를 계산할 수 있다.

$$\frac{\text{범위(range)}}{\sqrt{n}} \tag{10.3}$$

비록 이 값이 크기가 10인 우리의 표본에 특별하게 적용되는 것은 아니지만, 우리의 두 데이터 집합을 이용한 결과는 각각 0.76과 2.31이다.

10.1.3 이상치 진단을 위한 상자 그림 사용

상자 그림(boxplot)은 표본 통계 계산에 사용되는 유용한 시각적 도구이다.[8] 특히 극단적인

8 상자 수염 그림(box and whi sker plot)은 1970년에 미국의 수학자이자 통계학자인 존 투키(John Tukey)에 의해 처음 소개되었다. 그 후 1977년, 그는 이 주제에 관해 다룬 책 'Exploratory Data Analysis (Addison-Wesley. ISBN 9780201076165)'을 출판하였다.

결과를 이상치로 분류해야 할지 판단하는 데 효과적이다. 상자 그림은 서로 다른 데이터 집합을 비교하는 데에도 유용하며, 이를 활용하는 방법을 차차 알아볼 것이다. 상자 그림을 구성하는 데 필요한 절차는 다음과 같다.

1. 데이터 집합의 중앙값을 찾는다.
2. 데이터 집합의 25번째 백분위수와 75번째 백분위수를 계산한다.
3. 이 두 제한값을 가지고 수직 축으로 데이터에 적합한 상자를 그린다.
4. 이 두 백분위수의 차이로 사분위 **범위**(*iqr*)를 계산한다.
5. 상자의 위와 아래에 최대 $1.5 \cdot iqr$ 길이만큼 확장한 (수염이라 부르는) 선을 그린다. 단, $1.5 \cdot iqr$ 범위 내에 있는 가장 큰 (혹은 가장 작은) 데이터 지점까지만 그린다.
6. 수염을 벗어난 데이터는 이상치로 식별하기 위해 점으로 표시한다.

4장에서 수치 배열(array)의 특정 백분위 값을 계산하는 함수 pctile을 개발했다. 이를 이전에 작성한 두 번째 데이터 집합의 중앙값을 계산하는 스크립트에 다음과 같이 포함시킬 수 있다.

```
import numpy as np

def pctile(x,pct):
    y = np.sort(x)
    n = len(y)
    mp = pct/100*(n-1)
    mp1 = int(mp)
    xp = (1-(mp-mp1))*y[mp1]+(mp-mp1)*y[mp1+1]
    return xp

x = np.array([11.4,10.5,9.3,14.6,8.4,7.9,7.3,9.7,8.6,8.7])
n = len(x)

xmed = np.median(x)
x25 = pctile(x,25.)
x75 = pctile(x,75.)
iqr = x75 - x25
xwhiskhimax = x75 + 1.5*iqr
xwhisklomin = x25 - 1.5*iqr

xs = np.sort(x)
for i in range(n):
    if xs[i] > xwhisklomin:
        xwhisklo = xs[i]
        break
for i in range(n-1,-1,-1):
```

```
    if xs[i] < xwhiskhimax:
        xwhiskhi = xs[i]
        break

print('median = {0:5.2f}'.format(xmed))
print('25th %-ile = {0:5.2f}'.format(x25))
print('75th %-ile = {0:5.2f}'.format(x75))
print('iqr = {0:5.2f}'.format(iqr))
print('low whisker = {0:5.2f}'.format(xwhisklo))
print('high whisker = {0:5.2f}'.format(xwhiskhi))
```

다음은 상자 그림의 매개변수이다.

```
median = 9.00
25th %-ile =  8.45
75th %-ile = 10.30
iqr = 1.85
low whisker = 7.30
high whisker = 11.40
```

이러한 매개변수를 사용하여 상자 그림을 그릴 수 있으며, 수염의 범위를 벗어난 값들을 확인할 수 있다. 배열을 검토해 보면, 14.6이라는 높은 수치 하나를 볼 수 있다. 상자 그림은 [그림 10.9]를 참조한다. 14.6의 값이 이상치인 것을 알 수 있으며, 실제로 이 값은 **극단적인 이상치**로 나타난다. 이는 집합의 숫자를 검토해 보는 것만으로는 명확하지 않을 수 있다. 또한, 중앙값의 위치에 점선을 그려보면, 이 중앙선은 상자의 수직 중앙에 위치하지 않는다는 것을 알 수 있다. 중앙선이 상자의 중간(대칭 데이터의 50번째 백분위)에서 떨어져 있다면, 이는 데이터의 분포가 비대칭(asymmetric)임을 나타낸다. 이러한 비대칭적 분포는 히스토그램(5.4절 참고)을 그려보면 확인할 수 있으며, 히스토그램은 상자가 더 큰 방향(즉, 중앙값 위 상자와 아래 상자 중 면적이 더 큰 방향)으로 꼬리를 보여줄 것이다.

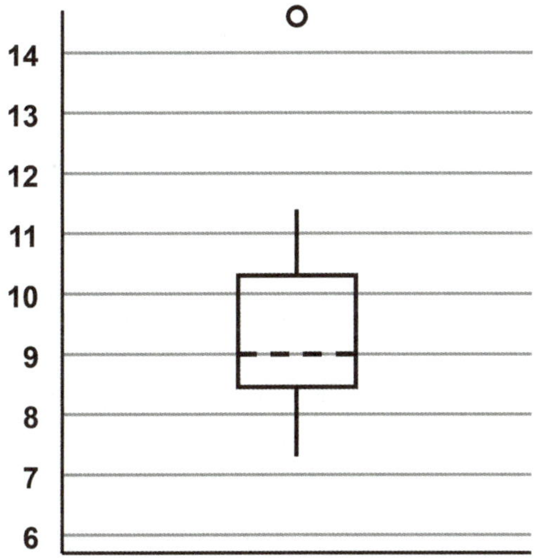

그림 10.9 두 번째 데이터 집합의 상자 그림.

파이썬 라이브러리 matplotlib의 모듈 pyplot은 상자 그림을 생성하는 함수를 제공한다. 다음은 [그림 10.9]와 유사한 플롯을 생성하는 매우 간결한 스크립트이다. 결과는 [그림 10.10]에서 확인할 수 있다. $x = 9$에서 상자를 가로지르는 빨간색 선이 있으며, 이는 [그림 10.9]의 점선과 같다.

```
import matplotlib.pyplot as plt
plt.boxplot(x)
```

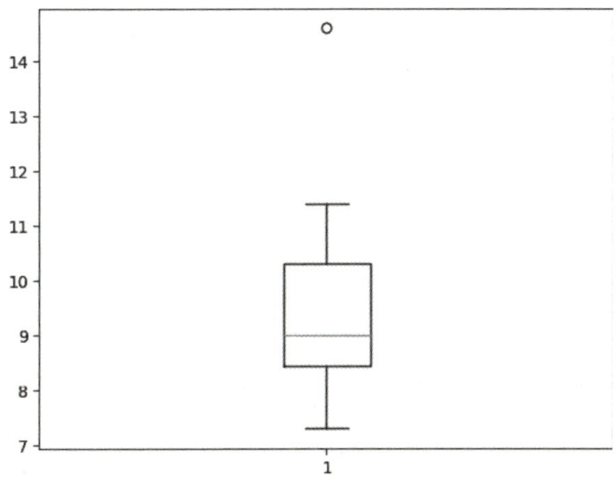

그림 10.10 Matplotlib 모듈 pyplot의 함수 boxplot을 이용하여 생성한 상자 그림.

이제부터는 상자 그림을 사용하여 데이터 집합의 특성을 탐색하는 것을 고려해보자. 이상치가 확인되면 그 원인을 확인하기 위한 조사를 시행해야 한다. 만약 실수 혹은 다른 중요한 오류가 연관된 원인을 확인할 수 있다면, 이상치는 데이터 집합에서 제거되어야 한다. 그리고 이를 문서화해야 한다. 그렇지 않은 경우, 이상치가 제외되어서는 안 된다.

10.2 분포

데이터 표본과 그에 연관된 모집단 간의 관계에 대해 논의했다. [그림 10.11]은 이러한 개념을 보여준다. 우리는 모집단의 진정한 실체를 알지 못한다. 우리의 데이터 집합은 모집단에서 표본 조사된 관측 결과를 나타낼 뿐이다. 데이터로부터 우리는 전체 모집단을 특성화하고 싶지만, 우리는 그것에 대한 부분적인 (종종 매우 부분적인) 시각만을 가지고 있는 셈이다. 이는 어떠한 표본 통계 혹은 표본 평균과 같은 추정치도 실제 모집단의 평균을 결정짓기에는 확실성이 부족하다는 것을 의미한다.

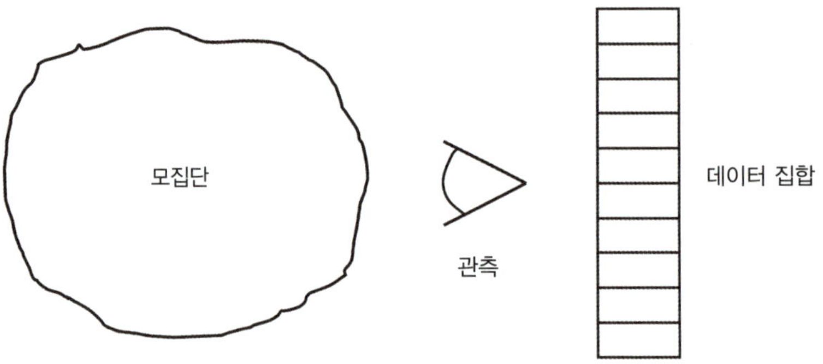

그림 10.11 관측을 통한 모집단과 데이터 집합 간의 관계.

이 절에서는 모집단을 설명하는 방법에 대해 논의할 것이다. 대부분의 모집단은 무한한 크기를 가지며, 이는 모집단의 내용물이 실수일 때 일반적이다. 우리의 측정 도구는 유한한 분해능을 갖기 때문에 우리는 무한한 모집단을 볼 수 없겠지만, 분해능이 상대적으로 정밀한 경우에는 근접해갈 수 있다. 모집단을 근본적으로 설명해주는 것은 그 **분포**(distribution)이다. 이를 5장의 히스토그램 그림과 연관 지을 수 있다.

히스토그램 그림은 데이터 표본 혹은 어쩌면 전체 유한 모집단에서 생성된다. [그림 5.19]는 40개의 피스톤 링 측정치를 기반으로 한 예시를 보여준다. 여기 [그림 10.12]에서 이를 다시 보여준다. 여기서 세로축은 **빈도**(frequency), 즉 해당 구간에서 얻어진 측정치의 개수이다. 이에 대한 대안으로는 **상대 빈도**(relative frequency)라 불리는 각 구간에 발생하는 측정치의 비율을 나타내는 것이다. 이는 [그림 10.13]에서 확인할 수 있다.

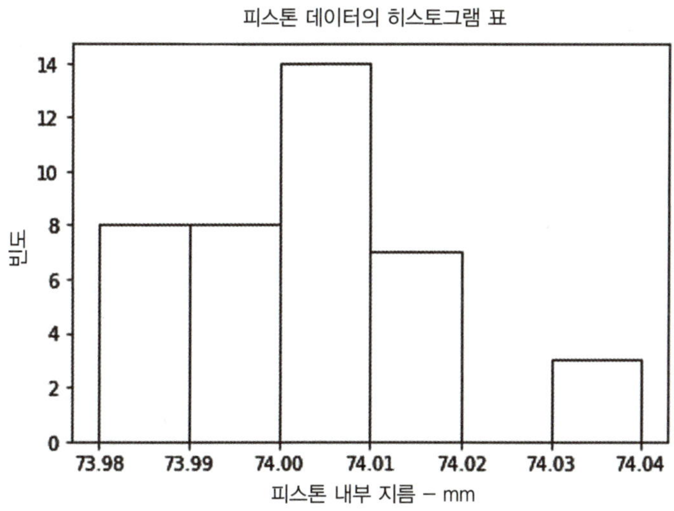

그림 10.12 피스톤 데이터의 히스토그램 표

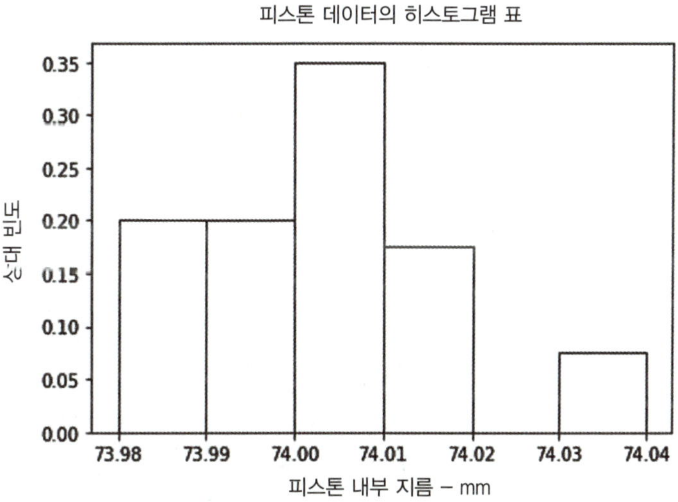

그림 10.13 피스톤 데이터의 히스토그램 표

[그림 10.12]에서 막대 높이의 합은 표본 크기인 40이고, [그림 10.13]에서 막대 높이의 합은 1(즉, 모든 비율의 합)이다. 주어진 데이터의 집합에서, 각 구간에서 값이 측정될 확률을 해당 막대의 높이로 추정할 수 있다. 이제 표본 크기를 크게 늘리고 구간 폭을 작게 한다고 가정한다. 동시에 상대 빈도를 구간 폭으로 나눈다. 만약 막대의 정점을 피스톤 지름에 대해 도시하여 그래프로 나타낸다면, 이는 [그림 10.14]에 근접할 것이다.

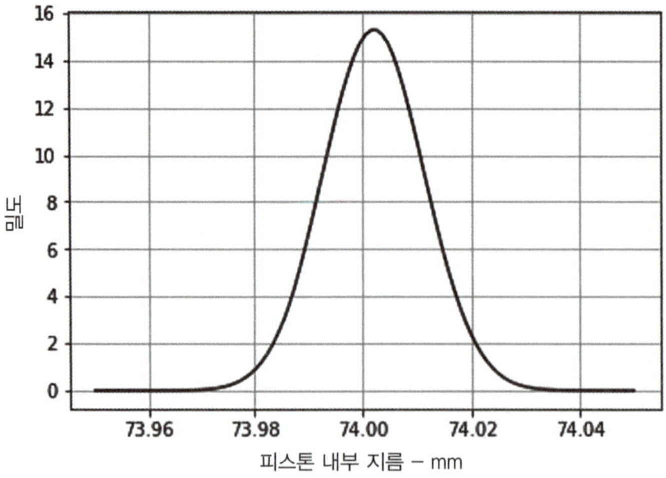

그림 10.14 피스톤 지름의 분포에 대해 가능한 (확률) 밀도 함수.

개별 막대의 높이를 다루는 대신, [그림 10.14]에서는 연속된 곡선을 갖게 된다. [그림 10.13]의 막대 높이의 합이 1이듯이, [그림 10.14]의 곡선 아래의 면적도 1이다. 분명하게 하자면, 곡선 위 한 점[9]의 아래 면적은 0이다. 이 곡선을 **밀도 함수**(density function) $f(x)$라고 부른다. 유한한 구간 내에서 측정치를 얻을 확률을 결정하고자 한다면, 이는 해당 구간에 대한 곡선의 아래 면적과 일치한다. 즉, 다음과 같이 쓸 수 있다.

$$P[a \le x \le b] = \int_a^b f(x)dx \tag{10.4}$$

밀도 함수는 $1/x$의 단위를 가져야 함에 유의한다. 이와 유사한 문제를 이전 장에서 해결한 적이 있으며, [예제 9.1] 및 [그림 9.11]을 참조한다.

주어진 모집단의 밀도 함수를 기반으로, 모집단 평균과 분산(표준 편차의 제곱)의 정의를 소개하고자 한다. 이들의 공식은 다음과 같다.[10]

$$\mu = \int_{-\infty}^{\infty} x f(x)dx \quad \sigma^2 = \int_{-\infty}^{\infty} (x-\mu)^2 f(x)dx \tag{10.5}$$

첫 번째 공식을 자세히 살펴보면, 평균 μ는 전체 영역에서 밀도 함수인 $f(x)$를 가중치로 사용한 변수 x의 가중 평균이다. 두 번째 공식에서 분산은 평균에서부터 편차의 제곱에 대한 가중 평균이다. 이러한 것들이 모집단의 매개변수이며, 일반적으로 우리는 이러한 매개변수를 직접적으로 알지 못한다. 그러나, 만약 밀도에 대한 수학적인 모델을 가지고

9 (옮긴이) 점은 너비가 없음

10 아직 적분에 대해 배우지 않았더라도, 9장에서의 적분과 합산의 유사성을 상기해 본다.

있다면, 이러한 값들을 결정지을 수 있다.

10.2.1 몇 가지 중요 분포

다양한 이론적인 **밀도 함수**가 있다. 여기서는 실제로 자주 쓰이거나 참조되는 세 가지를 강조한다.

10.2.1.1 균일 분포

균일 분포는 [그림 10.15]에서 확인할 수 있다. 식 (10.4)와 식 (10.5)를 이용하여 균일 분포를 계산하면 결과는 다음과 같다.

$$P[\alpha \le x \le \beta] = \frac{\beta - \alpha}{b-a} \qquad \mu = \frac{b+a}{2} \qquad \sigma = \frac{b-a}{2\sqrt{3}} \tag{10.6}$$

예를 들어, $a = -1$이고 $b = +1$이라면, 결과는 다음과 같다.

$$P[\alpha \le x \le \beta] = \frac{\beta - \alpha}{2} \qquad \mu = 0 \qquad \sigma = \frac{1}{\sqrt{3}} \tag{10.7}$$

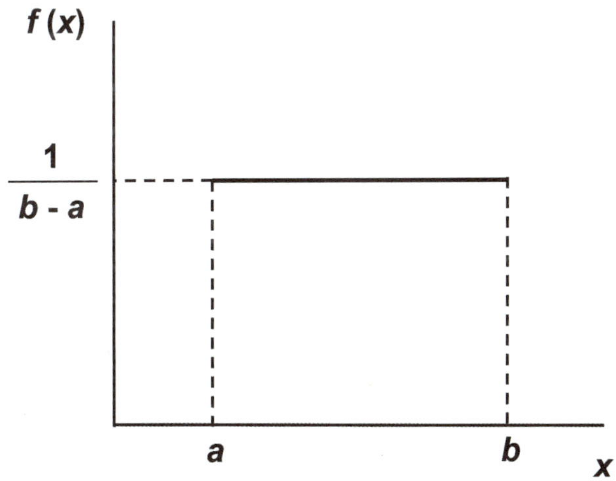

그림 10.15 균일 분포에 대한 확률 함수.

실제로는 균일 분포를 자주 마주치지 않는다. 이산 변수의 경우, 동전 던지기나 육면 주사위 던지기와 같은 상황에서 흔히 나타난다. 각 결과는 동일한 확률로 나타난다. 물리적/화학적 현상을 측정하여 얻은 데이터의 경우에는, 평균에서 멀리 떨어진 값보다 더 높은 확률을 가진 중심 경향치가 있는 것이 일반적이다. 그러나, 범위는 타당하게 정의되어 있지만 특정 분포를 따른다는 확증이 없는 경우, 분포에 대한 부족한 지식을 반영하기 위해 종종 균일 분포가 사용된다.

10.2.1.2 정규 분포

가장 흔하고 자주 마주치는 분포는 **가우시안 분포**(Gaussian distribution)라고도 불리는 **정규 분포**(normal distribution)이다. [예제 9.1]에 나타난 것처럼, 정규 분포의 밀도 함수는 다음과 같다.

$$f(x)=\frac{1}{\sigma\sqrt{2\pi}}e^{-\frac{1}{2}\left(\frac{x-\mu}{\sigma}\right)^2} \tag{10.8}$$

사용된 기호가 암시하는 대로, 이 분포의 평균은 μ이며 표준 편차는 σ이다. 이 밀도 함수는 μ를 중심으로 한 종 모양의 곡선이다. 이는 [그림 10.16]에서 확인할 수 있다. 이 곡선이 μ와 어떻게 연관되는지 알지만(즉, 곡선의 중심), σ와는 어떠한 관련이 있는지 살펴보아야 한다. 그림에서 $\sigma=10$이므로, 곡선 아래 대부분의 면적이 $\mu\pm3\sigma$ 사이 범위에 포함된다고 판단할 수 있다. σ의 배수와 곡선의 아래 면적(혹은 확률)의 관계에 대한 **정규 확률 규칙**(normal probability rule)이라 불리는 유용한 해석이 있다.

$\pm\sigma$	확률
1	68%
2	95%
3	99.7%

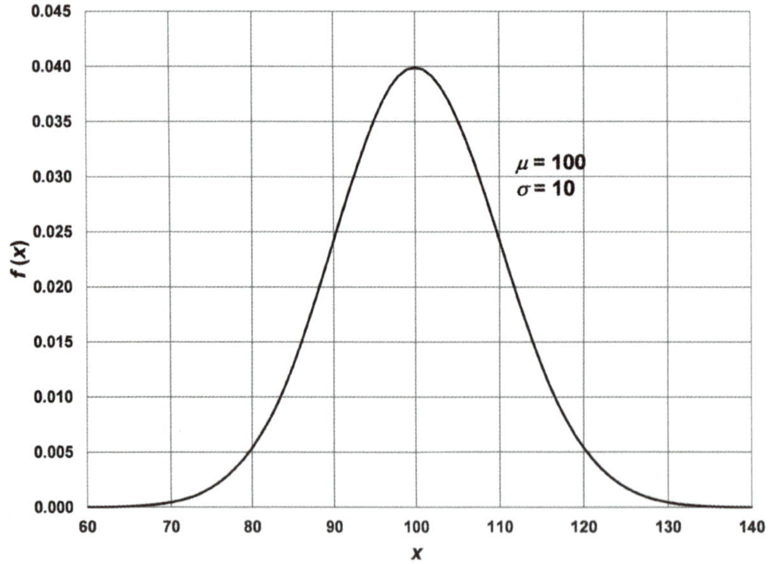

그림 10.16 $\mu=100$이고 $\sigma=10$에 대한 정규 분포의 확률 함수.

9장에서 언급했듯이, $\mu=0$과 $\sigma=1$의 조건으로 정규 분포를 간소화한 형태의 **표준 정규 분포**(standard normal distribution)가 있다. 일반적으로 이 분포와 함께 사용되는 확률 변수(random variable)의 이름은 z이며, 정규 분포에서의 x와는 다음의 관계에 있다.

$$z=\frac{x-\mu}{\sigma} \tag{10.9}$$

10.2.1.3 베이불(Weibull) 분포

여러 데이터 집합의 히스토그램 표를 관찰하다 보면, 정규 분포로 모델링하기에 아주 적합한 경우를 많이 볼 수 있다. 그러나 정규 분포에 어긋나는 한 가지 특성도 관찰할 수 있는데, 바로 대칭성이 없거나 혹은 **비대칭**적인 특성이다. 이러한 비대칭성을 모델링할 수 있게 해주는 몇 가지 분포가 존재하며, 이 중 제품의 신뢰성을 모델링하기 위해 제조업에서 주로 사용되는 한 가지가 **와이불**(Weibull) **분포**이다. 이 분포의 밀도 함수는 다음과 같다.

$$f(x)=\frac{\alpha}{\beta^{\alpha}}x^{\alpha-1}e^{-(x/\beta)^{\alpha}} \quad x\geq 0 \tag{10.10}$$

여기서 α는 척도 모수(scale parameter) > 0이고, β는 형상 모수(shape parameter) > 0이다.

이 분포는 [그림 10.17]에 도시되어 있다. 이 밀도 함수의 예시에서 어떻게 오른쪽으로 긴 "꼬리"를 가지는 비대칭성이 나타나는지 확인할 수 있다. 이 외에도 로그-정규(log-normal) 분포나 감마(gamma) 분포와 같은 비대칭 밀도 함수를 제공하는 분포들이 있다.

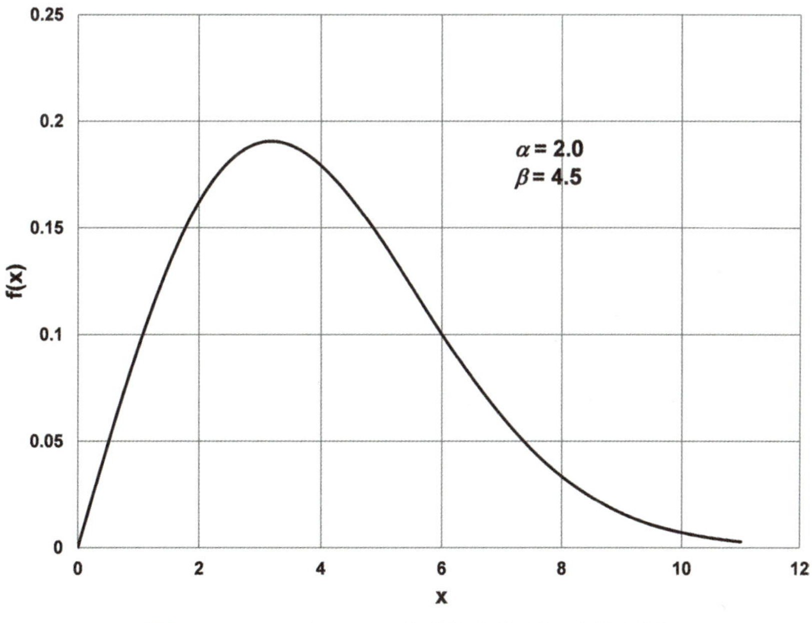

그림 10.17 $\alpha=2.0$이고 $\beta=4.5$에 대한 와이불 분포의 확률 함수.

10.2.2 파이썬과 분포

SciPy의 서브모듈 stats은 다양한 분포에 대한 확률을 계산하는 함수를 제공한다. 예를 들어, 아래의 간단한 파이썬 스크립트는 두 개의 *x*값에 대해 정규 밀도(정규 분포의 확률 밀도)와 확률을 계산한다. 정규 밀도는 함수 norm.pdf을 사용하여 계산된다. 여기서 pdf는 “확률 밀도 함수(probability density function)”의 줄임말이다. *a*부터 *b*까지 구간의 *x*에 대한 곡선의 아래 면적을 계산하기 위해 함수 norm.cdf가 두 번 사용된다. 여기서 cdf는 “누적 확률 함수(cumulative probability function)”의 줄임말이다. 이 함수는 가장 왼쪽 극단부터 첫 번째 인수까지의 구간에 대한 면적을 계산한다. 따라서, 먼저 *b*까지의 면적을 계산한 다음 *a*까지의 면적을 계산한다. 그러고 나서, *a*와 *b* 사이의 면적 또는 확률을 앞서 계산한 두 누적 확률의 차이로 계산한다.

```
from scipy import stats

mu = 100
sigma = 10
a = 75
b = 95

f = stats.norm.pdf(b,mu,sigma)
print('normal density = {0:6.4f}'.format(f))

cp1 = stats.norm.cdf(b,mu,sigma)
cp2 = stats.norm.cdf(a,loc=mu,scale=sigma)
p = cp1-cp2
print('probability = {0:5.1f}%'.format(p*100))

normal density = 0.0352
probability = 30.2%
```

[예제 9.1]에 따르면, 밀도 함수에 구적법(quadrature)을 적용해 확률을 계산할 수 있다. 모듈 stats에서는 다양한 분포를 위한 유사한 함수들이 제공된다. 예를 들어, 균일 분포, 와이불 분포, 로그-정규 분포, 감마 분포 등에 대한 함수들이 있다.

이 시점에서 자연스러운 질문은 “모집단을 대표하는 데 있어서 어떠한 분포가 적절한지”를 데이터 집합으로부터 어떻게 결정하는가이다. 그리고, 한번 분포가 식별되고 나면, 어떻게 분포에 대한 매개변수들을 추정하는가이다. 이에 대해 다음 절에서 다루도록 한다.

10.2.3 무작위 수

특정 분포에서 임의로 추출된 값들을 모사하는 경우가 수치 계산에서 종종 있다. 이를 **무작위 수 생성**(random number generation)이라고 한다. 무작위 수를 생성하는 방법은 흥미롭지만, 이 책에서 다루는 범위를 벗어나는 내용이다. 여기서는 무작위 수 생성 기능을 제공하는 파이썬의 내장 함수를 사용한다. 이러한 무작위 수는 엄밀하게 말하자면 **유사 무작위**(pseudorandom) 수이며, 모집단에서 아주 이상적으로 추출된 것은 아니지만 그에 근접한다.

무작위 수 생성을 효과적으로 시험하는 방법은 생성 결과의 히스토그램 표를 만들고 이에 대응하는 밀도 함수와의 관계를 살펴보는 것이다. 다음은 0부터 1까지의 균일 분포에서 10,000개의 무작위 추출에 대한 파이썬 스크립트 예제이다.

```
import numpy as np
import matplotlib.pyplot as plt

x = np.random.uniform(0,1,10000)

histvals,bin_edges = np.histogram(x)

bin_width = bin_edges[1]-bin_edges[0]
n = len(histvals)
bin_centers = np.zeros((n))
for i in range(n):
    bin_centers[i] = (bin_edges[i]+bin_edges[i+1])/2

plt.bar(bin_centers,histvals,width=bin_width,color='w',edgecolor='k')
plt.title('uniform random numbers')
```

생성된 히스토그램 표는 [그림 10.18]에서 확인할 수 있다. 추출 패턴이 비교적 평평한 것을 알 수 있다. 이는 균일 분포의 모집단에서 기대할 수 있는 결과이다.

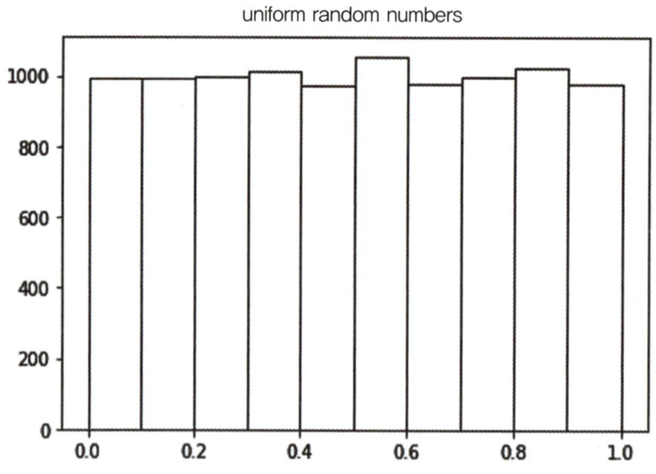

그림 10.18 균일 확률의 무작위 수 생성. 표본 크기 = 10,000.

두 번째 예로, 정규 분포를 따르는 무작위 수 생성기를 이용하여 무작위적인 잡음이 추가된 사인파 신호를 나타내는 배열을 생성해보자.

예제 10.1 랜덤 넘버 생성을 통한 잡음 신호 모사(simulation)

일반적인 사인파 신호는 다음 식으로 생성할 수 있다.

$$y = A\sin(\omega t + \phi) + B \tag{10.10}$$

여기서,

A: 사인파의 진폭 또는 최정점 높이

ω: 주파수(라디안/시간), 이는 $\omega = 2\pi/T$의 관계로 주기와 연관

T: 주기(사인파가 한 번 완전히 되돌아오는 데 걸리는 시간)

t: 시간

ϕ: 위상 편이(라디안)

B: 오프셋 또는 바이어스(bias)

매개변수에 대한 일반적인 파형은 [그림 10.19]에서 살펴볼 수 있다. 사인 함수 자체는 보통 0을 중심으로 하지만, 여기서의 파형은 B에 의해 위로 이동되었음에 유의한다. 또한 사인파는 보통 $t = 0$에서 0이 되지만, ϕ 라디안만큼 뒤로 이동되거나 지연된다. 파형의 주기는 T이며, 이는 각 주파수 ω와 $\omega = 2\pi/T$의 관계이다. 아마도 (주기 수/시간) 형식의 주기적인 주파수 f에 익숙할지 모른다.[11] 주파수 f는 ω와 $\omega = 2\pi f$의 관계이다.

11 시간 단위가 초일 때, 헤르츠(Hz) 단위가 사용된다.

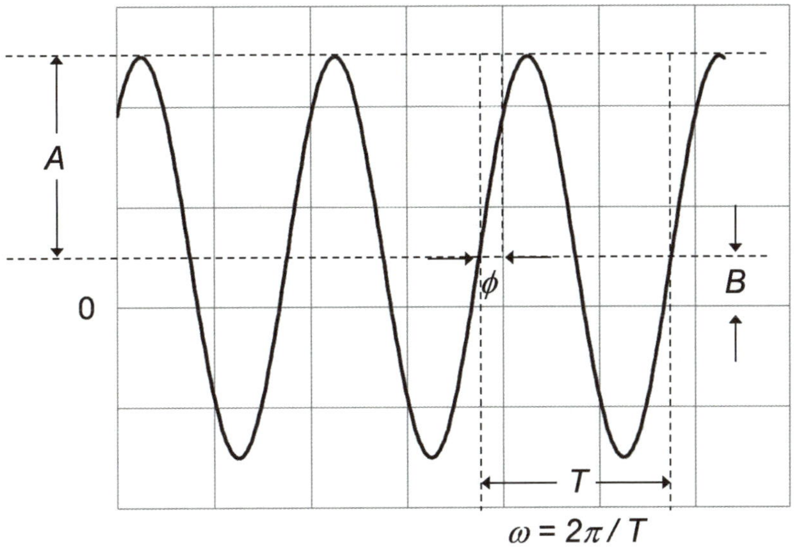

그림 10.19 일반적인 사인파.

매끄럽고 해석적인 사인파를 갖고 있으므로, 이제 더 현실적인 측정 신호를 모사하기 위해 "잡음"이 추가된 형태로 생성하고자 한다. 이를 위해 정규 분포에서 생성된 무작위 잡음을 추가한다. 이 잡음의 평균은 0이며, 잡음의 강도는 표준 편차로 지정한다. 이에 따라 식 (10.10)을 다음과 같이 수정한다.

$$y = A\sin(\omega t + \phi) + B + N(0,\sigma) \tag{10.11}$$

여기서 N은 평균이 0이고 표준 편차가 σ인 정규 분포를 따르는 무작위 신호를 나타낸다.

구체적으로 다음의 매개변수 값을 갖는 잡음을 사용하기로 한다.

$$A = 1,\ T = 1,\ \phi = \pi/4,\ B = 0.25,\ \sigma = 0.1$$

다음의 파이썬 스크립트는 추가된 잡음이 뚜렷하게 나타나는 [그림 10.20]과 같은 그래프를 생성한다. 그래프에 사용된 100개 지점 각각에 대해 무작위 수를 추가하였다. 지점 수나 σ값을 증가시켜 이를 조정할 수 있다.

```
import numpy as np
import matplotlib.pyplot as plt

A = 1. # 진폭
T = 1. # 주기
w = 2*np.pi/T # 각 주파수
phi = np.pi/4 # 위상 변이
B = 0.25 # 오프셋 또는 편향
```

```
sigma = 0.1 # 잡음 표준 편차

tf = np.pi # t의 최종값

t = np.linspace(0,tf,100)

y1 = lambda t: A*np.sin(w*t+phi) + B

yn = np.random.normal(0,sigma,100)

y = y1(t) + yn

plt.plot(t,y,c='k')
plt.grid()
plt.xlabel('t')
plt.ylabel('y')
```

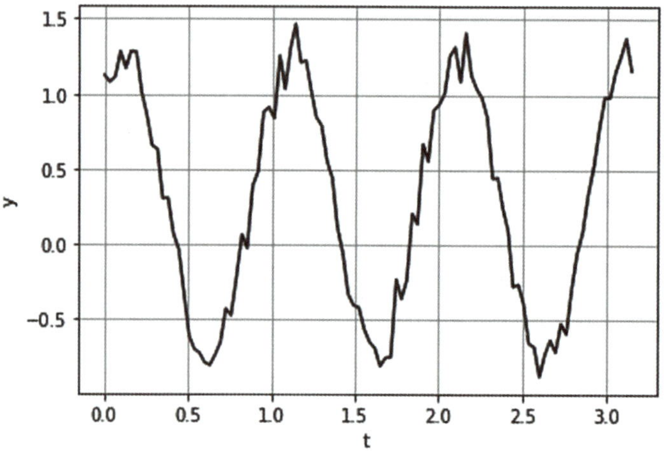

그림 10.20 잡음이 추가된 사인파.

실제 측정치의 형태를 따라서 모사된 데이터의 집합을 생성하는 것은 유용하다. 왜냐하면 이러한 모사를 통해 실제 데이터를 획득했을 때 어떠한 일이 발생할지 미리 확인하기 위한 계산을 순차적으로 진행할 수 있기 때문이다. 또한, 이러한 모사는 실제 데이터의 특성을 이해하는 데 도움을 주는 정보를 제공하며, 데이터를 생성하는 근본적인 현상에 대한 정량적 추론에 도움이 된다. 파이썬의 무작위 수 생성기는 이러한 작업에 유용하다.

10.3 데이터에 기반한 주장 도출

실제 세상에서는 가변적이고 불확실한 데이터가 우리에게 제공된다. 데이터를 이용하여 중요한 결정이나 주장을 도출하고자 한다면, 이러한 불확실성을 반드시 가늠하고 평가해야만 한다. 다음은 몇 가지 실질적인 사례들이다.

1. 어떤 제품은 반드시 특정 사양(specification)을 충족해야 한다. 사양을 충족했는지 또는 못 했는지에 대한 주장을 뒷받침하기 위해 이에 대한 데이터를 수집하고 이용한다.
2. 수십 년 전 환경에 대한 측정을 수행하였다. 이제 새로운 측정 데이터가 확보되어, 그동안 중대한 변화가 있었다는 주장을 제시한다.
3. 고객이 제품 품질의 변동성이 너무 높다고 지적하였다. 변동성을 줄이기 위한 정책들이 고려되며, 이러한 정책들이 성공적일 것인지 판단해야 한다.
4. 분석을 진행하기 위해서, 데이터 집합의 변동성이 정규 분포에 적합하게 모델링된다는 주장을 뒷받침해야 한다.

현재로서는 비록 학문적인 연습으로 보일 수 있지만, 조만간 데이터를 기반으로 주장을 해야 할 상황에 직면할 수도 있다. 가령, 대부분의 공학 및 과학 교육 과정에서는 측정에 대한 결론을 도출해야 하는 실험 과목을 한 가지 이상 이수해야 할 수 있다. 더 나아가, 앞으로 몇 년 후 어떤 순간에는 불확실성을 고려하여 이를 신중하게 수행하는 데에 당신의 직업과 미래가 달려있을 수도 있다는 사실을 깨달아야 한다. 이번 절은 이에 대한 올바른 수행 방법과 이와 관련된 문제들을 소개하기 위해 구성되었다.

주장을 도출하기 위한 목적으로 데이터를 분석하는 데에는 일반적으로 사용되는 두 가지 방법이 있다. 이를 **모수적**(parametric) 검정과 **비모수적**(non-parametric) 검정이라고 한다. 모수적 검정은 데이터가 추출된 모집단에 대한 분포를 가정하는 것을 포함하며, 비모수적 검정은 그렇지 않다. 분포 선택이 올바른 경우, 모수적 검정은 비모수적 검정보다 판별력이 더 좋다.

이번 절에서는 데이터에 대한 두 가지 범주의 검정을 고려한다. 첫 번째는 데이터를 표준에 비교하는 것이다. 두 번째는 두 개의 데이터 집합을 비교하는 것이다. 이는 응용 통계학에서의 중요한 주제이기도 하다.[12] 여기서는 데이터 처리를 간단히 할 목적으로, 데이터의 한 가지 특성인 평균을 고려할 것이다. 또한 데이터가 정규 분포에서 추출되었는가에 대한 여부를 평가하기 위한 데이터 검정을 고찰할 것이다. 이는 모수적 검정이 이러한 평가 결과에 대해 의존적일 수 있기 때문이다.

12 우리는 항상 학생들이 응용 통계에 대해 더 깊이 이해할 수 있도록 이를 전적으로 다루는 최소한 한 개의 과목을 수강하기를 권장한다. 특히, 학위 과정 중의 필수 이수 여부와는 상관없이 이를 권장한다.

10.3.1 표준과 데이터의 비교

주의할 점으로, 통계적인 방법과 논쟁(주장)은 이를 필요하지 않은 곳에서 사용해서는 안 된다. [그림 10.21]은 상자 그림을 이용하여 이러한 상황을 보여준다. 데이터는 200개의 포장 제품의 무게를 그램(g) 단위로 나타낸다. 규격 사양은 포장의 무게가 최소 40g 이상이어야 한다. 이상치가 4개 있지만, 포장 제품 200개의 무게가 모두 40g 이상임을 알 수 있다. 여기서 우리는 규격 사양이 충족된다는 강력한 주장을 할 수 있다. 변동성과 이상치에 대해 우려할 수도 있지만, 이는 별개의 문제이다. 따라서, 통계적인 방법과 분석에 뛰어들기 전에 가장 먼저 고려해야 할 점은 그것이 실제로 필요한지에 대한 여부이다. 필요하지 않은 작업은 하지 않아도 된다.

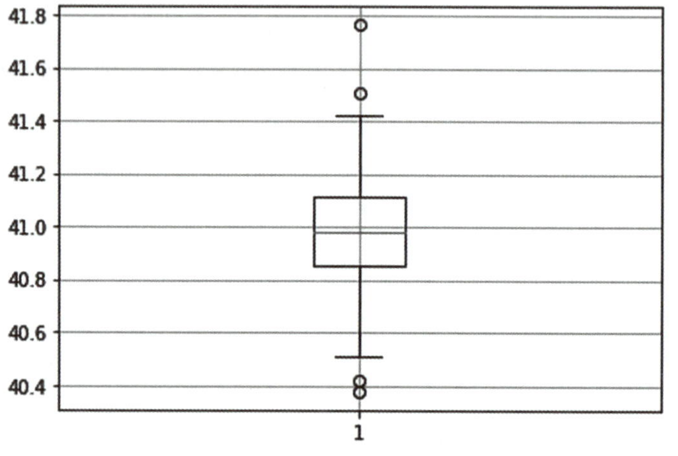

그림 10.21 200개의 제품 측정치에 대한 상자 그림.

먼저, 모집단의 평균값(또는 중앙값)에 대한 주장을 도출하기 위해서는 어떻게 데이터를 사용해야 하는지 고려해볼 것이다. 어쩌면 명백해 보이지만, 표본의 크기가 클수록 주장을 도출하기 쉽다는 점을 언급하고자 한다. 그러나 이와 관련하여, 데이터의 수집은 종종 시간이 많이 소모되고 비용이 높을 수 있다는 문제가 있다. 따라서, 시간과 예산의 제약을 초과하지 않으면서도 주장을 평가하기에는 충분한 데이터를 확보할 수 있는 타협점을 찾아야 한다.

어떠한 통계적 분석에도 불확실성이 연관되므로, 주장이 잘못될 가능성이 있다. 혹자는 이를 "잘못된 판단의 위험"이라고 설명한다. 정식 명칭으로는 이를 **제1종 오류**(Type I error)라고 하며, 확률 α로 표현한다.[13] 물론 이 값을 작게 유지하길 원한다. 일반적으로 요구되는 값들은 5%와 1%이다(각각 20번 중 한 번과 100번 중 한 번의 확률).

13 혹시 다른 유형의 오류가 있는지 궁금할 수 있다. 실제로 다른 유형의 오류가 있다. 확률인 β와 연관된 제2종 오류(Type 2 error)라고 한다. 이는 실제로 당신의 주장이 사실이지만, 당신이 그것을 알지 못하는 위험을 나타낸다.

가장 간단한 비모수적 검정법 중 하나를 **부호 검정**(sign test)이라고 한다. 이는 평균값이 아닌 중앙값과 관련된 주장에 적용된다. 데이터의 히스토그램 표가 대칭적으로 보인다면 이 두 값[14]은 서로 가까울 것이다. 표본의 크기가 n인 데이터 집합에서 $\tilde{\mu} > \tilde{\mu}_0$라는 주장에 대한 부호 검정의 절차는 다음과 같다.

1. 비교를 위해 중앙값의 표준값 $\tilde{\mu}_0$을 지정한다.
2. 데이터와 표준값 간의 차이를 계산한다.
3. 차이값이 양수(즉, +부호)인 개수 r^+을 세어본다.

만약 $r^+ > n/2$라면, 다음의 확률을 계산한다.[15]

$$P = \sum_{r=r^+}^{n} \binom{n}{r} 0.5^r 0.5^{n-r} \tag{10.12}$$

여기서

$$\binom{n}{r} = \frac{n!}{r!(n-r)!} \Rightarrow n\text{개의 항목에서 한번에 } r\text{개를 취하는 조합의 수}$$

$$n! \Rightarrow n \text{ 펙토리얼(factorial)}, \ n \cdot (n-1) \cdot (n-2) \cdots 2$$

이다.

P 값은 $\tilde{\mu} - \tilde{\mu}_0$일 때, r^+ 혹은 그 이상을 세어낼 수 있는 확률이다. P 값은 우리가 $\tilde{\mu} > \tilde{\mu}_0$라는 주장을 할 때 잘못될 위험을 나타낸다. 만약 P 값이 작다면, 주장을 도출할 근거를 갖게 된다.

이에 대한 대안으로는, $\tilde{\mu} < \tilde{\mu}_0$라는 주장에 대한 검정을 할 수 있다. 위에서 1단계와 2단계를 반복하고, 3단계를 변경하여 차이값이 음수(즉, −부호)인 개수 r^-을 세어본다. 만약 $r^- < n/2$이면, 다음의 확률을 계산한다.

$$P = \sum_{r=0}^{r^-} \binom{n}{r} 0.5^r 0.5^{n-r} \tag{10.13}$$

이 P 값은 $\tilde{\mu} = \tilde{\mu}_0$일 때, r^- 혹은 그 이하를 세어낼 수 있는 확률이다. 여기서도 작은 P 값은 주장을 도출할 수 있는 근거가 된다.

예를 들어 살펴보기로 하자. 다음의 [표 10.1]은 작은 설탕 포대의 무게에 대한 40개의 측정치를 나타낸다.

---

14 (옮긴이) 즉, +부호와 −부호에 해당하는 값

15 이 계산은 누적 이항 분포(cumulative binomial distribution)를 사용하여 이루어진다. 0.5는 +부호와 −부호의 동일한 확률에 해당한다. 이렇게 확률 0.5가 주어졌을 때, 이 식에서의 합산은 r^+ 결과를 포함한 r^+ 이상의 모든 결과에 대한 확률을 제공한다.

표 10.1 설탕 포대 40개의 무게(g)

40.31	41.05	39.85	40.27
40.75	40.80	39.67	40.34
39.71	40.31	40.70	40.00
40.34	40.69	40.44	40.42
40.06	40.30	40.23	40.17
40.34	40.50	40.46	40.10
40.11	40.45	40.58	39.79
40.32	39.55	39.54	39.69
40.42	40.04	40.73	40.39
39.78	40.17	39.66	39.90

포대 무게의 중간값이 40g의 규격 사양을 충족 혹은 초과한다라는 주장을 하고자 한다. 측정치와 40g 간의 차이를 계산하고 그 차이값 중에서 양수(+부호)의 개수를 세어 보면 $r^+ = 29$가 나온다. 식 (10.12)를 사용하여 $P \cong 0.1\%$를 얻는다. 결과적으로, 1,000번 중에 한 번이라는 최소한의 위험으로 규격을 충족한다는 주장을 지지할 수 있다. 여기서 언급해야 할 점은 부호 검정 외에도 다른 비모수적 검정 방법이 있다는 것이다. 유명한 한 가지 예로 **윌콕슨 부호 순위 검정**(Wilcoxon signed-rank test, Montgomery and Runger, 2018)이 있다.

이제 모집단이 정규 분포에 잘 맞는다(well-modeled)는 가정하에 이에 상응하는 모수적 검정법을 고려한다. 이 가정은 뒤에서 다시 확인하도록 한다. 첫 번째 단계는 표본 평균의 정규 분포에 대한 매개변수인 μ와 $\sigma/\sqrt{n}$의 추정치를 얻는 것이다.[16] 이를 위해 표본 평균 $\bar{x}$와 표본 표준 편차 s를 각각 $\sqrt{n}$으로 나누어 사용한다. 다음으로, 표준 평균 $\bar{\mu}_0$와 표준 편차 s를 사용하여, 표본 평균이 μ보다 크거나 같게 계산될 확률을 계산한다. 만약 해당 확률이 작다면, 이는 우리의 주장을 지지하게 된다.[17]

여기서 사용하는 데이터의 경우, $\bar{x} \cong 40.22$, $s \cong 0.37$, $n = 40$이다. 만약 μ가 실제로 40이라면, 이러한 표본의 평균이 40.22보다 크거나 같을 확률은 다음과 같은 파이썬 스크립트를 사용하여 계산할 수 있다.

```
import numpy as np
from scipy import stats

mu0 = 40 # 표준 평균
```

16 표준 편차가 σ인 확률 변수 x에 대해, x의 표본 평균에 대한 표준 편차는 $\sigma/\sqrt{n}$이다.

17 표본 크기가 상대적으로 크다면, 즉, $n \geq 25$ 정도면 이는 유효한 접근 방법이다. 그러나 표본 크기가 이보다 작은 경우에는 데이터로부터 표준 편차를 추정했기 때문에 정규 분포를 사용할 수 없다. 후자의 경우, *Student's t* 혹은 그냥 *t* 분포라고 불리는 분포를 사용한다. 핵심은 *Student's t* 분포는 정규 분포와 유사하지만, 작은 표본 크기로 인한 불확실성이 결과에 미치는 영향을 고려하여 설계되었다. 이 분포에 대한 추가 정보가 필요하다면, 좋은 통계학 서적을 참고해야 한다.

```
n = 40 # 표본 크기
xbar = 40.22 # 표본 평균
s = 0.37 # 표본 표준 편차

# xbar의 오른쪽 확률
P = 1 - stats.norm.cdf(xbar,mu0,s/np.sqrt(n))

print('probability = {0:6.3f}%'.format(P*100))
```

그리고 결과는 다음과 같다.

```
probability = 0.008%
```

이 작은 확률은 $\mu > 40$g이라는 주장을 지지하는 강력한 근거가 된다. 여기에서의 확률이 부호 검정의 결과에 비해서 더 작다는 것에 주목해야 한다. 이는 모수적 검정이 더 분별력이 있기 때문이지만, 모수적 검정은 정규 분포에 대한 가정을 함께 가져와야 한다.

10.3.2 두 개의 표본 간 비교

다음으로, A와 B로 표시된 두 개의 표본 간의 비교 검정을 고려해본다. 먼저, 두 표본의 평균이 유의미하게 다르다는 것을 주장하고 싶다. 가령, $\mu_B > \mu_A$인 경우를 예로 들 수 있다. 이는 공학자와 과학자들이 자주 만나게 되는 중요한 검정이다. 이를 비모수적 검정이라고 하고 가장 일반적인 검정은 **윌콕슨 순위-합 검정**(Wilcoxon rank-sum test)이다. 앞에서와 마찬가지로, 두 데이터 집합을 예로 들어 이를 설명한다.

A	B
11.29	11.67
9.65	9.58
8.17	10.23
9.86	9.00
10.76	10.25
9.10	11.55
7.75	12.19
9.05	11.94
10.95	8.71
8.34	12.38

이러한 데이터를 나란히 배치된 상자 그림으로 살펴보는 것이 유용하다. 이를 구현한 파이썬 스크립트는 다음과 같으며, 그 결과는 [그림 10.22]에 나타낸다.

```
import numpy as np
import matplotlib.pyplot as plt

xA = np.array([11.29,9.65,8.17,9.86,10.76,9.1,7.75 \
              ,9.05,10.95,8.34])
xB = np.array([11.67,9.58,10.23,9.,10.25,11.55\
              ,12.19,11.94,8.71,12.38])

x = np.array([xA, xB]).transpose()

plt.boxplot(x, labels=('A', 'B'))
plt.grid()
```

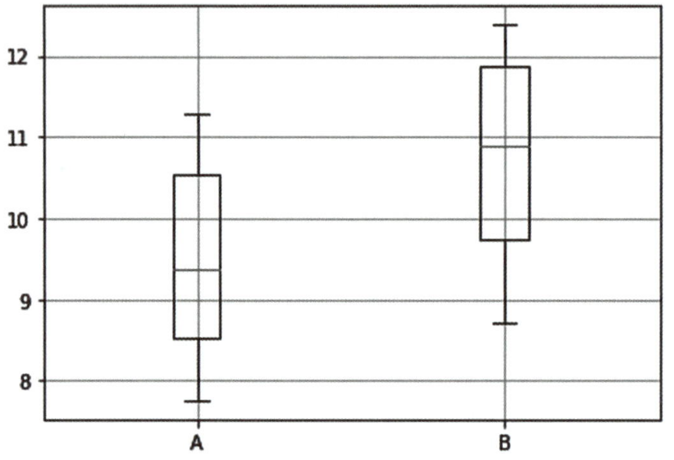

그림 10.22 두 표본 A와 B에 대해 나란히 배치된 상자 그림.

표본 B의 상자가 표본 A의 상자 위에 위치하는 점이 흥미롭긴 하지만, 두 상자는 서로 겹치는 부분이 있으므로 차이가 분명하지 않다. 여기서 전달되는 메시지는 통계학이 필요하다는 것이다.

윌콕슨 검정을 이용하여, (데이터가 어느 표본에 속해있었는지 구분할 수 있도록) 표본의 명칭을 추적하면서 두 표본을 함께 분류하고 그 결과를 오름차순으로 정렬한다. 정렬된 결과의 배열에 순위(1, 2, 3,...의 일련의 숫자)를 할당한다. 그런 다음, A와 B의 순위를 각각 따로 합산한다. 만약 두 표본의 평균이 같다면, 이러한 A와 B의 순위-합이 대략 같을 것으로 기대할 수 있다. 그러나 만약 합계가 다르다면, 그 차이가 우리의 주장을 지지할 수 있을 만큼 충분히 유의미한 것인지 판단할 수 있다.

아래 표는 두 표본을 결합하여, 각각의 데이터에 해당하는 표본의 명칭(A와 B)과 순위를 나타낸 것이다. 표본 A의 순위-합은 80이고, B의 순위-합은 130이다. 이 정도 크기의 표본의 경우, 윌콕슨 검정을 수행하기 위한 검정표에 따르면 5%의 α 위험값(즉, 20번에 한 번 정도 결론이 잘 못 될 위험)에 대해 82와 128의 임계값을 갖는다.[18] 즉, 5% 정도의 위험 수준에서 우리의 주장을 뒷받침하기 위해서는, A의 순위-합이 82보다 작거나 같아야만 하고, B의 순위-합은 128보다 크거나 같아야만 한다. 여기 예제는 이러한 조건에 부합하기 때문에, 윌콕슨 검정은 우리의 주장을 뒷받침한다. 두 표본 A와 B가 다르다는 주장을 지지하기 위해 감수해야 할 위험 부담은 5%보다 낮다.

7.75	A	1	10.23	B	11
8.17	A	2	10.25	B	12
8.34	A	3	10.76	A	13
8.71	B	4	10.95	A	14
9.00	B	5	11.29	A	15
9.05	A	6	11.55	B	16
9.10	A	7	11.67	B	17
9.58	B	8	11.94	B	18
9.65	A	9	12.19	B	19
9.86	A	10	12.38	B	20

파이썬의 모듈 SciPy에는 윌콕슨 검정을 수행하는 함수 `ranksums`가 있다. 다음은 그 함수를 사용하는 방법을 보여주는 스크립트이다.

```
import numpy as np
from scipy import stats

xA = np.loadtxt('SampleA.csv', delimiter=', ')
xB = np.loadtxt('SampleB.csv', delimiter=', ')

result = stats.ranksums(xA, xB, alternative='less')
print('P-value = {0:5.2f}%'.format(result.pvalue*100))
```

콘솔에 표시되는 P 값은 다음과 같다.

```
P-value = 2.94%
```

이는 두 표본의 평균값이 다르다는 주장을 뒷받침한다.

이에 대한 대안으로, 두 표본의 평균을 비교하기 위해 모수적 검정을 사용할 수도 있다. 단일 표본의 모수적 검정법에서 했던 것처럼 이 방법의 세부 사항에 대해서는 여기에서 다루지 않는다. 이러한 비교 검정을 수행하는 파이썬 스크립트는 다음과 같다.

18 http://plantsys.elte.hu/oktatas/Biometria/tablazatok/Wilcoxon_table_ketmintas_probahoz.pdf

```
import numpy as np
from scipy import stats

xA = np.loadtxt('SampleA.csv', delimiter=', ')
xB = np.loadtxt('SampleB.csv', delimiter=', ')

result = stats.ttest_ind(xA, xB)
p = result.pvalue/2
print('P-value = {0:5.2f}%'.format(p*100))
```

콘솔에 표시되는 P 값은 다음과 같다.

```
P-value = 2.20%
```

만약 허용할 수 있는 위험에 대한 기준이 5%라면, 이보다 낮은 P 값은 기준을 충족시키며 표본 A의 평균이 표본 B의 평균보다 작다는 주장을 지지한다. 여기서도 모수적 검정의 P 값이 윌콕슨 검정의 P 값보다 낮으며, 이는 모수적 검정이 더 분별력 있다는 것을 다시 한번 상기시킨다.

분산 및 이와 연관된 표준 편차에 대한 검정은 제품의 가변성을 모델링하고 관리하는 데에 있어서 중요하다. 높은 가변성은 제품의 품질과 고객 만족도에 부정적인 영향을 미친다. 또한, 가변성이 낮을수록 평균을 사양 규격에 맞춰 더 가깝게 조절할 수 있다. 이러한 검정은 중요하지만, 여기서는 자세히 다루지 않는다.

10.3.3 데이터가 정규 분포를 따르는지 확인

앞 절에서, 분별력이 더 높은 모수적 검정법은 데이터가 특정 분포(우리의 예제에서는 정규 분포)를 충분히 따른다는 것을 확신할 수 있는 경우에만 적합하다는 것을 살펴보았다. 따라서, 이 절에서 다루는 마지막 주제는 데이터가 추출된 모집단이 표준 분포로 적절하게 모델링될 수 있는지에 대한 여부를 판단하는 것이다. 이를 평가할 수 있는 중요한 도구는 **누적 분포**(cumulative distribution)로 다음과 같은 적분으로 나타낼 수 있다.

$$F(x) = \int_{-\infty}^{x} f(x')dx' \tag{10.13}$$

여기서 $f(x)$는 정규 밀도 함수이고, x'는 가변수(dummy variable)이다.

다시 말해, 이는 밀도 함수의 그래프에서 x의 왼쪽 영역에 해당하는 면적이다. 이에 대한 도식을 [그림 10.23]에서 확인할 수 있다. 정규 밀도(혹은 정규 분포의 밀도 함수)는 수학적으로 적분할 수 없으므로, 이전 장의 [예제 9.1]에서 소개한 구적법을 이용하여 수치

해석적으로 누적 분포를 계산해야 한다.[19]

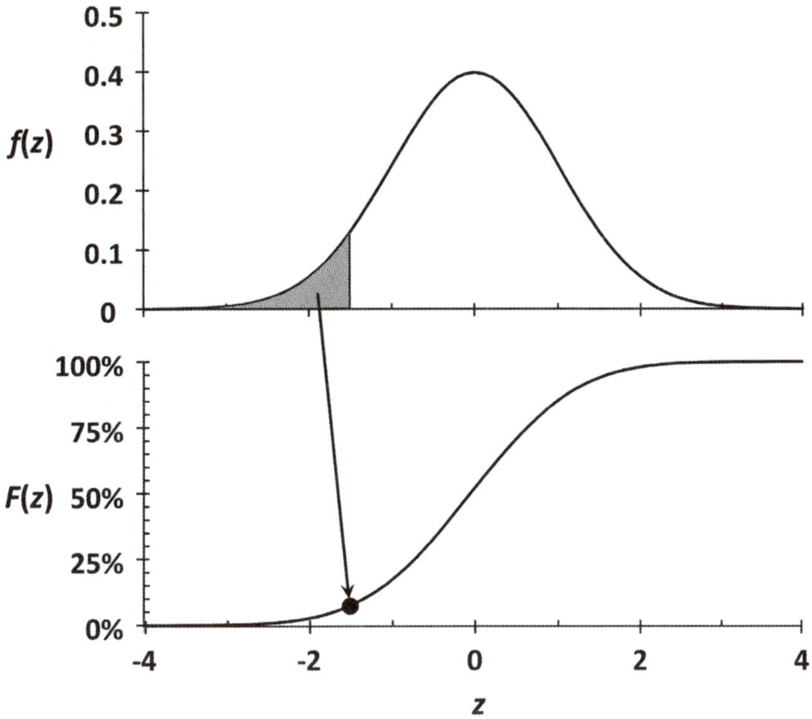

그림 10.23 밀도 함수와 누적 확률 함수의 관계.

누적 분포를 그래프로 그리면, 밀도 함수의 종 모양 곡선(bell-shaped curve) 대신에 **시그모이드 곡선**(sigmoidal curve) 즉, S자 모양 곡선을 얻는다. 이를 도식으로 설명하기 위해, 다음과 같이 표준 정규 분포($\mu=0$이고 $\sigma=1$)를 사용하기로 한다.

$$f(z)=\frac{1}{\sqrt{2\pi}}e^{-\frac{z^2}{2}} \tag{10.14}$$

[예제 9.1]을 기반으로, 누적 분포를 그리기 위해 다음과 같이 파이썬 스크립트를 작성한다. 결과는 [그림 10.24]에서 확인할 수 있다. 여기서 누적 확률은 백분율(%)로 표시하였다.

```
import numpy as np
from scipy.integrate import quad
import matplotlib.pyplot as plt

stdnormdens = lambda z: 1/np.sqrt(2*np.pi)*np.exp(-1/2*z**2)
```

19 전통적으로 누적 표준 정규 분포의 값은 표 형태로 나타내었다. 이와 같은 표는 대부분의 응용 통계학 교재에 여전히 포함되어 있다.

```
z = np.linspace(-4,4,200)
n = len(z)
F = np.zeros(n)
for i in range(n):
F[i], eF = quad(stdnormdens, -4,z[i])

plt.plot(z, 100*F, c='k')
plt.grid()
plt.xlabel('z')
plt.ylabel('F(z) %')
```

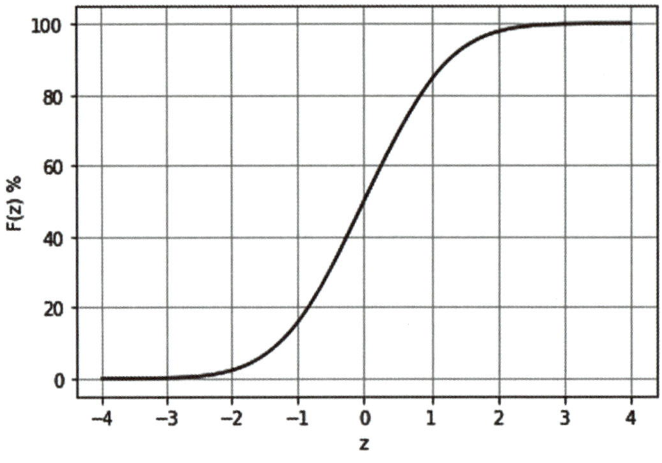

그림 10.24 표준 정규 분포에서의 누적 확률 그래프.

데이터가 실제 정규 분포를 따르는지 판단하기 위해, 데이터의 집합을 이 그림 위에 표시할 수 있다. 이를 위해서는 먼저 다음과 같은 식을 이용하여 데이터를 "표준화"해야 한다.

$$z = \frac{x-\mu}{\sigma} \cong \frac{x-\bar{x}}{s} \tag{10.15}$$

다음으로, 배열 z를 정렬하고, 아래의 식을 이용하여 데이터의 각 지점에 대한 백분위수를 계산한다.

$$pct = \frac{i-0.5}{n} \cdot 100 \; i = 1, \ldots, n \tag{10.16}$$

그리고 나면, 배열 pct를 [그림 10.24]의 그래프에 데이터 마커(data marker)로 표시할 수 있다.

[표 10.1]의 설탕 포대 데이터를 이용하여, 그래프에 표준화된 데이터를 표시하기 위해 위의 스크립트에 명령어를 추가할 수 있다. 그 결과는 [그림 10.25]에서 확인할 수 있다. 그림에서 데이터는 표준 정규 곡선을 아주 가까이에서 따른다는 것을 볼 수 있다. 여기에서 적어도 정성적으로는 데이터가 표준 정규 분포를 따른다는 결론을 도출할 수 있다.

```
x = np.loadtxt('PacketData.csv', delimiter=', ')
xs = np.sort(x)
xbar = np.mean(xs)
s = np.std(xs)
z = (xs-xbar)/s
n = len(xs)
p = np.zeros(n)
for i in range(n):
    p[i] = (i+0.5)/n

plt.scatter(z, p*100,c = 'k', marker='.')
```

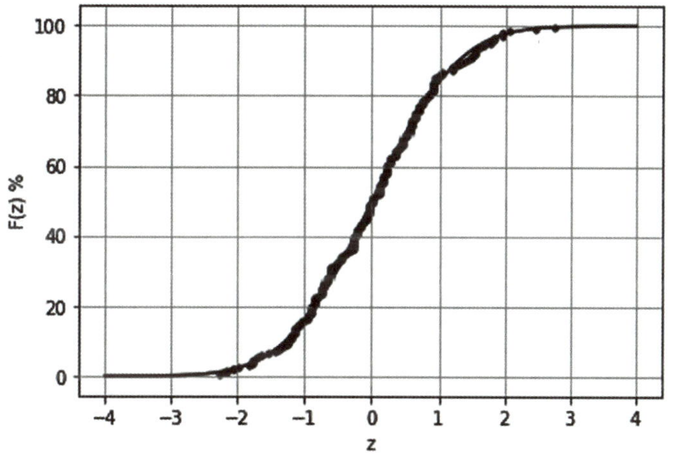

그림 10.25 표준화된 데이터가 추가된 누적 확률 그래프.

이제 새로운 질문이 떠오를 수 있다. 데이터가 정규 분포에서 추출되지 않았을 경우 어떻게 보일까? 다음은 와이블 분포로부터 모사된 데이터를 사용하는 대체 스크립트 구문이다.

```
x = np.random.weibull(1.2,100)
```

[그림 10.26]의 그래프를 보면, 데이터가 정규 분포에서 추출한 표본에 해당하지 않는다는 것이 명백하다.

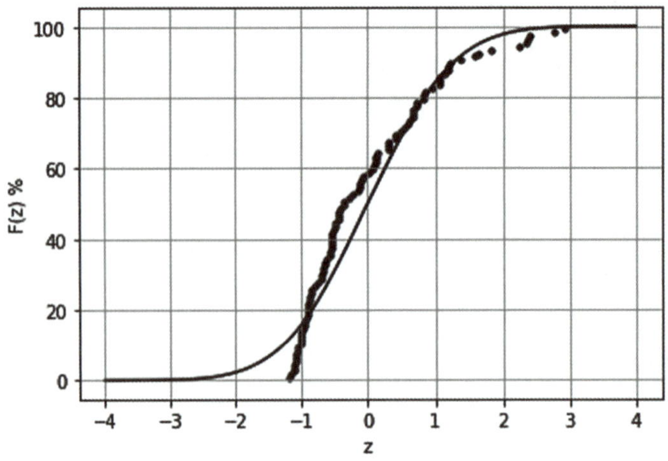

그림 10.26 정규 누적 확률 그래프 위에 나타낸 베이불 분포로부터 모사된 데이터.

누적 확률 곡선을 직선으로 변환시키기 위해 비선형적인 눈금(nonlinear scale)으로 세로축을 생성할 수 있다. 그렇게 하면 데이터의 정렬을 판단하기가 더 쉬워진다. 이는 수십 년 동안 확률 그래프 용지 위에 손으로 직접 그려온 작업이다.[20]

누적 확률 대신 z-점수(z-score)를 이용하여 누적 확률 곡선을 "선형화"하는 것도 가능하다. 예를 들어, 누적 확률이 5%인 경우, 여기에 해당하는 z-축 상의 지점을 z-점수라 한다. 이는 누적 확률 함수의 역함수를 사용하여 찾을 수 있다. 파이썬의 모듈 SciPy `stats`에 있는 함수 `norm.ppf`를 사용하여 계산할 수 있다. 5%의 z-점수에 대한 스크립트는 다음과 같다.

```
from scipy import stats

cumP = 0.05
zscore = stats.norm.ppf(cumP)
print('z-score = {0:5.2f}'.format(zscore))

z-score = -1.64
```

[그림 10.25]의 백분위를 z-점수로 대체하기 위해 해당 스크립트를 수정한 결과는 다음과 같다. 그 결과로 생성된 확률 그래프를 [그림 10.27]에 나타냈으며, 선형화가 잘 되어 있음을 쉽게 확인할 수 있다.

20 www.weibull.com/GPaper/에서 샘플을 다운로드할 수 있다. 이곳에서는 정규 분포뿐만 아니라 다른 분포에 대한 그래프 용지도 제공된다. 이 용지에 그래프를 그릴 때는 데이터를 z 배열로 변환할 필요가 없다.

```
import numpy as np
import matplotlib.pyplot as plt
from scipy import stats

x = np.loadtxt('PacketData.csv', delimiter=', ')
xs = np.sort(x)
xbar = np.mean(xs)
s = np.std(xs)
z = (xs-xbar)/s
n = len(xs)
p = np.zeros(n)
zsc = np.zeros(n)
for i in range(n):
    p[i] = (i+0.5)/n
    zsc[i] = stats.norm.ppf(p[i])

plt.scatter(z, zsc, c = 'k', marker='.')
plt.plot(z, z, c='k', ls='--')
plt.grid()
plt.xlabel('z')
plt.ylabel('z-score')
```

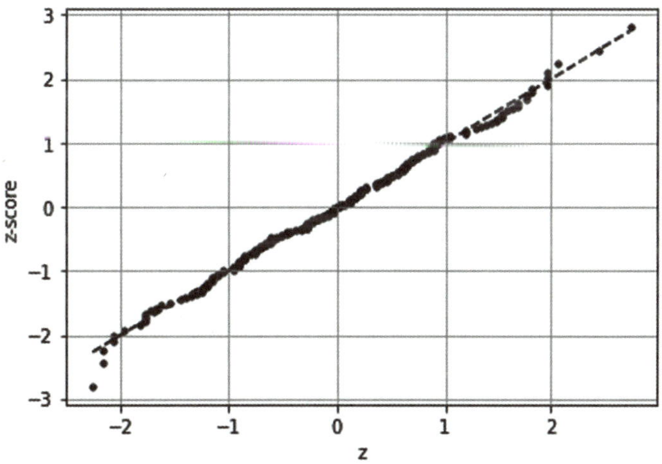

그림 10.27 z-점수를 이용한 확률 그래프.

파이썬 SciPy의 모듈 stats에는 z-점수를 기반으로 이와 유사한 그래프를 생성하는 함수 probplot이 제공된다. 함수 probplot으로 생성한 그래프는 축을 반전시키고 데이터를 z 배열로 변환하지 않는다. 함수 probplot의 사용법에 대해서는 10.4.3절에서 다루기로 한다.

앞서 제1종 오류(α)의 위험을 가늠하기 위해 통계적 검정법과 P 값의 개념을 다루었다. 확률 분포에 대해서도 유사한 검정 방법들이 있다. 여기에서는 그중에서 한 가지인 **앤더슨-달링 검정**(Anderson-Darling test)을 살펴보도록 한다. 이 검정법은 분포가 정규 분포가 아님을 증명하기 위한 것이다. 파이썬 스크립트에 다음 구문을 추가한다.

```
result = stats.anderson(x, dist='norm')
print(result)
```

결과는 화면에 다음과 같이 표시된다.

```
AndersonResult(statistic=3.088203603370033, critical_
values=array([0.555, 0.632, 0.759, 0.885, 1.053]),
significance_level=array([15. , 10. , 5. , 2.5, 1. ]))
```

이 결과는 다음과 같이 해석한다. 5.의 유의 수준에 대해, 통계치의 임계값은 0.759이다. 여기서 통계치 3.088...은 임계값보다 크기 때문에, 데이터가 정규 분포를 따르지 않는다는 주장을 도출한다. 만약 설탕 포대 데이터에 동일한 검정법을 시행한다면, 결과는 다음과 같다.

```
AndersonResult(statistic=0.25340941601047007, critical_
values=array([0.565, 0.644, 0.772, 0.901, 1.071]),
significance_level=array([15. , 10. , 5. , 2.5, 1. ]))
```

여기서, $0.253... < 0.772$ 이므로, 데이터의 분포가 정규 분포가 아니라는 주장은 기각된다.

이전에 언급한 바와 같이, 사실상 이번 절은 종종 **가설 검정**(hypothesis test)이라 불리는 통계적 검정에 대한 간략한 소개에 불과하다. 응용 통계학 수업에서 이 주제에 대한 더 넓은 지식을 습득할 수 있다. 이러한 수업을 수강하는 것을 권장한다.

10.4 데이터에 수학적 모델 피팅

과학자와 공학자들은 어떠한 거동을 이해하고 예측하거나 혹은 데이터 집합에 없는 값을 알아내기 위한 데이터 해석 방법을 빈번하게 개발한다. 이는 주로 데이터를 기반으로 수학적 모델을 개발함으로써 이루어진다. 그러한 예를 이미 [그림 9.13]에서 다루었다. [그림 9.13]에서는 제안된 다항식 모델이 데이터를 잘 따른다는 것은 살펴보았지만, 모델이 어떻게 도출됐는지에 대한 설명은 뒤로 미루어두었다. 그러고 나서 구적법 수행을 위해 그 모델을 사용하였다. 이번 절에서는 이러한 모델을 어떻게 개발했는지에 대해 살펴본다.

10.4.1 직선 형태의 선형 회귀

데이터에 모델을 피팅하는 수학적인 절차를 **회귀**(regression)라고 한다. 여기서는 데이터 집합에 직선을 피팅하는 간단한 시나리오부터 시작한다. 그런 다음, 주로 다항식을 사용하여 곡률을 표현할 수 있는 모델을 살펴본다. 마지막으로, 직선과 다항식으로 개발된 선형 회귀 방법을 사용할 수 없는 모델을 검토한다.

[그림 10.28]에 제시된 시나리오를 고려해보자. 11개의 데이터 집합 $\{x_i, y_i, i=1,\ldots, 11\}$을 그래프로 나타내었다. 직선 모델 $y=ax+b$을 제안하여 그래프로 나타내었다. 각각의 x 값에 대해 이 모델을 사용하여 모델 예측치를 다음과 같이 계산할 수 있다.

$$\hat{y}_i = a\,x_i + b \tag{10.17}$$

각각의 예측치에 대해, 다음과 같은 **잔차 오차**(residual error)[21]가 생긴다.

$$e_i = \hat{y}_i - y_i \tag{10.18}$$

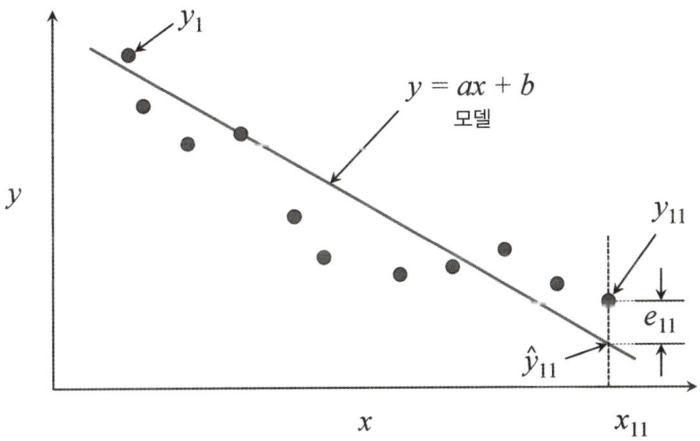

그림 10.28 직선 회귀에 대한 시나리오.

데이터에 모델을 피팅할 때, 일반적으로 드는 생각은 잔차 오차를 작게 하고 싶다는 것이다. 이를 위해 잔차 오차를 판단하는 데 사용할 단일 기준 혹은 목표가 필요하다. 잔차(residual)[22]의 절대값의 합을 사용할 수도 있지만, 잔차 오차의 제곱의 합을 사용하는 것이 더 바람직하다. 이는 한 개 이상의 큰 오차에 따른 영향을 더 잘 반영할 수 있기 때문이다. 그러면 이제 이러한 잔차 오차의 제곱의 합을 최소화할 수 있도록 매개변수 a와 b를 가지고 직선을 조정하고자 한다. 여기서 잔차 오차의 제곱의 합에 해당하는 "최소 제

21 (옮긴이) 잔차에 의한 오차

22 (옮긴이) 이는 결국 잔차 오차와 같은 의미이다.

곱" 기준은 다음과 같다.

$$V=\sum_{i=1}^{n}e_i^2=\sum_{i=1}^{n}\left(\hat{y}_i-y_i\right)^2=\sum_{i=1}^{n}\left(a\,x_i+b-y_i\right)^2 \tag{10.19}$$

그렇다면 "a와 b를 올바르게 선택하여 V를 최소화하기 위해서는 어떻게 해야 할까?"라는 문제로 귀결된다. 미분 계산을 통해 이를 결정할 수 있음이 밝혀졌다. 각각의 매개변수 a와 b에 대한 V의 편미분을 찾아, 그 값을 0으로 놓고, 이를 a와 b에 대해 연립하여 풀면 결과를 얻을 수 있다. 각각의 매개변수 a와 b에 대한 V의 편미분 표현은 다음과 같다.

$$\frac{\partial V}{\partial a}=2\sum_{i=1}^{n}x_i\left(a\,x_i+b-y_i\right)=2a\sum_{i=1}^{n}x_i^2+2b\sum_{i=1}^{n}x_i-2\sum_{i=1}^{n}x_iy_i \tag{10.20}$$

$$\frac{\partial V}{\partial b}=2\sum_{i=1}^{n}\left(a\,x_i+b-y_i\right)=2a\sum_{i=1}^{n}x_i+2nb-2\sum_{i=1}^{n}y_i \tag{10.21}$$

최소값을 찾기 위해 두 편미분 식을 모두 0으로 놓는다.

$$a\sum_{i=1}^{n}x_i^2+b\sum_{i=1}^{n}x_i-\sum_{i=1}^{n}x_iy_i=0 \tag{10.22}$$

$$a\sum_{i=1}^{n}x_i+nb-\sum_{i=1}^{n}y_i=0 \tag{10.23}$$

b에 대해 식 (10.23)을 풀면 다음과 같다.

$$b=\frac{\sum_{i=1}^{n}y_i}{n}-a\frac{\sum_{i=1}^{n}x_i}{n}=\overline{y}-a\,\overline{x} \tag{10.24}$$

식 (10.24)를 식 (10.23)에 대입하여 a에 대해 풀면 다음과 같이 진행된다.

$$a\sum_{i=1}^{n}x_i^2+\left(\frac{\sum_{i=1}^{n}y_i}{n}-a\frac{\sum_{i=1}^{n}x_i}{n}\right)\sum_{i=1}^{n}x_i-\sum_{i=1}^{n}x_iy_i=0$$

$$an\sum_{i=1}^{n}x_i^2-a\left(\sum_{i=1}^{n}x_i\right)^2+\sum_{i=1}^{n}x_i\sum_{i=1}^{n}y_i-n\sum_{i=1}^{n}x_iy_i=0 \tag{10.25}$$

$$a = \frac{n\sum_{i=1}^{n} x_i y_i - \sum_{i=1}^{n} x_i \sum_{i=1}^{n} y_i}{n\sum_{i=1}^{n} x_i^2 - \left(\sum_{i=1}^{n} x_i\right)^2}$$

식 (10.25)의 최종 형태를 사용하여 a를 구한 후, 이를 식 (10.24)에 다시 대입하여 b를 결정할 수 있다.

예제 10.2 화석 연료로부터 나온 미국의 이산화탄소 배출량에 대한 직선 피팅

[표 10.2]의 데이터는 2007년부터 2020년까지 미국에서 화석 연료 자원으로부터 나온 이산화탄소의 연간 배출량을 보여준다. 이 데이터에 대한 (혹은 어떤 데이터라도) 직선 피팅을 고려해보기 전에 먼저 데이터를 그래프로 나타내고 선형 모델이 적합한지 판단해봐야 한다. 이 데이터의 그래프는 [그림 10.29]에서 확인할 수 있다.

표 10.2 미국의 연간 CO_2 배출량(단위: 백만 톤)

연도	배출량
2007	6,016
2008	5,823
2009	5,404
2010	5,594
2011	5,455
2012	5,236
2013	5,359
2014	5,414
2015	5,262
2016	5,169
2017	5,131
2018	5,277
2019	5,144
2020	4,575

Source: https://www.eia.gov/environment/emissions/carbon/.

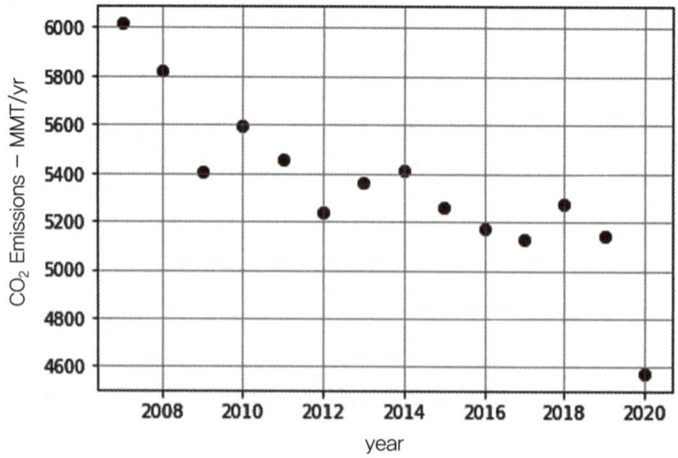

그림 10.29 미국에서 화석 연료로부터 나온 CO_2의 연간 배출량.

그래프를 살펴보면 꾸준히 감소하는 추세가 있다. 2020년을 제외하면, 직선 피팅이 적절할 수 있다.[23] 다음은 식 (10.25)와 (10.24)를 이용하여 직선의 기울기와 절편을 계산하고, [그림 10.30]과 같이 그래프에 계산된 직선을 추가하기 위한 파이썬 스크립트이다.

```
import numpy as np
import matplotlib.pyplot as plt

yr, amt = np.loadtxt('CO2_Emissions.csv', delimiter=', ',
unpack=True)

plt.scatter(yr, amt, c='k', marker='o')
plt.grid()
plt.xlabel('Year')
plt.ylabel('CO2 Emissions - MMT/yr')

n = len(yr)
x = yr
y = amt
Sx = np.sum(x)
Sy = np.sum(y)
Sx2 = 0
Sxy = 0
ybar = np.mean(y)
xbar = np.mean(x)
for i in range(n):
    Sx2 = Sx2 + x[i]**2
    Sxy = Sxy + x[i]*y[i]
```

23 2020년의 큰 하락은 COVID-19 팬데믹과 이와 관련된 교통량 감소의 영향일 가능성이 높다.

```
a = (n*Sxy-Sx*Sy)/(n*Sx2-Sx**2)
b = ybar - a*xbar
print('slope = {0:6.2f} MMT/yr'.format(a))

print('intercept = {0:8.0f} MMT'.format(b))

amtp = lambda yr: a*yr+b

plt.plot(yr, amtp(yr), c='k', ls='--')
```

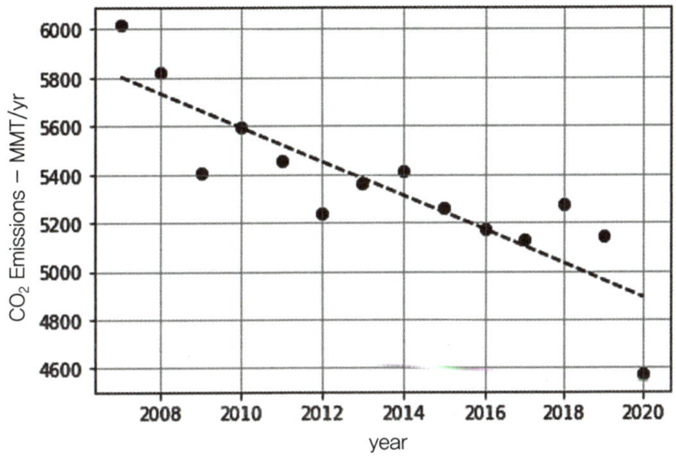

그림 10.30 피팅한 직선이 추가된 연간 CO_2 배출량.

콘솔에 표시된 대로 직선의 매개변수는 다음과 같다.

```
slope = -70.07 MMT/yr
intercept = 146438 MMT
```

절편값이 매우 큰 것이 눈에 띄는데, 이는 직선이 0년까지 연장됐을 때의 값이기 때문이다. 그래프는 선형으로 감소하는 경향을 포착한다. 어쩌면 데이터에 더 잘 맞을지 모르는 어느 정도 곡률이 있는 모델을 적어도 2020년까지는 고려해볼 수 있을 것이다. 이에 대해서는 뒤에 다루기로 한다.

10.4.2 다항식 피팅

다음으로, 단순한 직선이 아닌 더 복잡한 모델을 피팅하는 것을 고려해볼 것이다. 가령 예를 들어, 다음과 같은 2차 다항식 모델을 피팅하고 싶을지 모른다.

$$y = b_0 + b_1 x + b_2 x^2 \tag{10.26}$$

그리고 이를 m차 다항식으로 일반화할 수 있다.

$$y = b_0 + b_1 x + \ldots + b_{m-1} x^{m-1} + b_m x^m \tag{10.27}$$

만약 이러한 다항식 모델의 매개변수에 대해서 앞서 직선에서 했던 방식처럼 최소 제곱 피팅[24]을 위한 식을 유도하려 한다면, 이는 매우 번거로운 작업이 될 것이다. 벡터와 행렬을 이용하여 더 간결하고 효율적으로 이 문제에 대해 접근하는 방법이 있지만, 여기서 다루지는 않는다.[25] 이는 응용 통계학이나 수치 해석 방법에 대한 교과에 더 적합하다. 대신 여기에서는 모듈 NumPy에서 제공하는 함수 polyfit에 의지하기로 한다.

함수 polyfit의 구문은 다음과 같다.

```
coeff = polyfit(x,y,order)
```

여기서 x는 독립 변수 배열, y는 응답 배열, order는 피팅할 다항식의 차수를 나타내는 정수이다. 실행 결과인 coeff는 다항식의 모든 차수(최고 차수부터 절편까지)에 대한 계수(coefficient)로 이루어진 배열이다. 간단한 예로 CO_2 데이터의 직선 피팅을 다음과 같이 재현할 수 있다.

```
import numpy as np

yr, amt = np.loadtxt('CO2_Emissions.csv', delimiter=', ',
unpack=True)

b = np.polyfit(yr, amt, 1)
print(b)

[-7.00725275e-02 1.46438105e+02]
```

화면에 출력된 계수는 이전에 계산한 계수와 동일하다.

함수 polyfit을 이용하면, 모든 차수의 다항식 모델에 대해 일반화된 방법을 갖게 된다. 이를 다음과 같은 9장의 [그림 9.13] 데이터에 적용할 수 있다.

24 (옮긴이) 최소 자승법 혹은 최소 제곱법으로도 불린다.

25 벡터와 행렬을 이용한 방법에 대한 더 자세한 정보는 차프라(Chapra)와 클러프(Clough)의 책(2022)을 참조한다.

t	y
0.09	15.1
0.32	57.3
0.69	103.3
1.51	174.6
2.29	191.5
3.06	193.2
3.39	178.7
3.63	172.3
3.77	167.5

이러한 데이터를 피팅하기 위해서 3차 다항식을 제안했을 때, 이를 수행하기 위한 파이썬 스크립트는 다음과 같다.

```
import numpy as np

t = np.array([0.09,0.32,0.69,1.51,2.29,3.06,3.39,3.63,3.77])
y = np.array([15.1,57.3,103.3,174.6,191.5,193.2,178.7,172.3, 167.5])
b = np.polyfit(t, y, 3)

print('cubic polynomial parameters:\n', b)
```

콘솔에 표시되는 결과는 다음과 같다.

```
cubic polynomial parameters:
[ 4.3507208 -53.87521322 185.62642213 0.55854906]
```

이러한 결과에 따라 9장에서 제안한 다항식 모델이 얻어진다.

$$y = 0.559 + 185.6t - 53.88t^2 + 4.351t^3$$

[그림 9.13]에서 이 모델이 나타내는 선과 데이터를 확인할 수 있다.

10.4.3 일반적인 문제와 주의사항

이 절에서는 다항식 회귀에 대한 논의를 완료하기 위해, 몇 가지 일반적인 문제와 주의사항을 검토한다. 먼저, **간결성**(parsimony)의 개념은 중요하다. 간결성이란, 데이터에 잘 부합하는 가장 간단한 모델을 찾아야 한다는 의미이다.[26] 이는 **모델 적합성**(model adequacy)

26 여기에서 표현된 정서는 일반적으로 오컴(Occam)의 면도날[혹은 오케임(Ockham)의 면도날]로 알려져 있다. 이는 14세기 영국의 수도회원이자 논리학자인 오케임의 윌리엄(William of Ockham, 약 1285–1349)에 의한 철학적 발견이다. 비록 다양한 형태로 다시 표현되었지만, 멋지고 명료한 표현은 "정확히 같은 예측을 하는 두 가지 경쟁 가설이 있다면, 더 간단한 것이 더 좋다"이다.

의 개념으로 이어진다.

이러한 개념들을 정량화하는 한 가지 방법은 **총 수정 제곱합**(total corrected sum of squares) SS_T로 불리는 데이터의 전체 변동성을 정의하는 것이다.

$$SS_T = \sum_{i=1}^{n} (y_i - \bar{y})^2 \tag{10.28}$$

이것은 데이터와 그들의 평균값 간의 차이를 모두 제곱하여 합한 값이라는 것을 알 수 있다. **회귀 변수**(regressor variable)라 불리는 독립 변수와 연관된 모델을 고려할 때, 이러한 모델이 전체 변동성의 일부를 설명할 것으로 기대한다. 회귀 계산을 통해 남는 것은 잔차의 집합인 $\{e_i, i = 1, \ldots, n\}$이다. 이는 다음과 같이 계산된다.

$$e_i = y_i - \hat{y}_i \qquad i = 1, \ldots, n \tag{10.29}$$

여기서 $\hat{y}_i$는 회귀 변수 x_i에 대한 모델 예측치이다.

잔차는 모델이 설명할 수 없는 남아있는 변동성을 나타내며, 이를 다음과 같이 정량화할 수 있다.

$$SS_E = \sum_{i=1}^{n} e_i^2 \tag{10.30}$$

이를 시각화하는 유용한 방법은 전체 변동성을 모델에 의해 설명되는 부분 SS_R과 설명할 수 없는 잔차 오차 부분 SS_E로 분할하여 보여주는 파이 도표이다. [그림 10.31]을 참조한다. 그림에서 알 수 있듯이 회귀 제곱합(regression sum of squares) SS_R은 $SS_T - SS_E$로 구할 수 있다. 그렇다면 명백한 목표는 SS_E 값이 작은 모델을 찾는 것이 된다.

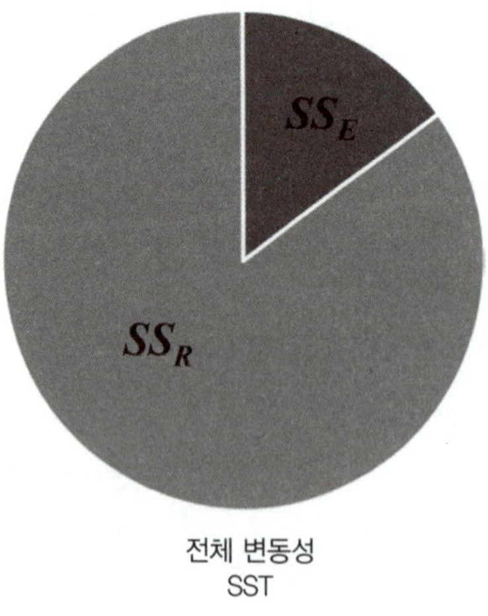

그림 10.31 전체 변동성의 분할.

데이터를 피팅하기 위한 모델의 성능을 정량화하는 데 사용되는 일반적인 통계치는 **결정 계수**(coefficient of determination) 또는 **"R-제곱**(R-squared)"이다. 이는 전체 변동성에서 모델에 의해 설명되는 부분을 나타내는 분수로, 다음과 같이 표현된다.

$$R^2 = \frac{SS_R}{SS_T} = 1 - \frac{SS_E}{SS_T} \tag{10.31}$$

R^2 값은 종종 백분율로 보고된다.

다항식 모델과 관련하여, 모델의 성능을 측정하는 지표로 R^2를 사용하는 것에는 중요한 문제가 있다. 다항식의 차수를 증가시킬수록, 피팅을 위한 매개변수의 수도 명백히 증가한다는 점이다. 이렇게 되면, R^2 값은 매개변수의 개수 $m+1$이 데이터의 개수 n과 같아지는 지점까지 증가할 수 있다. 그 시점(즉, $m+1=n$)에서 모델은 데이터의 모든 지점을 정확히 지나가게 되며, R^2 값은 1이 된다. 일반적으로, 그 이후의 모델은 데이터 지점 사이에서 특이한 거동을 보이기 때문에, 어떠한 예측이나 이해에 적합하지 않은 나쁜 모델이 될 것이다.

아래의 파이썬 스크립트는 CO_2 배출 데이터의 직선 피팅에 대한 R^2 값을 계산하고 보여준다.

```
import numpy as np

yr,amt = np.loadtxt('CO2_Emissions.csv',delimiter=',',unpack=True)

b = np.polyfit(yr,amt,1)
print(b)

amtp = np.polyval(b,yr)

e = amt - amtp
SSE = e.dot(e)
n = len(yr)
amtbar = np.mean(amt)
SST = 0
for i in range(n):
    SST = SST + (amt[i]-amtbar)**2
SSR = SST - SSE
R2 = SSR/SST
print('R-squared = {0:6.1f}%'.format(R2*100))
```

위에서 함수 **polyval**을 사용했음을 주목한다. 이 함수는 하나 이상의 값을 가진 독립 변수 **yr**에 대해 계수 **b**를 이용하여 다항식을 계산할 수 있게 해준다. 출력되는 R^2 값은 다음과 같다.

```
R-squared = 74.7%
```

74.7%는 좋을까 나쁠까? 이는 명확하지 않다. 만약 잔차 오차가 주로 무작위 잡음이라면, 이 R^2 값은 적절할 수도 있다. 그렇다면 잔차는 모델로 설명할 수 없는 무작위적인 거동을 나타내게 된다. 많은 통계학자들과 마찬가지로, 회귀 성능의 측정을 위해 R^2를 사용하는 것을 권장하지 않는다. 합리적인 대안은 **추정치의 표준 오차**(standard error of the estimate)이며 다음과 같이 주어진다.

$$s_e = \sqrt{\frac{SS_E}{n-(m+1)}} \tag{10.32}$$

직선 피팅에 대한 이 표준 오차 수치는 177.4이다. 이러한 표준 오차는 피팅에 대한 "표준 편차"로 생각할 수 있다. 따라서, s_e가 낮을수록 더 좋은 피팅이라 할 수 있다.

회귀의 목표는 종속 변수 혹은 응답 변수 y의 모든 체계적인 거동을 설명하는 모델을 결정하는 것으로, 이렇게 되면 잔차 열(residual series)에는 어떠한 체계적인 거동도 포함되지 않게 된다. 또한, 잔차는 평균이 0이고 표준 편차가 σ_e인 정규 분포를 따라 적절하게 모델링될 수 있는 무작위적인 수치일 것으로 기대한다. 이것이 **적절성**(adequacy)의 개념이며, 이를 종종 그래프로 도시하여 평가한다.

앞에서 다룬 직선 예제에서, [그림 10.32]는 연도에 따른 잔차 오차를 그래프로 보여준다. 어떠한 패턴이나 체계적인 거동을 식별하는 데 도움을 주고자 데이터 식별자를 선으로 연결하였다. 어쩌면 잔차가 높게 시작하여 감소한 후에 다시 높아진 것으로 판단할 수 있다. 만약 이러한 경우라면, 직선이 아닌 2차 다항식으로 데이터를 피팅하려고 할지도 모른다. 결과적으로 얻어지는 모델은 다음과 같다.

$$am\,t = 1.081yr^2 - 4423yr + 4.529 \times 10^6 \tag{10.33}$$

이에 해당하는 잔차 그래프는 [그림 10.33]에서 확인할 수 있다. 패턴의 변화가 거의 없으며, 따라서 고차 모델을 사용함에 따른 이득이 크지 않다. 여기에서 두 번째 피팅에 대한 R^2 및 s_e 값이 각각 $R^2 = 75\%$ 및 $s_e = 184.4$임을 알 수 있다. 예상대로 모델에 항을 추가하여 R^2 값이 74.7%에서 아주 약간이지만 증가하였다. 그러나, s_e 값도 같이 증가하였으며, 이는 2차 다항식 피팅이 직선만큼 잘 작동하지 않았음을 의미한다.

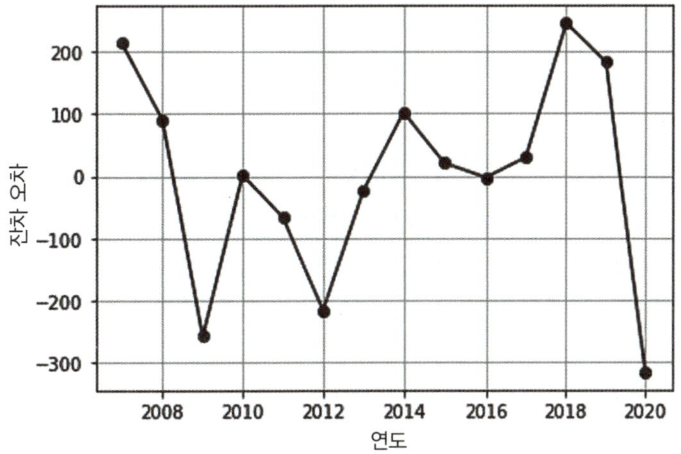

그림 10.32 직선 모델에서 연도에 따른 잔차 오차.

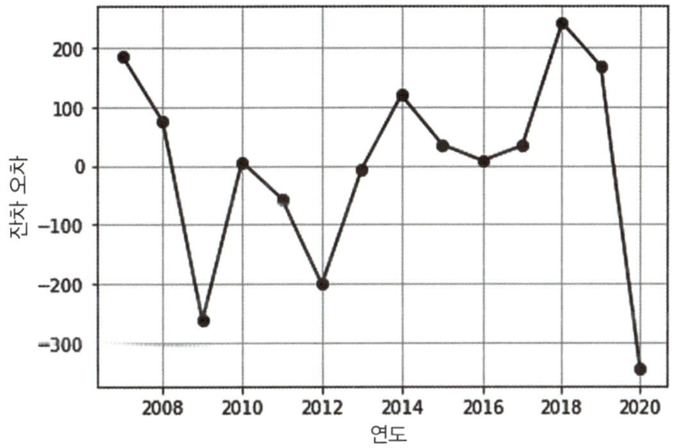

그림 10.33 2차 다항식 모델에서 연도에 따른 잔차 오차.

또한, 잔차 오차가 정규 분포를 따르는 모집단에 속하는지에 대한 여부를 검정할 수 있다. 다음은 이를 위해 직선 피팅 스크립트에 추가된 구문이다.

```
import matplotlib.pyplot as plt
from scipy import stats
stats.probplot(e, plot=plt)
plt.grid()
result = stats.anderson(e, dist='norm')
print(result)
```

확률 그래프는 모듈 `stats`의 함수 `probplot`을 사용하여 생성되며, 이는 [그림 10.34]에서 확인할 수 있다. 앞에서 설명한 것처럼, 이 그림에서 "이론적인 양"에 해당하는 가로축에는 z-점수를 도시하였으며, 세로축에는 데이터를 나타내었다. 앤더슨-달링(Anderson-Darling) 검정 결과는 다음과 같다.

```
AndersonResult(statistic=0.3425761550939743, critical_
values=array([0.497, 0.566, 0.68 , 0.793, 0.943]),
significance_level=array([15. , 10. , 5. , 2.5, 1. ]))
```

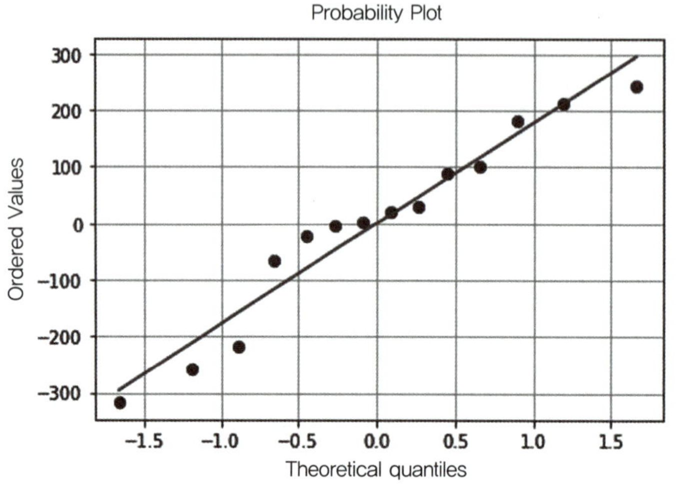

그림 10.34 CO_2 배출량 데이터의 직선 피팅에 대한 잔차 오차의 확률 그래프.

약 0.34의 통계치는 모든 임계값보다 작기 때문에, 잔차가 정규 분포와 아닌 다른 분포에서 왔다고 주장할 수 없다.

이는 응답 또는 종속 변수 y와 단일 회귀 또는 독립 변수 x로 구성된 데이터 집합을 나타내기 위한 다항식 모델의 구축 전략으로 이어진다. 이는 유일한 전략은 아니지만 실용적인 전략 중 하나이다.

1. 데이터의 그래프 관찰을 기반으로 하여 간단한 다항식 모델로 시작한다.
2. 모델을 피팅하고, R^2와 s_e를 계산한 다음, 적합성을 판단하기 위해 잔차 그래프를 그린다.
3. 다항식의 차수를 높이면서 두 번째 단계를 반복하여 수행한다.
4. s_e 값이 더 이상 감소하지 않으면 멈춘다.
5. 잔차 그래프에서 적합성을 확인할 수 있는 가장 간단한 모델을 선택한다.

예제 10.3 온도에 대한 물의 밀도 데이터에 다항식 피팅

우리가 얻는 많은 수의 데이터 집합은 상당한 수준의 무작위 오차를 가지고 있어 상대적으로 잡음이 많다. 그러나 재료의 물성에 대한 데이터는 실험실 환경에서 세심하게 측정되어 일반적으로 잡음이 없다. [표 10.3]은 0°C에서 100°C까지 물의 밀도에 대한 데이터를 보여준다. 이는 4장의 [연습문제 4.4]와 같은 표이다. 우리는 중간 온도에서 밀도 값을 정확하게 예측할 수 있는 다항식 모델을 개발하고자 한다.

표 10.3 1 대기압에서 온도에 따른 물의 밀도

온도(°C)	밀도(kg/m^3)	온도(°C)	밀도(kg/m^3)
0	999.87	50	988.07
2	999.97	55	985.73
4	1,000	60	983.24
6	999.97	65	980.59
10	999.73	70	977.81
15	999.13	75	974.89
20	998.23	80	971.83
25	997.08	85	968.65
30	995.68	90	965.34
35	994.06	95	961.92
40	992.25	100	958.38
45	990.25		

우리의 전략에 따라, 먼저 데이터의 그래프를 생성하기 위해 파이썬 스크립트를 작성한다.

```
import numpy as np
import matplotlib.pyplot as plt

T,rho = np.loadtxt('H2ODensityVsTemperature.csv',delimiter=','
\
                   ,unpack=True)

plt.scatter(T,rho,c='k')
plt.grid()
plt.xlabel('Temperature - degC')
plt.ylabel('Density - kg/m3')
```

그래프는 [그림 10.35]와 같이 나타난다. 먼저, 데이터에 직선을 피팅하지는 않을 것이 분명하다. 따라서, 우리는 다항식으로 시작하며, 결과는 다음과 같다.

```
[-3.60517790e-03 -6.67273530e-02 1.00052105e+03]
se = 0.3646166867986853
R2 = 0.9993561813821505
```

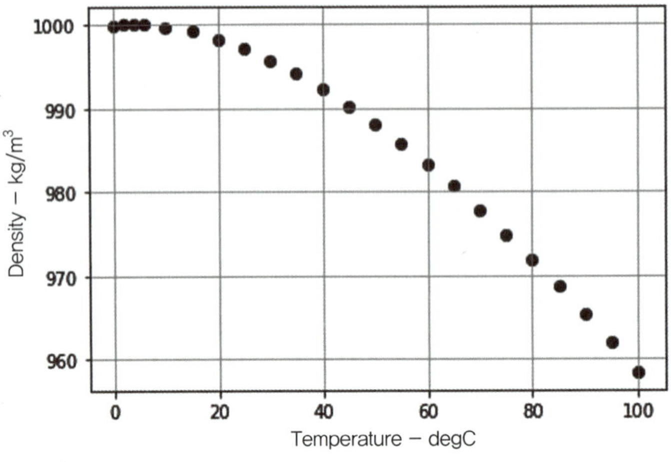

그림 10.35 온도에 대한 물의 밀도 데이터.

R^2 값이 1.0에 매우 가까운 것을 확인할 수 있다. s_e 값은 다른 모델과 비교하기 위한 값이다. 모델과 적합성을 확인하기 위해 [그림 10.36]과 [그림 10.37]을 참조한다. [그림 10.36]의 모델은 합리적으로 보일 수 있지만, 데이터를 완전히 맞추지는 못한다. 이는 체계적인 거동이 있음을 명확히 보여주는 [그림 10.37]의 잔차 그래프에서 분명해진다. 따라서 이 모델은 적합하지 않다.

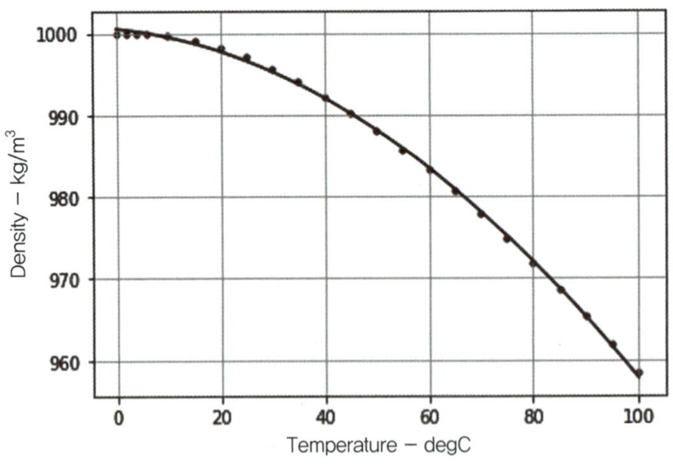

그림 10.36 2차 다항식 피팅.

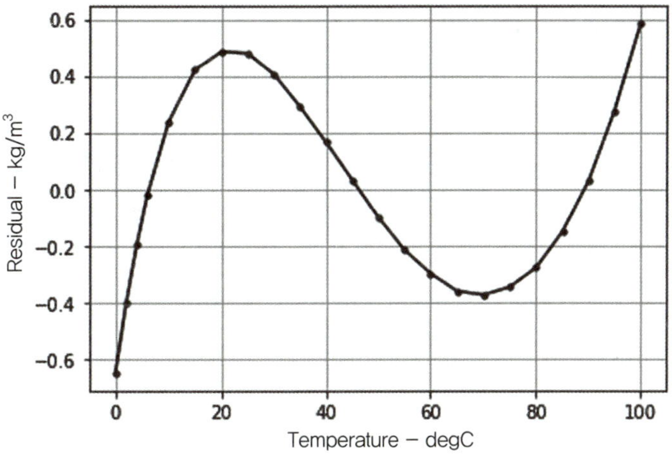

그림 10.37 2차 다항식 모델에서 온도에 따른 잔차.

다항식의 차수 증가에 따른 s_e 값을 [표 10.4]에 요약하였다.

표 10.4 여러 다항식에 대한 추정치의 표준 오차

차수	s_e
2	3.65E−01
3	7.98E−02
4	1.90E−02
5	4.45E−03
6	3.25E−03
7	2.97E−03
8	3.01E−03

표에서 s_e 값이 최소가 되는 다항식은 7차 다항식임을 알 수 있다. 그러나, 잔차 그래프를 공부함으로써, 잔차에 어떠한 패턴도 나타나지 않는 첫 다항식은 5차 다항식임을 발견하게 된다. 이는 [그림 10.38]에서 확인할 수 있다. 이제 5차에서 7차까지의 다항식 중에서 어떤 모델을 선택할지 결정해야 한다. 간결성을 기반으로, 가장 간단한 모델이자 적합한 모델인 5차 모델을 선택하며, 이는 다음과 같다.

$$\begin{aligned}\rho = 9999 + 0.06279T - 0.00841T^2 + 6.678 \times 10^{-5}T^3 \\ - 4.218 \times 10^{-7}T^4 + 1.173 \times 10^{-9}T^5\end{aligned} \tag{10.34}$$

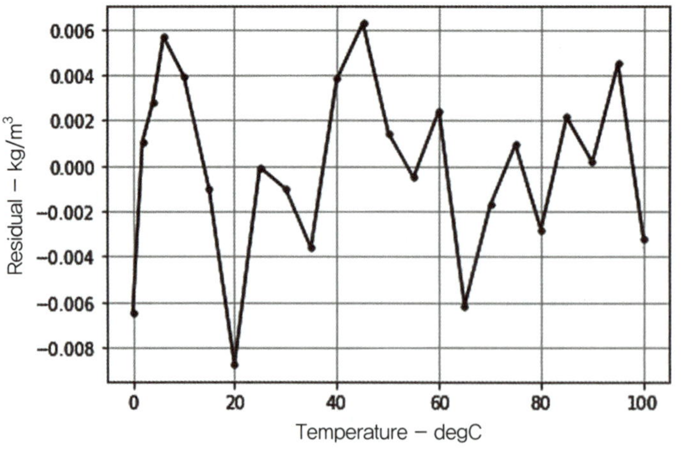

그림 10.38 5차 다항식에서 온도에 따른 잔차.

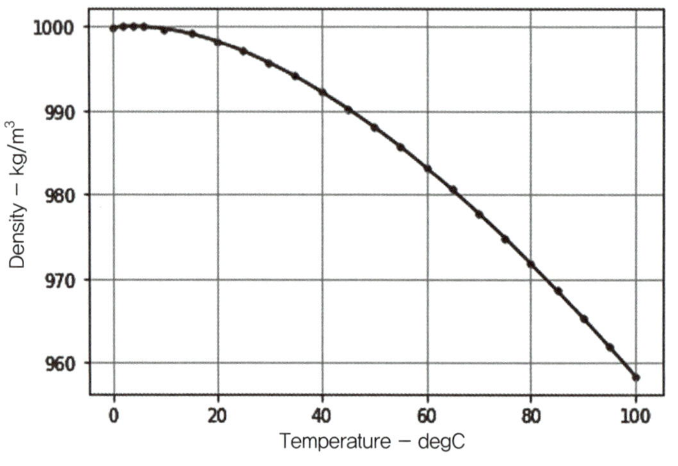

그림 10.39 온도에 대한 물의 밀도를 피팅한 5차 다항식.

데이터에 대해 이 모델을 적용한 그림은 [그림 10.39]에서 확인할 수 있다. 매우 잘 맞는다고 이야기할 수 있다. 또한, [그림 10.38]에서 약 1,000의 밀도값에 대한 잔차 오차는 $\pm 0.01\ kg/m^3$보다 작다.

다항식 모델을 가지고 여기서 설명한 방법은 매개변수가 선형적으로 모델링에 부합하기 때문에 **선형 회귀**(linear regression)라고 불린다. 당연히 다항식 항들은 독립적인 회귀 변수에 대해서는 비선형이지만, 매개변수 b들에 대해서 선형이라면 이 방법을 적용한다. 선형 회귀에 사용할 수 있는 이와는 다른 모델 형식이 많이 있다. 몇 가지 예시는 다음과 같다.

$$y = b_0 + b_1 \frac{1}{x} + b_2 \ln(x) \tag{10.40}$$

$$y = b_0 + b_1 \sin(x) + b_2 \cos(x) \tag{10.41}$$

$$y = b_0 + b_1 x_1 + b_2 x_2 + b_{12} x_1 x_2 \tag{10.42}$$

식 (10.42)의 모델은 2개의 회귀 (독립) 변수 x_1과 x_2를 포함하기 때문에, 종종 **다중 선형**(multilinear)이라고 불린다. 여기 세 가지 모델은 모두 다항식으로 설명한 것과 유사한 방법을 사용하여 회귀될 수 있다.

비선형으로 보이지만 선형 회귀에 적합한 모델로 변환될 수 있는 모델들도 있다. 일반적인 예로는 다음과 같다.

$$y = b_0 e^{b_1 x} \qquad \Rightarrow \qquad \ln(y) = \ln(b_0) + b_1 x \tag{10.43}$$

x에 대한 $\ln(y)$의 직선 모델을 회귀하게 될 것이다. 여기서 추정되는 절편은 $\ln(b_0)$이고, 이 절편에 지수 함수를 취해 b_0를 계산할 것이다.

그리고 매개변수에 대해 비선형적이며 위와 같이 변환할 수 없는 모델들도 있다. 다음은 이에 대한 두 가지 예시이다.

$$y = 10^{b_0 + \frac{b_1}{b_2 + x}} \tag{10.44}$$

$$\frac{dy}{dt} = b_0 t + b_1 y + b_2 y t \tag{10.45}$$

데이터 집합 $\{t_i,\ y_i,\ i = 1, \ldots, n\}$에 대한 식 (10.45)의 경우, 주어진 매개변수들의 집합에 대한 모델 예측치를 얻기 위해서는 9장의 방법을 사용하여 수치 해석적으로 미분 방정식을 풀어야만 할 것이다. 식 (10.44)와 식 (10.45)와 같은 모델의 경우에는, 피팅 방법을 **비선형 회귀**(nonlinear regression)라 부른다. 기준 V[27]를 최소화하는 매개변수를 반복적으로 탐색하는 절차가 필요하다.

데이터에 모델을 피팅하는 것은 공학자와 과학자들에게 중요하다. 이 절에서는 이러한 주제를 파고들 수 있는 좋은 출발점을 제공하였다. 데이터에 가장 빈번하게 피팅되는 모델들은 주로 다항식 모델들이므로, 이를 사용하여 나아갈 준비를 마쳤다. 이러한 주제에 대해 더 학습하기를 권장한다. 특히, 일반 선형 및 비선형 회귀를 위한 기법들을 확장해 나가기를 당부한다.

---

27 (옮긴이) 앞에서 설명한 최소 제곱 기준과 같은 개념

연습문제

10.1 [표 3.12]에는 1851년부터 2020년까지의 대서양 허리케인 수가 나열되어 있으며, 해당 데이터는 [그림 3.11]에 그래프로 도시하였다.

(a) 10.1.1 절에서 논의된 개념을 사용하여, 이 데이터 집합을 설명하라. 그래프에서 관찰된 내용을 제시하라.

(b) 데이터 집합을 1851–1949 및 1950–2020의 두 부분으로 나누기 위한 파이썬 스크립트를 작성하라. 각 하위 집합의 평균을 계산하고, 결과에 대한 의견을 제시하라.

10.2 아래 표는 작은 강에서 2시간 간격으로 측정된 **생물학적 산소 요구량**(biological oxygen demand, BOD)의 측정치 보고이다. 이 측정은 각 위치에서 두 개의 표본을 채취해야 한다. 하나는 그 즉시 용존 산소량을 검사하고, 나머지는 20°C의 어두운 장소에서 5일 동안 배양한 후 남아있는 용존 산소량을 측정한다. 이 두 측정치의 차이가 BOD이다.

표본 번호	BOD(mg/L)
1	6.5
2	5.8
3	13.1
4	6.4
5	7.0
6	6.3
7	7.0
8	9.2
9	6.7
10	6.7

(a) 이 데이터에 대한 평균, 중앙값, 표본 표준 편차 및 MAD를 계산하라.

(b) 데이터의 상자 그림을 만들고 결과를 해석하라.

(c) 만약 이상치가 하나 이상 있다면, 조사를 통해 데이터 집합에서 이를 제거하는 것이 정당화되었다고 가정하자. 그렇게 하고 (a)의 계산을 반복하라. 결과에 대한 의견을 제시하라.

10.3 [표 5.6]의 피스톤 지름 데이터에 대해 다음과 같은 연구를 수행하라.

(a) 중앙 지름값이 74.01 mm보다 작다는 주장을 뒷받침하기 위해 부호 검정을 적용하라.

(b) 데이터가 정규 분포에서 추출되었는지 평가하고 검정하라.

(c) 데이터가 정규 분포를 따른다고 가정하고, (a)에서와 같은 주장을 지지하기 위한 모수적 검정을 수행하라.

10.4 제품은 일괄 생산된다. 이 공정은 하루 16시간 동안 2교대로 작동한다. 아래 표의 데이터는 주간 교대와 야간 교대 동안 수집되었다.

(a) 데이터가 나란히 배치된 상자 그림을 생성하고, 관찰된 내용을 제시하라.

(b) 두 교대 간 평균 품질이 다른지 평가하기 위해 윌콕슨 순위-합 검정을 적용하라.

(c) 두 교대 간 평균 품질이 다른지 검정하기 위해 이 장에서 표본 A와 B를 이용하여 설명한 검정법을 적용하라. (b)와 (c)의 결론 사이의 차이에 대한 의견을 제시하라.

교대	
주간	야간
40	47
27	42
39	41
46	34
32	45
46	52
40	49
44	35
48	43
41	44

10.5 [연습문제 10.1]의 데이터에 직선 모델을 피팅하고 결과를 해석하라.

10.6 [표 5.1]은 부동액의 어는점 데이터를 보여준다. 이 데이터에 적합한 다항식 모델을 피팅하라. 최종 선택에 어떻게 도달했는지 문서화해보고, 선택한 모델의 타당성에 대해서도 반드시 다루어 보라.

10.7 [그림 5.3]은 울프(Wolf)의 태양 흑점 데이터에 대한 그래프를 보여준다.

(a) 그래프 관찰에 기반하여 데이터 집합에 대한 의견을 제시하라.

(b) 데이터에 직선 모델을 피팅하고 이를 그래프에 추가하라. 데이터 집합의 정상성에 대한 의견을 제시하라.

(c) 데이터의 히스토그램 도표를 생성하라. 데이터가 정규 분포를 따르는 모집단에서 추출되었는지를 분석하라.

10.8 [표 5.5]는 0°C에서 서로 다른 염(salt) 농도에 대한 NaCl과 MgCl 용액의 밀도를 보여준다.

(a) 각각의 염에 대해 직선 모델을 피팅하고 결과를 비교하라.

(b) 각 피팅에 대한 잔차를 분석하고 모델의 타당성에 대한 의견을 제시하라.

10.9 −1부터 1까지의 균일 분포에 따라 100개의 난수를 생성하는 파이썬 스크립트를 작성하라.

(a) 데이터 집합의 평균과 표본 표준 편차를 계산하고, 균일 분포의 이론적인 값과 비교하라.

(b) 100개의 표본 데이터 집합을 100번 계산하도록 스크립트를 수정하라. 표본 평균 100개를 배열에 저장하고, 결과에 대한 히스토그램 도표를 생성하라. 그래프에 대한 의견을 제시하라.

(c) (b)의 결과로부터 얻은 평균값 100개에 대한 정규 분포를 기반으로 확률 그래프를 생성하라. 또한, 앤더슨-달링(Anderson-Darling) 검정을 수행하고 해석하라. 여기서 얻어진 결과를 해석하라. 어쩌면 **중심극한정리**(central limit theorem)라 불리는 원리를 설명하게 될 수도 있다. 이를 찾아보고 문제 답안의 일부로 문서화하라.

10.10 [표 5.6]은 피스톤 링의 내부 지름에 대한 40개의 측정치를 보여주며, 이러한 데이터는 [그림 10.12]와 [그림 10.13]의 히스토그램 도표에 사용되었다. 이 데이터가 정규 분포를 따르는 모집단에서 추출되었는지에 대한 여부를 분석하라. 확률 그래프와 앤더슨-달링(Anderson-Darling) 검정을 사용하라.

10.11 $0 \le x \le 12$ 범위에 대해 $\alpha = 2.0$ 및 $\beta = 4.5$를 갖는 와이블(Weibull) 분포의 누적 확률 분포를 계산하고 그래프로 그려보라.

10.12 설탕 산업에서는 농축된 자당(sucrose) 용액을 생산하여 결정화기(crystallizer)로 보낸다. 용액의 설탕 농도는 굴절률로 측정된다.[28] 아래의 표는 자당의 백분위(%) 농도와 굴절률에 대한 정밀한 실험실 측정 결과를 나타낸다. 데이터에 대한 그래프를 생성하고, 적합한 모델의 곡선을 그래프에 추가하라. 모델의 적합성을 평가하고, 잔차가 정규 분포를 따르는지 확인하라.

백분위	굴절률	백분위	굴절률	백분위	굴절률
0	1.3330	30	1.3811	60	1.4418
5	1.3403	35	1.3902	65	1.4532
10	1.3479	40	1.3997	70	1.4651
15	1.3557	45	1.4096	75	1.4774
20	1.3639	50	1.4200	80	1.4901
25	1.3723	55	1.4307	85	1.5033

10.13 아래의 표는 여러 농도의 염산(HCl)을 첨가했을 때 일어나는 물(H_2O)의 어는점 내림을 보여준다.

28 굴절률. https://en.wikipedia.org/wiki/Refractive_index. (마지막 수정일 2022년 7월 15일)

(a) 표에 있는 데이터를 그래프로 생성하라. 그런 다음, $\log_{10}$(HCl 농도)에 대한 어는점 내림을 그래프로 생성하라.

(b) (a)의 두 번째 그래프를 기반으로 적합한 모델을 피팅하라. 모델의 적합성을 평가하라.

HCl 농도(mol/kgH_2O)	어는점 내림(°C)
0.001	3.690
0.005	3.635
0.01	3.601
0.02	3.568
0.05	3.532
0.1	3.523
0.2	3.540
0.5	3.680
1	3.950
2	4.430

10.14 [표 5.7]은 풍력 발전 상위 10개국의 풍력 발전량을 GW 단위로 나타낸다. 각 국가의 인구수에 대한 데이터를 수집하여 인당 풍력 발전량을 계산하라. 결과를 분석하고, 여기에 적합해 보이는 모든 계산을 적용하여 관찰된 결과에 대한 의견을 제시하라.

10.15 1880년부터 2021년까지의 전 세계 온도 데이터를 https://www.ncdc.noaa.gov/cag/global/time-series에서 얻을 수 있다. 여기서 얻을 데이터는 **온도 이상값**(temperature anomaly)으로 보고된, 연간(annual) 온도와 "1901년 1월부터 2000년 12월까지의 평균 온도"의 차이이다.

(a) 이 데이터(즉, 1880년부터 2021년까지의 연간(annual) 전 세계(global) 온도 이상값)를 텍스트 파일로 다운로드하고, 텍스트 편집기(예: 메모장, 워드패드, 엑셀)를 사용하여 데이터만 포함된 텍스트 파일을 생성하라. 텍스트 파일의 데이터를 불러내기 위한 파이썬 스크립트를 작성하고, 데이터의 각 지점을 식별자 없이 연결하여 데이터 그래프를 생성하라. 그래프의 관찰 결과에 대한 의견을 제시하라.

(b) 데이터에 직선 모델을 피팅하라. R^2 및 s_e 값을 살펴보라. 연도에 대한 잔차를 그래프로 그려 모델의 타당성을 평가하라.

(c) 데이터에 적절한 고차 다항식 모델을 피팅하고 (b)와 동일한 과정을 수행하라. 여러 가지 다항식 모델을 평가해야 할 수도 있다.

(d) 2030년, 2040년 및 2050년의 온도 이상값을 예측하기 위해 선택한 모델을 사용하라.

참고문헌

Burglund, B. and Street, R., 2011. *Golf Ball Flight Dynamics*. Flathead Valley Community College. Available online: http://www.math.union.edu/~wangj/courses/previous/math238w13/Golf%20Ball%20Flight%20Dynamics2.pdf.

Chapra, S.C. and Canale, R.P., 2019. *Numerical Methods for Engineers with Software Applications and Programming*, 8th ed., WCB/McGraw-Hill, New York, NY.

Chapra, S.C. and Clough, D.E., 2022. *Applied Numerical Methods with Python for Engineers and Scientists*. WCB/McGraw-Hill, New York, NY.

Deitel, P. and Deitel, H., 2020. *Intro to Python for Computer Science and Data Science*. Pearson, New York, NY.

Gaddis, T., 2018. *Starting Out with Python*, 4th ed., Pearson, New York, NY.

Hill, C., 2015. *Learning Scientific Programming with Python*. Cambridge University Press, Cambridge, UK.

Hornbeck, R. W., 1975. *Numerical Methods*. Quantum, New York, NY.

Mason, R. L., Gunst, R. F., and Hess, J. L., 1989. *Statistical Design and Analysis of Experiments with Applications to Engineering and Science*. Wiley, New York, NY, p. 37.

Montgomery, D.C. and Runger, G.C., 2018. *Applied Statistics and Probability for Engineers*, 7th ed., Wiley, New York, NY.

Moré, J.J., Garbow, B. S., and Hillstrom, K. E., 1980. User Guide for MINPACK-1, Argonne National Laboratory Report ANL-80-74, Argonne, Ill.

찾아보기

ㅇ

ㅈ

총 감수자

유태훈 동양미래대 전기전자통신공학부

번역진

김주형 아주대 화학공학과
이동욱 공주대 기계자동차공학부
이병옥 아주대 기계공학과
조수현 홍익대 교양과

강의자료

김영복 경남대 조선해양시스템공학과

공학도를 위한 파이썬 프로그래밍:
과학계산 및 데이터작업

발행일 | 2023년 11월 21일(2025년 6월 16일 수정)
저 자 | David E. Clough, Steven C. Chapra
감 수 | 유태훈
역 자 | 김주형 · 이동욱 · 이병옥 · 조수현
강의자료 | 김영복
발행인 | 문정임
발행처 | 학산미디어
기 획 | 이덕선
표 지 | 김연아
편 집 | 장진희
주 소 | 서울특별시 노원구 동일로 245가길 41
전 화 | 02-935-0670 / 010-3223-7340
팩 스 | 02-932-0670
이메일 | sorgento2000@hanmail.net
등록번호 | 제 25100-2011-000001호
ISBN | 979-11-85294-42-1 (93000)
정 가 | 33,000원